天儒同异：清初儒家基督徒研究

肖清和 著

上海大学出版社
·上海·

图书在版编目(CIP)数据

天儒同异：清初儒家基督徒研究 / 肖清和著.——上海：上海大学出版社,2019.7
ISBN 978-7-5671-3399-0

Ⅰ.①天… Ⅱ.①肖… Ⅲ.①儒家-基督教徒-研究-中国-清前期 Ⅳ.①B222.05②B979.2

中国版本图书馆CIP数据核字(2019)第115031号

责任编辑　徐雁华
封面设计　缪炎栩
技术编辑　金　鑫　钱宇坤

天儒同异：清初儒家基督徒研究

肖清和　著

上海大学出版社出版发行
(上海市上大路99号　邮政编码200444)
(http://www.shupress.cn　发行热线 021-66135112)
出版人　戴骏豪

*

南京展望文化发展有限公司排版
江苏凤凰数码印务有限公司印刷　各地新华书店经销
开本 787mm×1092mm　1/16　印张17　字数314千
2019年7月第1版　2019年7月第1次印刷
ISBN 978-7-5671-3399-0/B·115　定价　58.00元

本书是全国优秀博士学位论文作者专项资金资助项目"儒家基督徒研究：历史、思想与文献"(201201)、上海市社科规划中青班专项课题的阶段性成果。谨致谢意！

目　录

导　论 ··· 001
 第一节　儒家基督徒释义 ·· 001
 第二节　清初基督教概况 ·· 005
 第三节　清初儒家基督徒研究概述 ··· 010

第一章　清初儒家基督徒概论 ··· 017
 第一节　清初儒家基督徒的类型与特征 ·································· 017
 第二节　清初儒家基督徒的思想特征 ····································· 021

第二章　从"合儒""补儒"到"超儒"：清初儒家基督徒张星曜 ········· 026
 第一节　张星曜的信仰历程 ·· 026
 第二节　张星曜的人际网络 ·· 031
 第三节　天儒同异：为儒家基督教辩护 ·································· 039
 第四节　批评佛道：辟佛老、知真儒 ····································· 052
 第五节　捍卫儒家礼仪 ·· 062

第三章　"复儒"易佛：清初儒家基督徒刘凝 ······························· 071
 第一节　刘凝的家族、生平与著作 ·· 071
 第二节　刘凝的人际网络与受洗入教 ····································· 076
 第三节　"复儒"易佛：刘凝的思想世界 ·································· 083

第四章　大道由来天下公：清初儒家基督徒李祖白 ······················ 094
 第一节　李祖白的身份及其在历局的活动 ······························ 095
 第二节　李祖白受洗入教 ··· 101
 第三节　天主教人类始祖说与《天学传概》 ··························· 105

第五章　太平万年：清初儒家基督徒郭廷裳 ······ 115
　　第一节　郭廷裳的先祖郭子章与西学 ······ 115
　　第二节　郭廷裳的家族与世系 ······ 126
　　第三节　郭廷裳与《太平万年书》 ······ 133

第六章　儒家化的基督教：白晋及其敬天思想 ······ 142
　　第一节　白晋与《古今敬天鉴》 ······ 142
　　第二节　"帝天说"与儒家一神论 ······ 146
　　第三节　《古今敬天鉴》的帝天说 ······ 149
　　第四节　白晋的敬天学 ······ 153

第七章　基督教化的儒学：马若瑟对儒家经典的诠释 ······ 164
　　第一节　马若瑟及其传教活动 ······ 164
　　第二节　马若瑟对儒家经典的基督教化诠释体系 ······ 168

结　论 ······ 198

参考文献 ······ 201

附表一：《天教明辨》细目 ······ 227
附表二：《历代通鉴纪事本末补后编》目次 ······ 229
附表三：南丰刘氏世谱简表 ······ 233
附表四：刘凝著述表 ······ 235
附表五：《古今敬天鉴》各版本比较 ······ 238
附　文：清初儒家对基督教的反应：杨光先与《不得已》 ······ 246

导　论

在中国历史上,晚明是一个"天崩地解"的时期。作为官方意识形态的朱子理学与作为精英阶层喜好的阳明心学,并驾齐驱、互相激荡;而在民间社会,传统的以儒家作为主导的思想秩序开始瓦解,三教合流的趋势越发明显。国势衰微源于党争与皇帝本人的怠政,而思想上的歧异与多元,给当时的儒家正统地位带来威胁,从而影响到整个王朝的命运。集合了好奇异之风与奢靡之风的晚明士人,在鼓噪而纷争的思想激流中,再难获得内心深处的安宁;而对未来或人生的不确定性,让佛教、道教重新俘获士人的心灵,充满宗教色彩的"阴骘文""功过格"大行其道。

正在此种背景下,西方传教士远渡重洋、梯波航海,历经重重险阻,来到中国。这些自称"西儒",来自"泰西"或"极西"的传教士,与充满好奇心的晚明士大夫"往来晋接"。不少儒家士子在传教士的"循循善诱"之下受洗入教,成为明末清初独特的一个群体,即"儒家基督徒"群体①。

第一节　儒家基督徒释义

本书的研究对象为清初的儒家基督徒。所谓"儒家基督徒"(Confucian Christian)是指明清时期信仰基督教、同时具有儒家身份的信徒②。儒家基督徒是明末清初天主教传教士东来与儒家相融合的产物。具体来说,儒家基督徒的产生源于基督教信仰,但融入儒家的思想。其直接根源是利玛窦等传教士的"适应策略",亦即后来被康熙皇帝称为"利玛窦规矩"。

所谓"利玛窦规矩",即是在传教的过程中,适应中国本土文化的需要,将"异

---

① 本书中所使用的"基督教"是指广义的基督教。
② 钟鸣旦:《杨廷筠——明末天主教儒者》,圣神研究中心译,北京:社会科学文献出版社,2002,页265。

质"的基督教信仰与本土的儒家意识形态相结合,尊重儒家的礼法尤其是儒家的祭祖、敬孔等重要礼仪,认同儒家传统的政教关系,不直接挑战儒家的正统与权威,等等。因此,"适应策略"是适应与调和的,可避免直接冲突。在适应与调和的过程中,利玛窦等传教士做了一些具有创造性的工作,如其代表作《天主实义》中的重要命题"吾国天主,即华言上帝",即将天主教的"天主"等同于儒家四书五经中的"上帝",从而将先秦儒家的天论、上帝论演化成天主教的天主论,将先秦的帝天崇拜演化成基督教的一神论。

因此,儒家基督徒的产生是传教士东来的历史事件,但其基础是儒家先秦文献以及历史中所存在的"天"与"上帝"的思想和信仰。帝天信仰是先秦儒家的核心,但对于先秦文献中的"帝"或"天"是否等同或类似于基督教的God(拉丁语Deus)则有问题。首先,基督教的"陡斯"(Deus 的音译)是一个严格的一神宗教所崇拜的对象,具有人格化的特征。在犹太教的《圣经》以及基督教的《旧约》中,"陡斯"会生气、发怒、愤恨,甚至会报复、惩罚人类。一神论宗教有较强的排他性,禁止偶像崇拜,禁止崇拜其他的神。除此之外,一神论宗教更加强调"天启"和"神律",将人与神之间的关系列在首要地位。但先秦儒家的帝天信仰,虽然有某些人格化的特征,但经典中的记载甚是模糊。而到了孔子时期,人文主义逐渐替代了之前的带有神秘特征的宗教信仰,"天"或"帝"(或天道)更具有"道德"或"规律"的色彩①。毫无疑问,先秦文献中的"天"或"帝"确实带有某些一神论的特征。

"适应策略"以及先秦文献的帝天思想是儒家基督徒产生的两个思想基础。"适应策略"与其说是一种传教策略,不如说是一种诠释方法。其特征有三:首先采用复古的态度,回到原典,对经典文本进行再诠释;其次采用类比的论证方法,使用人类共通的理性或共识来进行论述与解释;再次采用自然神学而不是启示神学,作为诠释的主要资源。利玛窦进入中国之后不久,意识到儒家才是中国的主流,是官方的意识形态,因此采取依附儒家的策略,而对佛道及其他宗教则采取批判、攻击的做法,即所谓的"补儒易佛"。

儒家基督徒首先的身份是儒家士人,有的是儒家士大夫官员,如明末教会"三柱石"徐光启、李之藻、杨廷筠;有些是没有功名的儒家士子,如清初杭州的张星曜等。我们首先需要厘清的是"儒家"身份。一般而言,狭义的"儒家"是指通过科举考试、获得功名的士子,既包括各类举人、进士,又包括在仕或致仕的士大夫官员。但是,广义的"儒家"则指认同儒家的价值观、以儒家思想为认同核心的士人,包括曾经准备科举考试但没有功名的士子。换言之,本书所说的"儒家"是指广义层面的儒家。同时,儒家既指儒家士子,又指作为一种思想学派的儒学。

---

① 石磊:《先秦汉代儒教天论研究》,北京:中华书局,2015,页 58。

按照利玛窦等传教士的区分,儒家可以分为"古儒"与"今儒"。"古儒"指先秦的儒家;"今儒"主要指宋明理学。利玛窦之所以对儒家作如此区分,一方面来源于欧洲的文艺复兴对古典时代的回顾,另一方面源自儒家士大夫的好古情结。同时,对儒家的区分也体现出了利玛窦对儒家较为复杂但更加实用的态度:可以附会儒家,但不能等同于儒家;可以利用儒家经典,但不能被儒家同化。所以从表面上看,利玛窦等传教士尊重儒家权威,认同儒家的意识形态的价值观,但实际上利玛窦对儒家颇有微词,尤其是对宋明理学。整体上看,利玛窦似乎是依附、附会、合通儒家,但在依附、认同之下却有排斥、拒绝与否定。利玛窦所采取的策略是依附"古儒"、排斥"今儒",采纳先秦文献中的帝天说,而拒绝宋明理学中的太极或理,甚至拒绝朱熹对四书的某些诠释。当然,在不同传教士那里,对待宋明理学的态度颇有差异。但总体而言,耶稣会士附会的是"古儒",对"今儒"多持批评态度。其批评的原因一方面是宋明理学与基督教一神论相去甚远,另一方面则是与"辟佛"有关。

"辟佛"是构成儒家基督徒认同的另一个核心,也是与利玛窦等"补儒"息息相关。所谓"辟佛"是对佛道等展开批判与攻击,认为佛教不仅没有改变世道人心,反而侵蚀了儒家,使得后代的儒家偏离正道,所谓"朱子道,陆子禅"是也。换言之,儒家基督徒或多或少地对佛道持或否定或厌恶或批判的态度。利玛窦正是利用晚明思想界对佛道的批判思潮,将其与"补儒"联合在一起,构成了儒家基督徒最基本的认同核心。

因此,本书中所说的儒家基督徒,就身份认同而言,是认同"古儒"(即先秦)的帝天说,同时对佛道持批判态度,甚至身先士卒地对佛道展开攻击。所以,与儒家基督徒相对应的一个概念就是"儒家基督教",即是明末清初儒家基督徒所理解的儒家式的基督教。"儒家基督教"既不同于西方的基督教,也不同于明清儒学,而是带有如钟鸣旦所谓的"之间性"(in-betweeness):它有先秦儒学中的帝天说的基础,但被基督教一神论所改造;它认同儒学的价值观和权威,但对"今儒"颇有微词;它尊重"今儒"的反思与开放精神,但对佛道展开严厉攻击。儒家基督教的核心是经过基督教一神论改造过的儒家帝天说①。

从明末到清初,儒家基督徒经历过三代变迁。根据孟德卫的分析②,第一代基督徒以徐光启等为代表;第二代是易代之际的基督徒,如朱宗元等;第三代是清初的基督徒,如张星曜等。三代儒家基督徒在思想与信仰上略有所别。第一代儒家基督徒,或可如黄一农所言的"两头蛇",在某些时候可能会选择回到儒家

---

① 肖清和:《诠释与更新:清初传教士白晋的敬天学初探》,《比较经学》2014 年第 4 期。
② David Mungello, *The Forgotten Christians of Hangzhou*, Honolulu: University of Hawaii Press, 1994, p.70.

的价值观,而放弃基督教,甚至违背基督教的教诫,如王徵的娶妾与自杀殉国。对于第一代儒家基督徒而言,基督教无疑只是儒家的补充而已,在某种程度上是佛道的功能性替代品。在晚明的第一代儒家基督徒寄希望于刚刚进入的基督教以及西学,以此作为在道德、秩序上均已颓败的儒家的辅助工具。徐光启在《辩学章疏》中对此表达得非常明显,因为天主教有天堂地狱,可以激发信徒的敬畏之心,从而可以"补益王化""左右儒术"。因此,对于第一代儒家基督徒而言,其认同核心是儒家,而在宗教信仰上则以基督教取代佛道或其他宗教。

对于第二代、第三代儒家基督徒而言,尤其是随着礼仪之争的展开,他们日益觉察到儒家与基督教之间存在的巨大罅隙。对于张星曜、刘凝等人而言,他们选择基督教信仰就意味着在某些方面要放弃儒家价值观。虽然他们还没有如禁教时期的基督徒那样要完全放弃儒家身份,很显然第三代儒家基督徒已经遇到了前所未有的压力与挑战。

相对于明末而言,清初儒家基督徒群体呈现出"下移"的趋势,即儒家基督徒群体的社会地位比明末要低。明末儒家基督徒群体中有徐光启等高层士大夫官员信徒,但清初儒家基督徒群体中则没有类似于徐光启这样的人物,地位比较高的是钦天监的汉族官员,如李祖白等,以及第一代儒家基督徒的后代,如甘弟大之子许缵曾,其他的基本上都无功名,社会地位较低[①]。

从明末到清初,儒家基督教也发生了变化,从"合儒""补儒",到"超儒""复儒",儒家基督教的一神论依然没有改变,但耶儒关系有了改变。明末以"合儒""补儒"为主基调,清初的儒家基督教则以"超儒""复儒"为主要内容。"超儒"是超越儒家,认为孔子没有赏罚人之权,天主教有天主,有耶稣,是超越于儒家之上的神圣信仰。"复儒"是恢复儒家,认为"今儒"("时儒")是"伪儒",不是真正的儒家,天主教才是真儒,只有天主教才能接续三代之儒家[②]。

清初儒家基督徒在处理耶儒关系上,为什么会出现如此变化? 其主要原因是礼仪之争。随着礼仪之争,原先模糊处理的祭祖、敬孔等问题被日益放大,而随着不同修会传教士的介入,利玛窦等传教士的诠释方式受到了质疑,儒家礼仪带有的宗教性一面被放大,从而与基督教产生了直接冲突。除此之外,教权与皇权之间的冲突使得礼仪之争更加激化。对于清初儒家基督徒而言,他们一方面珍视儒家的传统与权威,愿意将儒家作为自己身份认同的最主要标志,另一方面他们具有坚定的基督教信仰,在两者冲突之时,他们选择的是基督教信仰,而不是如第一代儒家基督徒那样回归到儒家。当然,对于清初儒家基督徒而言,此种

---

① 方豪:《中国天主教史人物传》,北京:宗教文化出版社,2007,页278。
② 肖清和:《清初儒家基督徒刘凝思想简论》,《史林》2011年第4期。

"非此即彼"的选择并非显得紧迫,他们往往将儒家作为外在的世俗身份,而将基督教作为自己内在的信仰认同。

清初儒家基督徒群体与清初社会、清初基督教发展态势密切相关。清初社会,思想界开始反思明亡的原因,考据学开始兴起,受西学影响的天文、历法也有所发展,"西学中源说"逐渐流行。与此同时,清初有更多修会传教士开始进入。其中,影响最大的是受法国国王派遣的"数学传教士"。到了康熙时期,清初基督教步入明清基督教发展的顶峰。传教士、信徒、教堂与书籍出版物的数量都达到历史最多。此时期,作为"适应策略"的极端形态"索隐派"也登上历史舞台,对《易经》等儒家经典进行了更加彻底的基督教化的诠释[①]。

从某种程度上说,索隐派传教士也可以作为"特殊的"儒家基督徒。他们认同儒家的价值观,但使用基督教资源来对"古儒"经典进行解释,从而赋予经典不同于传统儒家的理解。索隐派传教士实际上是"儒家化"(或"儒学化")的基督徒。他们与其他"基督教化"的儒家士子一道,成为清初儒家基督徒群体的重要组成部分。

因此,清初儒家基督徒包括两部分:基督教化的儒家以及儒家化(或儒学化)的基督徒(传教士)。耶稣会士诸如利玛窦曾被学者视作基督教儒家化的代表[②]。清初耶稣会士依然延续了利玛窦的传教方法,索隐派是其典型代表。是故本书研究对象包括清初儒家信徒以及索隐派传教士。

第二节 清初基督教概况

本书所涉的清初是指1644—1722年。如果将清初基督教发展的态势详细区分,可以划分成五个阶段:第一阶段为1644—1665年,基督教与新王朝磨合期;第二阶段为1666—1669年,清初第一次反教运动;第三阶段为1670—1706年,黄金时期;第四阶段为1707—1720年,礼仪之争白热化与高潮阶段;第五阶段为1721年之后,禁教时期。

清初基督教与时局的发展,尤其与皇室之间关系的疏密大有关系。换言之,与明末基督教略微不同的是,清初基督教群体中缺乏类似明末"三柱石"之类的信徒,因而在上层士大夫中间并没有获得如明末时那样强有力的支持。清初中国基督教倾向于通过依附皇帝本人而获得保护与传教上的便利。汤若望与顺

---

① 肖清和:《索隐天学:马若瑟的索隐神学体系研究》,《学术月刊》2016年第1期。
② 参见 Nicolas Standaert, "Matteo Ricci: Shaped by the Chinese", in *Scienza, ragione, fede: Il genio di padre Matteo Ricci*, Macerata: Edizioni università di Macerata, pp.149 - 166; John D. Young, *Confucianism and Christianity, The First Encounter*, Hong Kong: Hong Kong University Press, 1983.

治、南怀仁与康熙便是这种依附和保护关系的典型。由于这种关系,康熙初基督教也卷入了宫廷之内的权力之争。辅政大臣鳌拜借杨光先反教(1664—1669年)之机,趁势打击康熙所亲近之基督徒及其势力,实际上是借机打击皇帝身边的异己力量,以提升自己的威权。然而,康熙在权力之争中逐渐取得主动权。南怀仁在得到康熙暗示之后,趁机三上奏疏,请求对汤若望及其他受冤屈死之教徒予以平反。同时,请求允许继续自由行教。再由于西洋历法在实验以及数理上胜于旧历法,南怀仁在朝廷中的地位进一步稳固,与康熙本人的关系也更加密切。康熙亦借历狱来树立自己的威权以及核心统治集体。而后随着在华教务之发展,南怀仁请求法国国王增派耶稣会士入华。南怀仁等传教士在给康熙讲解西学的同时,也乘势向其讲解基督教教理,同时也对其表示忠诚,并参与国家的某些建设,诸如兴修水利、测绘舆图、外事翻译等。作为回报,康熙给传教士以及基督教予以宽容以及直接支持。

这种"效忠——回报"之模式实际上与历史上传统的政教关系一脉相承。传教士与皇帝之间的这种良性互动,为天主教赢来极有利的外部环境[1]。康熙曾一度颁布弛教令,表明天主教非邪教、允许传教士自由传教、民人自由信奉天主教,"奉旨依议,今地方官间有禁止条约内,将天主教同于白莲教,谋叛字样着删去"[2]。康熙帝在几次南巡途中均给予传教士以特殊关注[3],亦钦赐给教堂匾额、诗歌与对联,并赐给传教士礼物[4]。这些行为的象征意义大于行为的实际内容。因为,这些行为表明康熙公开支持天主教,此即表明天主教乃官方承认之正教,亦在无形中表明天主教之合法性与传教之正当性。争取皇权之支持与保护历来是外来宗教本土化策略之一。虽然在此期间,个别地方间有反教行为,如浙江巡抚张鹏翮的反教行为等,但最终通过康熙之保护而得以化解[5]。

在礼仪之争所导致的康熙禁教之前,中国天主教实际上已进入全面发展的黄金时期。当时在华传教士除耶稣会士之外,还有方济各会、巴黎外方传教士等不同修会。耶稣会入华人数亦到达历史顶峰[6]。教堂分布全国各地,甚至连边远地区,诸如四川、贵州、西藏、新疆等地方亦有传教士的踪迹。康熙末年全国约有教堂近300座,受洗教徒30万人[7]。教堂、信徒数量迅速增长,例如松江府上洋

---

[1] 肖清和:《礼物与明末清初天主教的适应策略》,《东岳论丛》2013年第3期。
[2] 南怀仁:《熙朝定案》(三种),《天主教东传文献续编》第3册,台北:台湾学生书局,1966,页1721。
[3] 南怀仁:《熙朝定案》(三种),《天主教东传文献续编》第3册,页1701—1804。
[4] 萧若瑟:《天主教传行中国考》,页187;孙尚扬、钟鸣旦:《1840年前的中国基督教》,北京:学苑出版社,2004,页337。
[5] 萧若瑟:《天主教传行中国考》,页184。
[6] Nicolas Standaert, "The Jesuit Presence in China (1580 - 1773), A Statistical Approach", in D. E. Mungello, *Sino-Western Cultural Relations Journal*, XIII, 1991, pp.4 - 17.
[7] 陈佳荣:《中国宗教史》,香港:学津书店,1988,页411。

(今上海)一带崇祯十二年(1639年)有1 124人受洗,而从顺治元年至八年(1644—1651年)共有教友3 000人。至顺治十八年(1661年)时,每年受洗达两三千人①。

与不少明末基督徒是中上层儒家士大夫不同,由于不同修会的加入以及基督教在中国的深入发展,清初信徒群体逐步扩大为中下层儒家士大夫以及普通百姓②。有更多信徒是没有功名与俸禄之儒家士子,亦有乡野村夫、耄耋、儿童与妇女等。而在中上层士大夫与下层百姓之间,对于儒家礼仪、风俗习惯之理解与认识则存在巨大差异,此种差异类似于人类学中大小传统之间的分殊。这直接导致对祭祖、祭孔、家庙、木主等礼仪之不同诠释,因而导致这些礼仪有无宗教性等在信仰上至关重要之结论。当时在福安传教的方济各会士利安当正是听了一位信徒对祭祖礼仪的描述后,才决然判定此为偶像崇拜③。

清初基督教社区亦出现些微变化④。与明末不同的是,清初基督教社区逐渐由城市转入山区乡村,尤其是福建山区出现大量基督徒群体。康熙弛教之后,全国基督教社区呈扩张态势。毋庸讳言,基督教社区所呈现的是一种群体的发展态势,且表明基督教是作为一种群体力量开始呈现出来。杨光先在反教著作中所谓"布邪党于济南、淮安、扬州、镇江、江宁、苏州、常熟、上海、杭州、金华、兰溪、福州、建宁、延平、汀州、南昌、建昌、赣州、广州、桂林、重庆、保宁、武昌、西安、太原、徐州、开封并京师共三十堂。香山岙盈万人踞为巢穴,……何故布党立天主堂于京省要害之地?"⑤恰恰从另一个角度描述了当时基督教社区的分布概况及特点。

比如基督教社区从1641—1650年的发展中,福建地区有方济各会传教士以及艾儒略、龙华民等耶稣会士深入山村地区布教⑥。汤若望则在北京地区继续推进基督教发展。江南基督教社区则由"三柱石"家族所推动与维持。然而由于清初战争、镇压福建叛军及随后的郑成功反叛等所引发的兵燹,给基督教社区带来了巨大的破坏⑦。在贵州以及广西,由于南明永历王朝与天主教关系紧密而使得

---

① 方豪:《中国天主教史人物传》,页267。
② D. E. Mungello, *The Spirit and the Flesh in Shandong*, 1650 - 1785, Lanham, MD: Rowman & Littlefield Publishers, c2001, p.1.
③ 李天纲:《中国礼仪之争:历史·文献和意义》,上海:上海古籍出版社,1998,页33。另有关多明我会传教士与耶稣会士关于中国礼仪的不同理解之原因,参见 J. S. Cummins, *A Question of Rites: Friar Domingo Navarrete and the Jesuits in China*. Aldershot, Hants, England: Scolar Press; Brookfield, Vt.: Ashgate Pub. Co., 1993, pp.63 - 67.
④ Nicolas Standaert ed., *Handbook of Christianity in China: Volume One* (635 - 1800), pp.536 - 538.
⑤ 杨光先:《不得已》,《天主教东传文献续编》第3册,页1077。
⑥ Nicolas Standaert ed., *Handbook of Christianity in China: Volume One* (635 - 1800), p.555.
⑦ 萧若瑟:《天主教传行中国考》,页146—149。

基督教社区得以建立与发展。四川则因为传教士被张献忠所获而得以建立基督教社区,但非常不稳定①。

虽然,清初基督教信徒以及传教士数量一直处于上升的态势,但在不同地方,基督教社区则呈现出不同的面貌。基督教发展高潮时期为 1700 年前后。其中以北京、四川、浙江、江苏、江西为基督教社区集中地区;而在福建、广东等地则出现下降态势。福建地区主要是因为 1662 年前后的迁界政策所导致的社区数量减少。1665—1671 年,广东驱逐大部分传教士,仅仅只有 4 个传教士留在广州②。由于清初基督教社区是以传教士为核心,离开传教士或与传教士联系中断,该社区的宗教活动有可能就处于停顿状态。当然,后期出现了本土神父,但实际上全国大部分社区仍以传教士为中心③。当时,弥撒崇拜虽然可以用中文进行④,但解经、告解等宗教活动仍离不开传教士。虽然有些教会由信徒领袖组织宗教活动,但在出现争执和疑问时仍需要传教士。因此当传教士被驱逐时,基督教社区就受到极大影响。1665—1671 年,杨光先排教运动所导致的消极后果异常明显。弛教令颁布后,与基督徒以及传教士数量达到顶峰一致,全国基督教社区亦开始出现发展时期的顶峰状态。虽然此时期,传教士数量达 153 人之多,但在某个具体时期,相对于庞大的信徒群体来说,传教士仍然不足⑤。某些地方开始出现中国信徒传教的情况,如吴历组织的"圣方济各会",其目的即由中国本土神父向世人宣讲福音。

虽然清初基督徒数量以及社区数量都处于上升阶段,但有资料可考的儒家基督徒数量并没有显著提升。相反,与明末相比,著名儒家士大夫信徒数量有所下降。根据方豪的《中国天主教史人物传》以及其他相关著作,我们可以统计到明末有资料可考的儒家基督徒为 28 位,而清初只有 14 位(不包括 3 位索隐派传教士)⑥。

而在 14 位儒家基督徒当中,官位较高者有钦天监的李祖白、夏官正,后者因历狱而被处斩;另一位是甘弟大之子许缵曾,曾任河南等处提刑按察司使,但其

---

① 萧若瑟:《天主教传行中国考》,页 125、134—135;Nicolas Standaert ed., *Handbook of Christianity in China: Volume One*(635 -1800),p.555.
② 参见 Nicolas Standaert ed., *Handbook of Christianity in China: Volume One*(635 - 1800),p.555.
③ 因为松江府有本土神父,所以较不受传教士被驱逐的影响,参见 Nicolas Standaert ed., *Handbook of Christianity in China: Volume One*(635 -1800),p.557.
④ 1615 年,教宗保禄五世批准,礼仪部颁令准许以中文实行弥撒圣祭,诵念《日课》,任用当地人士担任神职人员,并准许翻译《圣经》,举行弥撒时不必脱帽等。参见方豪:《中国天主教史人物传》,页 126.
⑤ 例如,1703 年,山东济南及附近有 14 所大教堂、14 所小礼拜堂、将近 6 000 个信徒,且每年有 500 个信徒受洗,然传教士只有 1 人,即耶稣会士法安多。参见 Nicolas Standaert ed., *Handbook of Christianity in China: Volume One*(635 -1800), p.560, footnote 64.
⑥ 此数量为初步统计结果。

对基督教的信仰并不明显①。其他官员还有朱宗元、刘凝。社会地位较高者为吴历,他是清初画家"六大家"之一,但生活较为清贫,与其他士大夫的交往并不多。除此之外,其他的儒家基督徒都是没有功名的士子,如张星曜、诸际南、丁允泰、严谟、祝石、王宏翰、陈薰、郭廷裳等。

表0-1 清初儒家基督徒地区分布表　　　　单位:个

地域	江苏	浙江	江西	福建	山东	未知
数量	5	3	3	1	1	1

资料来源:方豪:《中国天主教史人物传》;Nicolas Standaert ed., *Handbook of Christianity in China*, Volume One (635-1800)等。

表0-1所示,从地区分布来看,最多的儒家基督徒来自江苏,尤其是传统的基督教发展较好的江南地区;其次是浙江,主要是浙江的杭州;其他地方,如山东、福建、江西均有儒家基督徒群体。

表0-2所示,从职业来看,担任官员(如钦天监、按察司使、教谕等)的有4位,私塾教师1位、耶稣会士1位、医生1位,其他都是没有功名的士子或无业。

表0-2 清初儒家基督徒职业情况　　　　单位:人

职业	官员	教师	耶稣会士	医生	无业
数量	4	1	1	1	8

资料来源:方豪:《中国天主教史人物传》;Nicolas Standaert ed., *Handbook of Christianity in China*, Volume One (635-1800)等。

相比较于明末而言,清初儒家基督徒的社会地位较低,大部分都是没有任何功名的一般士子,甚至还有人放弃了儒家科举而成为耶稣会士。

清初儒家基督徒群体在汉语文献出版方面呈现出以下特征:辟佛类专著、编著作品较多,与传教士合作的著作较少,处理"合儒"的文献较少。明末儒家基督徒主要处理的问题是耶儒关系,因此,有关耶儒关系的著作比较多。同时,明末儒家基督徒反对佛教、道教,此类文献也比较多。另外,由于明末儒家基督徒普遍对科学有兴趣,因此,与传教士合作翻译的科学著作非常多。而明末传教士出版的中文文献大部分都有儒家基督徒的参与。但是清初,传教士出版的著作虽然也有儒家基督徒的参与,但此类文献有所减少。信徒的著作则以编著为主,如张星曜所编辑的五十卷《历代通鉴纪事本末补后编》以及二十册《天教明辨》。清初儒家基督徒受到礼仪之争的影响,需要说明基督教与儒家的差异及其原因,因

---

① 参见刘耘华:《依天立义:清代前中期江南文人应对天主教文化研究》,上海:上海古籍出版社,2014,页20—30。

此有不少文献是用于说明基督教的合法性以及与儒家的关系的,如张星曜的《天儒同异考》、刘凝的《觉斯录》等。

总而言之,清初儒家基督徒在数量、职业、地位等层面,与明末相比均有"下移"的趋势。此态势与明末清初基督教发展的整体状况是类似的。随着礼仪之争的白热化,以及基督教与儒家之间的张力日益增加,愿意选择加入基督教的儒家士大夫越来越少。再加上清初不同于明末,儒家士大夫不需要选择外来的基督教作为辅助儒家的工具,以挽救国势和拯救百姓于水火。他们开始进入改朝换代之后的秩序重建,作为意识形态的儒家再次获得官方的支持,士子通过科举考试改变命运、实现修齐治平的理想再次得到确立。因此,外来的基督教仅仅被作为"宗教"而供人选择。选择基督教作为自己"宗教"信仰的儒家基督徒,要么是"天生的"即"祖传信仰",要么就是那些失意的或不再以儒家科举为己任的士子,他们构成了清初儒家基督徒的主体。

第三节 清初儒家基督徒研究概述

相对于明末清初天主教研究而言,清初儒家基督徒或清初儒家基督教研究成果相对较少[①]。主要原因首先在于清初儒家基督徒群体相对明末而言,数量较少;其次,清初基督教研究主要集中于重要的历史事件如历狱以及著名的传教士如汤若望、南怀仁等,而对本土信徒的关注并不多;再次,由于清初儒家基督徒群体开始转到中下阶层,清初儒家基督徒群体以未获功名的儒士为主,他们遗留下来的文献非常有限。

尽管如此,学界仍然有一些成果关注了清初儒家基督徒。儒家基督徒概念是钟鸣旦教授提出的。在其代表作《杨廷筠:明末天主教儒者》中,钟鸣旦将杨廷筠的身份定位为"基督教儒者"或"儒家基督徒"。此后,在孙尚扬、林金水、李天纲、李凌翰等学者的文章中,多沿着"儒家基督徒"的概念来分析儒家、基督教在明末天主教徒王徵、李九标、张赓、韩霖等人身上的融合与冲突。黄一农在其代表作《两头蛇:明末清初的第一代天主教徒》中指出,第一代儒家基督徒在其认同中更加突出儒家的主体性,在关键时候他们会选择回到儒家,而抛弃基督教的信仰。实际上,此书讨论的是儒家和基督教在明末士大夫信徒身上的纠结与反应。

高龙鞶[②]、汤开建、周萍萍[③]等学者也对清初基督教发展有所关注。他们的研

[①] 关于明末清初天主教研究,有多篇综述可以参考。最新的综述有:王丹丹:《传承与更新:最近10年来汉语天主教研究的回顾与展望》,《宗教与历史》第五辑,上海:上海大学出版社,2016,页293—301。
[②] 高龙鞶:《江南传教史》第1—2册,周士良,台北:辅仁大学出版社,2009—2013。
[③] 周萍萍:《十七、十八世纪天主教在江南的传播》,北京:社会科学文献出版社,2007。

究成果为理解清初儒家基督徒群体提供了更加重要的背景知识。他们的研究指出清初基督教的发展不同于明末:基督教不仅深入边远地区,转向下层社会,而且信徒、教堂、著作数量都在增长。康熙宽教令发布之后,清初基督教的发展迅速。但从地位上看,清初儒家基督徒大部分以中下层儒生为主。虽然也有进士、举人基督徒,但是大部分儒家基督徒以诸生、贡生,甚至没有功名者为主。

Handbook of Christianity in China 在涉及清初基督教发展情况时,只提及著名的传教士与信徒,并以宏观的角度描述各地的基督教社区。其中,该书对1640—1665年的儒家基督徒进行了简要介绍,主要有徐光启家族后裔,如许缵曾以及李祖白、朱宗元、祝石、魏裔介等。1665年之后的儒家基督徒代表,主要有张星曜、严谟以及刘凝。清初儒家基督徒数量较少,汉语文献数量与质量亦不如明末。

方豪的《中国天主教史人物传》①对清初儒家基督徒作了简要介绍,主要有李祖白、许缵曾、朱宗元、张星曜、严谟、尚祐卿、祝石、罗文藻、吴历、刘蕴德等人。方豪主要依据汉语文献对这些儒家基督徒的生平及著作进行介绍,集中论述他们的主要事迹及著述。这为后人进一步研究清初儒家基督徒及其思想提供了最基本的信息。

(1) 1640—1665年的儒家基督徒

这一时期的儒家基督徒主要有许缵曾、李祖白、朱宗元等。刘耘华在《杂糅的信仰与情感世界:清初上海的天主教文人许缵曾再论》②中,通过材料考证和文本细读,对清初上海的天主教文人许缵曾的思想、信仰与情感世界作了较为深入的解释和探讨,同时对陈垣、方豪的研究成果有所匡正。刘耘华认为,许缵曾是上海著名天主教世家的第二代信徒,内心世界已很少有"两头蛇"般的紧张,也不复有天主教"唯一真道"的执着,而相应增加了对别种宗教的宽容,其人生指南往往由多种价值理念和宗教关怀杂糅而成。

吴莉苇在《明清士人对圣经年代体系的接受与理解:以李祖白〈天学传概〉为个案》中,讨论李祖白及其作品《天学传概》的思想特点与成因,并以《天学传概》所持的"中国人西来说"为切入点,讨论天主教在晚明前清深入中国社会的程度问题,以及基督宗教社会关于世界年代体系的传统知识对中国教外士人的一般性影响。文章对《天学传概》进行了较为细致的文本分析,认为由于中西编年历史的差异以及李祖白全然认同天主教及其传统,从而导致了清初严重的历狱冲

---

① 方豪:《中国天主教史人物传》,北京:宗教文化出版社,2007。
② 刘耘华:《杂糅的信仰与情感世界:清初上海的天主教文人许缵曾再论》,《上海师范大学学报(哲学社会科学版)》2008年第4期。

突。作者认为李祖白已经完成对基督教文化认同的形塑,开始接受基督教及西方文化,甚至是与传统儒家不一致的地方,如基督教中的《圣经》编年史①。

关于魏裔介是否为天主教徒仍有争议。黄一农在《张宸生平及其与杨光先间的冲突》②的附录中对魏裔介的生平事迹有较为详细的讨论。黄一农提出魏裔介早在顺治十八年(1661 年)为汤若望撰写寿文,其中业已透露出浓厚的天主教信仰,但因为其自顺治三年(1646 年)起,一直都有侧室,其入教之行动因不合一夫一妻的教义而受到拖延。直到康熙二十三年(1684 年),年近七十的魏裔介或已无其他侧室,此之后才有可能入教。黄一农推测魏裔介之领洗可能在临终时,"立志奉教于生死之际"。因此,魏裔介为天主教徒在文献中并不得到明显体现。但毫无疑问,魏裔介在赠汤若望寿文中似已表现出对天主教的深入理解。

Dominic Sachsenmaier 在专著 *Die Aufnahme europeäischer Inhalte in die chinesische Kultur durch Zhu Zongyuan* (ca.1616 - 1660)(《将欧洲内容纳入中国文化之中:朱宗元研究》)对清初鄞县儒家基督徒朱宗元进行了较为详细而深入的研究。作者对朱宗元的生平事迹、主要作品、与传教士的交往均作了考证,并通过朱宗元的汉语作品分析了他的主要思想。作者指出,朱宗元通过对"古儒"经典的"基督教化"改造,为儒家士子选择基督教提供了合法性依据。朱宗元还对朱子之学提出质疑,并将基督教神学与儒家思想结合起来,推动了清初基督教的发展③。

龚缨晏在《东海之滨谈天学:明清之际宁波天主教徒朱宗元的思想》一文中,对朱宗元的生平事迹略有介绍,但对朱宗元的思想进行了深入分析。作者指出,朱宗元的思想主要来自欧洲来华传教士所介绍的基督教神学,但作为一个儒家学者,朱宗元对基督教教义进行了"中国式的理解",其中有些是一知半解的④。

(2) 1665 年之后的儒家基督徒

1665 年后的儒家基督徒大部分都参与了礼仪之争。由于这些信徒具有一定的儒学素养,且服膺于儒家传统,但又有基督教的信仰身份,因此,儒家基督徒多为耶稣会的礼仪辩护,如张星曜、严谟、夏大常、丘晟等人。李天纲在《中国礼仪之争:历史·文献和意义》⑤中对这些儒家基督徒有所介绍,并对他们有关中国

---

① 吴莉苇:《明清士人对圣经年代体系的接受与理解:以李祖白〈天学传概〉为个案》,《中华文史论丛》2009 年第 1 期。
② 黄一农:《张宸生平及其与杨光先间的冲突》,《九州学刊》1993 年第 1 期。
③ Dominic Sachsenmaier, *Die Aufnahme europeaischer Inhalte in die chinesische Kultur durch Zhu Zongyuan (ca.1616 -1660)*. Sankt Augustin: Institut Monumenta Serica, 2001.
④ 龚缨晏:《东海之滨谈天学:明清之际宁波天主教徒朱宗元的思想》,《宁波与海上丝绸之路》,北京:科学出版社,2007,页 369—380。
⑤ 李天纲:《中国礼仪之争:历史·文献和意义》,上海:上海古籍出版社,1998。

礼仪的看法作了详细阐述。作者指出,严谟、张星曜等人因为自己的身份认同而为儒家礼仪辩护,他们不认为基督教是外来的异教,而是把它当作新加入中国文化之林的儒家同盟者。他们认为基督教和儒家可以并行不悖。作者认为,张星曜等儒家基督徒的想法可能只是一厢情愿,在礼仪之争之后,张星曜的观点难以成立,西方世界并不赞同耶稣会士和儒家基督徒调和儒家与基督教的主张。

孟德卫在 The Forgotten Christians of Hangzhou①(《被遗忘的杭州基督徒》)中,对传教士进入杭州的历史、张星曜受洗入教的原因及其与传教士之间的交往有较为详细的描述和梳理。作者着重对张星曜的思想进行分析,在细致解读张星曜著作的基础上,作者分析了张星曜处理耶儒、耶佛关系的思想特点,张星曜思想的核心是他认为基督教不是从"夷狄之教"而是从"伪儒"转向"真儒"的。张星曜的思想中有"超儒"和"辟佛"的思想,其中"辟佛"是理解其思想的重要切入口。

孟德卫在研究清初山东天主教的著作 The Spirit and the Flesh in Shandong, 1650 – 1785②(《灵与肉:山东的天主教,1650—1785》)中指出,清初儒家基督徒致力于融合西方基督教与传统儒家。作者以尚祜卿作为案例予以深入研究。儒家基督徒尚祜卿在其著作《补儒文告》中,充分依据《圣经》来讲述人类的历史。与其他儒家基督徒不同的是,尚祜卿并不讳言耶稣十字架受难。与张星曜类似,尚祜卿对佛道也进行了不遗余力的批判,但对宋明理学的态度则略显复杂。另外,尚祜卿认为"圣教"不仅仅包括儒家,也包括基督教。虽然儒家经典中没有直接记载基督教,但仍然有某些痕迹可以发现上帝存在的证据。

杨少芳在《天学在清初的传播:〈天教明辨〉》中,对清初儒家基督徒主要的重要作品《天教明辨》进行了文本研究。作者对张星曜的人生经历、著述情况、人际交往等均有介绍,并注重分析《天教明辨》的结构与内容、书写规格与言说方式,又对主要的"天儒观"进行了深入研究。作者认为,张星曜比之前的儒家基督徒的关注范围更广,其受洗入教过程颇为理性。张星曜皈依基督教的动因实际上还是儒家士大夫的"修齐治平"理想使然,即希冀作为"真儒"之基督教可致"唐虞三代之治"。张星曜等儒家基督徒深知基督教尚未被世人普遍接受,便更多地用儒家思想配合自己的立场来对佛道进行批判③。

李天纲在《严谟的困惑:18 世纪儒家天主教徒的认同危机》中,对清初儒家

---

① D. E. Mungello, *The Forgotten Christians of Hangzhou*. Honolulu: University of Hawaii Press, 1994.
② D. E. Mungello, *The Spirit and the Flesh in Shandong, 1650 – 1785*. Lanham: Rowman & Littlefield Publishers, 2001.
③ 杨少芳:《天学在清初的传播:〈天教明辨〉》,《东亚与欧洲文化的早期相遇:东西文化交流史论》,上海:华东师范大学出版社,2012。

基督徒严谟的生平事迹、思想特点进行了细致分析。作者认为严谟继承了耶稣会士的"合儒"策略，其身上作为一个基督教信仰者和作为儒家文化研习者并非水火不容、势不两立。但因礼仪之争的爆发，儒家基督徒严谟发生了严重的身份认同危机。明末清初儒家基督徒把儒学与基督教融会贯通的理想和实践因为礼仪之争而停止之后，给中国信徒尤其是儒家基督徒带来了空前的危机。严谟和当时所有的儒家基督徒一样，经历了种种痛苦和困惑，体现出清初基督教的发展与转变①。

钟鸣旦在《可亲的天主——清初基督徒论"帝"谈"天"》中，对严谟的"帝天说"进行了较为详细的阐述。作者通过分析严谟著作中对四书五经的引用情况和其著作中的"附会古儒"分析，指出严谟的主要目的是向"新来铎德"说明"古儒"经典中有关"上帝""天"的说法与天主教一致，从而为耶稣会士的传教策略进行辩护。作者还指出，严谟引用"古儒"经典来证明"上帝"和"天"与基督宗教的"天主"是一样的。在严谟的"帝天说"中，基督教的天主除了与中国传统的天的观念相似外，还有一些不同之处：基督教的天主常常是一位可亲的天主，与人亲近。

祝平一在《刘凝与刘壎：考证学与天学关系新探》中，对清初儒家基督徒刘凝及其与朴学之间的关系作了较为深入的探析。作者主要讨论了刘凝如何编纂和注释其先祖刘壎的作品，分析其如何以西学为文献考证之资，以及他的教徒身份如何影响他的考证实作。刘凝在考订刘壎文本时，所涉及的信仰、政治和文化以及天学的知识与信仰，促使刘凝以新的角度审视自己的文化传统。作者认为，儒家基督徒刘凝以天主教为框架的考证实践，更加提醒学界认识到清初考证学者的多元性②。

章文钦在《吴渔山及其华化天学》中，对清初儒家基督徒吴历(字渔山)的生平事迹、天学思想进行了详细而深入的研究。其中，对吴历的生平事迹考证得颇为详细，而对其天学思想的分析则集中于"华化"层面。作者指出，吴历的华化天学实际上即为儒家基督教，是将西方基督教的文化内容与中国传统文化相结合，用中国古典文学的形式和"格义"之法加以表述而形成中国化的天主教。吴历以中国古典诗歌的文学形式来表述天主教而形成天学诗。吴历以"格义"之法，运用儒家伦理学说以及儒释道的概念和词义中适合于天学的因素来表述天主教的文化内容。因此，华化天学(儒家基督教)正是以西方天主教的文化内容与中国

---

① 李天纲：《严谟的困惑：18世纪儒家天主教徒的认同危机》，《文本实践与身份辨识：中国基督徒知识分子的中文著述(1583—1949)》，上海：上海古籍出版社，2005，页156—182。
② 祝平一：《刘凝与刘壎：考证学与天学关系新探》，《新史学》2012年第1期。

传统文化的内容与形式相结合的①。

刘耘华在《行旅中的精神求索者：吴渔山之信仰嬗变探析》中，对清初儒家基督徒吴历的信仰嬗变历程有详细描述。作者认为吴历个人信仰的数度嬗变，与其行旅经验具有密切关联。作者指出，当基督教神学价值观成为吴历生命的精神支柱之后，其兼容了僧道出世思想的遗民价值观并未遭到彻底抛弃，相反，其遗世独立、淡泊名利、超然物表的品格内核被追求灵魂永恒超越的基督教价值观包含与融合，构成清初儒家基督徒的独特信仰世界②。

(3) 与清初儒家基督徒相关的研究成果

清初有些士大夫虽然不是信徒，但与传教士以及信徒之间有过密切往来，如许之渐等。汤开建对许之渐的研究表明，曾经对基督教友好，与传教士、信徒积极交往的许之渐在晚年却选择佛教。清初由于不同差会的加入，促使儒家基督徒在思考基督教与儒家传统时出现了分歧③。

清初地方基督教发展迅速，梅欧金对福建福安"地方化的基督教"的研究显示，在方济各会等差会的影响下，地方基督徒出现了拒绝儒家礼仪的倾向④。

对广义的儒家基督徒尤其是索隐派传教士的研究成果主要体现在人物传记上。柯兰霓对白晋的研究指出，正是因为白晋对古代儒家经典的熟悉以及他所具有的中国古代文学修养，为他赢得了康熙、李光地等人的友谊，也为其发展"索隐理论"提供了基础⑤。另外两个索隐派代表人物是傅圣泽与马若瑟。魏若望对傅圣泽的生平事迹、索隐思想及其影响进行了深入研究⑥；龙伯格则对马若瑟的著作、思想进行了细致分析⑦。

还有对清初其他传教士的研究。鲁日满是清初在江南传教的耶稣会士，高华士对鲁日满的传教账本进行了细致、深入的分析与研究，揭示了清初传教士的传教方法、财务收支等内容⑧。有关清初著名传教士汤若望、南怀仁、张诚、马国贤等的研究成果则很丰富。吴伯娅在研究康雍乾三帝与西学关系中指出，帝国统治者能够顶住罗马教宗对中国内政的干涉，遏制殖民势力伸向中国的触角，但

---

① 章文钦：《吴渔山及其华化天学》，北京：中华书局，2008，页 371。
② 刘耘华：《行旅中的精神求索者：吴渔山之信仰嬗变探析》，《依天立义：清代前中期江南文人应对天主教文化研究》第三章，上海：上海古籍出版社，2014，页 129。
③ 汤开建：《许之渐与"康熙历狱"》，《清代西学学术研究论集》，2006。
④ Eugenio Menegon, *Ancestors, Virgins, and Friars: Christianity as a Local Religion in Late Imperial China*. Cambridge, Mass.: Harvard University Press, 2009.
⑤ Claudia von Collani, *P. Joachim Bouvet S.J.: sein Leben und sein Werk*, Nettetal: Steyler Verlag, 1985.
⑥ 魏若望：《耶稣会士傅圣泽神甫传：索隐派思想在中国及欧洲》，郑州：大象出版社，2006。
⑦ 龙伯格：《清代来华传教士马若瑟研究》，郑州：大象出版社，2009。
⑧ 高华士：《清初耶稣会士鲁日满：常熟账本及灵修笔记研究》，郑州：大象出版社，2007。

因噎废食,失去了与世界保持同步的机会①。

清初一些士人对传教士带来的西学、西教有不同反应:有接受,也有批评;有宽容地接纳,也有狭隘地拒斥。在《清初士人与西学》中,徐海松对清初士人对西学的不同反应做了较为深入的研究②。李天纲指出,清初西学促使了清初学术与思想的转型,尤其是西学对清初汉学的兴起起到了积极的推动作用③。张西平则通过"汉学"的研究范畴对清初基督教的思想作了比较详细的介绍④。

总体而言,清初儒家基督徒研究多集中于重要事件、重要人物研究,而对于本土的儒家基督徒研究略有不足。随着重要文献的发现与使用,清初儒家基督徒的研究将有长足进步。本书运用《历代通鉴纪事本末补后编》《冠朝郭氏续谱》《尔斋文集》等珍稀文献,对张星曜、郭廷裳、刘凝等儒家基督徒的生平事迹和思想进行完整而深入的梳理与研究。对于这些儒家基督徒虽然已有一些研究成果,但因相关材料付之阙如,因而有待进一步的补充与更新。除此之外,学界对清初儒家基督徒群体的整体研究尚未出现。因此,本书尝试对清初儒家基督徒群体进行宏观与整体性的研究,从而勾勒清初儒家基督徒的"完整轮廓",以此更深入了解清初儒家基督徒(儒家基督教)与清初社会及其他群体之间的互动和交流。

---

① 吴伯娅:《康雍乾三帝与西学东渐》,北京:宗教文化出版社,2002。
② 徐海松:《清初士人与西学》,北京:东方出版社,2000。
③ 李天纲:《跨文化的诠释:经学与神学的相遇》,北京:新星出版社,2007。
④ 张西平:《欧洲早期汉学史:中西文化交流与西方汉学的兴起》,北京:中华书局,2009。

第一章 清初儒家基督徒概论

清初儒家基督徒属于第三代信徒,其思想、信仰与人际网络,与第一代、第二代有着某种相似性,但同时又有所不同①。本章从宏观的角度,对清初儒家基督徒的思想、信仰以及人际网络进行概述与讨论,以明晰清初儒家基督徒的整体面貌。本章的重点是探析清初儒家基督徒的人际网络的类型、构成及其形态。

第一节 清初儒家基督徒的类型与特征

清初儒家基督徒的形态与类别,与明末儒家基督徒有着继承关系。在讨论清初儒家基督徒类别之前,有必要厘清明末儒家基督徒的整体状况。

明末儒家基督徒群体中最为人所知,甚至成为明末基督徒群体代名词的就是"三柱石"(徐光启、李之藻、杨廷筠)。"三柱石"不仅有较高的功名、官职,而且在护教、辨教、扬教等方面均起到积极的作用。"三柱石"之外,还有一些有名的士大夫信徒,如王徵、孙元化、韩霖、金声、陈于阶、张赓等。整体来说,明末儒家基督徒群体有如下特征:① 部分儒家基督徒身居高位,社会影响力极大,对于基督教的发展起到非常重要的作用。如徐光启家族及其家乡在清代就成为天主教发展的重要基地,徐氏家族也成为基督教在当地的保护者与赞助人。② 明末儒家基督徒利用自己的身份,公开参与社会活动,利用公共话语推广天主教的伦理与思想。如徐光启撰写《辩学章疏》,上书朝廷,介绍天主教的教义、思想与功用;韩霖在乡约集会上利用天主教的伦理资源,解释朱元璋的"圣谕六言"。③ 在思想层面上,明末儒家基督徒基本上与徐光启所提出的"补儒易佛"相一致,并且围绕着补儒、易佛,展开了一系列写作,如杨廷筠撰写了《代疑篇》《代疑续篇》等著

---

① Nicolas Standaert ed., *Handbook of Christianity in China: Volume One* (635–1800), p.433; D. E. Mungello, *The Forgotten Christians of Hangzhou*. Honolulu: University of Hawaii Press, c1994, p.70.

作,与佛教展开对话。④ 在信仰层面上,明末儒家基督徒有不同的信仰表达,有情感型皈依,也有理智型皈依①。从现有文献来看,明末儒家基督徒对基督教的教义尤其是三位一体都有准确的理解与认识,但是迫于身份认同的压力,某些儒家基督徒在关键时刻不得不回到儒家认同,而产生了违背基督教的行为,如王徵的娶妾与自杀等②。

当然,除了这些儒家士大夫信徒之外,还有籍籍无名的儒家基督徒,诸如福建信徒领袖李九标、李九功兄弟,山西信徒领袖段衮、段袭兄弟等。他们虽然没有任何功名,但是曾经跋涉于科举之途,对于儒家的经典、思想都有很深的理解,他们的著作对于推动基督教的本土化也起到了重要的作用。

整体上来说,从明末到清初,基督徒群体有一个明显的转变,即从中上层转向中下层③。换言之,明末儒家基督徒群体除了"三柱石"之外,还有一些儒家士大夫信徒,他们使得明末儒家基督徒群体整体上处于比较高的社会地位;但是清初的基督徒缺乏类似于"三柱石"这样的人物,他们大多没有很高的科举功名,也没有较高的社会地位。

清初儒家基督徒大部分没有科举功名,基本上处于社会中下阶层,但是他们都自称"真儒"。如果按照社会地位进行区分,清初儒家基督徒群体大体上可以分成三类:

第一类为官员基督徒。清初基督徒群体中,只有较少数为官员,且大部分为历局官员,如清初历狱中被处死的基督徒李祖白,即为历局官员④。清初钦天监由汤若望、南怀仁等传教士掌管,历局中的中国籍官员均是传教士的门生,基本上都是基督徒,如邬明著等。除此之外,官员基督徒还有佟国器等⑤。佟氏为旗人,晚年受洗入教,本人及其家族对于清初基督教的发展均建树良多。对于此类儒家基督徒的研究,基本停留在对相关事件的描述上,鲜有较为深入的分析与探究,主要原因在于相关文献的缺乏。

第二类为士大夫基督徒。清初的士大夫基督徒往往是明末士大夫基督徒的后人,如许缵曾为明末松江地区著名信徒徐光启孙女甘弟大之子;孙致弥为明末著名信徒孙元化之孙⑥。除此之外,清初信徒朱宗元曾经中过举人。而相比较于

---

① 孙尚扬、钟鸣旦:《1840年前的中国基督教》,页194—203。
② 黄一农:《两头蛇:明末清初的第一代天主教徒》,页130—176。
③ 罗群:《传播学视角中的艾儒略与〈口铎日抄〉研究》,上海:上海古籍出版社,2012,页19—24。
④ 吴莉苇:《明清士人对圣经年代体系的接受与理解:以李祖白〈天学传概〉为个案》,《中华文史论丛》2009年第1期。
⑤ 方豪:《中国天主教史人物传》,页262。
⑥ 刘耘华:《徐光启姻娅亲脉络中的上海天主教文人:以孙元化、许乐善二家族为中心》,《世界宗教研究》2009年第1期;刘耘华:《杂糅的信仰与情感世界:清初上海的天主教文人许缵曾再论》,《上海师范大学学报(哲学社会科学版)》2008年第4期。

汤若望、南怀仁等熠熠生辉的形象,清初缺乏与之相称的儒家士大夫信徒。虽然有部分儒家士大夫与汤若望、南怀仁的关系比较好,但始终未能入教,也未能成为类似于明末"三柱石"般的人物。其主要原因在于清初传教士大多深居皇宫,很少与外界交往,而清初的士大夫对于天主教大多持怀疑与批评之态度,如黄宗羲、钱谦益等人。因此,清初的儒家士大夫对于西学西教的态度已经与明末不同,士大夫的心态发生了微妙的变化。清初所出现的"西学中源"的口号,恰好是此种心态之注脚[①]。

第三类为平民基督徒。平民基督徒虽然自称为儒家,但没有获得科举功名,亦很少担任官职。此类基督徒构成了清初儒家基督徒的主体,如张星曜、刘凝、诸际南、丁允泰、严谟、祝石、赵仑、王宏翰、陈薰、郭廷裳等。这些信徒均无科名,亦非官员,但在地方社会中,他们也被视作是儒家的一部分。诸如张星曜在自己的家乡仁和馆课教书,门生来自全国各地,多达200多人,其中还有人成为举人或进士。张星曜在自己的著作中也自称儒家,且是真儒,而非俗儒或伪儒。又如刘凝为清初江西的信徒,虽无功名,但被荐举为崇义县训导,又受地方官委托主持修撰家乡南丰县志。刘凝本人对于古文字、音韵均有研究,在当地的儒家学术界颇有名声,因此刘凝的思想具有代表性。

除此之外,清初儒家基督徒中还有华籍传教士,如清初著名画家吴渔山,即为华籍耶稣会士。虽然吴渔山很难被界定为儒家士大夫,但是在他的身份认同中,我们依然可以看出他对儒家的认同与归属。他创作的天学诗,可视作基督教本土化的有益尝试,而他的"华化天学"则为汉语神学构建提供了最佳范本[②]。

当然,清初基督徒群体除了上述几类外,还有南明时期的皇家信徒以及清初亲王信徒。南明隆武、永历时期,小朝廷内部有不少基督徒,甚至永历时期的太后、皇后、皇子均受洗入教,成为明清易代之际,基督教在中国大地上昙花一现的盛况[③]。南明时期除了皇家信徒之外,还有一些重臣如瞿式耜,甚至太监如庞天寿等均受洗入教[④]。此种"临时抱佛脚"的皈依行为,并没有给南明小朝廷以及基督教会带来任何实质性的改变。但永历小朝廷信徒与罗马教宗、耶稣会总长之间的往来书信,却成为重要的历史文献。由于汤若望等传教士深居皇宫,宫廷内部以及亲王也有人受洗入教。最为著名者,当为苏努家族。苏努有子十三人,其中有圣名者八人。因为涉及雍正即位问题,而苏努家族又是教会重要保护者,因此苏努家族成为清初中外都比较关注的对象。现有成果表明,雍正处理苏努并

---

① 徐海松:《清初士人与西学》,北京:东方出版社,2000,页319—372。
② 章文钦:《吴渔山及其华化天学》,北京:中华书局,2008。
③ 黄一农:《两头蛇:明末清初的第一代天主教徒》,页348—386。
④ 董少新:《明末奉教太监庞天寿考》,《复旦学报(哲学社会科学版)》2010年第1期。

非因为厌恶天主教,而是出于政治因素①。

如果按照受洗入教或皈依的原因来进行分类,清初儒家基督徒可以分成两类:

首先是"天生的基督徒"。所谓"天生的基督徒",是指一出生便受洗入教成为基督徒。基督教家庭成员往往受彼此影响而成为信徒。清初诸多士大夫信徒之所以成为基督徒,其主要原因就是其祖辈、父辈或母亲、祖母是基督徒,如徐光启家族的后人、徐光启家族姻亲的后人中有不少人成为基督徒;张星曜的儿子、女婿也受洗入教;明末福建信徒李九功的儿子李奕芬、严赞化的儿子严谟等均因家族原因成为基督徒。此类基督徒一直延续到禁教时期。教案发生后,大部分信徒均称基督教信仰是"祖传信仰",并声称不知朝廷禁令。

其次是"自致的基督徒"。所谓"自致的基督徒",是指自己主动选择受洗入教,成为基督徒。如果对此类基督徒根据具体的皈依缘由进行区分,还可以进一步区分为:通过阅读书籍而入教、通过人际网络而入教、因为挫折而入教等不同类别。其中,通过人际网络而入教是成为"自致的基督徒"的最主要原因。如张星曜是因为与基督徒诸际南、丁允泰的交往而入教,其撰写护教著作也是因为这些信徒的建议而进行的。与此同时,张星曜的人际网络对于基督教的传播也起到积极作用,其门生正是因为张星曜是基督徒而受洗入教。与传教士的交往,也是众多人成为基督徒的原因,如清初历局信徒程廷瑞。其于崇祯三年(1630年)冬"负笈北上",第二年春抵达北京,"适值机缘莫偶,须须不自得,逗留未返,乃幸得入天主正教,既又获从纂修历政之役,徽与西儒诸位先生昕夕相熏炙"②。此即表明,1631年春,程廷瑞到达北京,随即受洗入教,圣名路嘉,并入钦天监,成为知历生员。

与明末相比,清初儒家基督徒群体有如下三个特征:

首先,清初儒家基督徒群体在社会地位、科举功名上,整体上看要比明末低。清初缺乏类似于明末"三柱石"的信徒。清初儒家基督徒群体基本上以处于当时社会中下阶层的士子为主,而清初教会缺乏士大夫及官员的保护③。清初著名华籍耶稣会士吴历曾在其诗作中流露出教会缺乏有效保护而被人欺凌的情绪,其主要原因在于信徒的身份地位比较低下,因而难以形成类似于明末的广泛的、强有力的人际网络。现有的材料无法准确统计明末与清初儒家基督徒的人数,因而对于这些儒家基督徒的社会影响也很难评估。因此,所谓的清初儒家基督徒

---

① 陶飞亚:《怀疑远人:清中前期的禁教缘由及影响》,《复旦学报(哲学社会科学版)》2009年第4期。
② 徐宗泽:《明清间耶稣会士译著提要》,上海:上海书店出版社,2006,页261。
③ 参考肖清和:《吴历与清初中国天主教教会——以〈续口铎日抄〉为中心》,(台北)《新世纪宗教研究》2008年第4期。

社会地位"整体下移"只是概括性的描述。

其次,清初儒家基督徒参与公共活动要比明末少。明末的儒家基督徒常常参与公共活动,并对明季的社会问题发挥基督教的贡献,如韩霖使用西学西教重新诠释"圣谕六言",令人耳目一新;徐光启、李天经参与修历、练兵等活动;孙元化参与明末的火炮引入工作。而清初的儒家基督徒基本上没有参与类似的公共活动,除了历局官员之外,其他的儒家信徒局限于家乡一隅,毕生从事学术研究。清初社会趋向稳定,基督教失去了类似于明末社会迫切需要"灵丹妙药"的思想情势,这也是清初儒家信徒较少参与公共活动的原因之一。

再次,清初儒家基督徒呈现出专业化特征。所谓"专业化",是指清初儒家基督徒,从身份认同上比明末的"两头蛇"族显得更加单一。明末儒家基督徒在关键时刻,可能会选择儒家,而不是基督教,从而使得第一代基督教徒被学者称为"首鼠两端"的"两头蛇"。清初的儒家基督徒较少有此种情况,他们对基督教的认同要深,但这并不是意味着清初儒家基督徒只认同基督教,而拒绝认同儒家。相反,清初儒家基督徒努力融合因为礼仪之争导致的儒家与基督教之间的罅隙,他们矻矻于弥合两者,并留下了诸如《天儒同异考》这样的经典文献。

第二节 清初儒家基督徒的思想特征

理解清初儒家基督徒的思想特征,需要从两个方面入手:首先是明末儒家基督徒的思想传统,其次是清初学术思想的变化。

明末儒家基督徒的思想特征主要是"合儒"与"辟佛"。所谓"合儒"是儒家基督徒迎合传教士的"适应策略",将基督教与儒家思想进行融合。利玛窦在《天主实义》中将基督教与"古儒"思想进行创造性的"综合",提出了"吾国天主即华言上帝"等著名命题。徐光启等信徒则进一步发挥,将天主教的天主观、天堂地狱、生死观、性善与原罪等,与儒家的上帝论、道德论、人性论等进行融合。徐光启在《辩学章疏》中提出了"补儒易佛"的主张,实际上成为明末儒家基督教合法性的基础。杨廷筠在其著作中对"易佛"进行详细论述,围绕着基督教与佛教之间的关系展开讨论,将基督教"辟佛"进一步深入与强化,因此引发了佛教界的强烈反弹。王徵、韩霖、张赓、李九标等信徒,也有类似著作问世,其中所阐发的思想,除了介绍基督教的教义之外,还融入了传统的儒家思想,如王徵的敬天爱人等。明末儒家基督徒在思想上的贡献,大体上可以归结为"儒家一神论"。

清初学术思想发生的转变,是清初儒家基督徒的思想变化的外在环境。学界有从政治等外部因素,也有从内在理路等不同角度,讨论清初学术所发生的变化。清初学术界一方面反思明王朝灭亡的原因,重拾朱子理学为官方意识形态;

另一方面主张恢复汉学传统,考据、朴学兴起,注重对古文字、音韵的探微索隐。由于心学与佛道之间的关系十分密切,学者在反思心学之时,对于佛道的批判也成为清初学术的重要内容。清初儒家基督徒在这两个方面都受到极深的影响,一方面对佛道二教展开更加深入的批判,另一方面也尝试对古文字、音韵等展开研究,甚至激发和促进了清初传教士"索隐派"的形成。

清初儒家基督徒的思想特征可以从三个角度进行概括:

首先,从耶儒之间的关系来看,清初儒家基督徒要比明末的"合儒"更加深入,提出了"补儒""超儒""复儒"等思想主张。明末儒家基督徒在思想上所要解决的主要问题是作为外来思想与宗教的基督教,与儒家之间到底是什么样的关系。"合儒"的目的即是证明基督教的教义、思想与儒家相一致而不悖,因此,天学虽然是由传教士引入的,但其实质则与儒家相同。但是清初,基督教作为一种外来宗教的现实日益明晰,士大夫对于此种外来宗教也颇有微词。经过明末基督教与佛道二教、基督教与反教者之间的交锋之后,基督教与儒家之间,基督教与中国本土文化之间的张力和矛盾,更加清晰地展露出来。因此,针对此种情况,清初儒家基督徒提出了"合儒""补儒""超儒""复儒"等主张。其中,"超儒""复儒"是清初儒家基督徒所独有的。所谓"超儒"是指基督教在教义、思想等层面上超越于儒家,优越于儒家。张星曜在《天儒同异考》中从15个方面说明"天教超儒"。徐光启等明末基督徒主要是从儒家在道德教化方面存在的不足,提出基督教可以补充儒家,"左右儒术""补益王化"。张星曜所提出的"补儒"业已超越于徐光启的"功能论",更加强调基督教在敬天、畏天、审判等教义教理方面的内容。《天儒同异考》中"天教补儒"有将近一半的内容是讨论基督教在教义方面,可以补充儒家之不足,弥补孔子之"疏略"。因此,从张星曜的"补儒""超儒"来看,清初儒家基督徒不仅仅强调基督教在道德、伦理、教化等方面的作用,而且更加强调基督教教义本身的重要性。为什么清初儒家基督徒不再从"功能论"上强调基督教的"补儒论"?此亦与清初社会情势有关。与明末"溃如烂瓜"的社会情势不同,清初趋向稳定。从"功能论"角度强调基督教的作用,难以为世人所理解与接受。

所谓"复儒"是指基督教能够恢复"古儒"思想,能够接续三代而来的儒家道统。清初儒家基督徒尝试建立和更新基督教的"道统论",认为儒家经典在经历秦火之后,原意丧失,汉儒、宋儒的解释大多出自杜撰。因此,诸如刘凝等信徒认为,传教士进入中国后,中国儒家的道统才得以恢复。是故清初基督徒常常自称为"真儒"或"醇儒",而其他儒家则为"俗儒""伪儒"。

"超儒"与"复儒"是在"合儒""补儒"的基础上,由清初儒家基督徒提出来的、具有创新思想的主张。其不仅仅能用于解决基督教与儒家之间的关系,而且为清初基督教的存在与发展提供了更加符合时代背景的合法性理据。

所谓"合法性"理据，即是说明清初基督教为何存在，为何要在清初中国传播，而"超儒""复儒"则从学理上、思想上提供了解决之道。

其次，从耶佛之间的关系来看，清初儒家基督徒继续了明末"辟佛"的思想传统。清初有署名徐光启的辟佛著作《辟妄》，由此引发了清初基督教与佛教之间的批判和反批判。后来成为净土宗十祖的普仁寺截流行策，针对《辟妄》撰写《辟妄辟》，逐条反驳《辟妄》对佛教的批判。张星曜与洪济合作，撰写《〈辟妄辟〉条驳》，对截流行策的观点进行批判。不仅如此，张星曜在晚年还耗费十年之功，集二百门生之力，编辑完成《历代通鉴纪事本末补后编》，将历代辟佛道著作、历代佛道之乱搜集殆尽，成为清初辟佛的集大成性的著作。刘凝对抚松和尚反天主教的著作也展开反驳。

整体上看，清初儒家基督徒对佛道的批判比明末更加深入与全面，但在策略上有所不同。明末儒家基督徒对佛道主动展开攻击，清初则主要是针对佛教的批判而进行回应。明末儒家基督徒如杨廷筠主要从教义上展开攻击，清初则主要从历史上展开批判。尤其是张星曜的《历代通鉴纪事本末补后编》，并不是从思想、神学上批判佛道，而是列举史事、引用先儒辟佛思想来批判佛教，从而更加具有说服力。

值得注意的是，明末基督教辟佛思想引发了佛教的反弹，并形成了福建、浙江地区的反教运动，而清初基督教辟佛思想则没有形成反教运动。

再次，从本土化的角度来看，清初儒家基督徒开始作本土化尝试，形成了具有特色的诸如"华化天学"的本土化神学。朱宗元、张星曜、陈薰、吴历等信徒均有阐述神学的著作问世，其中对基督教的核心教义、思想均有深入的理解与分析。其中，吴历最具有代表性。在松江地区长达三十年的传教经历，也为他进行思想总结与神学实践提供了基础。而且，吴历还针对具体的情况，撰写了大量的天学文章，甚至将下层信徒喜闻乐见的采茶歌改编成圣诗乐谱；还指导信徒学习拉丁语、西方圣画及编制瞻礼历。张星曜则使用传统诗歌的形式，为杭州教堂悬挂的圣画配诗，从而开创了中国基督教诗歌的新传统。

另外，清初儒家基督徒还参与到了礼仪之争，并针对礼仪之争的相关议题发出了自己的声音。张星曜撰有《祀典说》，解释儒家的敬祖等相关祭祀礼仪的来源及其意义；严谟则撰有《帝天考》《辨祭》《考疑》等文章，为耶稣会认可儒家祭祖、敬孔等礼仪进行辩护；浙江信徒洪意纳爵撰有《祭祀问答》，辨明祭祀祖先之意。

在礼仪之争白热化之时，北直隶、湖广、浙江、江西等地的信徒群体参与了一场由耶稣会士发起的礼仪之争"誓证"活动。这些由各地的儒家信徒群体签字的誓状,连同其他各地的誓状一起由各地的耶稣会士寄往罗马,并以 *Summarium Novissimorum Testimoniorum Sinensium*(《中国更新的证言摘要》)为名出版。当然,这些誓状有共同的模板,且是由安多召集。签名的天主教徒来自北京的有50人,江南204人,湖广96人,江西有25人①。1702年,历局信徒鲍英齐等人的《北京教中公同誓状》,表达了儒家基督徒对实行维系身份认同的儒家礼仪的强烈要求,并表达了禁止儒家礼仪对教会可能带来的危险的深切忧虑:"自禁止后,以致奉教之众,五内如裂,悲痛号泣。外教者裹足不至,倍加讥讪,若以此数条,倘或告至有司,或申详督抚、或咨部题参,则中国之圣教何得复存?"②

整体上说,清初儒家基督徒深刻认识到采取"合儒"策略的积极作用,对于模糊儒家与基督教之间的界限的做法也比较认可。同时,对于清初儒家基督徒而言,虽然意识到认同天主教要在某些方面拒绝儒家认同,如娶妾以尽孝道等;但是,对于维系儒家认同的核心礼仪,如祭祖、敬孔等,则不仅难以抛弃,相反需要强化。因此,礼仪之争中教廷禁止儒家礼仪,导致了儒家基督徒的强烈反弹,甚至在福建地区引发了信徒与教廷使者之间的激烈冲突。

最后,清初儒家基督徒在护教上也继承了明末儒家基督徒的传统,诸如争取朝廷的许可、利用传教士与皇帝之间的关系等。张星曜撰有《钦命传教约述》,即是通过记录历次皇帝与传教士的赞许,来说明天主教为帝国所优待。南怀仁则编有《熙朝定案》,汇集官方赞许天主教的文件,以此证明天主教受到官方保护。

清初儒家基督徒在面临反教运动时,也利用自身的思想资源积极为基督教辩护,尤其是在清初杨光先反教之时。杨光先为了反教,撰写了《不得已》,对天主教的上帝论、圣母玛利亚、天堂地狱,以及传教士所引入的西方科学如地圆说等,均进行了批判。儒家基督徒何世贞则撰有《崇正必辩》,针对杨光先的批判而进行反驳。

清初儒家基督徒在传播西学方面也起到了积极作用,如影响张星曜入教的诸际南,就是一位对天文学深有研究的儒家士大夫,并与陆陇其有过交往;另一位融合西学与儒学的代表为王宏翰,著有《医学原始》与《古今医史》,成为清初实践会通中西医学第一人。王宏翰不仅热衷于基督教的神学,而且也专注于西方的哲学与科学③。这些儒家基督徒对于西学、西教的传播,对于清初几何学、算学等学术的兴盛起到了推动作用。

---

① Nicolas Standaert, *Chinese Voices in the Rites Controversy: Travelling Books, Community Networks, Intercultural Arguments*, pp.113 - 216.
② 黄一农:《两头蛇:明末清初的第一代天主教徒》,页426。
③ 徐海松:《清初士人与西学》,页158。

清初学术界盛行的"西学中源",推其源头,与儒家基督徒的"合儒"有着一定的关联。正是徐光启等信徒大力推行的"合儒",将西学、西教附会于"古儒"经典,从而给人造成错觉,认为西学与"古儒"类似。但是,清初思想家对于西学与西教进行了严格区分,传教士企图通过西学来传播西教的目的并没有实现,相反却引发了舍理求器的思潮。清初不少士大夫对于西方科学甚感兴趣,并有所涉猎与研究,但对于天主教则流露出鄙夷、厌恶,甚至批评之色。

清初思想界从会通中西到西学中源,逐渐从明末中西相遇之初的对中国文化的自信,转而为受到西方科技冲击而趋于下风的中国传统文化寻求恢复自信。但是,西学中源并非成为清初士人学习西方文化,实现会通、超胜之口号,反而在喧闹聒噪的争论中,他们逐渐故步自封,盲目自大。明末儒家基督教热切追求西方文化的传统,在清初不复存在。留给清初儒家基督徒的只有清廷与教廷之间的纷争,修会之间的内讧,以及士大夫对于西学西教的迟疑。在此种思想背景之下,清初儒家基督教徒在思想创造与融合方面,不可与明末儒家基督徒同日而语。徐光启的"翻译、会通、超胜"的目标,也很难通过清初儒家基督教实现。教会内缺乏高层士大夫信徒的保护,思想上缺乏创造的活力,清初教会日益变成少数人的聚会。在人员与思想日益凋零的情况下,清初儒家基督徒的诸多著作及其思想,也只能是信徒本人的自说自话,很难引发其他儒家士大夫的共鸣,甚至争议。受礼仪之争的影响,康熙在其晚年开始施行禁教政策,儒家基督徒群体更加萎缩。禁教之后,教会转入地下,这一时期的基督徒几乎都是下层百姓。基督教与儒家之间的对话不复存在,儒家基督徒亦成为历史。

* * *

清初儒家基督徒的思想、信仰与人际网络,延续了明末儒家基督徒的一般特征,但又有新的发展。明末清初儒家基督徒的思想、信仰与人际网络的发展,奠定了明末以来中国基督教发展的基本样态,也决定了儒家基督徒群体与中国社会之间互动的基本形态。

虽然明清易代,但是传教士的策略依然保持了连续性。清初传教士尤其是耶稣会士依然延续了利玛窦开创的"适应策略",积极与中国儒家士大夫交往,并形成庞大的人际网络。这些儒家基督徒对于天主教在清初的顺利传播起到了积极作用,这在汤若望的人际网络中得到鲜明的体现。不过,清初儒家基督徒的思想、信仰与人际网络与明末又有不同,主要原因在于礼仪之争的白热化导致儒家与基督教之间的张力日益凸显,如何处理两者之间的关系成为横在清初儒家基督徒面前的重要议题。礼仪之争期间,涌现出的大量有关耶儒关系的著作,正是对此一问题的反映。

第二章 从"合儒""补儒"到"超儒"：清初儒家基督徒张星曜

作为清初儒家基督徒以及中国第三代天主教信徒之代表，张星曜因其所提出的处理耶儒关系的主张，即"合儒""补儒""超儒"而为学者所关注。清初出现了诸多"合儒"类著作，诸如《补儒文告》①《天儒印正》②《经书精蕴》③等。虽然在他之前已有传教士指出类似思想，而明确提出"超儒"思想的则是张星曜。若具体分析《天儒同异考》之内容，可以发现该书不仅仅只为了处理如何对待儒释道等态度问题，而且还涉及清初天主教徒的身份认同问题，该问题是当时儒家基督徒需要迫切解决的。

本章首先根据最新的材料，全面探析张星曜的生平事迹及其皈依历程，然后分析张星曜的人际网络及其入教原因，接着以张星曜的著作为文本来源，如《天教明辨》《天儒同异考》④《祀典说》《历代通鉴纪事本末补后编》，分析这些文献中所体现的思想，以此管窥清初儒家基督徒的思想世界。

第一节 张星曜的信仰历程

张星曜，字紫臣，一字弘夫，浙江杭州府仁和县人。在《天儒同异考》的序中，张星曜署为"时康熙乙未，八十三岁老人张星曜紫臣氏弁言"⑤。其中"康熙乙未"即1715年，此时张星曜83岁，因此按中国阴历张星曜应生于1633年。康熙十七

---

① 徐宗泽：《明清间耶稣会士译著提要》，页99。
② 徐宗泽：《明清间耶稣会士译著提要》，页99—100。
③ 徐宗泽：《明清间耶稣会士译著提要》，页100。
④ 原载郑安德：《明末清初耶稣会思想文献汇编》第三卷，北京：北京大学宗教研究所，2003，页538—604。
⑤ 张星曜：《天儒同异考》，北京：国家图书馆藏，页4b。

第二章 从"合儒""补儒"到"超儒":清初儒家基督徒张星曜

年(1678年)领洗,教名依纳爵,故其又号依纳子①。1715年之后尚无其他资料,因此可以断定张星曜逝世于1715年之后。

张星曜的父亲为张傅岩,在《家学源流》中谓其父少时曾听讲于"杨漪园先生所",随后与葛寅亮交游,并被葛氏聘为西席,"居葛所三十余年",科考一直不利。方豪先生认为,这里的杨漪园是杨廷筠"淇园"的转写,但没有给出具体的证据②。实际上,张星曜在《历代通鉴纪事本末补后编》卷七"轮回"条,引用"漪园氏曰:如何见得人与畜类不相轮回?……"其具体内容即是来自杨廷筠的《天释明辨》。换言之,张星曜确实有在其著作中将"淇园"写成"漪园"的习惯③。张殷甫还与休宁金声亦有同门之谊④。

南明时,张傅岩中弘光乙酉(1645年)科。清初张傅岩业已年迈,"遂弃举子业,隐居著书"。张傅岩以孝义称,曾剜肉医父。辑有二百余卷经史百家之言,著有五十卷《傅岩文集》。

早在明朝晚期,杭州就已成为天主教传教中心,耶稣会士郭居静、艾儒略、卫匡国和殷铎泽都曾在杭州敷教⑤。作为明季教内"三柱石"的杨廷筠、李之藻均是杭州人。尤其是经过卫匡国和殷铎泽的苦心经营,杭州天主教在清前期极为兴盛,从而招致浙江士绅的极大反弹。1661年卫匡国逝世前后,各地仇教运动兴起,杨光先所发起的反教运动,给天主教带来极大的威胁。1674年,殷铎泽自罗马返回中国,并被派遣至杭州,按洪渡贞盼咐掌管杭州教堂。1678年,殷铎泽在杭州近郊之大方井购地甚广,"建设传教师公墓及礼拜堂一所"⑥。张星曜极有可能施洗于殷铎泽。

作为第三代中国基督徒,张星曜并无十分复杂的人生经历或科第背景;或因相关史料之阙如,对于张星曜受洗之前的46年状况,我们知之甚少。但根据张星曜所撰写的序言,我们可以对其皈依前后的生活与思想情势有一大概了解。

---

① 张星曜可能由殷铎泽施洗,参见 D. E. Mungello, *The Forgotten Christians of Hangzhou*, p.73;李天纲:《中国礼仪之争:历史·文献和意义》,页235。
② 方豪:《中国天主教史人物传》,页299—300。
③ 张星曜:《历代通鉴纪事本末补后编》卷七"轮回"条,页13a—16b。杨廷筠原文载《天释明辨》"轮回"条,《天主教东传文献续编》,页288—296。但张星曜在其他地方又写作"淇园",如《历代通鉴纪事本末补后编》卷八,页3a、17b;《历代通鉴纪事本末补后编》卷九,页7a 等。
④ 张殷甫与金声同为葛寅亮在湖南书院的学生,并参与葛寅亮《四书湖南讲》的编辑活动,参见氏著《四书湖南讲》"商内姓氏",《四库全书存目丛书》经部第162册,济南:齐鲁书社,1997,页110—111。明亡之时,葛寅亮曾欲"自经"殉难时,张殷甫正在葛的身边,参见柴绍炳:《户部右侍郎屺瞻葛公传》,载氏著《柴省轩先生文抄》卷九,收于《四库全书存目丛书》集部第210册,页353 上。关于金声,参见方豪:《中国天主教史人物传》,页168—172;黄一农:《两头蛇:明末清初的第一代天主教徒》,上海:上海古籍出版社,2006,页324—333。
⑤ 韩琦:《张星曜与〈钦命传教约述〉》,in D. E. Mungello ed., *Sino-Western Cultural Relations Journal*, XXII, 2000, pp.1 - 10.
⑥ 费赖之:《在华耶稣会士列传及书目》上册,北京:中华书局,1995,页328。

其在《天教明辨》的序言中云："予少习儒以为应举之业在是(也)，既而先人背世，民俗竞作佛事，予亦延僧诵经，其所诵者《金刚》《水忏》《法华》而已。"①《天儒同异考》的序云："予向不知释典，读《礼》之暇，有人告予曰：欲知性命之理，曷不取《内典》观之？予于是取阅《楞严》《维摩》等书。"②可见，张星曜在皈依之前基本上是在准备科第。在阅读儒家经典之余，张星曜亦对"性命之理"甚感兴趣，因此有人推荐佛教内典，于是张星曜阅读《楞严经》《维摩诘经》等佛教经典，并且按民间风俗习惯，用佛教仪式为其亲人做超度法事。这种情形与明季杨廷筠十分类似，在皈依天主教之前杨廷筠亦对佛教甚感兴趣，且均在皈依天主教之后与佛教彻底决裂③。

然而，张星曜从儒家或佛教转向天主教，却招致很多批评，遇到很大阻力。其在《天教明辨》的序中云："于康熙戊午，发愤领洗。阻予者多方，予皆不听。有仇予者背谓人曰：'张某儒者，今尽弃其学而学西戎之教矣。'"④姑且不论"阻予者多方"是否包括其家族成员，但很显然，张星曜皈依天主教面对了很大的阻碍和压力，尤其是"仇予者"所言的"尽弃其学而学西戎之教"。对于张星曜来说，转向天主教恰恰不是转向"西戎之教"，更不是尽弃儒学。张星曜云：

> 世之儒者皆儒名而墨行者也，以其皆从佛也。予归天教，是弃墨而从儒也。孔子尊天，予亦尊天；孔孟辟异端，予亦辟佛老。予今日始知有真主有真儒。奉真主以讨叛逆，如奉周天子以伐吴楚。今而后三皇五帝所传之圣道，予始得而识之矣。岂曰尽弃其学乎？奈世之人未知天教之即儒也，又不知天教之有补于儒也。听二氏之徒吠声附和而不知所归。⑤

因此对于张星曜而言，其归天教乃是"弃墨而从儒也"，天教乃真正儒家，转向天主教就是转向真正儒家，而非"尽弃其学"。因为世人不知道天教就是儒家，而又因为二氏之徒"吠声附和"，所以责备他"尽弃其学"，而归"西戎之学"。

张星曜在皈依天主教之后，首先就与佛教进行辩难，为天主教辩护。1689年，张星曜与仁和洪济撰《〈辟妄辟〉条驳》。1690年，张星曜撰《历代通鉴纪事本末补后编》，主要是"取佛老妄诞者辨之，为通鉴纪事补一千七百余页"⑥。在批判佛道二教之外，张星曜还积极思考如何正确处理基督教与儒家之间的关系，编纂

---

① 张星曜：《天教明辨》"自序"，北京：国家图书馆藏，页5a。
② 张星曜：《天儒同异考》，页1b。
③ 关于杨廷筠早年信佛以及后来反佛等，参见钟鸣旦：《杨廷筠：明末天主教儒者》，北京：社会科学文献出版社，2002，页66—67。
④ 张星曜：《天教明辨》"自序"，页5b。
⑤ 张星曜：《天教明辨》"自序"，页5b—6a。
⑥ 转引自方豪：《中国天主教史人物传》，页298。

第二章 从"合儒""补儒"到"超儒":清初儒家基督徒张星曜

了《天教合儒》《天教明辨》等著作。又因为康熙帝与罗马教廷之间发生礼仪之争,作为杭州重要信徒领袖的张星曜为解决礼仪之争中有关中国礼仪问题而撰写《祀典说》。在杭州各地兴起反教浪潮之时,张星曜与其他信徒一起撰写《钦命传教约述》,冀通过皇权之影响而给予传教之便利与基督教活动之认可。虽然礼仪之争使基督教的传播与发展受到一定干扰和影响,但由于康熙采取了"领印票"的政策,并在南巡中给予传教士特别关注,因而在康熙中前期,基督教发展依然迅猛。张星曜的晚年见证了中国基督教发展的一个高峰时期[①],正如其在《天教超儒》的序中所言:"今天教行于我中国,如日中天。"[②]然令张星曜始料未及的是,在撰写该序之后不久的康熙五十六年(1717 年),康熙已准广东碣石镇总兵陈昂所奏"天主一教,各省开堂聚众,在广州城内外者尤多,……乞循康熙八年(1669 年)例,再行严禁,毋使滋蔓"。次年,两广总督杨琳再奏"西洋人开堂设教,其风未息,请循康熙五十六年(1717 年)例,再行禁止"。直到康熙五十九年(1720年),康熙在阅读罗马禁令后认为天主教"禁止可也,免得多事"[③],至此才真正下令禁教。雍正元年(1723 年),雍正听从浙闽总督满保之奏疏"西洋人留京者,有供修造历日及闲杂使用;至在外各省并无用处"而再次禁教[④]。

张星曜的主要著作可参见表 2-1。

表 2-1 张星曜著述表

著 作 名	年 代	年龄	编 辑 群	类 别
《圣教赞铭》	1678 年前后	约 46 岁	传教士作图,张星曜配诗	教义
《〈辟妄辟〉条驳》	1689 年	57 岁	与洪济合著	辟佛道
《历代通鉴纪事本末补后编》50 卷(附《家学源流》)	1690 年	58 岁	校订及门生,凡 71 人	辟佛道
《天教合儒》	1702 年	70 岁	白晋	合儒
《祀典说》	1704 年	72 岁	张星曜	礼仪问题
《钦命传教约述》	1707 年	75 岁	张依纳爵、杨伯多禄、何雅谷伯、俞裴理伯、孙伊纳爵、王若翰、丁保禄、王保禄、张保禄、何若翰	礼仪问题

---

① 这个时期在中国的耶稣会士也达到顶峰,参见 Nicolas Standaert, "The Jesuit Presence in China (1580-1773), A Statistical Approach", in D. E. Mungello ed., *Sino-Western Cultural Relations Journal*, XIII, 1991, p.7.
② 张星曜:《天儒同异考·天教超儒》"序",页 68b。
③ 转引自陈佳荣:《中国宗教史》,香港:学津书店出版社,1988,页 415—416。
④ 可参见中国第一历史档案馆编:《清中前期西洋天主教在华活动档案史料》,北京:中华书局,2003,页 56—57。

续　表

著　作　名	年　代	年龄	编　辑　群	类　别
《昭代钦崇天教至华叙略》①	1708年	76岁	何文豪、张星曜、杨达	礼仪问题
《天教明辨》20册	1711年	79岁	济阳丁允泰履安氏创意、钱江张星曜紫臣氏手辑、张又龄度九氏校雠	合儒
《天儒同异考》	1715年	83岁	张星曜	合儒
《葵窗辨教录》	1715年之前	不明	张星曜	辟佛
《天学通儒》②	1715年之前	不明	张星曜	合儒
《徐光启行略》③	1678年	46岁	柏应理	传记
《补儒略说》④	不明	不明	张星曜	合儒

自表2-1可以看出，张星曜的大部分著作都是用来处理基督教与儒释道三教之间关系的，其态度基本上继承利玛窦以来的策略，即"补儒易佛"。利玛窦在《天主实义》中曾对释道展开激烈批评，就释道二教中的核心概念诸如空无、轮回转世、天堂地狱、超生渡世、因果报应等进行批判。儒家士大夫信徒同声相和，如徐光启、杨廷筠等信徒也对佛道进行批评。然而，在对待儒家的态度上，张星曜已经明显不同于明季基督教信徒。明季基督徒一般采取利玛窦等传教士的"补儒易佛"的态度，如徐光启云："诸陪臣所传事天之学，真可以补益王化，左右儒术，救正佛法者也。"⑤在为天主教辩护的策略上，一般极力说明天主教与儒家之同以及天主教带来"补益王化"之实际功效。但是张星曜不仅仅力图证明天主教就是真正的儒家、天主教合乎儒家、天主教可以补益儒家，而且还提出天主教超越于儒家。这种超越性不仅仅在教义等义理思想上，而且还在天主教的组织制度、生活方式、伦理道德甚至在社会思想、政治思想上。换言之，张星曜不仅仅看到天主教与儒家之不同，甚至积极主张用西方文明中的某些制度来对传统儒家的中国进行改造。

根据《家学源流》所署"仁和后学张星曜紫臣氏编次、男杭州张又龄度九氏参

---

① 藏于罗马耶稣会档案馆，Jap. Sin. 150：Ritus Sinici Liturgica 1622-1708, fol. 454-465。参见韩琦：《张星曜与〈钦命传教约述〉》，页9。
② 张星曜在《天儒同异考·天教合儒》第二十节中提到该部著作(页60a)，已佚。
③ 该书在法国国家图书馆目录上署名为张星曜，实际上为张星曜所辑《历代通鉴纪事本末补后编·中国奉教修士考》中的内容。由柏应理撰，张星曜只不过将其收入该书中而已。
④ 《天教明辨》第1册提及此书，页126b。
⑤ 徐光启：《辩学章疏》，王重民：《徐光启集》，上海：上海古籍出版社，1984，页431—437。

订、婿钱塘赵飞鹏扶九氏、仁和柳文彬素调氏同校"①。又据其他相关材料,可知张星曜高祖为张进卿,曾祖为张东升,祖父为张尔遇,父亲张傅岩。张星曜有子二,张又龄,字度九;张亦龄,字潜孚。又有女二,其一不知其名,适赵飞鹏,字扶九,有子名赵铎,字绝斯;另一女为张德芳②,适柳文彬,字素调,有子二,柳起元、柳卜元。

张星曜家族世系情况如图 2-1 所示:

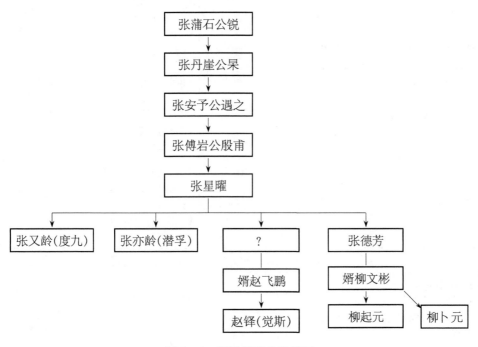

图 2-1　张星曜家族世系图

第二节　张星曜的人际网络

虽然张星曜活动区域主要局限于杭州地区,并且自谓"知交寡少",但这并不表明张星曜缺乏广泛的交游。实际上,与当时的基督徒类似,张星曜也处于一个联系紧密、交游广泛的群体网络之中。表 2-2 可初步展示张星曜的人际网络。

---

① 方豪:《中国天主教史人物传》,页 300。
② 王同纂:《唐栖志》,杭州:浙江摄影出版社,2006,页 251。载:"柳节妇张氏德芳,仁和诸生张星曜女也。氏性慧,父尝授以诗书,与史又龄同学。家庭之间,吟咏无虚日。适庠生柳文彬。未几文彬病,呕血死,氏拟以身殉。以舅姑老子女幼而止。茹荼饮泣事舅姑,养葬尽礼。以兄死南粤,父母无依,及迎归养,死为营葬。抚二子起元、卜元,并列胶库。七十九岁无疾而逝。事闻,督军题旌建坊。德芳有手著《醒世粹言》三卷行于世。"其中,"史又龄"恐误。

表 2-2 张星曜人际关系网

姓　名	籍　贯	与张星曜关系	来　源	是否为信徒
闵佩等39人	浙江①	师生	《历代通鉴纪事本末补后编》	待考证
校订及门生等32人	非浙江籍贯②	师生	《历代通鉴纪事本末补后编》	待考证
张又龄	仁和	父子	《天教明辨》《家学源流》	待考证
张亦龄	仁和	父子	《历代通鉴纪事本末补后编》	待考证
赵飞鹏	钱塘	翁婿	《家学源流》	待考证
柳文彬	仁和	翁婿	《家学源流》	待考证
赵铎觉	钱塘	外孙	《历代通鉴纪事本末补后编》	待考证
王若翰	武林	同学,教友	《〈辟妄辟〉条驳合刻》《钦命传教约述》《证词》《致艾斯玎信札》（一）（二）	信徒
洪济	仁和	教友	《〈辟妄辟〉条驳》	信徒
杨伯多禄③、何雅谷伯、俞裴理伯、孙伊纳爵、丁保禄、王保禄、张保禄、何若翰等	杭州	教友	《钦命传教约述》《证词》《致艾斯玎信札》（一）（二）	信徒
何文豪、杨达等	杭州	教友	《昭代钦崇天教至华叙略》	信徒
艾斯玎	意大利	传教士	信件（一）（二）	信徒
余多默、朱至杭	衢州、严州	教友	信件（一）（二）	信徒
诸殿鲲（诸际南）	浙江	教友	《天儒同异考·天教合儒》《天教明辨》	信徒
计迥凡	浙江	友人	《天儒同异考·天教补儒》	非信徒

---

① 方豪谓浙江籍37人,其中杭州7人,仁和5人,钱塘14人,余杭7人,嘉兴、海宁、慈溪、平阳各1人。
② 方豪谓非浙江籍31人。
③ 杨伯多禄曾与洪意纳爵、朱西满合撰《祭祀问答》,用来回答传教士殷铎泽有关祭祀等问题,参见李天纲:《中国礼仪之争:历史·文献和意义》,页145。

第二章 从"合儒""补儒"到"超儒":清初儒家基督徒张星曜

续 表

姓 名	籍 贯	与张星曜关系	来 源	是否为信徒
丁允泰(字履安)	山东济阳	教友	《天教明辨》	信徒
殷铎泽	意大利	传教士	《祀典说》	信徒
毛先舒	仁和	友人	《历代通鉴纪事本末补后编》卷七	待考证
张蔚然(维烈)	仁和	叔侄	《蓬居问疑》(《〈辟妄辟〉条驳》《历代通鉴纪事本末补后编》)	待考证
"吾兄"	杭州	兄弟	《粥教录》(《天教明辨》)	非信徒

其中"校订及门生"可参见表2-3①:

表2-3 《历代通鉴纪事本末补后编》校订及门生

籍贯		姓 名	总计
浙江籍	杭州	柴宫来(廷桂)、翁亦千(世焜)、□□□②、闵玉苍(佩)、陈又宪(汇度)	5
	余杭	关化城(仙闾)、关樊桐(仙圃)、关虞沧(津)、葛缵臣(世桢)、章剑华(射斗)、叶仪九(鸣凤)李文彩(焕)、□□□	8
	钱塘	郭威如(绍仪)、柴见沧(炼)、许绶珍(陈勇)、朱越千(士汉)、姚仲若(应麟)、闵绍□□□、闵若伊(象贤)、陈德□(□谨)、计沛苍(经邦)、沈济之(经世)、徐鹤年(延龄)、沈天御(应□)、黄于水(德鉴)、潘佩双(璜)	14
	慈溪	厉玉符(□璋)	1
	仁和	陈巨源(起涛)、潘庶瞻(璐)、□仲朗、胡天行	4
	义乌	陈子高、陈子立	2
	嘉兴	杜庭柱(拥宸)、□□	2
	海宁	王公纯(曰髙)	1
	平阳	赵(如抃)	1
	昌化	童(兆说)	1/39

---

① 该表来自澳门"中央"图书馆所藏《历代通鉴纪事本末补后编》。因时代久远,又是手抄稿,不少地方尤其是第一卷字迹脱落模糊。该书在《书目答问笺疏·笺部旧稿》中有载,卷二《史部》云:"康熙间仁和张星曜《历代通鉴纪事本末补后编》五十卷,未刊。原稿旧藏丰顺丁氏持静斋。"又按独山莫友芝(字偲):《郘亭知见传本书目》卷四云:"《历代通鉴纪事本末补后编》五十卷。国朝仁和张星曜撰。以袁氏《本末》,未有专纪崇信释老,乱国亡家为篇者。乃杂引正史所载,附以稗官杂记及诸儒明辨之语,条分类列,以此为书。星曜字紫臣,成书自序在康熙庚午(1690年),尚未刊行。同治丁卯(1867年),丁禹生收其手稿。"根据上述两点,可见该书原稿应该藏于丁日昌的持静斋。澳门所藏该书扉页有"吴兴刘氏嘉业堂藏书",并没有丁氏藏书印。该书应该不是原稿,而是重抄稿。该书之成应该由刘承干抄自于丁日昌的原稿本,并辗转由澳门"中央"图书馆收藏。

② □为原文难以辨认的文字,全书同。

续 表

籍贯		姓　名	总计
非浙江籍	巩昌(陕西)	李德馨(芬)、李瑶英(芳)	2
	阶州(甘肃)	雷武弼(霖)	1
	镇番(甘肃)	何(绪溥)、□(绪浩)	2
	宛平(直隶)	袁文清、袁树荣、袁瑜、袁瑛、袁子建(国勋)	5
	大兴(直隶)	康耀宗(光先)	1
	常熟(江苏)	吴道东(望)	1
	无锡(江苏)	熊金书(□□)、熊弘载(璐)	2
	建昌(盛京)	张化可(□亮)	1
	满洲	完颜觐□□□、完颜擎侯(鸿图)	2/17
其他	国学	戴仁长(瑞麟)、蔡文若(世彩)、蔡纫佩(世兰)、沈瑢(若思)、沈南英(□桢)、章质文(彬)、杨履吉(师道)、钟子韶(彝鼎)、葛宿也(文林)、闵献淮(琛)	10
	未知	葛枚臣(殿桢)、张子忠(璟)、潘昊用(瑃)、钟薪周(朴)、翁诞先(英)	5/15

　　张星曜的门生等达 71 人,且分布在浙江杭州、仁和、钱塘等地,甚至还有门生来自陕西、甘肃、直隶、盛京等地。从中可见张星曜虽然没有功名,但在当地应具有一定的地位。

　　此外,张星曜还与传教士艾斯玎、教友王若翰和洪济等有过密切交往;不仅与杭州地区的信徒往来,而且还与福建、山东等地的信徒有过接触。其中,杨伯多禄、何雅谷伯等教友曾于 1707 年与张星曜撰写《钦命传教约述》。自称为张星曜"同学"①的王若翰曾于 1725 年将张星曜和教友洪济所作的《〈辟妄辟〉条驳》与徐光启所作《辟释氏诸妄》合刻出版。然而对张星曜影响最大的就是诸际南和丁允泰。张星曜云:

既而与诸子际南游。诸子今之博学人也,与予谈天教之理,予饫聆其说,疑团尽释,深悔前之读二氏书为错用功也。②

予友诸子际南先生,示予以天教之书。予读未竟,胸中之疑尽释。方知

---

① 王若翰:《辟妄条驳合刻》,《耶稣会罗马档案馆明清天主教文献》第 9 册,页 394a。
② 张星曜:《天教明辨》"自序",页 5b。诸际南与耶稣会士鲁日满有过密切往来。1675 年 10 月,鲁日满曾给诸际南小儿子一些救济金,高华士:《清初耶稣会士鲁日满常熟账本及灵修笔记研究》,页 220。

第二章 从"合儒""补儒"到"超儒":清初儒家基督徒张星曜

> 天壤间自有真理。儒教已备,而犹有未尽晰者,非得天教以益之不可。①

张星曜转向天主教与诸际南之交游有莫大关联,甚至可以说张星曜皈依天主教完全由诸际南之引导:一方面诸际南给张星曜讲解"天教之理",另一方面予以天教之书,诸如《天主降生言行纪略》②及《圣经直解》③等。

张星曜又云:

> 爰是取天教之书,删繁就简,(章)④定为数十卷,颜曰《天教明辨》,从予友丁子履安之意也。履安家世天教,纯粹温良,吾党共推。俟予书成梓以问世,使读之者知天主上帝救赎之深恩。⑤

张星曜所辑 20 册《天教明辨》乃由"济阳(今山东济阳)丁允泰履安氏创意",即表明丁允泰与张星曜的交往非常密切。张星曜称赞丁允泰"家世天教,纯粹温良,吾党共推"。这里所谓的"吾党"应当就是指张星曜所处教会内信徒所组成的群体。但限于史料之匮乏,对于丁允泰、诸际南以及其他教友,实际上仍缺乏更多了解。

固然可以说,张星曜转向天主教和与之交往的诸际南、丁允泰等密切相关,但至于其皈依天主教之真切原因实则需要更深入分析。若从思想层面来看,张星曜转向天主教无非与下面两个原因有关:其一辟佛,其二补儒。张星曜及其子婿编辑辟佛道类书《历代通鉴纪事本末补后编》实际上源自其父张傅岩。张星曜在《家学源流》中云:

> 我朝定鼎,父年已迈,遂弃举子业,隐居著书,纂十三经、二十一史,分类胪列,细大不遗,若网在纲,为类书之冠。因篇帙繁重,未能刊也。小子生晚,不及见先祖音容,唯日侍先君提诲。凡于性理微言,必谆谆详告,家间承数世读书以来,典册稍备,遂得遍观而博采之。今头颅已白,愧无所成,辑为此册,欲以辨白理道是非,令人不堕邪见。盖得先世读书之泽,先君教育之恩,谨识简端,以志不忘所自之意云耳。而予儿又龄、予婿飞鹏,颇知向往,集中亦有一二阐发处,襄予不逮,亦得并及。⑥

---

① 张星曜:《天儒同异考》"合订本序"(郑本),页 3a。
② 郑安德编:《明末清初耶稣会思想文献汇编》第 10 册,北京:北京大学宗教研究所,2003。
③ 《天主教东传文献三编》第 4—6 册,台北:台湾学生书局,1984。
④ 陈垣校订时删除此字,以下引用时不再出现。
⑤ 张星曜:《天教明辨》"自序",页 6a。
⑥ 张星曜:《家学源流》,转引自方豪:《中国天主史人物传》,页 299—300。

张星曜父亲张傅岩曾为葛妃詹西席,中过永历高等,后因年迈而弃举子业,隐居著书。张家"数世读书以来,典册稍备",张星曜因得"遍观而博采之"。张傅岩根据十三经、二十一史,"分类胪列",为"类书之冠"。张星曜继承其父之志,编辑成书,"欲以辩白理道是非,令人不堕邪见",而其子、其婿"颇知向往,集中亦有一二阐发处,襄予不逮,亦得并及"。长达一千七百余页的《历代通鉴纪事本末补后编》主要内容为"历代君臣奉佛之祸;佛教事理之谬;佛徒纵恶之祸;儒释异同之辨;禅学乱正之失;历代圣君贤臣辟佛之正;历代君臣求仙奉道之祸;道士纵恶之祸;儒老异同之辨;历代圣君贤臣辟老之正"①。即从经史书籍中辑出有关佛道之内容,根据事实与义理来反驳佛道二教。无论是论证方式还是论证材料,均令人信服。

虽然《历代通鉴纪事本末补后编》序言撰于张星曜皈依基天主之后,即1690年。实际上,编撰该书是从数十年之前,极有可能在张星曜皈依天主教之前就已经开始。张星曜云:

> 尤忆数十年来,夜永灯青,质疑送难,历历在目,其间或假予书籍,或代予抄录,或助予校雠,闵氏诸子之力为多。若……虽先后背世,亦得并书,盖人之灵性原自不泯,予之交情不以存亡异也。有虽系从游而志趣或异者,不得悉列,阅者鉴之。②

该书之成并非张星曜一人之力,"或假书籍,或代抄录,或助校雠",可见该书乃群体合作的结果。姑且不论该群体是否全为天主教徒,但该群体应该认同张星曜辟佛的态度,否则该书的编撰难以为继。

在《历代通鉴纪事本末补后编》成书之前,张星曜曾与教友洪济合撰《〈辟妄辟〉条驳》。著该书之缘由乃是"虞山北涧普仁截沙门者,惧文定公辟妄之言彰,则众憎谋身之计绝,强为《辟妄辟略说》"③,"有明元辅、吴淞徐文定公,因作《辟妄》八章,……何物普仁截沙门,敢作《辟妄辟略说》,以肆狂诋"④。先是徐光启作《辟释氏诸妄》以辟佛氏,而后康熙年间普仁截反驳徐光启而作《辟妄辟略说》,就有关教理内容展开辩论。张星曜与洪济等又就《辟妄辟略说》展开反驳。

在张星曜皈依天主教前后,其著作基本上都以辟佛为中心,而且张星曜辟佛并不是因为皈依天主教之后为了护教,在其皈依基天主之前,张星曜也曾对佛教甚是反感。这种反感主要是因为义理上佛教与儒家诸多不合,以及佛教教理诸

---

① 张星曜:《历代通鉴纪事本末补后编》,转引自方豪:《中国天主教史人物传》,页299。
② 张星曜:《历代通鉴纪事本末补后编》,转引自方豪:《中国天主教史人物传》,页299。
③ 洪济:《〈辟略说〉条驳》"序",《耶稣会罗马档案馆明清天主教文献》第9册,页437b。
④ 张星曜:《〈辟略说〉条驳》"序",《耶稣会罗马档案馆明清天主教文献》第9册,页443b。

第二章 从"合儒""补儒"到"超儒":清初儒家基督徒张星曜

多不相融贯。如其所云:

> 闻佛氏之说,以为罪福本空,修斋可免罪也,十声弥陀可登彼岸也。遂不辨是非而从之,竟不知佛氏实非上主,……如饮鸩醪,永远沉沦矣。虽或知之,亦姑为之,聊以饰世俗之故套已耳。……既而先人背世,民俗竞作佛事,予亦延僧诵经,其所诵者《金刚》《水忏》《法华》而已。予问诵此何为?彼言亡灵不能持诵,多作罪孽,延僧诵祈以免咎也。予言予非不识者,请生前自诵之何如?渠云如此甚善,予遂取诸内典读之,觉与儒理不合,且思罪自己作,僧祈可免,是有钱者生,无钱者死也。且口诵而非身行,竟亦何益也。况僧代人诵欲免吾罪,是他人饮食能令我饱也,恐无是理。如欲身行,则吾又不能为僧,疑积于中,久而弗释。……深悔前之读二氏书为错用功也。①

该序虽然是张星曜皈依之后写成,但表明其皈依前与佛教有过密切接触。张星曜认为,佛氏之书"与儒理不合","儒道尊天而佛氏蔑天,儒道立诚而佛氏谈空,儒道重五伦而佛氏弃五伦",并且延请僧众诵经超度亡灵更是与理相悖,张星曜谓之"有钱者生,无钱者死",仅仅是"口诵而非身行",对于死者而言又有何益?张星曜在准备科第之时,曾"阅《楞严》《维摩》等书",而他认为"见其言要紧处,则曰若有言说,都非实义"。不仅如此,张星曜还认为佛教之入中国,创为异说,灭人伦,毁纲常:

> 自佛氏书入中国,创说诡异,老氏之徒效之,于是中国之人心不可问矣。人皆降衷之命,而佛氏言天上地下,唯吾独尊,此分明是天主所降黜之大傲魔。而世人不审,从而尊之,以至三纲沦、五常斁,不至驱一世之人,尽入于地狱不止。②

> 东汉明帝时,佛氏乘虚入中国,而生民之祸烈矣。……此大乱之道也,而中国信之。于是老氏之徒踵其弊而复辟门路,彼言空,此言虚,彼言三世,此言三清。种种邪伪,民谁适从?③

佛教还影响了宋明理学,"程朱二大儒所言诐淫邪遁之说,皆备于佛经也"④。由

---

① 张星曜:《天教明辨》"自序",页 4b—5b。
② 张星曜:《天儒同异考》,页 2a—2b。
③ 张星曜:《天教明辨》"自序",页 2b。
④ 张星曜:《天儒同异考》,页 3a。

此可见,张星曜对佛教的反感不仅由于其义理之不相融贯,且在于其与儒理相悖以及对于儒家义理的破坏,会给传统儒家社会带来负面后果。另外一个原因恐怕就是当时江南佛教之兴盛①。张星曜的亲戚、朋友、门生都有"溺佛者"。张星曜云:"方今世俗溺佛者多,予知交寡少,一二戚友莫不事佛,虽与之语,多逢按剑,予亦莫可如何也。唯二三及门稍与举似,彼在弟子之列,自不敢拒。"②

张星曜认为,宋明理学受到佛老影响实际上已不是真正儒家,"世之儒者,皆儒名而墨行者也,以其皆从佛也"。因此,张星曜认为其皈依天主教,实际上不是"尽弃儒学,而学西戎之学",相反而是转向"真儒"。张星曜甚至说自己皈依天主教后,"今而后三皇五帝所传之圣道,予始得而识之矣"③。因此,张星曜皈依天主教之动因实际上还是儒家士大夫之"修齐治平"理想使然,即冀作为"真儒"之天主教可致"唐虞三代之治"。正如其所云:

> 俟予书成梓以问世,使读之者知天主上帝救赎之深恩,西士远来之苦志,以救己灵魂。庶几生顺死安,遵吾夫子朝闻夕死之说,以迓永远无疆之福,而凡世之贫贱富贵,患难死生,皆无入而不自得,将见一道同风,可复唐虞三代之治于今日矣。④

若揆之清初思想世界,可以发现决定张星曜转向天主教的"辟佛(道)"与"补(正)儒"亦是当时思想界之主要内容。这两个方面实际上是经过王朝更迭以后,儒家知识分子自省与反思之结果,这些知识分子包括傅山、方以智、黄宗羲、顾炎武、王夫之等⑤。梁启超曾言"清学"是对宋明理学之"反动",亦是因为宋学乃"儒表佛里"⑥。与张星曜不同的是,虽然清初知识分子亦批评"今儒",但大多是批评王学,而独尊朱子;甚至有人只将朱子当作承继孔孟道统之"正统",而王学则为"杂统"⑦。

同时代的浙江学者万斯同在对待佛教以及宋明理学的态度上,与张星曜可谓如出一辙。万斯同在《释氏论》中指出,佛教主张用金钱"事佛致祷"可以免除罪过。他反驳说如果这是真的,"则天下富豪之徒,生则肆情灭理,无所不为;没

---

① 康熙年间,全国有大寺庙6 073座,小寺庙6 049座。私庙1万多座,僧众12万多人,鱼龙混杂,素质低下,招致不少批评。见圣严:《中国佛教史概说》,台北:法鼓文化事业股份有限公司,1999,页223—224。
② 张星曜:《历代通鉴纪事本末补后编》,转引自方豪:《中国天主教史人物传》,页299。
③ 张星曜:《天教明辨》"自序",页6a。
④ 张星曜:《天教明辨》"自序",页6a—6b。
⑤ 葛兆光:《中国思想史》卷二,上海:复旦大学出版社,2000,页504。
⑥ 梁启超:《清代学术概论》,北京:东方出版社,1996,页8。
⑦ 朱维铮:《走出中世纪》,上海:上海人民出版社,1987,页164。

第二章 从"合儒""补儒"到"超儒":清初儒家基督徒张星曜

乃捐其余资以事佛,可得福利。是天下富者常得福,而贫者常得祸。善人不可为,而恶人可幸免。佛如有知,亦不应颠倒如此"。浙江潘平格反理学,和北方颜李学派相同。他认为,程朱陆王之学,杂糅佛老之术,歪曲儒家正统思想和学术,实则是朱子道、陆子禅。所谓理学末流更是一群自私自利、丧其良心的假儒。潘氏慨然以"径接孔孟,旁斥佛老"为己任,呼吁重新恢复周孔正学①。同时,张星曜与浙东学派相去不远,而浙东学派尤以史学经世为长②。张星曜的父亲亦以史学为主。

第三节 天儒同异:为儒家基督教辩护

儒家基督徒张星曜的著作主要处理的内容有两个方面:为信仰天主教进行辩护、批判佛道。前者是处理天主教与儒家之间的关系,后者是处理耶佛(道)的关系。实际上,这两个方面的内容是互相关联的。处理耶儒关系的一个内容即是要辟佛(道),因为佛(道)的侵蚀,儒家已经不是真正的儒家,而是"伪儒"。张星曜提出了"合儒""补儒""超儒"的主张,认为天主教超越于儒家,因为儒家只是世俗学说,孔子无赏罚之权。

张星曜所编的《天教明辨》在国家图书馆藏有手抄本,共 20 册,每册扉页有马相伯印鉴,内有陈垣、英敛之朱笔(或铅笔)点校及眉批和按语,并有索引书签,每页 8 行,每行 20 字③。马相伯于 1918 年左右得到《天教明辨》手抄本,先将第一册寄给英华校对④。英华用铅笔对《天教明辨》的序言进行校对,后马相伯又将此册寄给陈垣校对。马相伯还预备将剩下 19 册寄给陈垣"请正",但最终没有付之梨枣⑤。

张星曜的《天教明辨》自序后署"康熙辛卯端月谷旦",即表明此序写于 1711 年,但实际上,《天教明辨》的编辑要早于 1711 年。根据自序可知,张星曜撰写此书的主要目的,是为了回应有人反对他受洗入教,并攻击其背弃儒家正统,而从"西戎之教",即其所谓:

> 于康熙戊午(1678 年)发愤领洗。阻予者多方,予皆不听。有仇予者背谓人曰:"张某儒者也,今尽弃其学而学西戎之教矣。"……奈世之人未知天

---

① 潘平格:《潘子求仁录辑要》卷一《辩清学脉》上。参见吕元骢、葛荣晋:《清代社会与实学》,香港:香港大学出版社,2000,页 89、113。
② 吕元骢、葛荣晋:《清代社会与实学》,页 118。
③ 北京:国家图书馆藏,索书号 133363。
④ 马相伯:《致英华五》(1918 年),《马相伯集》卷二,上海:复旦大学出版社,1996,页 342。
⑤ 马相伯:《致陈垣一》(约 1919 年),《马相伯集》卷二,页 377。

教之即儒也,又不知天教之有补于儒也。听二氏之徒吠声附和而不知所归,亟思有以白之,爰是取天教之书,删繁就简,定为数十卷,颜曰《天教明辨》。①

张星曜需要论证的是加入天主教并不是弃儒家而从夷教,相反,天主教才是真正的儒家,而"俗儒"(或"今儒")因为受到佛道的侵蚀而不是真正的儒家。实际上,张星曜所做的论证也是为了说明天主教信仰的合法性或合理性。张星曜认为"天教即儒教也""唯天教与吾儒教之理合"②。既是为其信仰天主教,同时又继续维系儒家身份提供了一定的保证。此种论证的出现,或许是因为日益白热化的中西礼仪之争,导致儒家身份与基督徒身份之间的张力不断扩大所造成的。

《天教明辨》内容庞杂,凡天主教的教义、教理、礼仪等各个方面无所不包,如"辨天必有主""辨十字圣架""辨领洗""辨领圣体"等,甚至还有风雨雷电等自然科学之内容,亦有批判佛道、民间信仰之内容,如"辨释教谬妄""辨道教谬妄"等。书中秉承利玛窦《天主实义》的文体,采用一问一答的形式,就某一主题详细论述。这些内容大部分都是张星曜摘录自其他天主教著作,如《圣经直解》《补儒文告》《答客问》《开天宝钥》等。

《天教明辨》以此种方式保留了不少明末清初天主教中文著作的内容,甚至还有一些反教作品的内容。为了反驳反教者的批评,张星曜往往会先引用反教作品,如《弼教录》。根据张星曜所引《弼教录》的部分内容来看,该书作者应该是张星曜的朋友。其中有一段内容如下:

> 吾兄以主教称为正教,与儒教相同,亦但见其争此天主二字,夸此升天之妙,又未尝见其有一言。及于诚意正心修身之学,亦无达德达道之经,可以开人性灵,益人闻见,是或主教未能有吾儒之妙理,徒作升沉祸福之思。而吾兄幸读儒者书,可以引为证据,而借儒者之衣冠,装饰其主教之威仪者乎?夫孔子所禀唯天,绝不以虚器歧视,故唯以至理信天而已。且以吾儒断之,非吾中国圣人制字,指天为天,以明天道,则主教人且将不知天为何物何名。顾可以古圣称号之天,且借为己教之名哉?③

《弼教录》的作者称呼张星曜为"吾兄",并指责张星曜引用儒书作为辩护天主教之证据,是"借儒者之衣冠,装饰其主教之威仪"。又指责天主教"不知天为何物何名",却借用"古圣称号之天",为"己教之名"。张星曜对此一一作了回答。

---

① 张星曜:《天教明辨》"自序",页5b。
② 张星曜:《天儒同异考·天教补儒》,页60a—61a。
③ 张星曜:《天教明辨》第1册,页124b—125a。

第二章 从"合儒""补儒"到"超儒":清初儒家基督徒张星曜

《天儒同异考》稿本现藏于法国国家图书馆,古朗氏编号7171,包括三部分:《天教合儒》《天教补儒》《天教超儒》,共66页。根据杜鼎克所述,北堂藏书楼曾藏有《天儒同异考》抄本3卷,一册共76页①。中国国家图书馆亦藏有《天儒同异考》,索书号139095。《明末清初耶稣会思想文献汇编》第3卷第37册即为整理后的《天儒同异考》。该本为法国国家图书馆所藏版本。

表2-4 《天儒同异考》的内容与撰写时间

章 节	序 言	时 间	年 龄	作 者
总序	合订本序言	1715年	83岁	张星曜
《天教合儒》	《天教合儒》序	1702年	70岁	张星曜
	《经书天学合辙》引言	1702年	未详	白晋
	《经书天学合儒》总论	未详	未详	未详
《天教补儒》	《天教补儒》前言	1705年	73岁	张星曜
	《天教补儒》后跋	1700年前后	未详	张星曜
《天教超儒》	《天教超儒》序	未详	未详	张星曜
	《天教超儒》跋	未详	未详	张星曜

对于《天教合儒》到底是不是张星曜自己的著作始终存在争论,因为《天教合儒》的《经书天学合辙》引言中有云:

> 余生泰西,自九万里来,心切伤之。爰据中国经书所载敬天之学,与吾泰西之教有同符者,一一拈出,颜曰《合儒》,梓以问世。俾人之见之者,知东海西海,心理皆同。夫亦以自择真向,反厥本始,而不为异端所惑,踵圣贤同登天国,不亦休乎!②

其中,"余生泰西""吾泰西之教"等无不表明该序作者应为泰西传教士。当然也有学者认为,这可能是张星曜抄录了传教士的著作为自己的观点提供佐证,或者以传教士的口吻来写作,以达到更有说服力的目的等③。但实际上,《天教合儒》以及《天教补儒》《天教超儒》均是从《天教明辨》中节选而来的。《天教明辨》一书与《历代通鉴纪事本末补后编》一样都是由张星曜编辑而成的。

《天教合儒》实际上是传教士白晋于1702年所撰的《天学本义》,而并不是

---

① Ad. Dudink, "The Chinese Christian Books of the Former Beitang Library", in *Sino-Western Cultural Relation Journal* 26(2004): 46-58.
② 张星曜:《天儒同异考·天教合儒·经书天学合辙》"引言",页7b—8a。
③ 韩琦:《张星曜与〈钦命传教约述〉》,页5。

《天学本义》引用了《天教合儒》①。这在张星曜为《天教合儒》所作的序言中也得到证实：

> 西国诸儒，唯知事天，与吾儒之理合，知所本也。暇时，取中国经书同符天学者为一卷，而以《天教合儒》名之，此诚正人心、救世道之良方也。宣尼《论语》首章言学，次章即言务本。夫学孰有急于本者，本孰有大于孝悌者，孝生身之父母，与孝生性之父母，孰是其可缓者？愿世之人读是书而共敦其本，不至陷于邪魔之罗网则幸矣。②

张星曜辑用《天学本义》乃表明其对该书的认可。张星曜在《天教合儒》序中所表达的观点也与白晋所撰序言相似，即表明在佛教未入中国以前，"中国之人止知有天，有天之上帝，而圣贤辈出，风俗淳庞"③，"独是自尧、舜、禹、汤、文、武、周、孔以来，圣圣相传敬天之学"④。佛教因"魏晋扰乱""乘机篡入"，而"创为邪说，惑世诬民"，"以至邪说横流，一入其中，大干天谴，永远沉沦矣"⑤。张星曜希望恢复佛教入华以前的儒家。虽然张星曜认同白晋所言佛教"悖理伤教"，但他主要批评的是佛教与儒家思想的矛盾以及佛教对儒家思想与传统社会伦理纲常的破坏，即"如空无之说，是告子之谬谈也；轮回之论，是迷人之鸩毒也；布施之言，是渔利之善术也。且出家而弃人伦，参禅而灭义理"⑥。张星曜主要是从儒家的角度来批判佛教，他编辑《天教合儒》的目的也在于"正人心、救世道"，"愿世之人读是书而共敦其本"。此"本"并不完全是天主教的信仰，如其所谓"宣尼《论语》首章言学，次章即言务本。夫学孰有急于本者，本孰有大于孝悌者，孝生身之父母，与孝生性之父母，孰是其可缓者？"⑦这里，"生身之父母"就是儒家所谓"孝道"，而"生性之父母"则指天主教信仰中的天主，而白晋则主要批评佛氏的傲慢。

前已述及，张星曜之著作无非有两大类：其一是辟佛，其二是"合儒"（包括礼仪问题等）；实际上，在"合儒"中也包含了诸多辟佛之思想与目的。换言之，对佛教之批判、剔除佛道对儒家之影响乃张星曜毕生所关注的。张星曜认为俗儒非真儒，而天主教乃真儒，主要因为天主教与佛教未入中国之前的儒家相符合，而且天主教也极力批判佛教。

---

① 孟德卫持此观点，参见 D. E. Mungello, *The Forgotten Christians of Hangzhou*, p.174. 以及 "Unearthing the Manuscripts of Bouvet's GUJIN after nearly three Centuries", pp.44-48.
② 张星曜：《天儒同异考·天教合儒》"序"，页6a—6b。
③ 张星曜：《天儒同异考·天教合儒》"序"，页5b。
④ 白晋：《经书天学合辙》"引言"，页7b。
⑤ 张星曜：《天儒同异考》，页7b。
⑥ 张星曜：《天儒同异考·天教合儒》"序"，页5b。
⑦ 张星曜：《天儒同异考·天教合儒》"序"，页6b。

第二章 从"合儒""补儒"到"超儒":清初儒家基督徒张星曜

按国家图书馆所藏《天儒同异考》,《天教合儒》共二十节。较之《古今敬天鉴》,《天教合儒》篇幅稍短、内容简略。实际上,《天教合儒》是张星曜辑录《天学本义》时所加,原文题"经书天学合辙粹语提纲"。与《古今敬天鉴》类似,《天教合儒》历引传统儒家经典(主要是四书五经)来论证基督教符合传统儒家。主要内容如表2-5所示:

表2-5 《天教合儒》内容类别分析

类 别	细 则	章 节	百分比(%)
上帝	上帝的名称	1、6	55
	独一	2	
	创造万物	3	
	全知全能全善全听	4、5	
	赏善罚恶	11、12	
	掌管生死贫富	14、15	
	怜悯罪人	13	
皇帝	受命于上帝,郊祀上帝	7、10	10
圣人	恪守上帝之命	9	5
普通人	修身敬上帝,敬畏上帝,顺天命得永生	8、16、19	15
恶人	祸由人自招,自绝于上帝	17、18	10
圣德	圣德在天,有保护后人之责任,可以祷求	20	5

因此,《天教合儒》主体内容是用儒家经典论证天主教信仰核心,即上帝的属性,诸如上帝的名称、独一性、创造万物、全知、全善、全能、全听、赏善罚恶等。此外,还从"皇帝""圣人""普通人""恶人""圣德"等角度出发,引用经典,论述上帝的信仰实际上已经包含在中国古代经典之中。如引用《诗经·大雅》中"上天之载,无声无臭";"皇矣上帝,临下有赫,监观四方";"天监在下";"天监有周,昭假于下,保之天子";"其香始升,上帝居歆";"帝谓文王,予怀明德"等。

若分析《天教合儒》中的引用情况,则可发现其与《古今敬天鉴》不尽相同。后者不仅引用古代儒家经典,还引用韩菼《日讲》以及各种民俗谚语,因而比《天教合儒》征引范围更广,内容更庞杂[①]。《天教合儒》则主要征引四书五经,具体情况如表2-6所示:

---

① 《古今敬天鉴》引用《尚书》73次、《易经》20次、《诗经》31次、《礼记》16次、《孟子》25次、《中庸》11次,参见 D. E. Mungello, "Unearthing the Manuscripts of Bouvet's GUJIN after nearly three Centuries", p.46.

表 2-6 《天教合儒》征引四书五经情况统计

章节	《诗经》	《尚书》	《易经》	《礼记》	《孝经》	《论语》	《孟子》	《大学》	《中庸》	总计
	五 经					四 书				
1.1	4	1	1	2	0	0	0	0	0	8
1.2	2	0	0	1	0	1	0	0	1	5
1.3	1	3	0	2	1	0	1	0	1	9
1.4	5	1	0	0	0	0	0	0	0	6
1.5	6	5	0	0	0	0	0	0	0	11
1.6	8	1	1	1	0	0	0	0	1	12
1.7	2	10	0	1	1	2	0	0	1	17
1.8	3	15	1	3	0	3	2	0	1	28
1.9	2	7	0	0	0	0	0	0	0	9
1.10	1	3	2	13	0	0	0	0	0	19
1.11	2	11	2	0	0	1	0	0	0	16
1.12	1	12	0	0	0	2	0	1	0	16
1.13	3	5	0	0	0	0	1	0	0	9
1.14	8	1	0	4	0	0	0	0	0	13
1.15	0	1	0	0	0	2	2	0	0	5
1.16	6	11	0	0	0	0	0	0	0	17
1.17	2	9	0	0	0	0	1	0	0	12
1.18	0	5	0	0	0	0	0	0	0	5
1.19	7	2	0	0	0	2	0	0	0	11
1.20	0	1	0	0	0	0	0	0	0	1
总计	63	104	7	27	2	13	7	1	5	229
	203					26				

引用《尚书》的条目最多,几乎占到所有引文中的一半,接着是《诗经》,再次是《礼记》(包括《周礼》)。同时,对五经的引用要远远超过四书。正因为五经中可以用来诠释天主教信仰的内容更多,所以引文也更多。正如当时福建信徒严谟所言:

敝中邦古书,唯五经、四书,其说可凭。然《易经》语象,非实谈事;《春秋》乃纪周末人事;《礼记》多秦、汉著作;唯《尚书》《诗经》二经及四书,其中

第二章 从"合儒""补儒"到"超儒":清初儒家基督徒张星曜

所载为详,而语且无讥。①

实际上,严谟在撰写《帝天考》所运用的方式也与《天教合儒》类似,且在引用文献上,引用最多的乃《尚书》,其次是《诗经》,再次则是《论语》。这种情况亦与当时的学术走向有密切关联。清初思想界开始出现反思宋明理学之思潮,尤其反对朱熹所注四书。同时儒学开始转向考据训诂,"汉学"与"易学"等开始兴起,并将主要研究对象转向为孔子所整理和传授的经典,即"以肆经为宗,不读汉以后书"②。

"合儒"不仅给中西礼仪之纷争埋下隐患,而且也带来了义理上之困境。因为仅仅从天主教符合儒家或者说传统儒家经典已经包含了天主教信仰,那么,很容易推出这样一个结论:因为天主教与儒家本来没有区别,那又何必宣扬天主教呢?这种由"合儒"所带来的思维困境,在张星曜与其友人计迥凡的辩论中得以呈现。张星曜在《天教补儒》前言中记述到:"乙酉之夏(1705年),偶与吾友计子迥凡,言天教之精详。迥凡曰:'吾中国有孔子,则亦精详之至矣,更安事天教为哉?'"③

很显然,作为张星曜友人的计迥凡认为儒家与天主教一样"精详",因而没有必要转向天主教。张星曜回答这个诘难的策略是否定儒家之"全备",而认为孔子之学有所欠缺,如其所言"孔子非不至圣,但天生之圣,无祸福人之权,故有疏略处,必须天教补之"④。也就是说,虽然孔子也是圣人,但也只是"天生之圣",并没有"祸福人之权",因而有所"疏略"。换言之,孔子之疏略全在于其只是圣人,而非神。因为圣人也是人,所以不可避免地会有疏略。这种回答让计迥凡勃然大怒,斥责张星曜道:"先生读孔子书,今反言孔子疏略,不几于谤毁圣人乎?"⑤

张星曜进一步解释道:

> 予所读者,孔子书;予所能知孔子书者,天主所赋之性也。予非敢谤毁孔子也。孔子之言,上自朝廷,下自闾里,细至动静,大至平治,无不网罗毕尽。……则亦何疏略之有?然而不得不议其疏略者有故,则以今之儒者悖孔子也。若更以天主之教衡之,而孔子不辞其疏略也。使人人、家家、日日、念念、事事以孔子为法,则孔子之教不疏略矣。而今之人能之乎?而孔子之教能及于人人、家家、日日、念念、事事乎?于时书房中有符一张,予指之曰:

---

① 严谟:《附愚论》,转引自钟鸣旦:《可亲的天主——清初基督徒论"帝"谈"天"》,页46。
② 参见朱维铮:《走出中世纪》,页166。
③ 张星曜:《天儒同异考·天教补儒》"前言",页31a。
④ 张星曜:《天儒同异考·天教补儒》"前言",页31a。
⑤ 张星曜:《天儒同异考·天教补儒》"前言",页31a。

"此符何人所传,是孔子之道法耶?"若非孔子之道法,是即孔子之疏略矣。夫孔子之道既无不是,而何借资于佛老也?为世之人皆借资于佛老,则人人皆以孔子为疏略矣。岂独予言,而以为谤毁乎?①

张星曜的解释,实际上与其思想和主张相一致,尤其是认为古代儒家经过佛道破坏后,已经面目全非。而"今儒",已非"真儒",徒有虚名而已。造成此种境况的原因当归结至孔子本身。因为如果孔子之道法已备,"人人、家家、日日、念念、事事以孔子为法",那么"今儒"就不必"借资于佛老"。

既然孔子之道法存在"疏略",那么具体是在哪些方面?天主教又是如何在这些方面补充儒家的呢?张星曜在《天教补儒》中提出了21个方面,见表2-7。

表2-7 《天教补儒》内容类别分析

类 别	章 节	总计	百分比(%)
教义教理	2.1 畏天之旨;2.2 生死鬼神;2.6 天堂地狱;2.8 人与禽兽之别;2.9 尊孔排佛;2.10 天主审判;2.11 敬鬼神而远之;2.12 不择日;2.13 祸福在天;2.14 天主以身掖人	10	48
修省方式	2.3 省察悔过;2.7 恒备死候;2.20 真切修行	3	14
组织制度	2.4 相赒相救;2.19 天教瞻礼;2.21 天教七礼	3	14
伦理道德	2.5 随遇而安;2.15 杀子与自杀;2.16 爱仇敌;2.17 天教诫命	4	19
社会教化	2.18 德化风俗	1	5
总 计	21节	21	100

其中比重最多的是"教义教理",几乎占到所有章节的一半;其次是"伦理道德";再次是"修省方式"和"组织制度"。

徐光启曾在《辩学疏稿》中云:"……(天主教)必欲使人尽为善,则诸陪臣所传事天之学,真可以补益王化,左右儒术,救正佛法者也。"②实际上,张星曜的工作可以视作"补益王化,左右儒术,救正佛法"的具体展开。张星曜认为天教补儒,在于儒家的欠缺;而儒家之所以有"欠缺",内因在于孔子之疏略;外因在于佛道之扰乱。而佛道之所以能够扰乱,根本原因还在于孔子之疏略。"补儒"的目的乃是让孔子之学完备,从而有益社会教化,即"补益王化"。张星曜说:"孔子之教能行于学人,而不能行于不学人。即能行于学人,不能必儒者皆为程朱也。是

---

① 张星曜:《天儒同异考·天教补儒》"前言",页31a—32a。
② 徐光启:《辩学疏稿》,《天主教东传文献续编》第1册,页25。

第二章 从"合儒""补儒"到"超儒":清初儒家基督徒张星曜

孔子之疏略也。"①此即表明孔子之学不能"行于不学人",而即使能"行于学人",也不能保证所学者都是"程朱"。

那么为什么孔子会有疏略呢?张星曜认为,孔子有所疏略的原因在于"孔子无祸福人之权""孔子无赏罚人生死之权也",即"孔子非天帝"。换言之,孔子虽然是"至圣",但不是神,而只是人,虽然孔子之学有社会教化等实际功效,但由于孔子只是一个圣人,孔子之学完全依靠个人的自觉意识。实际上,张星曜已经明显地认识到,孔子之学只不过是一种依靠自律的道德学问,在现实生活中往往会失去作用。孔子之教乃"人教",没有宗教上的道德他律,无法真正约束人性。如果朝廷不以"孔子之言为功令",恐怕没有人习儒,更何况自我约束。正如其在《天教补儒》中所举的例子:

> 昔有乡老先生讲学此章(按即《中庸》有关"戒慎恐惧"的内容),娓娓言之,其夫人于帘内笑呵曰:"尔知戒慎不睹,恐惧不闻,何以黑夜偷丫鬟,至磕伤头角也。何不戒慎与?"由此观之,此盖不知天主无所不在,无所不知,刻刻监临,而以不睹不闻属道体,故戒慎恐惧只当得口头禅,四书都为举子业题目耳,未尝身体力行也。若朝廷不以孔子之言为功令,则四书将无人习矣。②

从宗教教义、宗教或神圣他律的角度论述天主教可以补充孔子之疏略,此与明季以来护教作品的主旨相一致,也与利玛窦等传教士作品中的论述相一致。然而,张星曜比之前的天主教传教士与信徒关注的范围更广、内容也更丰富。

一个完整的宗教体系不仅包括教义等义理方面的内容,还包括实践部分的内容,诸如修省方式、崇拜仪式等。同时,一种宗教在传播的过程中不仅是在传播信仰,而且也在无形中传播该宗教的社会、政治、文化、生活等制度与方式。天主教自身也富含深刻的社会、政治、文化、伦理思想。因此,张星曜在分析天主教有哪些方面可以"补儒"时,也将眼光置于天主教所代表的西方这在《天教超儒》中得到更加鲜明的体现。

对于张星曜而言,天主教不仅与儒家相符合,而且还可以补充儒家;在某些方面,天主教还超越于儒家。这种超越性之根本在于天主教乃"天主亲立之教",不可以与"人立之教"即儒家同日而语。但是因为世儒自以为"有孔子在其胸中",所以"谩不加省"。这些人实际上就是"阳儒阴佛"而"横执己见"。张星曜在

---

① 张星曜:《天儒同异考·天教补儒》,页 33b。
② 张星曜:《天儒同异考》,页 33a—33b。

天儒同异：清初儒家基督徒研究

《天教超儒》序中云：

> 儒者以有孔子在其胸中，故谩不加省。不知此皆阳儒阴佛之人横执己见，不论可否故也。试平心辨之，予既有儒教合天、天教补儒之说矣，今窃思之犹未尽也。天教实有"超儒"之处，此天主亲立之教，岂可与人立之教同类而并观哉？①

那么天教在哪些方面超越于儒家呢？张星曜认为有 15 个方面，其中属于教义教理方面的有 7 条，修省方式 1 条，组织制度 3 条，伦理道德 1 条，社会教化 3 条，见表 2-8。

表 2-8 《天教超儒》内容类别分析

类　别	章　　节	总计	百分比（%）
教义教理	3.4 天教知鬼神之别；3.5 天主能起死回生；3.6 天主生化万物；3.7 天主救赎世人；3.9 天教以天堂地狱教人；3.10 天主无所不知；3.12 天教是宠教	7	46
修省方式	3.11 天教事天之功详备	1	7
组织制度	3.1 天教相传不绝；3.2 天教泽被万邦；3.8 天教管人灵魂	3	20
伦理道德	3.13 天教教人爱仇敌	1	7
社会教化	3.3 天教能教化妇女；3.14 天教刑罚救人灵魂；3.15 附西国刑法	3	20
总计	15 节	15	100

和《天教补儒》一样，《天教超儒》首先关注教义教理，这也是宗教体系中最为重要的一部分，也是信仰之核心。其次，《天教补儒》重点关注"伦理道德"，而《天教超儒》重点关注"组织制度"与"社会教化"。

张星曜认为天教的主张要远远优于儒家。如他认为中国之刑"并其灵魂而杀之，身死而灵魂亦死"②，而天教则"论之痛悔，国法不得不诛，天法尚可祈赦。能痛悔则主必赦之"③。这也就是"杀其身，而不杀其魂"。

值得注意的是，《天教超儒》中更加注重"组织制度"与"社会教化"。如张星曜提及的"教皇嗣位"制度，而儒家中则没有。对于天主教的教皇制度，张星曜认

---

① 张星曜：《天儒同异考·天教超儒》"序"，页 68b—69a。
② 张星曜：《天儒同异考·天教超儒》，页 76a。
③ 张星曜：《天儒同异考·天教超儒》，页 76a。

第二章 从"合儒""补儒"到"超儒":清初儒家基督徒张星曜

为这种"专管人灵魂"的制度要优于儒教中的学校制度。在"社会教化"方面,张星曜特别指出了天主教能教化妇女,而儒家中"训妇女之文独少",也很少有"妇女能读其书论其道以入圣贤之室者"。张星曜还提及西方国家的刑法制度,指出西方刑法不仅仅是在惩罚罪犯,而且还通过天主教的忏悔仪式,希冀罪犯的现身说法能为社会教化带来益处。这些世俗层面的社会制度也被张星曜认为是超越于儒家的。

虽然张星曜认为天教在诸多地方超越于儒家,但是他认为基督教与儒家并不冲突。张星曜并不认为儒家与天主教是"非此即彼"的关系,也不是要在儒家与天主教之间进行抉择。也就是说,作为天主教信徒的张星曜,同时也可以是儒家士大夫,这两个身份在张星曜身上并行不悖。因此,张星曜认为自己转向天主教,并非尽弃儒学,而学"西戎之教"。所以,他反复告诫读者"莫以予素从孔子,而疑改弦易辙也"①。

实际上,《天儒同异考》(包括《天教明辨》)是在处理一个对于中国信徒来说极为重要的问题:如何处理天主教与传统儒家之间的关系。张星曜的大部分著作基本上都涉及这个问题。对于当时的信徒来说,如何处理天主教与儒家之间的关系,就意味着如何处理信仰与传统之间的关系,也意味着如何确立自己的身份,即知道自己是谁、处在什么位置,而传统在构成个体认同中提供了一个框架或者视界。正如人类学家查尔斯·泰勒所言,一个人的认同是由"提供框架或视界的承诺和身份规定的"。在这种框架和视界内,个体能够决定自己的行为,并对事实作出判断:

> 知道我是谁,就是知道我站在何处。我的认同是由提供框架或视界的承诺和身份规定的,在这种框架和视界内我能够尝试在不同的情况下决定什么是好的或有价值的,或者什么应当做,或者我应赞同或反对什么。换句话说,这是我能够在其中采取一种立场的视界。②

这种框架或视界为个体的道德行为提供了背景假设,也为个体行为提供意义语境。任何个体的身份认同均离不开此框架,即离不开传统。传统规定了个体身份认同的根本方向感。换言之,传统是一种合法性资源。对于张星曜来说,儒家传统也是构成其身份认同的主要因素,也是其无法舍弃也无法抛脱的"框架"③。

---

① 张星曜:《天儒同异考·天教超儒》"序",页 69a。
② 查尔斯·泰勒:《自我的根源:现代认同的形成》,韩震等译,南京:译林出版社,2001,页 37。
③ 此观点在《清初士人与西学》中得到共鸣,"值得注意的是,像张星曜这样的清初奉教徒往往把他们皈依天学称为奉'真儒',这表明即使是主张全面引进西学的清初奉教徒,也仍然没有完全放弃他们理解和接受西学的前提——儒学"。徐海松:《清初士人与西学》,页 144—145。

因而，张星曜在《天儒同异考》中强调自己并非"尽弃其学"。天主教实际上就是儒家，而且是真正的儒家。

张星曜一方面认为"天教即儒家"，但另一方面又认为"天教实有超儒之处"；一方面认为"孔子之道固然也，孔子之言诚也"，但另一面又认为"是孔子之疏略"，"孔子无赏罚人生死之权也"。这些思想或多或少体现出张星曜思想世界中的某种张力。实际上构成张星曜认同核心的不仅仅只有儒家或者天主教，而是两者均有。作为框架或视界之儒家传统与作为价值取向之天主教之间，固然会在某些方面存在张力。同时，这种矛盾亦与张星曜的论述策略有关。《天儒同异考》主要是向儒家士大夫表明天主教信仰与儒家并不冲突，因此必须在肯定儒家传统的前提下，将天主教与之进行比附。在这种论述策略下，儒家是评价之标准、认同之圭臬，而天主教是需要用儒家合法性资源来进行辩护的对象。在向儒家士大夫表明天主教与儒家相一致的同时，又要充分说明天主教的优越性，否则就没有宣扬天主教的必要。因此，在此种论述策略下，儒家成为被用来比较之手段、排斥之对象。当然，张星曜将儒家区分为"古儒"与"今儒"，亦即"真儒"与"俗儒"。"今儒、俗儒"也就成为需要用天主教进行救正的对象。张星曜最终将儒家与天主教之间的关系界定为天主教包含了儒家（"古儒"）。在此种关系模式之下，"真儒"与天教之间并没有冲突，即孔子与天主之间亦没有冲突。天主教教义其实就是对孔子之教的注脚。如其所云：

> 其言天主即吾儒之言"上帝临汝"也。其七克十诫即吾儒之"克己复礼"也。其痛悔告解，即吾儒之"内省不疚""内自讼"也。其领洗、坚振、领圣体，即吾儒之日新其德，改过迁善也。其天堂、地狱、终傅、审判四末，即吾儒之修身俟命、富贵在天也。其诵经、瞻礼、默想、守斋、鞭策、补赎，即吾儒之"尽心知性""存心养性"以事天也。①

张星曜认为自己说孔子有所"疏略"不是在"谤毁"孔子，更不是用天教来代替儒家、用天主来代替孔子。张星曜认为，可以用天主教来"辅助"孔子，而且只有在天主教的视域内，才知道"孔子之圣""二氏之邪"。对于张星曜而言，世人都是"阳儒"而"阴佛"，实际上是"皆弃孔子于佛之下"，而天主教则"独尊孔子于主教之前"。天主教并不排斥儒教，相反却尊重孔子、"卫孔子之道"。

按照张星曜的分析，天主教与儒家之间不仅根本没有冲突，相反却有辅助儒家之功。儒家士大夫拒斥天主教是受到佛道二氏之影响，即"世之习孔子书者，

---

① 张星曜：《天儒同异考·天教补儒》，页61b。

第二章 从"合儒""补儒"到"超儒":清初儒家基督徒张星曜

反从而助其(佛道二氏)焰焉"①。

实际上,张星曜自己也指出,所谓孔子之"疏略"是从天主教角度而言的,"若更以天主之教衡之,而孔子不辞其疏略也"②。换言之,从天主教角度来审视孔子,他会在诸多方面存在欠缺或不足。当然,张星曜所谓"疏略"具有多种含义。

首先是"欠缺"之意,即儒家在某些方面存在不足,诸如对妇女教化就存在不足;又如"相赒相急",儒家相比天主教则明显不足,因为天主教视"天下皆似昆弟也",而儒家在施舍时"先宗党、后闾里"。又如张星曜所举之例:

> 而今之人能之乎?而孔子之教能及于人人、家家、日日、念念、事事乎?于时书房中有符一张,予指之曰:"此符何人所传,是孔子之道法耶?若非孔子之道法,是即孔子之疏略矣。夫孔子之道既无不是,而何借资于佛老也?为世之人皆借资于佛老,则人人皆以孔子为疏略矣。"③

也就是说,如果孔子之道"无不是"的话,那么就不必借用佛老那一套。既然借用,就表明有所欠缺。正因为孔子之法有所欠缺,所以不可能让"人人、家家、日日、念念、事事以孔子为法"。

其次是"局限"之意,即孔子之学所针对的对象有限。孔子之疏略是指孔子之学只限于学人,并且因为没有一种他律或如天主教的宗教约束,无法产生实际效果。张星曜明确指出,孔子之疏略在于孔子本人只是圣人而已,不能赏善罚恶,更不能对世人的行为进行修正或约束,"人之不求孔子者,以孔子未尝妄言,吾为三界尊师、能祸福人故也,是孔子之疏略"④。所以孔子之教没有道德约束,只能依靠世人自己的自觉意识。孔子在面对各种现实问题时亦无可奈何:"奈士师深刻,民遂怨愤抵赖,身服重刑心无愧怍,则身死而灵魂亦死矣。此孔子与诸圣王之所无如何也。此亦中国儒教之疏略也。"⑤

再次是作为动词的"疏略"主要是指"今儒""忽视"或"忽略"孔子。张星曜说:"更可异者,阙里孔子之地,衍圣公顺母命,立三教堂,甘自居圣祖于末位,而为儒童菩萨也。此媚二氏者,疏略孔子也。"他认为此类"疏略"源自孔子无赏罚之权。

虽然张星曜注重分析孔子本身存在的"疏略",但侧重点在于分析"今儒"不

---
① 张星曜:《天儒同异考·天教补儒》,页35a。
② 张星曜:《天儒同异考·天教补儒》"前言",页31b。
③ 张星曜:《天儒同异考·天教补儒》"前言",页31b—32a。
④ 张星曜:《天儒同异考·天教补儒》,页48b。
⑤ 张星曜:《天儒同异考·天教超儒》,页76a。

能恪守孔子之言。因而,张星曜所谓孔子之疏略,主要不是强调儒家与天主教的差异,而是强调孔子之教在当时社会中已丧失实际功用①。所以对于张星曜而言,儒家与天主教之间只存在相同,不存在差异。所谓差异之存在,也只是天主教与"今儒"的差异。因为后者受到佛道的影响,"阳儒而阴佛"。

张星曜拒斥"今儒"而接纳"古儒",此种认同使得张星曜具有双重身份:其一即以"真儒"自居,张星曜也称自己为"吾儒";其二即以天教为自我标榜,张星曜亦称其为"圣教"。张星曜之天主教身份不是生来就具有的,而是自己选择的。与第一代、第二代中国信徒相比,张星曜的身份认同发生了诸多改变。这种改变不仅仅与其对天主教的信仰、对儒家的理解有关,而且也与当时的社会情势、天主教的发展情况、个体的生活处境有关②。张星曜皈依天主教直接与辟佛、"合儒"相关,这在形构张星曜身份认同时也起到关键作用。通过对《天儒同异考》的分析,可以看到张星曜将基督徒与儒家双重身份融合在一起的努力。此种努力尤其因为礼仪之争,使得儒家信徒需要在儒家与天主教之间进行非此即彼的选择。张星曜在分析天主教与儒家的异同时,认为天主教实际上是对儒家("古儒")的成全或成就而非代替或破坏。

第四节 批评佛道:辟佛老、知真儒

张星曜编撰《历代通鉴纪事本末补后编》的主要目的是让世人明白儒家与释道二氏之别,因此,从表面上看,张星曜是站在儒家卫道者的角度对释道二教展开批评,尤其反对三教合一、三教同源的说法。张星曜曰:"世之陋儒,未暇深究,反为之说,曰三教同源也。于是异端之言得以日炽。予窃忧焉。爰是取《通鉴》之所书,类为数款。"张星曜认为,修齐治平的基础在于"人心正",而"人心正"则在于"道术明"。但是,释道二教导致"三纲沦,五常斁。浸淫渍渐,不可救疗矣"。同时,"独至二氏祸乱间附他册,未有专卷。岂以史唯纪事二氏乱道,当为辨理,不及细录欤?"因此,张星曜将中国历史上释道二教乱政害道之史料,摘录成书,"凡目之所及有为二氏辨者,必确究而备录之,亦以遵程子之意,集百十孟子与之

---

① 实际上,不仅仅是基督教徒张星曜认识儒家在现实社会中的功用衰减,亦有不少儒家士大夫(如王启之、文翔凤、许三礼、李二曲等)因儒家不是宗教或不构成教团而感到不足,因而"复儒为宗教"。这些士大夫或多或少受到佛道以及基督教的刺激,才"花费巨大的心力从先秦儒家传统中去构筑一个类似西方宗教的系统"。参见王泛森:《晚明清初思想十论》,页57—85。
② 关于认同与社会之间的关系可参见如下个案研究: Yvonne Haddad, "Maintaining the Faith of the Fathers: Dilemmas of Religious Identity in the Christian and Muslim Arab-American communities", in *The development of ArabAmerican Identity*, edited by E. McCarus, Ann Arbor: The University of Michigan Press, 1994, pp. 61 - 84. M. McMullen, *The Baha'i: The Religious Construction of a Global Identity*. New Brunswick, NJ: Rutgers University Press, 2000; J. Nagel, "American Indian Ethnic Renewal: Politics and the Resurgence of Identity", in *American Sociological Review* 60(1995): 947 - 965.

第二章 从"合儒""补儒"到"超儒":清初儒家基督徒张星曜

讲明而廓清之耳"。换言之,张星曜认为释道二教的危害不仅在于其乱政害道,而且还在于二教对儒家的侵蚀。虽然程朱等大儒有辟佛道之作,但"世犹未之悟者"。主要原因是这些辟佛道之著作"零星散佚,未获会聚",再加上"阳儒阴释之流推波扬澜,得以助其焰也"。因此,张星曜认为有必要将这些史料汇集成册。即其所谓:

> 今二氏猖獗极矣。程子谓虽有数孟子,亦无如之何? 然目其无可如何而置之不论,此岂有人心者所为乎? 予集古今以来辨析二氏者,系之终简。盖乱极思治,豳风所以继桧也。①

实际上,《历代通鉴纪事本末补后编》的内容是摘录释道二氏乱世的内容,目的是捍卫儒家道统,抨击释道二教。张星曜认为,人心之坏在于道术不明,道术不明很大原因在于二氏之乱。他希望阅读此书者明白释道二教与儒家是不同的,意即自觉维护儒家正统、反对三教合一:"使人之阅是书者,俾知吾道之与二氏判然若黑白之不相淆。"

需要细致探析的是,此处张星曜所谓的"吾道"是指儒家正统,抑或是天主教呢? 就张星曜而言,其认为所谓"真儒"就是天主教,而"俗儒""伪儒"是宋明以后受到侵蚀的儒家。张星曜认为,"真儒"与天主教徒对待释道的态度是一致的,即拒斥与批判。所以,从表面上看,《历代通鉴纪事本末补后编》是儒家卫道士的护教之作,但实际上是天主教徒的护教作品。在张星曜的思想世界中,"真儒"就是天主教,基督教就是"真儒",两者并没有区别。其抨击释道,是在捍卫儒家道统,同时即是捍卫天主教,二者一也。

《历代通鉴纪事本末补后编》的主要内容是:"一曰历代君臣奉佛之祸,一曰佛教事理之谬,一曰佛徒纵恶之祸,一曰儒释异同之辨,一曰禅学乱正之失,一曰历代辟佛之正。总之曰释氏之乱。其老氏之乱,亦以此为准。"②因此,《历代通鉴纪事本末补后编》主要分为两部分:第一部分是"历代释氏之乱",第二部分是"历代老氏之乱"。第一部分又包括"历代君臣奉佛之祸"(四卷)、"佛教事理之谬"(十卷)、"佛徒纵恶之祸"(五卷)、"儒释异同之辨"(五卷)、"儒学杂禅之非"(十卷)、"历代圣君贤臣辟佛之正"(七卷);第二部分则包括"历代君臣求仙奉道之祸"(三卷)、"道教事理之谬"(二卷)、"道士纵恶之祸"(一卷)、"儒老异同之辨"(二卷)、"历代圣君贤臣辟老之正"(一卷)。第一部分共有 41 卷,占全书总卷数

---

① 张星曜:《历代通鉴纪事本末补后编》"凡例"。
② 张星曜:《历代通鉴纪事本末补后编》"序"。

的82%,第二部分只有9卷,占18%。由此可见,《历代通鉴纪事本末补后编》的重点是第一部分,具体内容可参见表2-9。

表2-9 《历代通鉴纪事本末补后编》各卷内容

总类	细则		卷序	卷数	百分比(%)	
历代释氏之乱	历代君臣奉佛之祸		第一至四卷	四卷	8	41/82
	佛教事理之谬		第五至十四卷	十卷	20	
	佛徒纵恶之祸	反逆沙门	第十五卷	第十五至十九卷	五卷	10	
		杀业沙门	第十六卷			
		淫恶沙门	第十七卷			
		妖妄沙门	第十八卷			
		贪冒沙门	第十九卷			
	儒释异同之辨		第二十至二十四卷	五卷	10	
	儒学杂禅之非		第二十五至三十四卷	十卷	20	
	历代圣君贤臣辟佛之正		第三十五至四十一卷	七卷	14	
历代老氏之乱	历代君臣求仙奉道之祸		第四十二至四十四卷	三卷	6	9/18
	道教事理之谬		第四十五、四十六卷	二卷	4	
	道士纵恶之祸	反逆道士	第四十七卷	一卷	2	
		诞妄道士				
		干政道士				
		淫恶道士				
	儒老异同之辨附释老异同		第四十八、四十九卷	二卷	4	
	历代圣君贤臣辟老之正		第五十卷	一卷	2	
	中国奉教修士考		附编	—	—	—
总计			50			

其中内容比较多的有"佛徒纵恶之祸"与"历代圣君贤臣辟佛之正"。显而易见,张星曜的目的在于通过摘录史料说明佛教乱世的表现,并通过君臣辟佛的言行录来抨击佛教。

《历代通鉴纪事本末补后编》的内容来自各类史书(包括正史以及各种稗官野史)、文集等,张星曜及其编辑群体按照不同主题分类辑录。在辑录之后,往往还有张星曜、其子张又龄等人的按语。在凡例中,张星曜并没有交代《历代通鉴纪事本末补后编》所引用的史料来源,但在《通鉴纪事补采集不惑二氏立言立教姓氏》中,张星曜说明了本书所引资料的作者名单。其中分为三类,即帝王、后妃、诸儒。帝王包括北魏世祖、唐太宗、明太祖等共29位；后妃则只有2位，张星曜有按语："从来女子无识，故奉佛者为多，乃观二后，抑何其卓然不惑也。是不可泯也。"诸儒则有297位，包括各个时期辟佛之士大夫，其中，又以明代最多，共116位；其次是宋代，共68位；再次是唐代，共34位；元代与清代均是22位。

在明代诸儒的名单中，与利玛窦等传教士有过交往的章潢、李维桢、熊明遇、茅元仪、陈继儒、艾南英、顾宪成、高攀龙、方以智等，他们对西学西教非常熟悉。同时，还有杨廷筠、徐光启这两位信徒。不仅如此，在此名单中还有一些佞佛士大夫，如吕坤、管志道、屠隆等。张星曜的叔叔张蔚然也在名单中。由此可见，张星曜在批判佛道时只看内容，并不在乎作者的身份。这种情况类似于明末天主教徒韩霖在其著作《铎书》中的诠释策略。韩霖在论述天主教伦理时，也会引用明显带有佛教色彩的吕坤的《了凡四训》等内容①。

在清代诸儒的名单中，值得注意的有三个人，其一是韩菼。韩氏曾序白晋的《古今敬天鉴》，与宫廷里的传教士关系不错。同时，张星曜在编辑《天儒同异考》中亦曾选辑《古今敬天鉴》的相关内容。另外，张星曜曾明确表示对韩菼编辑的《孝经衍义》"私淑已久"，即"《孝经衍义》一书，皆搜罗渊博正道昭明目。家贫不获购求，仅从友人处借阅，私淑已久，特为采入"。但是张星曜与韩菼之间并没有直接交往。其二是应撝谦。(乾隆)《杭州府志》有传：

> 应撝谦，字嗣寅，仁和人，为诸生。殚心理学，穷极底蕴。家甚贫，环堵萧然，而弟子日益进。立教唯以躬行实践为主，于六经多所发明，尤精于《易》。尝病世儒言《易》失之穿凿。殁后，巡抚河阳赵士麟刻其《性理》、仪封张伯行刻其《潜斋文集》行于世。(乡贤留祀册)母病，服勤数年。母怜之，曰："吾为汝娶妇以助汝。"撝谦终不肯入私室。母卒，除丧始成礼。戊午，兵部侍郎项景襄举博学鸿词，力辞不赴。子礼璧、礼琮从游于陆陇其，克承其学。(旧仁和县志)②

但他是一位反教者。其三为张蔚然，张曾跋熊明遇《绿雪楼集》。在按语中，张星曜称之为"家维烈公"等。

《历代通鉴纪事本末补后编》《天教明辨》《葵窗辨教录》仅靠张星曜一人之力难以完成。实际上，张星曜有一个人数众多的编辑群体。该群体主要由张星曜

---

① 参见肖清和：《明末天主教徒韩霖〈铎书〉中的文本理解与诠释》，(台北)《辅仁宗教研究》2006年第14期。
② (乾隆)《杭州府志》卷九十《儒林》，《续修四库全书》史部第703册，页342下。另参见(康熙)《钱塘县志》卷二十一《人物理学》，北京：国家图书馆藏，页2a—2b。

的儿子、女婿及门生组成。张星曜的门生参加《历代通鉴纪事本末补后编》的达71人,分布在浙江杭州、仁和、钱塘等地,甚至还有门生来自陕西、甘肃、直隶、盛京等地。其中,浙江籍39人,非浙江籍17人,因字迹脱落而未明籍贯的有15人。浙江籍中最多的是来自张星曜的邻县钱塘的,共14人。

虽然陈垣指出《历代通鉴纪事本末补后编》成于1690年,但实际上,该书的编辑经历了很长的时间。张星曜的编辑群体也有不同的分工,如抄录、校对、借书等,其中以余杭闵化城等人贡献最多:

> 犹忆数十年来,夜永灯青,质疑送难,历历在目。其间或假予书籍,或代予抄录,或助予校雠,闵氏诸子之功为多。若化城关子、威如郭子、仁长戴子、□□□□见沧柴子、宫来柴子、玉符厉子、奕千翁子、薪周钟子、端人葛子。虽先后背世,亦得并书。①

《历代通鉴纪事本末补后编》之所以能够被成功编辑,还要归功于张星曜的家学传承,尤其是张傅岩编辑类书的学问很明显对张星曜产生了潜移默化的影响。同时,张家的丰富藏书亦为张星曜编辑《历代通鉴纪事本末补后编》提供了材料来源。

张星曜在《历代通鉴纪事本末补后编》中所传达的思想主要体现在"按语"中。因为《历代通鉴纪事本末补后编》主要是从各种史书中列举佛老的危害,从而达到辟佛老的目的,所以《历代通鉴纪事本末补后编》的很多按语都是在表明或总结佛老之害。如在列举武则天改朝换代之事时,张星曜有按语:"汉吕后称制,未尝革汉国号,历代女主皆然。武氏改唐为周,初不知其何意若是,今阅《鉴》至此,乃知逆僧启之也。僧之祸人国可畏哉。"②张星曜还认为"工于佞佛者,皆工于作奸者也",并以"曾笔受楞严经,自称菩萨戒弟子"的房融为例,说明佛教对士大夫的不良影响。张星曜又以佛教导致国势衰亡来说明佛教对中国社会的危害,其中以梁武帝为例:

> 星曜按:梁武之亡国,犹曰纳侯景所致也。若江南主,则真以佛亡国矣。金钱耗于浮屠,刑法坏于礼佛,心力疲于拜诵。一佛出世,不知其为间谍也。塔庙增修,不知其为攻具也。愚亦甚矣。呜呼!物必有间也,而后虫啮之,使唐主不信浮屠,则小长老与采石僧之谍,何自而至哉?又按马氏曰:南唐

---

① 张星曜:《历代通鉴纪事本末补后编》"校订及门姓氏"。
② 张星曜:《历代通鉴纪事本末补后编》卷三《武曌》。

第二章 从"合儒""补儒"到"超儒":清初儒家基督徒张星曜

好释,而吴越亦然。南唐每建兰若,必均其土田,谓之常住产。钱氏则广造堂宇,修饰塑像而已。曰桑门取给十方,何以产为?至今建康寺田跨州连县,富过豪右。浙僧岁出远近,敛率于民。呜呼!此皆天地之物力,百姓之脂膏也。无端与此辈蠹蚀,亦独何哉?①

张星曜认为,梁武帝之亡国,是因为佛教。一方面,"金钱耗于浮屠"导致国库空虚;另一方面,"刑法坏于礼佛"导致纲纪紊乱。张星曜尤其注意佛教因为侵占良田所导致的"与民争利"的现象,认为寺产过多,"富过豪右",是搜刮"百姓之脂膏",不利于国家的发展。

同时,张星曜还认为崇祯帝成为亡国之君,是因为"德政不修":

> 星曜按:怀宗英明奋励,宜非亡国之君也。而卒于亡者,何哉?盖自神庙以来,纪纲废弛,阉竖擅权,朋党比周,民生日蹙,盗贼蜂起,疆场震惊,有一于此,皆足亡国,而况备至焉。其于内庭设醮,盖亦计无复之,求助于佛耳。不知理财用人,军国要务。怀宗于财,则吝惜生心,而大体不惜于人。则贤奸罔辨,而宵小横行,德政不修,求助于佛,亦何益耶?②

在原稿上,张星曜将"怀宗"涂改成"愍帝"。他认为,崇祯帝虽然"英明奋励",但是从神宗万历皇帝以来,"纪纲废弛,阉竖擅权,朋党比周,民生日蹙,盗贼蜂起",而崇祯帝不知"理财用人,军国要务",却在内廷设醮、求助于佛,实际上是无可奈何之举。实际上,此处张星曜是以崇祯帝为例说明佛教对于国势衰亡是没有任何作用,否则,崇祯帝就不会成为亡国之君。其目的仍是说明佛教对国势有百害而无一利。

张星曜还对佛教的祈祷、咒语、诵经、禅定、天堂地狱、食素斋戒以及三教合一等诸多内容提出批评。张星曜用孔子的"获罪于天,无所祷也"来批评佛教的祈祷,认为"今日祈祷之风盛矣。欲求灼然不惑,如汉文帝者,几人?……徒事祈禳,固已非矣。况祈禳于佛乎?"③张星曜又认为佛教的诵经"皆僧徒诳惑之说,愚俗信之,至死不悟,哀哉!"④佛教的禅定等则是"修炼精神法也"。张星曜还认为"天之生物,本为人而生",因此,无须戒杀,"食之非罪"。"天下之物,荤补而素则否,天下之味,荤美而素又否,我之功德诚隆,虽大烹鼎养非过也,我之功德诚劣,

---

① 张星曜:《历代通鉴纪事本末补后编》卷四《历代名臣奉佛之祸》。
② 张星曜:《历代通鉴纪事本末补后编》卷四《明愍帝》。
③ 张星曜:《历代通鉴纪事本末补后编》卷十一《追荐》。
④ 张星曜:《历代通鉴纪事本末补后编》卷三《怀义》。

即箪食豆羹亦罪也"①。换言之,戒杀与否与人之功过无关。张星曜还以康熙年间的事例说明佛教戒杀徒具虚名:"康熙年间,杭州灵隐寺,诸僧讦讼,郡丞习公就寺询之,于禅僧方丈中,搜出鸡鸭骨成石,则他处禅僧可知矣。欺诈如此,反不如明啖之为不欺也。"②同时,反对三教合一是明末以来诸多辟佛者的中心思想之一,张星曜也不例外。张星曜认为:

> 孔子曰:"道二,仁与不仁而已矣。"孟子曰:"夫道一而已矣。"由孔孟之言观之,道安得有二? 更安得有三? 唐虞言"精一",夫子言"一贯",千古圣人未尝有异道也。自佛氏出,道术乱矣。老子出关为浮屠之学,其后方士,窃佛氏之唾余,撰为经典,种种不根。③

与利玛窦类似,张星曜也认为真道唯一,而所谓三教等实际上是"佛氏出,道术乱"之结果。因此,所谓三教合一实际上是否定真道唯一,而认为天下之道有三。张星曜认为:"今之附二氏者,辄云本同而末异耳。夫天下止有一理,本与末相依,未有同本而异末者。"换言之,张星曜是以真道唯一来反对三教合一的。而且,主张三教合一或三教一理实际上是将佛老与儒家并列,甚至凌驾于儒家之上,这是张星曜不可接受的,"动辄云三教一理,甚有尊释迦于吾夫子之上者,此其人真无心肝者也"④。

张星曜还对受到佛老影响的儒家士大夫及其思想提出了批评,最主要的是心学。张星曜认为陆九渊的心学"流于禅","陆氏专务此一路做功夫,则流于禅矣。其误处以精神在内时,当恻隐便恻隐等说"⑤。而王阳明的良知学说,则只是指"灵觉之用"而言,与孔孟相差甚远,与佛氏同,而与儒家异,"阳明提良知,而以苏秦张仪也。窥见良知妙用为言,是其所谓良知者,指此灵觉之用而言,正告子所谓生之谓性之说,非孟子所谓爱敬之良也。故与佛氏之说同,与吾儒之理异"⑥。因此,张星曜认为"陆王之说,不可训也"。对于朱熹,张星曜在肯定其部分思想之时,亦有批评。如朱熹否定用天堂地狱来作为惩罚恶人的工具,"若为恶者,必待死后治之,则生人立君,又焉用之?"虽然张星曜认为朱熹"此言极当",但是张星曜极力主张"幽有鬼神""正以人世之赏罚,未足定人世之功罪"。又如朱熹认为佛教法身常住,即精魂不灭是不对的,"法身常住不灭,所谓法身,便只

---

① 张星曜:《历代通鉴纪事本末补后编》卷九《持斋》。
② 张星曜:《历代通鉴纪事本末补后编》卷九《持斋》。
③ 张星曜:《历代通鉴纪事本末补后编》卷二十《儒释异同总辨》。
④ 张星曜:《历代通鉴纪事本末补后编》卷八《禅定》。
⑤ 张星曜:《历代通鉴纪事本末补后编》卷二十七《陆象山》。
⑥ 张星曜:《历代通鉴纪事本末补后编》卷三十一《王阳明》。

第二章 从"合儒""补儒"到"超儒":清初儒家基督徒张星曜

是这个(指精魂)。(朱子)曰:然。不知你如何占得这事物住,天地破坏,又如何被你占得这事物常不灭?"张星曜则认为朱熹的这番话,是"一时未思之故",因为"盖天下有者可灭,有而无者不可灭,灵魂是有而无者,故古人祭祀,亦未□□其灭也"。同样,张星曜也认为朱熹所谓的"人死则气散",也是"偏而不全"。

至于心学流行的原因,张星曜认为,陆九渊行禅时有朱子"以正其非",而王阳明行禅时,则"无朱子以辨其失",故"不逾时而俎豆之矣。并象山白沙而皆俎豆之矣"。虽然此是王阳明弟子薛侃尊其师之意,但同时也是当时执政者"阴主其事也"。这样导致的后果是:"世之儒者,不究儒释之异同,俱掇拾禅语,以为圣学。而释迦之教,已潜移孔孟之脉矣。其为世道人心之祸,可胜道哉?"①

同时,张星曜认为像王阳明这类士大夫之所以如此"惑于释氏",是因为"甚矣!佛学之能溺人也"。"自文中子以下诸君子,或天姿英敏,或学问博瞻,或德行谨良,或治政明达,皆天挺人豪,古今所不数数觏者也。而惑于释氏,不能自拔,遂以毕生之学问精神,皆为释用"②。张星曜还对士大夫提出忠告:"圣远言湮之世,士君子有能讲学自修,以求继千古之绝业,此其志非不甚善。但择之须精,守之须正。若喜径好高,未有不入禅,则不如不讲之为愈也。何则?讲学而张异端之帜,不如不讲而存吾道之真。"③

张星曜还尝试对佛老之害提出解决办法,具体做法是恢复明初时的发度牒。张星曜认为"禁佛道二教是也",但"令沙门道士还俗,非也"。换言之,张星曜辟佛的态度相对于韩愈的"人其人、火其书、庐其居"而言,缓和得很多。张星曜所谓的"禁",只不过是"禁止佛教过分扩张",以及禁止佛教对儒家的渗透。张星曜并不主张让所有的沙门道士都还俗,他认为很多沙门道士,"大约贫而无告者居多,或借佛门以藏身,或资布施以糊口",如果一概"并令还俗",则"有不得其所者矣"。换言之,如果令所有沙门僧侣还俗,可能会造成更大的社会问题。张星曜认为,控制佛教的最好办法是恢复明初的发度牒:

> 窃意宜悉给以度牒,当如岁大比法,先给牒之一年,命各县檄僧纲司,造僧人年貌籍贯册。其有愿还俗者听,其原为僧者入册,送县。县上之府,府上之司,司按其数,人给一牒。其所给之牒,或司给之,或仍下各府县给之。必须合天下一千余县,一百余府,十五京省,悉在本处同一日审给。又须先期示谕僧众,于某日集省府,领度牒,上司按年貌册,询其愿为僧与否,不愿者除册停给,愿者授牒。给牒之时,集众僧道于台上,官府设公座于头门内,

---

① 张星曜:《历代通鉴纪事本末补后编》卷三十四《王阳明》。
② 张星曜:《历代通鉴纪事本末补后编》卷二十六《宋游定夫》。
③ 张星曜:《历代通鉴纪事本末补后编》卷二十八《陆象山》。

唱名散给,受牒者皆自内出。给后驱出,不许更进,防重给也。其天下各县,必同此日者,防奸僧重领也。自给之后,如有病故者,着两邻僧纲报明,缴牒焚毁,仍上司府立案存照;不缴者,主僧两邻悉问罪,不许游方乞食。更令天下各县,于每月朔望集诸僧至县点名,察其存否,嗣后永不许平人剃度簪冠。如有私自簪剃者,本人流徙屯田,两邻主僧问罪。如有僧人无牒者,流徙屯田,犯罪者追其度牒,勒令还俗。更详轻重议拟,又须详察僧产有无多寡,有产多而僧多者,有僧多而产少者。如产多僧少,令无产之僧移入有产之处膳养。如僧多产少,官府量加给养,如养济院例。不许僧道沿街募化,盅惑人心。不许民众延请僧道念经,作为无益。有一僧物故,除其产租入官。众僧物故,没其总产。其有不愿为僧尼而有产者,听其匹配还俗,其产给与世守,此法须永远遵守。不出四十年,僧道之老者死,少者老,不事诛锄,不加逼勒,而耗国蠹民之患绝矣。或曰:佛欲佛种不断,子之是策,是断佛种也。毋乃不可乎?予应之曰:不然。循佛之法,人人出家,亦不出四五十年,人类绝矣。吾今此法,是去民间之蠹,救道法之害,返三代之淳,拯人心之溺,奚不可也?①

或许上述之法略显烦琐,张星曜又提出一个简单易行之法,即已经出家的和尚僧侣,"任其去留",但是禁止佛寺剃度新人。"今思僧既不可诛,又不可尽令还俗,唯是现在之僧,任其去留,将来之僧,禁其剃度",那么等到僧侣老死而无新人加入时,则"四五十年之内,僧可尽除"。当然,张星曜很清楚地认识到,这些措施必须得到统治者前后相继,不然稍一放松,则佛教必然又兴盛起来。

虽然张星曜的辟佛老是以维护儒家正统自居的,但是,一方面张星曜的儒家似乎又与宋明理学不类,甚至与"古儒"有所出入,如其对灵魂不灭的坚持等;另一方面,张星曜的儒家又掺入了天主教的内容,尤其是天主教的上帝论,如其在按语中时不时将上帝、天等解释为造物主等。

张星曜首先论述的是上帝乃创造天地万物的"造物主",此亦是其批判佛道"虚无"本体论的理论来源与有力武器。与利玛窦在《天主实义》中的观点类似,张星曜亦认为在天地万物之前就有造物主的存在,然后才会有万物:

吾生当既有天地万物之时,追溯夫未有天地万物之前,必有无始之主,造此天地万物者,而后吾得以生,是吾与天地万物皆有始也。唯造物之主为无始,此从无而生有也。老氏谓有物混成,先天地生,名之曰道是也。愚意

---

① 张星曜:《历代通鉴纪事本末补后编》卷三十五《周武帝》。

第二章 从"合儒""补儒"到"超儒":清初儒家基督徒张星曜

道,即造物主是也。造物之主,不可得而名,不可得而见,则无矣。然而能造天地万物,而赋性于人,则亦不得言无也。既有天地万物,乃有吾。吾百年后,此身必归于尽,是吾与天地万物,皆有终也。此非吾欲终之,造物主终之也。终者无也,此从有而至无也。①

张星曜甚至将道家的"有物混成,先天地生,名之曰道"中的"道"解释为造物主,但是认为造物主并非"不可得而名,不可得而见",因为造物主"赋性于人,则亦不得言无也"。同时,张星曜还认为万物与人类从有到无,是造物主使之然。张星曜还以此对佛教的"有无论"进行批评,还论述了天主教造物主在世界之先就已存在、造物主创造万物及人类等。

张星曜认为,儒家所谓的"天"即上帝,而上帝即主宰天地之"天",儒者不敢直接称呼上帝,所以用"天"指称上帝:

主宰天地之天,系上帝也。如天将以夫子为木铎;获罪于天,无所祷也;知我者其天乎。皆是也。上帝有知而天无知,天犹宫阙,上帝犹皇帝也。儒者不敢斥言上帝,故称天以言之。犹臣子不敢斥言皇帝,称朝廷以言之也。然天之有上帝也,儒者亦明言之。如书称维皇上帝,降衷于下民;郊社之礼,所以事上帝也;斋戒沐浴,则可以事上帝。皆是也。②

张星曜将宋明理学中的"宇宙生成论"重新诠释为"上帝创造论",与佛道的"虚无论"不同。张星曜认为,宋明理学中的"宇宙生成论"体现出上帝主宰宇宙万物的思想,而佛教"以己为主,不以帝为主,此不知有帝也",老氏不知"道之所自出",只有儒家"一以贯之":

太极生两仪,两仪生四象,太极者理也。两仪者天地也,四象者四时也。皆气也。……理附于气而行,故有天地,然后有万物,此即两仪生四象,四象变化而庶物繁也。然而儒者曰:帝出乎震。则凡太极之为道,天地之为阴阳,四时之为变化,皆有帝以主之。而非二氏之流,徒逞其淫辞,为虚无莽荡之言也。……夫其能生天生地生人物者,何也?曰:帝也。帝者,主也。能生,故能为主也。则言帝,而理与气悉属之矣。……故吾儒一以贯之。贯者有也。一者无也。合有无而一之者也。佛氏生灭灭已,寂灭为乐,则偏于无

---
① 张星曜:《历代通鉴纪事本末补后编》卷六《释教事理之谬·有无》。
② 张星曜:《历代通鉴纪事本末补后编》卷二十一《天》。

矣。老氏之徒,拾佛氏之牙慧,作清静等经,不出斯旨。然老氏又曰：有之以为利,无之以为用。则老氏之无,非一于无也。与佛氏稍异矣。而其不知有帝则一也。①

关于灵魂不灭,张星曜亦认可佛教的主张,即"人死精神不灭"。张星曜认为,儒家也有此类主张,并引用《尚书》《诗经》来予以证明,如"殷多先哲王在天""文王在上,陟降帝之左右"等。张星曜还对范缜的《神灭论》提出不同意见,认为"神存则百体皆灵,神去则百体皆萎,有去来无生灭也",即认为形神之间的关系并非如范缜所谓的刀与刃之间的关系,人之神能具备"万理",只有"去来"而无"生灭"。张星曜还认为"千古圣贤,皆知神不能灭"。但是,天主教与佛教有关"神不灭"的观点还是有区别的。张星曜认为,佛教认为人之神为"已有",而儒家则认为神出于天。换言之,人之灵魂是来自上帝。张星曜认为不可以为了批判佛教而违背"圣贤之理"："曰神灭,是欲矫释氏之言,而不知其悖于圣贤之理矣。"

总而言之,在《历代通鉴纪事本末补后编》中,张星曜在批判佛道思想时,运用儒家诠释资源来论述天主教思想。虽然很多诠释策略与利玛窦等传教士的如出一辙,但是张星曜的诠释策略更加灵活,采取了实用主义的诠释策略,他甚至还将利玛窦等传教士所批判的宋明理学中的"宇宙生存论"改造成"上帝创造论",但又对宋明理学中的某些内容展开批判,如"鬼神论"等,由此可见张星曜的诠释策略更加灵活。

第五节 捍卫儒家礼仪

正当白晋和其他耶稣会士以及中国信徒"集古今经解之文,发明天学本义"②之时,一场中西不同文化之间的纷争开始爆发。虽然礼仪之争有很多非信仰(世俗)和诠释方面的因素,但很显然若没有自利玛窦以来的"合儒"思想以及对待中国儒家风俗习惯采取的容忍态度,或许不会产生影响如此深远的礼仪问题。

很显然,张星曜也卷入了这场争论之中。1704年11月20日,教宗克莱孟十一世在"阎当禁令"的基础上签署了一项支持阎当、谴责中国礼仪的谕令。主要内容也就是阎当于1693年所颁布的禁令：① 只能以"天主"称唯一的神,欧洲人用的"陡斯"及中文里的"天"和"上帝"一律不得使用；② 一律取消"敬天"匾额；③ 教皇亚历山大七世在位时,由卫匡国呈报给教廷的报告、问题是不诚实的,传

---

① 张星曜：《历代通鉴纪事本末补后编》卷四十五《虚无》。
② 白晋：《古今敬天鉴》,《明末清初耶稣会思想文献汇编》第19册,页23。

第二章 从"合儒""补儒"到"超儒":清初儒家基督徒张星曜

教士不得信赖当时据而作出的容忍敬孔、祭祖仪式的决定;④ 传教士不得允许中国天主教徒参加每年若干次的敬孔、祭祖仪式;⑤ 如废除为亡灵的设立的牌位有困难,至少应除去牌位上的"神""灵""神主"等字样;⑥ 有些说法,如"若适当地理解中国哲学,则其中并无与天主教相异的内容","儒家敬鬼神之礼是世俗的,而不是宗教的"等,这些说法使不慎者误入歧途,并开启通向迷信之路,应禁止这些及相似的草率、错误的说法的流传①。这基本上全部否定了耶稣会士的"合儒"工作,给耶稣会士尤其是信徒带来了不解与困惑。

实际上,利玛窦采取"合儒"策略伊始就有反对的声音。利玛窦深知祭祖、敬孔是中国人长久以来形成的风俗礼仪。因而"尽量消解其中的宗教成分,视之为维系道德伦理的世俗礼仪,而不认为它是宗教礼仪"②。与此同时,他还认为"中国典籍中的天、上帝就是天主教的唯一至上神,允许以天、上帝称呼天主"③。然而其他耶稣会士如龙华民、庞迪我等人对此持有异议。1610 年利玛窦去世后,龙华民召集十位在华耶稣会士举行了所谓的"嘉定会议"④。会议中心议题就是译名问题,但会议仍作出符合利玛窦策略的决定,即中国教徒仍可以敬孔、祭祖,但只保留"天主"而废除其他译名。龙华民于 1631 年撰写的《论反对使用上帝一名》以及指斥中国士大夫全是无神论者的《论中国宗教的几个问题》均未发表。然此书原稿却被稍后入华的方济各会士利安当寻致,促使其认定祭祖、敬孔等礼仪全为异端。又因为利安当传教之地乃福建,而福建信徒主要受到采取利玛窦之策略耶稣会士艾儒略影响,因而均被允许参加祭祖、敬孔等祭祀活动。随后黎玉范将利安当的意见带至罗马教廷。于是 1645 年罗马教廷作出反对耶稣会士的裁定。在华耶稣会随即派在杭州敷教的卫匡国赴教廷申辩。因此教廷于 1656 年又作出同意耶稣会所谓的祭祖、敬孔礼仪"似乎只是世俗性的或政治性的"论断⑤。1669 年,教廷对于先前所颁之相互矛盾的裁定同时予以承认。直到 1693 年,阎当全面否定了 1669 年的裁定。1704 年,教皇又颁布上述不利于耶稣会的谕令。

由此可见,虽然后来礼仪之争不断掺入非宗教因素,诸如修会之间的利益争夺、康熙王权与罗马教皇教权的冲突等。但就教廷互相矛盾的谕令来看,争论焦点在于不同修会对祭祖、敬孔等传统中国风俗礼仪的诠释。由于耶稣会士采取

---

① *100 Roman Documents Concerning the Chinese Rites Controversy (1645 - 1941)*. University of San Francisco, the Ricci Institute for Chinese-Western Cultural History, 1992, pp.9 - 10.
② 孙尚扬、钟鸣旦:《1840 年前的中国基督教》,页 344。
③ 此即被康熙称作"利玛窦规矩",参见孙尚扬:《1840 年前的中国基督教》,页 344。
④ 这十人分别为金尼阁、郭居静、艾儒略、阳玛诺、高一志、鲁德昭、毕方济、费奇规、李玛诺、黎宁石。参见李天纲:《中国礼仪之争:历史·文献和意义》,页 24—26。
⑤ *100 Roman Documents Concerning the Chinese Rites Controversy (1645 - 1941)*, p.5.

"合儒"策略,对于祭祖、敬孔等礼仪之诠释则认为其只是一种世俗性或政治性活动,即非宗教性;而方济各会士等则将之诠释为宗教活动,从而将信徒参与儒家祭祀等活动全部当作异端,将儒家风俗礼仪当作异教仪式。

针对祭祀尤其祠庙、家庙、木祖等问题,张星曜亦撰《祀典说》加以澄清。张星曜认为古之祭祀有二义:"一曰祈,一曰报。""祈者,祈求福泽也;报者,报其成功也。"①张星曜认为作为祈与报之祭祀,实则归于上帝,因为"夫天地万物,悉上帝所生,祈报之礼,悉聚于上帝"②。而百姓向不同神灵祭祀,则冀图获得不同回报。张星曜认为:"若百神者,奉帝命以司化。人既享其成劳,则亦有报之礼焉。"③也就是说,百神乃奉上帝之命以司化,故祭祀百神亦理所当然。此处,张星曜实际是为儒家祭祀百神诸如山川河泽、城隍土地进行辩护。这与耶稣会采取的态度相一致,例如耶稣会士艾儒略在闽传教时就曾遇到这样的情况:

> 相国曰:"既如是,则城隍之神,敝邦从古所尊。闻贵教不礼拜之,何也?"先生曰:"天学古规,朝拜之礼,未敢轻施。按经典、圣谕,造物主化生万物,凡一人生,则令一天神护守之;一城一国,复令一大天神总护之。贵邦初立城隍庙,能合此意,则吾辈自当敬礼,求其转达天主,为人致福、免祸。……"相国曰:"敝邦城隍之设,殊非人类所为,以为有姓氏者,俗人之见耳。"先生曰:"果尔,则但当书一木牌,称为'天主所命护守本城之神'。即以天教之礼奉之,不用佛老之伪经伪礼,斯为得其正矣。"④

艾儒略认为上帝创造天地之时,也同时创造天神保护每个人以及城与国。故此可以向不同天神祈求或祭祀。同时,若将城隍称为"天主所命护守本城之神",并用天教之礼进行祭祀,也符合天主教要求。按照耶稣会士的理解,张星曜认为既然百神乃命于上帝,对百神祭拜实则祭拜上帝,应该得以允许。

与艾儒略类似,张星曜也认为对于"私加封号,妄立签筶"则应当加以禁止。因为这些祭祀只不过"庙祝庸流,邀人媚灶,冀饱馋余"。这些私立名目之邪祠当予以禁绝,尤其是生祠。张星曜认为:

> 禄位之设,此二氏之徒,借以侫世人也。彼受世人之施,无以借口,则设禄位于佛前,以祈福佑,聊以云报耳。夫福佑之来,上帝因人之淑慝,而定其

---

① 张星曜:《祀典说》,《耶稣会罗马档案馆明清天主教文献》第10册,页443。
② 张星曜:《祀典说》,页443。
③ 张星曜:《祀典说》,页443。
④ 艾儒略等口铎,李九标笔记:《口铎日抄》卷八,页530。

第二章 从"合儒""补儒"到"超儒":清初儒家基督徒张星曜

予夺,非佛之所能专,僧道之所能祈明矣。故人而善,福可也,祸亦可也。……宁有纸牌供奉,遂足邀福而免祸乎?①

换言之,生祠是佛道二氏"借以佞世人","设禄位于佛前,以祈福佑,聊以云报"。张星曜明确反对生祠,则是因为上帝主掌人之福祸。而生祠之设,有悖于天主教一神信仰。因此,对于张星曜而言,"祠之正者可留,祠之邪者可去"②。

而至于宗庙之设,张星曜则认为因其有"四善",因而不可以禁止。张星曜云:

> 又若家庙之设,其来远矣。……自是以来,衣冠之祖,咸得立庙。夫家庙之设,有四善焉。……此即一日之孝思,亦足展我生之诚敬。一善也。……故家庙之设,所以感天下之人心,咸归于孝也。二善也。……立家庙以统之,岁时祭飨,分义相维,所以教亲睦。三善也。……故一族之中,有悖逆不率者,族长得以家庙治之。四善也。③

因有此"四善",则"家庙之设,亦不可废也"。同样,对于木主,因为其与家庙密切相关,亦不可废之。张星曜云:

> 家庙之设,既有四善,则木位之供,其亦不可以已夫。若奉祀之仪则有异。……则以事人者施之事亲,亦事死如生之义,亦无不可也。但不至越礼逾分,……要之家庙之制,亦有力者能行之,无力者不能也。且不可以通之他姓。若奉事上帝则众庶之大父母也。④

比较张星曜与严谟的辩护,可以发现两者均认为祭祀合乎天主教礼仪,因这些礼仪并"无祈祷僭逾之事"⑤,因此,"何必致诬过虑为也"。而对于邪祠,以及"至若事邪魔,俨然以真主待之,以祸福望之,诚当严禁"⑥。因此,必须将两者分开而不能全部否定。

然而与严谟不同的是,张星曜主要着重于儒家祭祀的功用。张星曜云:"以此治身,则可以迁善而远慝。以此禋灵,则可以获福而免祸,而且存爱人如己之

---

① 张星曜:《祀典说》,页 450—451。
② 张星曜:《祀典说》,页 448—449。
③ 张星曜:《祀典说》,页 451—454。
④ 张星曜:《祀典说》,页 455—456。
⑤ 严谟:《辨祭》,《耶稣会罗马档案馆明清天主教文献》第 11 册,页 43。
⑥ 严谟:《辨祭》,页 43。

心,行规善恤灾之德,孝思亲睦,孰有逾于是哉?"①即用家庙等祭祀礼仪可以迁善远愆、获福免祸、规善恤灾、孝思亲睦,哪有什么"逾制"的呢?

"合儒"与否不仅关涉儒家信徒能否参与儒家传统礼仪,包括祭祖、敬孔、家庙、木主等,而且更关涉对传统儒家以及对信徒信仰的判定。方济各会否定耶稣会士之"合儒",不仅否定了古典儒家中已包含有天主教信仰的论断,而且还彻底否定儒家礼仪的合法性。同时,更重要的是否定了儒家信徒基督教信仰的纯正性。正如严谟认为的,方济各会士的做法实际上将"德义纯全之人,等于乱贼之辈、邪魔之徒"②。

虽然利玛窦采取的"合儒",对于传教来说不无益处,但亦给当时的中国信徒(以及非信徒)带来如此印象:所谓天主教并非外来宗教,天主教信仰其实在传统儒家经典中亦已存在。而后因为佛教之窜入中国、佛道二氏之扰乱,以至于圣言湮没无闻。天主教之入中国无非是恢复传统儒家经典中固有的信仰,并且可以补救因佛道而遭破坏的儒家。如此以至于让士大夫徐光启这样认为:"天地万物皆创矣,仰中国之有天教已一千余年,非创也。"③张星曜甚至明确提出:"天教即儒教也"④;并且让非信徒认为宣扬天主教无非是宣扬古代儒家而已,因此韩菼认为传教士来中国体现出"圣朝声教之隆,渐被海外,远人亦知慕义□风,服膺古训,为可嘉焉"⑤。又如明松江府推官李瑞和说:"西学与吾儒本天之义,为一揆也。"⑥在某种意义上说,"合儒"的后果是中国儒家基督徒将基督教认同为传统儒家,因而对于符合基督教信仰、自古流传下来的儒家礼仪应该予以肯定;而方济各会士的全盘否定,就给儒家信徒带来认同上的困难。对"合儒"的否定,就迫使儒家信徒在儒家与基督教之间进行选择。这对于一贯以儒家为认同核心的儒家信徒来说难以接受,且十分不解与拒斥。

张星曜《祀典说》从"合儒"角度出发,论述"正祠"符合基督教信仰,而家庙、木主等制亦有"四善",因而不可以废弃。张星曜认为"祠之正者可留,祠之邪者可去"。所谓"正"主要是指符合传统儒家,非佛道以及各种"淫祠"。论述家庙有"四善"时,他认为无论是"展我生之诚敬";"感天下之人心,咸归于孝也";"教亲睦";"一族之中,有悖逆不率者,族长得以家庙治",均是从儒家社会教化的角度而言的。此种论证逻辑和方式实则源自"合儒"。张星曜皈依天主教在很大程度

---

① 张星曜:《祀典说》,页456。
② 严谟:《附愚论》,转引自钟鸣旦:《可亲的天主——清初基督徒论"帝"谈"天"》,页56。
③ 徐光启:《景教堂碑记》(1632年),载王重民辑:《徐光启集》下册,上海:上海古籍出版社,1984,页531。
④ 张星曜:《天儒同异考》,页60a。
⑤ 韩菼:《古今敬天鉴》"序",转引自徐宗泽:《明清耶稣会士译著提要》,页132。
⑥ 李瑞和:《上海天主堂》"序",见《钦命传教约述》,《徐家汇藏书楼明清天主教文献》第3册,页1281。

第二章 从"合儒""补儒"到"超儒":清初儒家基督徒张星曜

上就是恢复传统儒家、剔除佛道影响、救正俗儒,因此对于符合传统儒家的礼仪很难舍弃。

1704年,教廷颁布了反对耶稣会士的谕令,并派铎罗主教赴中国颁布此项谕令。铎罗于1705年抵达北京,在觐见康熙后,仍于1707年不顾耶稣会士的劝告,颁布"南京教令",重申1704年的教廷谕令:

> 不允许听从神律的人祭孔和祭祖,……要求每一位主教、宗座代牧,各地的正权主教、传教士和司铎,不管是教区司铎,还是修会司铎——甚至耶稣会的——现在中国的传教士,以及将要来此地的传教士都有服从的义务。否则就遭自动绝罚的处分……①

"南京教令"促使康熙下令驱逐阎当主教及另外几十名传教士,但允许包括艾斯玎在内的11名遵守"利玛窦规矩"的传教士在华传教。同时要求他们领取"印票"②,并发誓永不回复西洋,方可在华传教。此时各地官员闻风而动,纷纷搜拿西洋传教士,并开始限制各地基督教的活动,天主教的处境越发不妙。1707年,张星曜等信徒致艾斯玎信札中的描写如下:

> 衢州教友余多默、严州教友朱至杭,皆云地方官追究天主堂神父,驱逐备至,封锢堂门,不容教友一人出入。衙门差人至各教友家,搜索西洋神父,如捕叛逆之状,毁坏圣像,焚抛书籍,教友受累者甚多。余多默痛受县官杖责锁押,且云朝廷已禁天教,驱逐西洋人,尔等何得管守堂内?金华、兰溪、嘉兴、萧山等处,俱各受累,人人自危。又福建朱玛窦教友至云:福建八府神父尽回西洋,地方光棍联络衙门,将堂白占,议改义学公馆,不容一人进堂瞻礼。如此情形,不识何以至此?③

浙江、福建等各地教堂被地方官查封,传教士被驱逐,信徒被"杖责锁押";甚至有将天主教堂改做"义学公馆",禁止信徒组织、参与宗教活动。虽然各地不断禁教,但康熙利用南巡的机会亦安抚那些遵循"利玛窦规矩"即遵从中国礼仪的传教士。艾斯玎亦被康熙接见。张星曜等信徒在信札中云:"闻老师接圣驾,天颜

---

① 苏尔、诺尔编:《中国礼仪之争西文文献一百篇》,页50—51。另参见李天纲:《中国礼仪之争:历史·文献和意义》,页65。
② "票上写:西洋某国人,年若干,在某会,来中国若干年,永不回复西洋,已经来京朝觐陛见。为此给票。"李天纲:《中国礼仪之争:历史·文献和意义》,页71。
③ 张星曜等致艾斯玎信札,罗马耶稣会档案馆藏,参见韩琦:《张星曜与〈钦命传教约述〉》,页6—7。

必怡悦,喜起之风,深可健羡。"①同时,张星曜等信徒"公集酌议,须将朝廷隆重天教之意,并今日领敕之事,叙述一册,刻送当事,庶可解疑"②。即将朝廷"隆重天教之意"公布于众,以表明天主教乃是朝廷允许之宗教,冀此减缓各地禁教之风波。该书就是《钦命传教约述》。然艾斯玎并没有允许张星曜等人刊印此书。张星曜等信徒又发信催促:"此书公聚众友推敲,并无半字有违圣教及虚夸饰说者,如救焚拯溺,不可迟滞,望乞老师检发原稿,以便门生辈付梓刷印,遍送当事可也。"③最后虽然得到允许刊印,但显然因礼仪之争等问题而被收回。在1708年的一个证词中,张星曜等信徒写道:

> 第一:这本书《钦命传教约述》是杭州教友作的;第二:亦不是神父吩咐我们作的;第三:亦不是耶稣会神父作的;第四:众人要刻这书,神父不肯刻,亦不肯与我们银子;第五:众人又求神父说,这本书没有甚么不好,该刻,送官府,使外教人晓得,不敢难为我们,神父没奈何,依我们说,出几钱银子;第六:神父说收松江书、上海书,说书中恐有得罪人的所在,艾神父(艾斯玎)恼得狠狠的,说我亦吩咐改这个板子,若不改,神父要烧毁了;第七:神父晓得有得罪人的所在,就不敢送与别人了。④

证词里明确表明该书乃杭州教友所作,强调不是耶稣会士所作,而且表明该书的出版是神父受信徒的请求,"没奈何"而答应的。艾斯玎神父不同意该书的内容。该证词极力为艾斯玎及耶稣会士开脱,究其原因,恐怕与当时的礼仪之争密切相关。《钦命传教约述》中或是抄录了上海知县有关铎罗的奏章,或是因为其中有关艾斯玎接受"领票"的事。艾斯玎恐该书会引起铎罗之不满,因而要求"改这个板子"。

从另外一个角度看,这表明当时耶稣会士与铎罗主教之间的冲突甚为激烈。仅就《钦命传教约述》一书来看,张星曜等信徒冀图借助皇权来宣扬基督教,以减少地方反教运动的影响。在当时处境中,若无官府在政治上的认可,就无法为天主教的存在与发展觅得合法性。一旦此合法性丧失,天主教不仅面临反教威胁,而且还会给信徒带来空前压力,同时还会降低对潜在皈依者的吸引力。张星曜之所以矻矻撰写《钦命传教约述》,实际上是为天主教徒增加"社会资本"。由于

---

① 韩琦:《张星曜与〈钦命传教约述〉》,页6。
② 韩琦:《张星曜与〈钦命传教约述〉》,页7。
③ 张星曜等致艾斯玎第一封信没有回音之后,又致一封。参见韩琦:《张星曜与〈钦命传教约述〉》,页7—8。
④ 该证词写于康熙四十七年正月二十二日,参见韩琦:《张星曜与〈钦命传教约述〉》,页8。

第二章 从"合儒""补儒"到"超儒":清初儒家基督徒张星曜

缺乏有效支持,张星曜的努力最终却以令人匪夷所思的证词作为终结。证词否定《钦命传教约述》的有效性,甚至极力为耶稣会士开脱,仿佛一切后果仅由杭州信徒群体承担。

实际上,在张星曜撰写《祀典说》时,殷多泽还向张星曜的教友洪意纳爵、杨伯多禄、朱西满等请教有关儒家礼俗等问题。其中,关键问题是对于"中国之礼"是"因之"抑或"革之"。洪意纳爵等听闻金华或兰溪等地有人要"变易规额"①,但自利玛窦、艾儒略以来的传教士均认为中邦祭典"无碍于圣道",因此他们觉得应该保留自利氏以来的态度。礼仪之争使得张星曜等信徒面临着进退两难的境地。正如洪意纳爵在《祭祀问答》中所示:"异端"之徒"犹且煽惑,以为无祖宗之教,曷足敬信?"②换言之,对待儒家礼俗不仅关涉信徒自身的信仰,而且还关乎教外人士对天主教的评价。此种评价的重要性在于形构基督徒群体的身份认同。若从身份形成机制来看,群体或个体往往是通过他者来形成自我。除却自我设定之外,他者评价是确立自我的重要途径。

* * *

虽然在《天教明辨》《历代通鉴纪事本末补后编》等著作中,张星曜是以捍卫儒家正统自居,但是在批判佛道二教的诸多按语中,可见很多与传统儒家思想不同之处。如张星曜认为,儒家的上帝"生天生地生人物",是"天地人物"之主宰,这种观点显然来源于基督教"补儒易佛"的诠释传统。

对于张星曜而言,天主教才是真正的儒家;其使用天主教来批判佛道及"今儒",甚至使用天主教来诠释儒家经典,是合乎儒家正统的做法。张星曜认为,古代儒家经过佛道浸染之后已经面目全非。

同时代的江西信徒刘凝亦持有"天教儒教一体说",同样认为"古儒"受到佛道侵入后变得面目全非。但是,刘凝与张星曜的区别在于对待天主教和儒家道统的关系上。刘凝认为唯有基督教继承了秦汉之前的儒家道统,因此,传教士来中国,孔孟之道方可持续下去,"天福中华,西士还至,孔孟之学绝而复续"③。而在张星曜的思想世界中,天主教则部分接续了儒家的道统,他或多或少还承认"今儒"的合理性,"方知天壤自有真理,儒教已备,而犹有未尽晰者,非得天教以益之不可"④。张星曜认为基督教是"成全"儒家或"恢复"真儒的,可以让孔孟之

---

① 洪意纳爵等:《祭祀问答》,页254。
② 洪意纳爵等:《祭祀问答》,页244—245。
③ 刘凝:《觉斯录》,《耶稣会罗马档案馆明清天主教文献》第9册,页547。
④ 张星曜:《天儒同异考》"序",页3a—3b。

道更加明确、清晰①。其中一个重要原因是,张星曜认为天主教在功能上与儒家正统相同:"孔子尊天,予亦尊天;孔孟辟异端,予亦辟佛老。予今日始知有真主有真儒。奉真主以讨叛逆,如奉周天子以伐吴楚。今而后三皇五帝所传之圣道,予始得而识之矣。"②

张星曜的诠释策略及对佛道的批判,虽然来自利玛窦等传教士所开创的传统,但是有三个背景促使其在辟佛之路上愈走愈远:一是清初思想之变。明亡之后,学术界开始出现对宋明理学的反思与批判,又加上日益严酷的"文字狱",朴学日渐兴起。肃清佛道对儒家的影响是诸多学者的共同旨趣。二是厌佛的一贯立场。明末杭州地区佛教兴盛,张星曜青年时期与佛教多有交往,亲朋好友中亦多佞佛者,但张星曜对于佛教日益不满。三是辟佛实则成为清初儒家选择天主教信仰的外在理由。对于不同的个体来说,他们受洗入教的动机、理由各不相同,但是,他们日益面临着"从夷狄之教"的指控;而辟佛则为他们加入教会提供了某种合法性。张星曜反反复复地向世人强调其加入教会不是"从夷狄之教",并历数十年之功孜孜不倦批评佛道,实际上是为其信仰基天主提供合法性。

一个与此相关的问题是,张星曜是否将利玛窦"补儒易佛"的目的与手段错置,或者张星曜是仅仅将辟佛道用来说明天主教合法性,还是将天主教直接等同于儒家?清初"如日中天"的天主教面临着巨大的身份认同危机,而当天主教徒张星曜以"正统"自居去辟佛道时,即有士人质疑张星曜此举的合法性,质疑者业已洞悉张星曜用儒家身份掩盖其自身信仰天主教的企图,并察觉张星曜辟佛道之举实际上是出自信仰之必须。因此,就质疑者来说,天主教与儒家之间的罅隙昭然若揭。

基督教与儒家之间的分道扬镳日益成为现实,儒家天主教徒要解决的问题即为什么信仰一个外来的宗教显得更加紧迫。张星曜的《历代通鉴纪事本末补后编》及诸多辟佛补儒著作正是试图为此提供一个解答,而此解答不仅关涉信徒的信仰合理性,而且还关涉天主教在清初社会的生存与发展。

---

① 谢和耐:《中国和基督教——中国和欧洲文化之比较》,耿昇译,上海:上海古籍出版社,1991,页165—166。
② 张星曜:《天教明辨》"自序",页5b—6a。

第三章 "复儒"易佛：清初儒家基督徒刘凝

清初基督教在杨光先反教(1664—1669年)之后，得到长足发展，入华传教士与信徒及教堂数量亦在稳定增长之中①。在礼仪之争所导致的康熙禁教之前，中国基督教实际上已进入全面发展的黄金时期。与明末不同，清初的社会、思想环境都发生了显著变化。第三代信徒在信仰、思想等方面与明末也有所不同。第三代信徒在说明基督教的合法性时，以"复儒"作为主要内容。

本章以清初经学家、儒家信徒刘凝(1620—1715年?)为例，在考证刘凝的家族、生平、著作、交往、入教等历史事实基础之上，以其主要代表作品为分析对象，探究第三代信徒在分析基督教合法性等方面的思想成果。

中文学界有关刘凝的记录大部分是有关其对古文字、音韵等方面的研究，地方志及刘凝后人所编辑《尔斋文集》等资料并没有显示其基督徒的身份。但马若瑟(Joseph de Prémare, 1666—1736)等西方传教士的记录以及收藏在西方的中文著作，则表明刘凝是一位基督徒。本章使用学界较少使用的地方志、刘凝所著《尔斋文集》《水村先生行实》等中文资料以及研究马若瑟的等西文资料，对刘凝的家族、生平、事迹、信仰与交往等作较为深入的考证与分析。

第一节 刘凝的家族、生平与著作

据刘凝所撰《水村先生行实》所附《南丰刘氏世谱》可知，南丰刘氏始祖为刘金，彭城人，唐时任濠、滁二州刺史。刘金十三世孙为宋末元初思想家刘壎，即刘凝十四世祖。按《水村先生传》，刘壎，字起潜，自号水村：

---

① 参见 Nicolas Standaert ed., *Handbook of Christianity in China: Volume One (635–1800)*, pp. 382–383.

> 事母笃孝，乐为义举；厚朋友，恤贫困；拯人于患难，心之所至，不顾力何如。安守穷约，不为利禄拘。研究经史，网罗百氏，文思如涌泉。年三十七而宋亡，时多死节之臣，恐其名行不传，作《补史十忠诗》。公于时世人情兵谋地利素谙，北来钜公咸器重焉。年五十五，当道以明经秀才荐任本州学正，启迪后进，章程有序。又拳拳以崇祀先贤，表章忠义为事。曾文定公墓祭久废，典乡校日，率诸生暮夜行礼如初。年逾七十，廉使鲁山臧公荐于朝，升延平路教授。秩满授代诸生私留受业者三年。……所著有《经说讲义》《水云村泯稿》《吟稿》《哀鉴思华录》《隐居通议》《中华韡藻集》《选定古今诗文》。……公之卒年八十，诸乡先生与门人私谥曰文定，葬仙人石之蔡家坑。①

刘壎所著《隐居通议》《水云村稿》《补史十忠诗》（《忠义集》）后被收入《四库全书》，为世人所知②。刘壎为元初陆学的主要代表人物，四库馆臣指刘壎奉陆学为道统正传，其理学思想以悟为宗，开明代王守仁朱子晚年定论说之先河③。

刘凝祖父刘烜，字启耀，号文台，明万历二十三年（1595年）岁贡，江西吉安县训导、福建闽清县教谕④。刘凝父刘冠寰，为刘烜第三子，字尚之，号恕庵，明天启二年（1622年）选贡⑤。刘凝后人、刘壎二十世孙刘斯嵋⑥校刻《水云村泯稿》附《恕庵先生传》：

> 刘冠寰，字尚之，号恕庵，南丰人。抗心希古，尤喜谈当世务，笃师友，虚己好学。绥安布衣朱广以理学名，邑人范斗南以韬略著，皆折节师之。积书数万卷。尝编次古今诗文，仿《葩经外传》，名曰《诗文广轮汇编》。天启壬戌以恩贡受知于黄汝亨、董其昌。后闻汝亨受中涓之祸，慨然曰："是尚可仕乎？"遂绝意仕进。⑦

---

① 刘凝撰：《水村先生行实》附《水村先生传》，清刻本，上海图书馆藏，页16a—17b；郑釴督修：（康熙）《南丰县志》卷七《乡贤实录》，清康熙二十四年刻本，上海图书馆藏，页26a—27b。
② 刘壎：《隐居通议》收入《四库全书》子部《杂家类》第866册，台北：商务印书馆，1985；《水云村稿》收入《四库全书》集部《别集类》第1195册，《忠义集》收入《四库全书》集部《总集类》第1366册。
③ 关于刘壎理学思想，参见徐远和：《理学与元代社会》，北京：人民出版社，1992，页215—231。
④ 郑釴督修：（康熙）《南丰县志》卷五《选举题名》，页24a，卷八《乡贤实录》，页1a—b；（民国）《闽清县志》卷三《职官志》，《中国方志丛书》第101号，台北：成文出版社，1967，页99下；（同治）《南丰县志》卷二十四《人物二》，同治十年刻本，上海图书馆藏，页20b—21a。
⑤ 郑釴督修：（康熙）《南丰县志》卷五《选举题名》，页25a；（清）孟炤、黄祐：《建昌府志》卷三十《选举二》，清乾隆二十四年刻本，北京：国家图书馆藏，页21a；（同治）《南丰县志》卷二十四《人物二》，页26b。
⑥ 关于刘斯嵋，参见（同治）《南丰县志》卷二十七《人物五》，页1a—b。
⑦ 刘壎：《水云村泯稿》附《恕庵先生传》，刘冠寰编辑，刘斯嵋校刊，道光十七年镌，爱余堂藏版，上海图书馆藏；郑釴督修：（康熙）《南丰县志》卷八《乡贤实录》，页5a。

第三章 "复儒"易佛：清初儒家基督徒刘凝

刘凝长子刘允在《恕庵遗稿小引》中又谓：

> 恕庵公生当明季，锐志诗书，搜罗诸子百家之言，著为文章，发诸议论，罔不咸集众美。又且精于论事，揣摩天下大计，思得一当以展其用，不幸值有明之末，兵火频仍，烽烟四接，未竟厥志。①

刘冠寰与黄汝亨、董其昌友善，并因汝亨"受中涓之祸"而决意仕进。黄汝亨是杨廷筠父亲杨兆坊的门人，并是熊明遇的老师以及顾起元的知交好友②。而杨廷筠本身即是基督徒，熊明遇、顾起元、黄汝亨、董其昌等均与西学或西教有过接触。

刘冠寰有子二，刘鸿与刘凝。刘鸿，字渐逵，明县学附生；刘凝，字二至，号籍堂，又号及斋③，圣名葆禄（Paulus）④，江西建康府南丰县西隅人。按《水云村泯稿》附《二至先生传》：

> 刘凝，字二至，冠寰子，弱冠籍诸生。性嗜学，购书至数万卷，研讨入奥，尤精古六书之学。……以贡授崇义县训导。崇义在万山中，兵燹后城郭空虚，弦诵久歇。凝官十五载，招徕诱掖，人士向化。崇义新设县为创立志乘，居家亦应聘修县志，年九十无疾而终。子都，廪生，教读自给，置租百余石，悉分给兄弟。好书嗜学，有《礼记辑要》《春秋互传》等书。⑤

刘凝有子七，即允、俞、都、臬、然、许、异。刘都，字天部，为庠生，继承了刘凝好学之风，著有《礼记辑要》《春秋互传》等书，并与其兄刘允（字伯恭）编辑刘凝所著《尔斋文集》。据同治《南丰县志》卷三十六《艺文志》载刘都《重刻〈崇质堂文集〉序》：

> 余于天仆先生深有感于人事之有定数焉。一、吾以丁年举于乡，而天仆亦以丁年举于乡；一、吾以甲年成进士，而天仆亦以甲年成进士；一、吾会闱

---

① 刘壎：《水云村泯稿》附《恕庵遗稿小引》。
② 黄汝亨：《杨氏塾训》"序"，杨兆坊：《杨氏塾训》六卷，《四库全书存目丛书》子部第152册，台南：庄严文化事业有限公司，1996，页85上—86下；熊明遇：《寓林集》"序"，黄汝亨：《寓林集》，《四库禁毁书丛刊》集部第42册，北京：北京出版社，2000，页18上—20下；顾起元：《寓林集》"序"，黄汝亨：《寓林集》，页2上—4下。
③ 《天学集解》目录《交述合录》"序"署名"刘凝"，并附有小传"二至、及斋，江西建昌府南丰县人"。
④ Nicolas Standaert ed., *Handbook of Christianity in China: Volume One* (635-1800), p.401.
⑤ 刘壎：《水云村泯稿》附《二至先生传》，刘斯嵋校刊，道光十七年镌，爱余堂藏版。

名列百有二十,而天仆会闱亦名列百有二十,何其历历不爽也。①

其中,天仆先生即刘凝的同乡好友李长祚。李长祚康熙二十六年(1687年)举人、三十三年(1694年)进士。但刘都的举人、进士身份并未有相关记录②。刘凝五世裔孙刘斌、六世裔孙刘斯嵋均为进士。刘斯嵋道光时任山东布政使,曾将刘壎、刘冠寰、刘凝的著作校刻再版。关于刘凝家族概况,可从刘氏《世谱》略见一斑③。

有关刘凝的生平事迹,除了《二至先生传》之外,《南丰县志》④《崇义县志》⑤《建昌府志》⑥《南安府志》⑦等地方志记载的内容大同小异。根据地方志的记载,刘凝一生未得功名。弱冠才进入县学,成为秀才。1675年,耿精忠叛乱入江西,南丰陷落。第二年,叛军"直抵西郭城下,许总镇运筹帷幄,冯将军奋力驰驱","月夜酣战,声撼天地,丰民得以再生",刘凝因有《纪实二十韵》以记其事⑧。1677年,刘凝成为府学贡生⑨,康熙二十六年(1687年)由贡生授崇义县训导⑩。

崇义县位于江西西南边陲,与湖南省接壤,位置比较偏僻,地势险要多山。崇义设县始于明代⑪。明正德十二年(1517年),南京右佥都御史王守仁镇压谢志山(一作谢志珊)起义之后,析上犹县的崇义、上堡、雁湖三里,南康的隆平、尚德二里,大庾的义安里建县,择定崇义里的横水设立县治,并以崇义里之名,名为崇义县,隶南安府。刘凝在崇义任训导时,曾撰写过《王文成公经营横水方略》,赞扬王阳明在崇义的功绩。

---

① (同治)《南丰县志》卷三十六《艺文志》,页38b—39b。
② 刘都谓自己于"甲年"进士,据《明清进士题名碑录索引》,刘都有可能中进士的年份有三,即康熙三年(1664年)甲辰科、雍正二年(1724年)甲辰科、乾隆十九年(1754年)甲戌科,但均无刘都的记录。最有可能的年份是雍正二年(1724年),而同治《南丰县志》卷二十《选举》亦无记录。《四库全书存目丛书》(集部第112册)所载李长祚刻本《崇质堂集》并没有刘都的序言。
③ 由于该《世谱》由刘斯嵋校刊,因此止于刘斯嵋,参见附表三。
④ (同治)《南丰县志》卷二十五《人物三》,页21a—b。
⑤ 汪宝树、冯宝山:《崇义县志》卷七《名宦》,同治六年(1867年)刻本,上海图书馆藏,页5a:"刘凝,字二至,南丰岁贡。康熙二十六年任县训导,有才藻,喜著述,好表章前贤。二十七年倡修学宫,又修三余署,镌《王文成公经营横水方略》,编辑《沙溪洞志》,三十七年纂《崇志》未成稿。"
⑥ (乾隆)《建昌府志》卷四十六《人物十》,乾隆二十四年刻本,北京:国家图书馆藏,页13b:"刘凝,字二至,南丰人,冠寰子,弱冠籍诸生。性嗜学,购书至数万卷,研讨入奥,尤精古六书之学。著《六书夬》《说文解字韵原》《引书异同》《石经本末》《孝经全本注》《石鼓文定本》《录纂合注》《稽礼辩论》及《尔斋文集》。以贡授崇义训导。崇义在万山中,兵燹后城郭空虚,弦诵久歇。凝官十五载,招来诱掖,人士向化。崇义新设县为创立志乘,居家亦应聘修县志,年九十无疾而终。"
⑦ 黄鸣珂、石景芬:《南安府志》卷十五名宦,同治七年刊本,《中国方志丛书》第268号,台北:成文出版社,1975,页1343:"刘凝,字二至,南丰岁贡,康熙间任崇义训导,有才藻,喜著述,好表章前贤,纂刻《王文成横水方略》,又纂《崇义志稿》若干卷。"
⑧ 郑钺督修、刘凝纂:《南丰县志》卷十一《题咏诗歌》,页37a—b。
⑨ (乾隆)《建昌府志》卷三十《选举二》,页26b。
⑩ (同治)《南安府志》卷十一《秩官》,页776:"刘凝,崇义训导,南丰岁贡,康熙二十六年任。"
⑪ (同治)《南安府志》卷十五《名宦》,页1274。

第三章 "复儒"易佛：清初儒家基督徒刘凝

刘凝任崇义训导之时，刚好在康熙平定三藩之乱之后。崇义在经过兵燹之后，"城郭空虚，弦诵久歇"。刘凝通过"招徕诱掖，人士向化"，在任训导期间，刘凝倡修学宫，又修三余署，又"虔率诸士于季秋晦日举释奠之仪"以纪念王守仁；同时还游览了崇义各地，撰写了《游沙溪洞记》《聂都水楼记》《游桶冈峒茶寮记》等游记文章，又编辑《沙溪洞志》，对聂都、桶冈等地的风物历史均有所记述①。刘凝曾有诗《聂都十六景》，《南安府志》称赞道："彼善于此，则《聂都》诸题，差少断鹤续凫之累，想出刘二至广文手耶？"②

刘凝在崇义任训导长达15年。1702年，刘凝期满后返家著述，并修撰《崇义县志》，未成稿。关于刘凝的生年，杜鼎克认为刘凝约生于1625年③，但康熙三十五年（1696年），刘凝在《水云村吟稿笺注》的序中谓："思童稚之年，倏忽耄耋已至。"④从此处推断，刘凝出生年可能要早于1625年。又刘凝之子刘都在《跋水云村吟稿后》谓，该稿先由刘凝于康熙二十八年（1689年）订于崇义三余署。后刘凝又"亲笔缮写，写及二卷，则目力悉殊苦，不复能作细字，时年已将八十矣"。刘凝中止缮写之后，让刘都续录。康熙四十五年（1706年）元宵前一日"始克杀青"，时"家君已解组归家，年八十有七"。因此，从刘都的记录来看，刘凝当生于1620年。

刘凝的卒年不详。杜鼎克认为刘凝约卒于1715年。若按《二至先生传》《南丰县志》等谓刘凝"年九十，无疾而终"，刘凝当于1710年左右去世。同时，马若瑟于1728年和1731年分别提及刘凝于96岁高龄逝世⑤，即于1715年去世。但据张翩鉴为《水云村泯稿》作的序中谓："今二至收拾遗稿于蠹鱼劫灰之余，雠校参订，极其精审，布梨枣以公海内。"末署"康熙辛丑仲秋"，即1721年⑥。若此时刘凝还在世的话，其业已过百岁矣。又据刘凝所编《天学集解》可知，该书所收文章最晚为1711年或1712年⑦。同时，马若瑟在《经传议论》的序中提及刘凝的著作为"遗书"，而此序又撰于1710年⑧。综合以上，刘凝应该去世于1710年左右。

---

① 《崇义县文史资料》第8辑，赣出内赣地字（1995）第44号，页90—92、93—94；胡迎建编注：《江西古文精华丛书·游记卷》，南昌：江西人民出版社，1995，页217—220。关于刘凝的游记，参见（同治）《崇义县志》卷十《艺文》，页18a—25b。
② （同治）《南安府志》卷七，页498。
③ Ad. Dudink, "The Rediscovery of a Seventeenth-century Collection of Chinese Christian Texts: The Manuscript *Tianxue Jijie*", p.1.
④ 张翩鉴：《水云村泯稿》"序"，刘壎：《水云村泯稿》，刘斯嵋再刻，道光十年镌，爱余堂藏版。
⑤ 李真：《刘凝与〈觉斯录〉》，页186。Ad. Dudink, "The Rediscovery of a Seventeenth-century Collection of Chinese Christian Texts: The Manuscript *Tianxue Jijie*", p.19.
⑥ 刘壎：《水云村泯稿》附《二至先生传》，刘斯嵋校刊，道光十七年镌，爱余堂藏版。
⑦ Ad. Dudink, "The Rediscovery of a Seventeenth-century Collection of Chinese Christian Texts: The Manuscript *Tianxue Jijie*", p.19. 黄一农：《两头蛇：明末清初的第一代天主教徒》，页70—71。
⑧ 马若瑟：《经传议论》，法国国家图书馆，Courant 7164，参见 Maurice Courant & Yoshinobu Sakade, *Catalogue des Livres Chinois, Coréens, Japonais, etc.* Tokyo: Kasumigaseki Shuppan Kabushiki Kaisha, 东京：霞ケ关出版株式会社，1993—1994，页1427。

按《二至先生传》,刘凝著有:《六书夬》《说文解字韵原》《引书同异》《石经本末》《孝经全本注》《石鼓文定本》《樊合著》《稽礼辩论》及《尔斋文集》等①。清初,刘凝将刘壎《水云村泯稿》(十五卷)校为定本②。康熙六年(1667年),刘凝将其先祖刘壎的著作《隐居通议》(三十一卷)校刊③,康熙三十五年(1696年)又校刊刘壎《水云村吟稿》④。刘凝的著作收入《四库全书总目提要》的有《稽礼辩论》一卷、《韵原表》一卷、《石鼓文定本》二卷等⑤。

刘凝有关基督教的著作不多,在地方志中并没有这些著作的记录,现根据相关资料可知,主要有为《四末论》⑥(1672年)、《交述合录》⑦(1677年)、《泰西肉攫》⑧(1679年)、《大赦解略》⑨(1689年)、《本草补》⑩(1697年)作的序,著的《觉斯录》⑪(ca.1680—1700年,包括《原本论》《天主之名非创自西域》《辨天童密云和尚三说》《抚松和尚三教正论辨》等)以及编纂的《天学集解》(ca.1680—1700年)与校刻石铎琭的《默想神工》(ca.1700年)。

第二节　刘凝的人际网络与受洗入教

明末江西是心学的重镇,也是西学西教得到广泛传播的地方。刘凝的父亲刘冠寰受知于黄汝亨与董其昌。黄汝亨与天主教徒杨廷筠以及西学人物有过交往,董其昌则与天主教徒韩霖往来密切⑫。黄汝亨曾任江西进贤知县以及江西布政司右参议⑬。刘冠寰还与侯峒曾有过交往,而后者则为天主教徒韩霖的姻亲。天主教徒李九标的老师葛寅亮亦曾任江西布政使右参议⑭。明末与传教士以及

---

① 郑钺督修:(康熙)《南丰县志》卷十二,刘凝著作除了上述之外,还有《文字夬》一千卷以及《周易古今合本》《文字韵原》《尔斋类稿》,页12a—b。
② 此书天启、崇祯均有刻本,当为刘凝之父刘冠寰刻印。道光十七年刘斯嵋再刻,爱余堂藏版,参见黄仁生:《日本现藏稀见元明文集考证与提要》,长沙:岳麓书社,2004,页1—4。
③ 刘凝:《隐居通议》"序",郑钺督修:(康熙)《南丰县志》卷十二,页90a—91b。
④ 道光十年(1830年)刘斯嵋再刻,爱余堂藏版,上海图书馆藏。
⑤ 永瑢、纪昀主编;周仁等整理:《四库全书总目提要》卷二十五《经部二十五》、卷四十三《经部四十三》,海口:海南出版社,1999,页139、246;杜泽逊:《四库存目标注》第一册经部,上海:上海古籍出版社,2007,页248、452。
⑥ 《四末论》,高一志著,该序收入《天学集解》。
⑦ Ad. Dudink, "The Rediscovery of a Seventeenth-century Collection of Chinese Christian Texts: The Manuscript *Tianxue Jijie*", p.10; G. Bertuccioli:《卫匡国的〈求友篇〉及其他》,陈村富主编:《宗教与文化论丛》,北京:东方出版社,1995,页59。
⑧ 《泰西肉攫》,利类思著,该序收入《天学集解》,参见 Ad. Dudink, "The Rediscovery of a Seventeenth-century Collection of Chinese Christian Texts: The Manuscript *Tianxue Jijie*", p.12。
⑨ 《大赦解略》,石铎琭著,《法国国家图书馆明清天主教文献》第24册,台北:利氏学社,2009。
⑩ 《本草补》,石铎琭著,《耶稣会罗马档案馆明清天主教文献》第12册,台北:利氏学社,2002。
⑪ 《觉斯录》,《耶稣会罗马档案馆明清天主教文献》第9册。
⑫ 黄一农:《两头蛇:明末清初的第一代天主教徒》,页236、238。
⑬ 杜果、伍柳:《江西通志》卷十三,康熙二十二年刊本,日本东京大学图书馆藏,页46b。
⑭ (康熙)《江西通志》卷十三,46a;黄一农:《两头蛇:明末清初的第一代天主教徒》,页296。

第三章 "复儒"易佛：清初儒家基督徒刘凝

西学有过密切接触的熊明遇、樊良枢等均是江西进贤人①。天主教徒李之藻之子李长楸亦曾在江西担任官职②。

顺治时期，天主教徒佟国器曾任巡抚南赣都御史③。天主教徒许缵曾亦在南昌担任官职④。刘冠寰藏书数万卷，而刘凝自己又"购书至数万卷"，因此在这种环境中，刘凝开始对"古儒"经典以及小学等学问甚感兴趣。同时，清初江西诸多士人与传教士或与西学有所接触，并有深入了解⑤；再加上刘冠寰亦与这些士大夫有过往来。因此，青少年时期的刘凝对西学西教颇为熟知。

现有文献无法获知刘凝最早接触西学的具体时间。最早的记录是1659年，即刘凝39岁时，对西学深有研究的方以智"披缁衣为僧"，在丁艰庐居三载后，"登匡庐五老峰，入盱江，与南丰汤惕庵、刘二至、黄维缉、谢约斋相友善"。这表明，1659年前后，方以智入江西后与汤来贺、刘凝、谢文洊等交往。

1664年，刘凝45岁。此年春，南丰谢文洊，"与刘二至凝论西学，往返数四，痛辟之"⑥。而在1663年，谢文洊开始删校《七克》，并改名为《七克易日录》。谢文洊为清初江西经学家，早年习禅，转习王阳明学说，后专意于程朱理学，学以"主敬""笃行"为旨⑦。虽然《程山谢明学先生年谱》谓谢文洊"痛辟"西学，但实际上，他对西学的态度还是比较开放的。谢文洊认为"西士之学，似有得于吾儒畏天命与昭事上帝之旨"，并对西学采取取长弃短的态度，因而将《七克》中"过中失正者"删除，"以为修省之助"⑧。他还接受西教中有关上帝存在之说法，但"力辟其降生之说"⑨。

康熙十一年(1672年)，刘凝为明末传教士高一志《四末论》重刊本撰写序言，后署"时一千六百七十二年圣灰后六日南丰后学刘凝序于南昌堂中"，表明此时的刘凝在南昌教堂，并且已经受洗入教。

---

① 黄一农：《两头蛇：明末清初的第一代天主教徒》，页112—115。
② 见傅泛际(F. Furzado)译义，李之藻达辞：《名理探》"又序"，上海：商务印书馆，1935，页7—9。关于李之藻子嗣情况，参见龚缨晏、马琼：《关于李之藻生平事迹的新史料》，《浙江大学学报》(人文社会科学版)2008年第3期。
③ 顺治十二年(1655年)任，(康熙)《江西通志》卷十四，页3a。
④ 顺治十五年(1658年)任，(康熙)《江西通志》卷十四，页18b。
⑤ 如谢文洊、魏禧、丘维屏等曾与西学有过接触。魏禧曾谓："余姊婿丘邦士，天资高，于易数历学及泰西算学，不假师授，皆能造其微。桐城方密之先生，叹为神人。所着历书，未就而卒。惜夫邦士不及见梅子之书而为之叙也。"参见魏禧：《历法通考叙》，《魏叔子文集》卷八，《续修四库全书》集部第1408册，页559上。
⑥ 谢鸣谦：《程山谢明学先生年谱》，《北京图书馆藏珍本年谱丛刊》第73册，北京：北京图书馆出版社，1999，页278。
⑦ 黄开国主编：《经学辞典》，成都：四川人民出版社，1993，页610。
⑧ 谢文洊：《七克易序》，《谢程山集》卷十四，《四库全书存目丛书》集部第209册，页251。
⑨ 谢文洊：《程山先生日录》卷三，《丛书集成续编》子部第77册，上海：上海书店出版社，1994，页742下。

仁和人邵吴远，康熙三年(1664年)进士①，康熙十四年(1675年)任江西学政时曾为刘凝的《引书同异》作序，并称赞刘凝的字学功夫，"余故特称其字学之有关于经传，而不可不讲者如此"②。而邵吴远的门人韩菼则曾于1703年为白晋的《古今敬天鉴·天学本义》作序③。

1677年，刘凝58岁，"岁荐入京"。这一年，刘凝为《交述合录》撰写序文。序中称汤来贺为"家渭阳汤惕庵先生""舅氏"④。可见，汤来贺与刘凝有姻亲关系。汤来贺亦为南丰人。第二年，刘凝在京师遇见李来泰。李来泰对刘凝所撰《周宣王石鼓文定本》大加赞赏。1679年，李来泰应"博学鸿儒"科，试列二等第一，授翰林院侍讲⑤。李来泰亦曾为刘冠寰撰写墓表⑥。同年，刘凝为利类思《泰西肉攫》（《进呈鹰说》）撰写序言。康熙二十年(1681年)，李士桢任江西巡抚时，刘凝亦曾上呈稿本，"叨蒙奖掖"。李士桢之子李煦亦曾与传教士有过接触⑦。

刘凝在校刊刘壎《水云村泯稿》时，曾请张黼鉴、吴甫生撰写序文。张黼鉴曾于顺治十五年(1658年)任南丰县令⑧。张黼鉴并曾请刘凝修县志，未果。张序撰于康熙六十年(1721年)，吴序撰于康熙三年(1664年)。两序中作者都提及刘凝汇辑刘壎遗著等事，但两序撰写时间相去甚远⑨。吴甫生在序中提及，其跟随父亲吴景社在南丰为官而结识刘凝。又，吴甫生在为刘凝的《周宣王石鼓文定本》作序时自称"同学弟"，表明吴甫生与刘凝有同学之谊。据同治《南丰县志》所引《尔斋文集》：

> 吴甫生，……父景社，令南丰，有清名。甫生聪俊嗜学，诗文并妙，与刘凝友善。凝著《说文解字夬》，俗学多嗤之。甫生初阅，亦不能终卷，徐思细绎味美于回洋，而后卒业。慨然曰："疑尽天下之书而书始信，废尽天下之字而字始存。"归，领乡荐第一，成进士，授翰林。⑩

---

① 关于邵吴远，参见黄兆强：《清人元史学探研：清初至清中叶》，台北：稻乡出版社，2000，页32—35。
② 邵吴远：《引书异同》"序"，郑钺督修：(康熙)《南丰县志》卷十二，页52b。
③ 韩菼：《古今敬天鉴·天学本义》"序"，参见徐宗泽：《明清间耶稣会士译著提要》，页101；韩菼：《戒山诗存》"序"，《戒山文存》，《四库全书存目丛书》集部第240册，页762下。韩亦曾为王宏翰的《医学原始》作序，参见徐海松：《清初士人与西学》，页160。
④ 刘凝：《交述合录》"序"，《天学集解》卷六，页14。
⑤ (康熙)《江西通志》卷二十《选举》，页453下。
⑥ (同治)《南丰县志》卷十七《茔墓》，页5b。
⑦ 方豪：《中国天主教史人物传》，页325。
⑧ 张黼鉴，字曲江，陕西延安卫人，靖边拔贡，顺治十五年(1658年)任。孟炤、黄祐：《建昌府志》卷二十五《秩官》，页41a；郑钺督修：(康熙)《南丰县志》卷四《官师年表》，页42a；卷六《名宦政迹》，页19b—20a；(同治)《南丰县志》卷十八《名宦》，页19b—20a。
⑨ 因为1721年刘凝可能已去世，是故此处"康熙三年"可能是刊印错误。
⑩ (同治)《南丰县志》卷三十一《流寓》，页7b；(民国)《南丰县志》卷三十五《寓贤》，页515上—516下。

第三章 "复儒"易佛：清初儒家基督徒刘凝

吴甫生与刘凝友善，且对刘凝的古文字研究多有赞赏，但从上述文字中亦可见，世人对于刘凝的古文字研究多有不解。

1683年，在南丰绅傅大业①、彭期②等人的推荐以及县令郑釴③的请求下，刘凝开始修撰《南丰县志》，"昼夜兼工、寒暑不间"，"阅一载而得竣"。该志继承刘壎所修《南丰州志》体例，"正其伪谬、补其阙略，参集诸家，犁然具备"。刘凝颇为自信，"择取之审，庶几无愧"。郑釴在序中称之曰，"腋一狐以为裘，张一目以网罗古今，刘子之劳苦不可泯也"。但在1685年的跋中，郑釴则对刘凝所撰《南丰县志》多有指摘，其谓"从绅衮之言，委之刘凝，余实不及校雠，已详前序矣。秉笔者偏执徇私，致兴雀角……不特修志者无颜，而委修者亦殊削之矣。记诸篇末，以志余耳食之过焉"。实际上，一开始郑釴很信任刘凝，但刘凝修撰的县志有很多"雀角"（即虚构）之处，如"刘氏节妇与水村书院之伪"④。另外，在《艺文志》部分多以刘壎、刘凝文章为主，恐以此导致郑釴的不满。

1687年，刘凝任崇义训导之后，曾在游览聂都沙溪洞时，与岐山和尚有过交往。岐山和尚释成升，为曾巩后裔。刘凝与其和诗吟哦，并一起游览聂都云峰寺。刘凝编纂《聂都沙溪洞志》之后，曾请王思轼写序。1693年，刘凝患目疾，游览桶冈峒。桶冈峒在崇义县西北六十公里，四围青壁万仞，连峰插天。明王守仁曾于此剿灭起义，在茶寮刻石纪功。刘凝纂刻《王文成公经营横水方略》，因需以茶寮石刻校对，乃与友人陈蔚起、陈士俊、何韬玉、何大匡等一道游览桶冈⑤。

约于1696年前后，刘凝撰《韵原》，并请南康府教授熊士伯⑥写序，熊士伯称该书"训义该博"，并在其著作《古音正义》中加以称引⑦。实际上，早在1684年，熊士伯任南丰教谕时，他们之间就有过交往："将刘二至，得方宓山《切韵声原》、

---

① 傅大业，字用兹，南丰西隅人，顺治十八年（1661年）进士，康熙时知安徽太平县。参见沈保桢、吴坤修等修，何绍基、杨沂孙等纂：(光绪)《重修安徽通志》卷一百四十三《职官志》名宦，《续修四库全书》史部第652册，页719下；(乾隆)《建昌府志》卷二十九《选举一》，页66a；卷四十五《人物传九》，页11a；郑釴督修：(康熙)《南丰县志》卷五《选举题名》，页12a；(同治)《南丰县志》卷十八《名宦》，页20a。
② 彭期，字彦远，号毅斋，南丰西隅人，康熙六年（1667年）进士，内国史院修撰，(乾隆)《建昌府志》卷四十六《人物传十》，页2b；郑釴督修：(康熙)《南丰县志》卷五《选举题名》，页12a；(同治)《南丰县志》卷二十五《人物三》，页20a。
③ 郑釴，字卫公，桐乡监生，康熙二十二年（1683年）任南丰知县，康熙二十四年（1685年）丁忧。(乾隆)《建昌府志》卷二十五《秩官》，页42a；郑釴督修：(康熙)《南丰县志》卷四《官师年表》，页42a；(同治)《南丰县志》卷十八《名宦》，页23a。
④ 关于水村书院之伪，《南丰县志》有云："……县旧志俱无水村书院，乃刘凝占府馆而名之。先寅刻于府志，伪增水云书院于南台书院之后。查万历年县志乃邑绅王见竹督学所修。若有元人书院，断无不载者，致被监衿宁成基、林文璇告发，司府亲审，显系侵占，故详辨而删去之。"参见郑釴督修：(康熙)《南丰县志》卷二，页11b。
⑤ 刘凝：《游沙溪洞记》《游桶冈峒茶寮记》，均载(同治)《崇义县志》卷十《艺文》，页19a—23b。
⑥ 熊士伯，字西牧，南昌拔贡，康熙二十三年（1684年）授教谕，在位六年，补广昌，后迁南康府教授，主讲白鹿洞，终高陵知县，极为安溪李相国所赏。(同治)《南丰县志》卷十八《名宦》，页23a—b；(民国)《南丰县志》卷十五《名宦》，页297下。
⑦ 熊士伯的《古音正因》即是参照刘凝《韵原》而作，参见张权民：《清代前期古音学研究》下册，北京：北京广播学院出版社，2002，页154、165—166。

赵凡夫《悉昙经传》《西儒耳目资》；再购得《邵子全集》，互相校证，乃作《皇明经世声音图说》。"①

与刘凝交往时间最长的是刘凝的同里李长祚。刘凝子刘都谓李长祚与刘凝有"水乳之合"②。李长祚为诸生时，就常常与刘凝"相与讲论"。1687年，刘凝任崇义训导时，李长祚正好赴京参加会试。1694年，李长祚中三甲七十三名进士，1700年授衡山知县。1702年，刘凝83岁，以"年老告归"，并遣其子嗣将所著各稿送给李长祚。1705年，李长祚改任溆浦知县，并重刻刘凝《周宣王石鼓文定本》③。

李长祚为李万实曾侄孙。《辰州府志》有传如下：

> 李长祚，字天仆，号敬亭，江西南丰人，康熙甲戌（1694年）进士，令衡山，多善政，巡抚赵申乔贤之。四十四年（1705年），调知溆浦县，首建义学……而清介之操，无异在衡山也。告归行李萧然，唯图书数箧，病卒于道，民闻而哀之。④

同治《南丰县志》有传如下：

> 李长祚，字天仆，康熙甲戌（1694年）进士，知衡山县。修学宫，创文峰书院，延名宿以课生儒。明道山房、集贤书院，田亩为僧侵占，长祚悉厘正之。旧令于赋役外加派杂费倍正供。长祚申请禁革，勒碑以示久远。上司下其法，他县着为令。调溆浦。行李萧然，唯图书数箧而已。告归，卒于道。⑤

值得注意的是，此传中提及李长祚"厘正"僧占书院田亩之事，或可隐约可见其对佛教厌恶之情。又据李所序《人罪至重》可知，1664年李长祚因为"慕天文历算之学"，开始跟随"泰西利先生"学习；随后"复读"《七克》《十诫》诸书。1694年，李长祚中进士后遇到卫方济；1698年序《人罪至重》，有"先生摘引天文，旁烛物理，而其著书立说，唯欲偕斯人于大道，不惑异端，不陷魔诱，于以达天载而至帝乡，尤望人之勉勉不已焉"等语⑥。李长祚在中进士之前，就已经受洗入教。同

---

① 熊士伯：《等切元声》"序"，《四库全书存目丛书》经部第219册，页2。
② 刘都：《重刻崇质堂文集》"序"，页38b—39b。
③ 李长祚：《周宣王石鼓文定本》"叙"，《四库全书存目丛书》经部第200册，页401—403；席绍葆、谢鸣谦、谢鸣盛：《辰州府志》卷二十五，乾隆三十年，北京：国家图书馆藏，页2a。
④ 席绍葆、谢鸣谦、谢鸣盛：(乾隆)《辰州府志》卷三十五《名宦传》三，页20a—b。另，李长祚有孙名律，康熙五十五年（1716年）贡生，其子李承诹（字聚周），为雍正五年（1727年）贡生，(乾隆)《建昌府志》卷三十《选举二》，页32a、35b；(同治)《南丰县志》卷二十五《人物三》，页17b—18a。
⑤ (同治)《南丰县志》卷二十五《人物三》，页17b—18a。
⑥ 徐宗泽：《明清间耶稣会士译著提要》，页62。

样,李长祚也参与校刊了石铎琭的《默想神工》。

江西另一位基督徒是新昌县的吴宿。吴宿,字经士,号汉通,天宝乡人,顺治八年(1651年)副贡、康熙十年(1671年)岁贡,任玉山县训导①,后授南丰训导。1660年受洗于穆迪我,1661年协助柏应理在南昌传教。1662年,吴宿拜访了时在南昌的聂伯多,并做告解;同时,在聂伯多的要求下,再版了艾儒略的《天主降生引义》,吴宿撰写跋。1698年,吴宿为卫方济的《人罪至重》作序②。

1694年,吴宿"阅注"石铎琭的《默想神工》。该书1700年左右由南昌天主堂刻印出版。校阅该书的还有刘凝、李长祚、赵师瑗、赵希隆、李日宁、甘作霖等,他们均是南丰信徒。此外,吴宿还与蔡铁、凌宇兴、李奭等重刊朱宗元《答客问》,并撰写序文。吴宿等四人均是新昌人,但均于1660年在南昌受洗于穆迪我③。通过校订书籍、撰写序跋等活动,南丰、新昌两地的信徒群体产生互动与交往。

赣州信徒夏大常,圣名"玛弟亚",担任传道员,曾积极参与礼仪之争,撰有《赣州堂夏相公圣名玛第亚回方老爷书》《祭礼泡制》《生祠故事》《生祠缘由册》《礼记祭礼泡制》《礼仪答问》《泡制辟妄辟》《性说》等④。刘凝与夏大常之间似乎没有直接交往。

另外,刘凝还与福建的基督徒群体保持着密切联系。刘凝在编辑《天学集解》时,曾在江西、福建等地的基督徒群体中搜辑基督教著作序跋。福建地区的信徒因此而与刘凝有交往,诸如福建基督徒李嗣玄将所著《与黎茂才辨天学书》《福州重建天主圣堂记》等寄给刘凝,而《天学集解》中所收序跋的作者大部分也来自福建、江西等地区⑤。

早在万历时期,利玛窦进京时就路经江西,后来更在南昌开展传教活动,与南昌名流如章潢等士大夫建立了良好的关系。利玛窦的著作《西国记法》《交友论》等也是在南昌出版的。后来利玛窦去北京,罗儒望和苏如望则留在南昌负责传教工作⑥。罗儒望与费奇规亦曾到南城传教。入清后,殷铎泽、卫方济等在南

---

① 黄廷金、萧浚兰:《瑞州府志》卷十二《选举》,同治十二年刊本,《中国方志丛书》第99号,台北:成文出版社,1970,页249上、251上;黄寿祺、吴华辰等:(同治)《玉山县志》卷六《职官》,同治十二年刊本,《中国方志丛书》第274号,台北:成文出版社,1975,页746;蒋继洙、李树藩:《广信府志》卷六《职官》,同治十二年刊本,《中国方志丛书》第106号,台北:成文出版社,1970,页420下。按此志,前任训导黄世兰,康熙十七年(1678年)才到任。

② Ad. Dudink, "The Rediscovery of a Seventeenth-century Collection of Chinese Christian Texts: The Manuscript *Tianxue Jijie*", pp.7-8.

③ Ad. Dudink, "The Rediscovery of a Seventeenth-century Collection of Chinese Christian Texts: The Manuscript *Tianxue Jijie*", pp.10-11.

④ 李天纲:《中国礼仪之争:历史·文献和意义》,页228。

⑤ 黄一农:《两头蛇:明末清初的第一代天主教徒》,页70-71;Ad. Dudink, "The Rediscovery of a Seventeenth-century Collection of Chinese Christian Texts: The Manuscript *Tianxue Jijie*", pp.16-17.

⑥ 邓恩:《从利玛窦到汤若望:晚明的耶稣会士》,余三乐、石蓉译,上海:上海古籍出版社,2003,页28、37。

城、南丰等地传教。1688年，南城人万其渊晋升为铎品神父。1702年，卫方济、万其渊与法国耶稣会士马若瑟共同创设南丰溆江天主堂。除了在建昌之外，其他地方如南昌(聂伯多、穆迪我)、赣州(刘迪我、聂仲迁)、吉安(刘迪我)、九江(殷弘绪)、抚州(傅圣泽)等地亦有耶稣会士①。

刘凝直接交往的传教士有石铎琭与马若瑟。石铎琭是方济各会西班牙传教士，1650年出生于墨西哥，1671年随同文度辣神父前往中国传教。1676年到达厦门。1677年，先期抵达福建传教的利安定前往山东传教，而让石铎琭一人留守福建。到1681年，石铎琭在福建建宁等地建立四座住院②。由于福建邵武府与江西建昌府接壤，石铎琭亦前往江西布教。1689年，刘凝序石铎琭的《大赦解略》，1697年又序石铎琭的《本草补》。其序末署"庾岭之翼翼堂"③，其中"庾岭"是指南安府治所在地大庾县，离崇义县非常近。"翼翼"之名当来自《诗经·大雅》的"维此文王，小心翼翼，昭事上帝"。此序表明，刘凝在任职崇义之时亦常前往南安府教堂拜访传教士。《本草补》也是刘凝请求石铎琭"广为搜辑，以福我中邦"而"布枣梨"的。刘凝亦在崇义三余署里栽种这些草药④。可见，两人关系非常密切。

马若瑟于1699年到达江西建昌，1721—1724年则住在九江，之后由于禁教而离开江西。在建昌期间，马若瑟还前往南丰等地布教。约在1702年之后，马若瑟在南丰遇见刘凝。马若瑟在江西期间，一直研究中国语言文字与文学。马若瑟的所谓"索隐主义"，即是从汉文经籍中寻找信奉基督教的支持和依据。张诚于1702年赴江西看望戈维里神父和聂若望神父，并带他们巡视当地信徒。张诚可能想建立"各种与传教事业相配合的汉学研究实验室"⑤。马若瑟在江西的大部分时间都用在学习汉语和中国文学上，他认为通过对中国古籍的研究，将能为整个中华民族的信仰做出更大的贡献⑥。在对中国文字尤其是汉字六书的研究上，马若瑟得到了刘凝的帮助。刘凝有关汉字的研究著作有《六书夬》《韵原表》《周宣王石鼓文定本》《引书异同》《说文解字夬》等。马若瑟在《经传议论》的

---

① 参见吴薇:《明清时期江西天主教的传播》,江西师范大学历史文化与旅游学院未刊硕士论文, 2003。
② 崔维孝:《石铎琭神父的〈本草补〉与方济各会在华传教研究》,《社会科学》2007年第1期。
③ 刘凝:《本草补》"序",《耶稣会罗马档案馆明清天主教文献》第12册,页111。崔维孝指此处"庾岭之翼翼"是指泰宁的新圣堂,不确,参见崔维孝:《明清之际西班牙方济各会在华传教研究(1579—1732)》,北京:中华书局,2006,页249。
④ 刘凝:《三余署记》,(同治)《崇义县志》卷十《艺文》,页16a—17b。
⑤ 伊夫斯·德·托马斯·德·博西耶尔夫人:《耶稣会士张诚——路易十四派王中国的五位数学家之一》,辛岩译,郑州:大象出版社,2009,页95。
⑥ Knud Lundbæk, *Joseph de Prémare, 1666 - 1736, S.J.: Chinese Philology and Figurism*, pp.19 - 20。

序中提及,"又得南丰刘二至先生著述若干卷"①。马若瑟又在其中文著作《六书实义》中提及刘凝,称其是一位研究《说文解字》的学者,并直接引用刘凝的观点。1728年,马若瑟致傅尔蒙的信中也提到他得到刘凝有关汉字六书的手稿。1731年,马若瑟在致傅尔蒙的另一封信中提及,他得到了刘凝的《六书夬》书稿。虽然刘凝与马若瑟均致力于古汉字的研究,但是两人的出发点与目的不尽相同。刘凝认为要研究六经本义,必须先从文字入手,而"欲明字者,先明六书"。而马若瑟的目的则是:"如果我们向中国人说明他们的'经'中有救世主的话,那么一半以上的中国人都会成为基督徒……"②刘凝有关字学的著作如《引书异同》等,更多的是为了研究"古儒"经典;而马若瑟的著作则是为了证明"古儒"经典中已有基督信仰。

关于刘凝的受洗时间和地点,一般认为是在1687年其任崇义训导之后③,但据《天学集解》中所收录的、由刘凝撰写的《四末论》《交述合录》《泰西肉攫》的序等来看,刘凝受洗时间应该在1687年之前④。又据王重民及方豪考证,刘凝在校刻刘壎《隐居通议》时曾将卷三十《鬼神》空而不刻,足见其信仰之诚⑤。又前引《程山谢明学先生年谱》,刘凝早在1664年就与谢文洊就西学(或西教)有过激烈的辩论。

换言之,刘凝在去崇义之前就已经受洗。1667年之前,曾经到南丰传教的有殷铎泽。殷铎泽主要在1660—1665年在江西传教。刘凝有可能受洗于殷铎泽。另一个可能是刘凝受洗于曾到过南丰的传教士刘迪我,但从现有材料来看,刘迪我只是于1659年在佟国器的资助下修葺建昌教堂住宅⑥。但如吴宿一样,刘凝可能会去南昌等地受洗入教。

第三节 "复儒"易佛:刘凝的思想世界

刘凝最为世人所知的是其有关古文字、音韵、经学等方面的研究。《四库全书总目提要》称赞刘凝"于三礼之学颇勤,亦间能致力于汉魏诸书",并且"引证颇

---

① 方豪:《中西交通史》第5册,台北:华冈出版有限公司,1953,页196。
② Knud Lundbæk, *Joseph de Prémare, 1666 - 1736, S.J.: Chinese Philology and Figurism*, p.160.
③ Knud Lundbæk, *Joseph de Prémare, 1666 - 1736, S.J.: Chinese Philology and Figurism*, p.143.
④ 刘凝在为《四末论》作的序后署名为:"康熙壬子(1672年),时降生一千六百七十二年圣灰后六日,南丰后学刘凝序于南昌堂",由此可见刘凝此时已经天主教徒,《四末论序》,《天学集解》,页29b—30a。
⑤ 王重民:《跋爱余堂本隐居通议》,《图书季刊》1945年新六卷一、二合期,页7;方豪:《中西交通史》第5册,页196。
⑥ 费赖之:《在华耶稣会士列传及书目》(上),页294。

古"。同时,又批评刘凝"喜新好异,故持论往往不确""考核未精""终未免失于穿凿"①。

邵吴远为刘凝的《引书同异》作序时指出,刘凝研究字学是因为"经学之晦久矣",经学之晦是由于"字学之不明"。刘凝认为"经与字相为源流",并对许慎的《说文解字》大加推崇②。他认为为了研究字学,必须先明"六书","六书不明,犹泛海勃者,弃指南而弗用,徒向海若而望洋耳"。因此,刘凝"剖析六书,正厥本原"③。

清初经学有回归原典的倾向。这种倾向与明末以来利玛窦等传教士所采取的"附会古儒""批评今儒"的策略相一致。清初基督徒张星曜即认为,现今所谓的儒家已不是真正的儒家,而基督教才是真儒。其原因乃在于基督教力主恢复"古儒",而"今儒"因受佛道影响而丧失"古儒"的真面貌④。与此类似,刘凝在《引书异同》的自序中亦明确提出:"今之经典,非孔氏之书。"⑤虽然刘凝亦对"今儒"有所批评,但是与张星曜有所不同。刘凝是从文字变化的角度,认为从秦汉以来,文字"屡经变更,渐失其真。起宣圣于此日,恐亦茫然莫辨。况今人不见古文旧本,敢妄议其失得乎?"⑥因此,刘凝主张通过《说文解字》中所保存的文字古义,来理解经典之真义、原意。此种主张与白晋、马若瑟的索隐派如出一辙⑦。

刘凝的做法引起了别人的不解,有客难之曰:"今之经典,子皆谓非。《说文》所言,子皆云是。然则许慎胜孔子乎?"刘凝应之曰:"今之经典皆孔子手迹邪?"客曰:"今之说文皆许慎手迹乎?"刘凝答曰:"许慎检以六文,贯以部分,使不得误,则觉之孔子存其义,而不论其文也。先儒尚得临文从意,何况书写流传邪?"因此,刘凝对《说文》深信不疑。而刘凝撰《引书异同》二十四卷,正是"尊古义,订今伪。庶存经学之一线云尔"⑧。

是故,刘凝是希望从文字入手来理解经典所存古意,从而为经学发展提供一个途径。换言之,刘凝认为"今儒"对经典的解释或多或少存在问题。刘凝所要做的就是以文字的小学功夫作为治经学之门径。但是,正如有人所质疑的:"经

---

① 永瑢、纪昀主编;周仁等整理:《四库全书总目提要》,页139、246。
② 邵吴远:《引书异同》"序",郑釴督修:(康熙)《南丰县志》卷十二,页51a—52b。
③ 刘凝:《六书夬》"自序",郑釴督修:(康熙)《南丰县志》卷十二,页83a—84a。
④ 张星曜认为,宋明理学尤其是程朱理学,"皆备于佛经也"。而作为"真儒"之天主教,"可复唐虞三代之治于今日矣"。参见张星曜:《天儒同异考》,法国国家图书馆,Courant 7171,页3a、页6a—b。
⑤ 刘凝:《引书异同》"自序",郑釴督修:(康熙)《南丰县志》卷十二,页85a。
⑥ 刘凝:《引书异同》"自序",郑釴督修:(康熙)《南丰县志》卷十二,页85a。
⑦ 关于索隐派及其对中国文化之认同,可参见卓新平:《索隐派与中西文化认同》,《基督宗教论》,北京:社会科学文献出版社,2000,页291—317。卓新平认为,索隐派认同中国文化的立场,为宣教带来实际益处,但康熙之后中国基督宗教一直处于"文化披戴"阶段,没有达到本质性突破。但相反,若传教士不在中国文化中索隐、认同,而强调其独特性与排他性,则会遭到反对与抵制。索隐派的认同解决了"怎样传"的问题,但又陷入"传什么"的困境。卓新平指出要充分认识到索隐派在中国基督宗教历史上的作用,因为其探寻了一条当时基督宗教在华可能生存和继续发展之途。
⑧ 刘凝:《引书异同》"自序",页85b。

第三章 "复儒"易佛：清初儒家基督徒刘凝

典之存者，为古今所共习，朝野所通行，亦已久矣。独别辟径途，坚执己见，毋乃过于求异，而为通人达士所鄙乎？"①

在质疑者的思想世界中，儒家经典及其诠释传统乃由历史及权威所形成。如果要独辟蹊径，那么实际上就是偏离主流。但是，刘凝认为这样做的目的是"传先师之言""阐先圣眇旨"。总之，刘凝认为只要能回归古典原意，阐发先圣真义，就应该去做。刘凝谓：

> 余曰：唯唯，否否。夫过于求异者，必其徇一己之臆说，即同乎人者，亦不足存。况异乎圣人者乎？若搜孔壁遗文，阐先圣眇旨，虽同者什一，异者什九，其为异为同不过异乎世俗耳。岂异乎圣人哉？鲁丕有云："说经者，传先师之言，非从己出，不得相让。相让则道不明。若规矩、权衡之不可枉也。"叔陵斯言，实获我心。断据专辄，所不敢辞焉。②

刘凝之所以矻矻于字学，目的是"传先师之言"。当然，刘凝并没有直接说明其"传先师之言"与基督教之间的关系，但刘凝希望通过去除文字流变过程所产生的歧义，来恢复经学之原意。

所谓"原意""真义""本义"，在刘凝那里是指孔子时代古经中所蕴含的意义，而不是经过秦汉唐宋元明等儒家所阐释的意义。刘凝认为语言文字"百官以治，万民以察"，"所以决其是非也"。

刘凝对许慎《说文解字》的推崇，还在于其认为自汉以下，"家各异说，人持一见"而"不统其指归"，"人人帝制自为逞其私臆"。刘凝认为："字学之于《说文解字》，犹理学之于六经。舍邹鲁无以为理，舍汝南无以为字。"③但是不少人认为这是"迂阔"，"不切事情，于治察之谓何？"但是，刘凝却不以为然。刘凝认为：

> 余之尊本训本义，不过原原本本而已。世人学术事功，昧其本原，不独文字为然，而文字尤甚。夫文字者，所奉以为治察之具，乃黠者好为臆造，卑者乐于因循，遂使俗字日增，舛乖日甚。初坏于司马相如，继坏于张揖、萧子云，改易字体，即陵王颇行伪字，愈趋而下，莫可究极。又可慨者，《洪武正韵》仅拾黄直翁、赵㧑谦唾余，徒以表笺奉行。遂谓字学精微无过此。域天下之耳目，窒天下之心思，岂非乐韶凤、宋濂诸人之过欤？今以积重难返之势，一旦复其原本，反以为迂阔，不切事情，于治察之谓何？扬于王庭，其在

---

① 刘凝：《引书异同》"自序"，页86a。
② 刘凝：《引书异同》"自序"，页86a—b。
③ 刘凝：《说文解字夬》"序"，页88b。

085

上之人哉？其在上之人哉？①

刘凝以一种批判者的立场对司马相如、张揖、萧子云、赵㧑谦、宋濂等人作了较为严厉的批评。尤其是刘凝认为《洪武正韵》"域天下之耳目，窒天下之心思"，实际上这是对统治者统一文字音韵的权威性提出某种批评。刘凝的本意在于：现今文字已失其本原，如果不更新文字，则无法识见经典本义。刘凝以一种期盼的语气，希望其能被高位者赏识，以"扬于王庭"。此是一句卦辞，却寄托了刘凝希望统治者改易风俗、扬其学问的殷殷期望。

在刘凝早期的有关经学、字学的著作中，鲜见有关天主教的内容，但从某些地方可以看出其思想与天主教教义非常一致。刘凝指出"世人学术事功，昧其本原，不独文字为然"，换言之，世人在其他方面诸如信仰方面也可能"昧其本原"。而传教士常常向世人宣讲人之本原来源于天主，因此，人要认识自己的本原就需要"认主"。

另外，刘凝对字学自秦汉以来逐渐纷乱不明的论述，亦类似于天主教认为秦汉以来儒家思想逐渐隐晦。杨廷筠曾经有如此论述："自秦以来，天之尊始分；汉以后，天之尊始屈。千六百年天学几晦，而无有能明其不然者。"②这种"退化"史观的说法实际上从利玛窦起就已经有了，其目的是为天主教附会"古儒"提供合法性③。但是，与利玛窦等传教士不同的是，刘凝并没有直接说明恢复秦以前的文字真义是否需要传教士或者天主教。

天主教对佛道的批评态度在刘凝身上也有所体现。1684年，刘凝撰修《南丰县志》时，在介绍南丰寺观殿宇时谓："祸福之说，足以惑愚民；无生之学，尤足以动士君子。"又谓："昔狄梁公以吴楚多淫祠，奏焚一千七百余所，独留夏禹、吴泰伯、季札、伍员四祠。呜呼！可以法矣。"④又于《释道旧纪》卷首云："自高僧列仙有传，而神奇怪诞，惑人见闻，圣道于是乎熄矣。"⑤从上述文字中，隐约可见刘凝厌恶佛教的态度。

刘凝在《古今斋辨》中明确提出："今之所谓斋，非古之所谓斋也。"这里的"古"是指三代之际。刘凝根据《礼经》《周礼》《庄子》，认为古之斋与今之斋不仅不同，而且"大相反矣"。刘凝认为，今之斋不同于古之斋，是因为"释氏入中国始有其说与诸外道之斋也"。刘凝还对西儒之斋多有褒扬，并对今人溺于佛道而悖

---

① 刘凝：《说文解字夬》"序"，页88b—89a。
② 杨廷筠：《代疑续篇》，转引自钟鸣旦：《杨廷筠：明末天主教儒者》，北京：社会科学文献出版社，2002，页159。
③ 关于利玛窦的"退化史观"，参见孙尚扬：《基督教与明末儒学》，北京：东方出版社，1994，页64—67。
④ 郑釴督修：(康熙)《南丰县志》卷三《寺观殿宇》，页42b。
⑤ 郑釴督修：(康熙)《南丰县志》卷九《释道旧纪》，页1a。

圣贤之经礼提出批评,其谓:

> 今人重朔望而又轻之何耶?大抵惑于杀生之说,故重物而轻人,非吾儒仁民爱物之本旨。使天下后世悖圣贤之经礼,而随世俗之波流,皆由释氏贻祸,至今而未已也。①

又谓:

> 今乃云变肉食而蔬食,岂未读周官之书乎?抑深信释氏之说,而谓周官不足据乎?……岂非崇释而背儒也哉!况又斋之为义,不止于食之一端也哉!②

当然,刘凝对佛教斋戒不食荤腥所作的批评,是从"古儒"经礼、儒家权威的角度出发的,但其对佛道的批评、对今人溺佛道而悖"古儒"的不满与天主教一致。在《禁牛论》中,刘凝虽然也从"古儒"经典来论证不应禁止杀牛、食牛,但同时又很明显地使用了天主教的论证方法。其谓:

> 吾尝以此告于人,人无以应,则曰:为其服耕,而重怜之,故不忍云尔。呜呼!是恶知天之生物之意乎?物贱而人贵,物轻而人重,物蠢而人灵,故产诸横生以养纵生。马司乘也,犬司门,鸡司晨也,与牛之司耕,皆天赋其一定之性,以供人用者也。……今人不念天之生牛以为人用,而曰牛有功于人。是犹祖父肯构堂以遗子孙,乃子孙弗念祖父而曰:非工匠何以免风雨之庇?噫!亦惑矣。③

刘凝认为主张禁牛的人是不知"天之生物之意","物贱而人贵,物轻而人重,物蠢而人灵"。这种论述完全是从天主教角度出发的。刘凝又举例,"是犹祖父肯构堂以遗子孙,乃子孙弗念祖父而曰,非工匠何以免风雨之庇?"实际上,这里的"天"即是"天主"。因为在儒家那里,天地生物没有任何目的性,因为天地不是人格神;而天主教认为,天主生物完全为了人,此种思想在利玛窦、杨廷筠等著作中亦可见④。

---

① 刘凝:《古今斋辨》,刘埥:《水云村泯稿》附《尔斋文集》,刘冠寰编辑,刘斯嵋校刊,道光十七年镌,爱余堂藏版,上海图书馆藏。
② 刘凝:《斋必变食辨》,刘埥:《水云村泯稿》附《尔斋文集》。
③ 刘凝:《禁牛论》,刘埥:《水云村泯稿》附《尔斋文集》。
④ 参见利玛窦:《天主实义》第五篇,《天学初函》,页510—511;杨廷筠:《代疑篇》,《明末天主教三柱石文笺注——徐光启、李之藻、杨廷筠论教文集》,香港:道风书社,2007,页222—223。

刘凝的天主教信仰在其编辑《天学集解》以及其撰写的《觉斯录》中得以鲜明体现。《天学集解》现藏于俄罗斯国家图书馆,共八卷,分六集(首集、道集、法集、理集、器集、后集),收录明末清初天主教序跋 284 篇。这些序跋大部分撰于1599—1679 年间①。其中,收录了刘凝的三篇序言《交述合录序》《四末论序》《泰西肉攫序》。

《觉斯录》是一本护教著作,包括《原本论》《天主之名非创自西域》《辨天童密云和尚三说》《掬松和尚三教正论辨》等四篇文章,前两篇标明作者为刘凝。

清初天主教徒虽然有意识要跳出"附会儒家"以求合法性的樊篱,但是仍然试图说明天主教是符合儒家正统的。在传统中国社会里,任何一个外来宗教除了以符合本土宗教(尤其是儒教)的方式迅速本土化之外,是很难获得其生存与发展的必要性的。就天主教而言,虽然其入华伊始披戴上西儒的外冠,但实际上儒家士大夫对于天主教的异质性还是非常明了的。儒家对外来天主教异质性的担忧,完全是从儒家统治秩序的角度而言的。保守儒家士大夫对外来宗教及其文化的排斥,往往使得外来宗教失去其生存与发展的合法性。因此,刘凝在《原本论》之始就努力说明西儒与孔孟的相同点,并列举明末以来诸士大夫有关"合儒"的言论,如徐光启、李之藻、杨廷筠、刘胤昌、熊明遇、张维枢、冯应京、汪秉元、陈凤仪、黄景昉、叶向高、孙元化、沈光裕等②。

刘凝认为,世儒"无奈胶固理气之旧执,拘牵耳目之近观,谓西儒别树帜于孔孟之外"主要有两处,其一是天主,其二是天主降生。刘凝承继利玛窦以来的护教传统,将"古儒"经典中的上帝即作天主之论证。刘凝谓:

> 《中庸》首原天以为端,而继以戒惧慎独,即所谓敬天、畏天也。使非实有上帝临汝,徒曰理之可敬可畏,恐敬畏亦有时而戢矣。唐虞三代以来,圣贤嗣起,无不兢兢以昭事为实学、为真传,非敬理、畏理也明甚。天赋人以理,穷理尽性所以至命。后人知有理而不知理之所从出,犹之知朝廷之有三重,而不知天子乃议之、制之、考之之主,岂不大惑哉?③

刘凝反驳了世儒以理作为世界起源的说法,而强调主宰世界的造物主是三代以来圣贤所"昭事"的对象。刘凝所举的例子:"犹之知朝廷之有三重,而不知天子

---

① 具体内容参见 Ad. Dudink, "The Rediscovery of a Seventeenth-century Collection of Chinese Christian Texts: The Manuscript *Tianxue Jijie*", pp.1 - 26;另参见黄一农:《两头蛇:明末清初的第一代天主教徒》,页 70—74。
② 刘凝:《原本论》,《觉斯录》,页 532—535。
③ 刘凝:《原本论》,页 531。

乃议之、制之、考之之主,岂不大惑哉?"实际上也来自利玛窦的《天主实义》①。

对于天主降生之说,刘凝一方面从天主教的"性教、书教、宠教"的角度进行论证,另一方面从"上天之载,无声无臭"来论证上帝降生的必要性,认为天主"此降生之恩,大于造成之恩也"。对于天主降生之事为何在"古儒"经典以及"今儒"的文章中记载的问题,刘凝认为一方面是因为天主降生在孔孟之后,所以"孔孟即不得而见之,无由取征于圣贤之言"。另一方面,天主又降生于程朱之前,所以"程朱亦不及闻之,无以统一夫道学之宗"。

《原本论》还对明末清初三位具有代表性的儒家士大夫有关天主教或西学的观点进行了反驳。第一位是江西熊人霖,他是明末与西学、西教有过密切接触,并曾为天主教著作撰写序跋的熊明遇的长子,其言曰:"西洋之独行廉贞,守其说而不能为通。"第二位亦是与西学有过密切接触的桐城方以智,其言曰:"泰西但知质测,而不言通几。其究也,祇信各各不相知耳;各各互用,受命如响之理,何曾信得及邪?"②第三位是麻城刘侗,其言曰:"西宾之学也,远二氏,近儒,中国称之曰西儒。尝得见其徒而审说之,大要近墨尔。"前两位主要批评西学"通""几"的问题,刘凝主要从《易经》等角度说明"唯能知天,方可以言通,方可以言几"。显然,刘凝对于西学没有方以智等人那么熟悉,反驳起来也很无力,但刘凝的重点是反驳"西学近墨学说"。之所以如此,是因为天主教在诸多方面类似于墨子,诸如"兼爱""明鬼"等。刘凝将《墨子》诸篇与天主教进行一一比较,认为"墨氏之于西儒,盖似而不似者也"。刘凝的意图很明显,其反驳天学近墨学说,实际上是因为墨学害道,而不被儒家所认可,因此以避免天主教亦被一并视为害道的学说。刘凝《原本论》重点在于说明天主降生之旨,即如其言:"故不明降生之说,不得昭事之实际,不明救赎之义,终难以领降生之神益。真有志于性命之学者,舍是其何适焉?"③

《天主之名非创自西域》尽显刘凝的古学功夫,刘凝从《左传》《诗经》《庄子》《穀梁传》《史记》《汉书》《广舆记》《周易》等经典中,论证"天主之名,非由于挽近,亦非专见于远荒四译也"④。与之前的"退化"史观类似,刘凝认为,"大抵尧、舜、禹、汤、文、武、周公、孔、孟之真传,至秦汉时几晦",因此,只有西儒入华传扬天主教,才会使得孔孟真传得以继续。因此,《天主之名非创自西域》实际上是在论证天主教传教士所传扬的天主教信仰是接续秦汉以前的孔孟真传,而非外来的、异

---

① 参见利玛窦:《天主实义》第二篇,李之藻辑:《天学初函》第1册,页419。
② 方以智:《物理小识》的自序有"万历年间,远西学入,详于质测而拙于言通几"等语,参见《物理小识》,《四库全书》子部第867册,页742。
③ 刘凝:《原本论》,页535—542。
④ 刘凝:《天主之名非创自西域》,《觉斯录》,页546。

质性的、与儒家不同的宗教或学说,因而仍然属于基督教"合儒"的之论证①。

《辨天童密云和尚三说》与《㧑松和尚三教正论辨》是刘凝为反驳佛教对天主教的批评而做的。早在明崇祯时期,由于艾儒略在福建传教的成功及天主教对佛教的批评,引起佛教居士、自称"白衣弟子"的黄贞的强烈不满。1635 年八月,受黄贞邀请,宁波天堂寺密云圆悟作《辨天初说》与天主教展开辩论②。八月二十一日,云栖弟子张广湉拿着《辨天初说》入杭州天主教堂。当时,杭州天主教堂中有耶稣会士傅泛际、伏若望以及李之藻之子李长楙等人。张广湉希望李长楙能为之辩论,但李长楙要赴江西上任,只是赠给张广湉《辨学遗牍》一册。三日后,张广湉欲再次赴堂,却被"司阍者"拒之门外。圆悟根据张广湉所述的在杭州天主堂的经历,撰成第二篇辩论性文章《辨天二说》。九月,圆悟再次派人将《辨天二说》"遍榜武林"。十月,张广湉又持《辨天二说》赴杭州天主堂,欲与基督教辩论。张广湉在天主堂内遇到教友范某,范某因游于杨廷筠而入教。杭州天主堂大概为了避免与佛教僧众发生直接冲突,而拒绝响应任何辩论③。十二月,圆悟再次根据张广湉所述经历撰成《辨天三说》,与基督教展开更深入的辩论。

天主教对《辨天三说》的正面回应就是刘凝的《辨天童密云和尚三说》。清初,对天主教无好感的、曾谓基督教是世间"三大妖孽"之一的钱谦益重刊载有《辨天三说》的《弘觉北游集》,并为《辨天三说》撰写序文,谓"天不过自然而然,溟涬浑沦,非属主宰,而主宰之者唯有吾心"。佛教"心造说"与天主教的"天主创造论"严重相悖,因此,刘凝提出:"盖一切色身,外泊山河大地,与无形之灵魂,皆由天主肇造。"同时,刘凝还以儒家知天、敬天、畏天来批评佛教妄自尊大,是"名教中之大罪人"④。

刘凝对密云《辨天初说》的反驳主要针对"泰西夷人辟佛而不知佛"而展开的。刘凝认为,如果说泰西是夷人,那么佛教更是夷人,而所谓"夷"是内外之称而已,"中国而夷狄,则夷狄之;夷狄而中国,则中国之",同时,"况舜为东夷之人,文为西夷之人,亦不以夷为讳,曷为先以此一字贬之"。刘凝又以程朱辟佛来反驳"辟佛而不知佛"⑤。

刘凝提出,辨有两种,即"和辨"与"讼辨"。所谓"和辨",是指"求明此理,虽有异同之见,不存彼此之形,故无胜气以相加"。而所谓"讼辨",即"非求明

---

① 清初张潮认为:"天主之名不雅训,缙绅先生难言之,如能置而不谈,则去吾儒不远矣。"表明士大夫对于"天主"之名,鲜有好感。参见王家俭:《从天主教的冲击看明末清初时期中西文化论战的背景与意义》,《清史研究论薮》,台北:文史哲出版社,1994,页 43。
② 释圆悟:《辨天初说》,《圣朝破邪集》卷七,页 435。
③ 释圆悟:《辨天三说》,《圣朝破邪集》卷七,页 437—444。
④ 刘凝:《辨天三说序辨》,《觉斯录》,页 573—577。
⑤ 刘凝:《辨天初说辨》,《觉斯录》,页 549—553。

第三章 "复儒"易佛：清初儒家基督徒刘凝

此理，峻门户之防，兢党伐之势，故戈矛起于口舌，攻守生于笔墨"。刘凝认为，正因为佛教采取的是"讼辨"，所以傅泛际不与之辨，是因为"知其徒负胜气，绝无相商之雅"①。

《掬松和尚三教正论辨》是刘凝针对赣县龚公山宝华寺掬松和尚②的《三教正论》所做的论述③。首先刘凝认为，从《中庸》等经典而言，教只有一个，而掬松和尚"标名三教，大指已非，奚正之有？"掬松的《三教正论》的另一个观点和钱谦益的"心造说"相同，是一种主观唯心主义，即其所谓：

> 吾人本具真一之灵心，则先天地而无始，后天地而无终；其大无外，其小无内；化万物而无竭，应万事而莫穷；非有、非无、非一、非异，而为有情无情之根本。故《经》云："应见法界性，一切唯心造；万境虽多，唯心所见。"孟氏亦云：万物皆备于我，岂天地万物，皆由天主所生？④

刘凝认为"心"因为"具众理而应万事"，因此"神妙无方"，但不可谓"权侔造化"。即是说，"心"虽然可以认识、反映万事万物，但只是一种认识功能，不能等同于造化之功能，更不可以像佛教那样"欲驾造化而上之"。因此，刘凝认为，"心之造天地万物，则未之前闻"，"以心为造天地万物，而为有情无情之根本，心固无此全能，即性亦无此全能"。刘凝最终的目的还是为了说明万事万物即是传说中的"开天盘古"，都是天主所生⑤。

《三教正论》还对天主教主张皈依天主即得赦免，以及天主教谓"舜、文、周、孔入地狱"等展开批评。刘凝一一予以反驳。刘凝认为："归心天主者，必须痛悔悛改，方得其罪之赦。"因此，并不是只要皈依天主教就会被赦免，皈依只是前提之一。同时，刘凝又认为说"舜、文、周、孔入地狱"是无中生有，天主教著作中没有相关的记录⑥。最后又就太极说、灵魂说、斋戒说、祭祖等相关问题展开讨论。总之，刘凝认为："三代而下，大道芜塞，异端蜂起，佛氏之徒，乘虚而入。"如果有

---

① 刘凝：《辨天二说辨》，《觉斯录》，页553—557。
② 宝华寺在赣县西北一百二十余里，与兴国接壤。唐僧智藏禅师示寂地也。智藏得法于道一，先结茅于此。有大宝光塔。崇祯末林抚一柱建梵宇以居通忍，忍之徒超吾、超伊，各以经律文翰著。超悟，号掬松。始通忍传法于行导，导传吾。开法于宝华寺十载，康熙四年(1665年)，下宝华席，退隐黄岩石鼓洞，尝著《梵网经一珠经》六卷、《三教正论》一卷，参见(同治)《赣州府志》卷十六《寺观》，魏瀛修，《中国地方志集成·江西府县志辑》第73册，页315上—下；卷六十《仙释》第74册，页296下；(同治)《赣县志》卷十三《寺观》，黄德溥、崔国榜修，《中国地方志集成·江西府县志辑》第75册，台北：成文出版社，1975，页125下；韩溥：《江西佛教史之四·佛教人士略》，北京：光明日报出版社，1994，页189。
③ 超悟曾参行导禅师，行导又曾参圆悟。超悟亦曾辑录过徐昌治语录，即《无依道人录》。参见徐昌治：《无依道人录》，《禅宗全书》第60册，台北：文殊出版社，1988，页525下。
④ 刘凝：《掬松和尚三教正论辨》，《觉斯录》，页580。
⑤ 以上参见刘凝：《掬松和尚三教正论辨》，页580—582。
⑥ 刘凝：《掬松和尚三教正论辨》，页584—585。

学大明,则"无虞也如此"。因此,幸好有传教士入中华,孔孟之学"绝而复续"①。

通过以上可以发现,刘凝对天主教的理解与信仰,一方面来源于利玛窦等天主教徒自明末以来所累积的传统,另一方面则与其自身的学术旨趣相近。毋庸讳言,刘凝对天主教的信仰在很大程度上主导了其与佛教展开辩论的动因,但另一个方面,刘凝对"古儒"经典的特殊倾向则是其批评佛教的另一个动因。

清初学术界对宋明理学的一个反省就是认为宋明理学受到佛道的侵蚀,而陷入空谈、清虚之中,失去了经世致用的功能。因此,清初汉学开始兴起。学者开始绕开宋明儒家所笺注的儒家著作,而直接回溯到"古儒"经典,尝试恢复"古儒"真面目,而发现其中的真义。为了恢复"古儒"真面目,古文字学、音韵学、六书学等小学功夫一并兴起,刘凝努力于小学功夫亦当此时。

* * *

刘凝的《觉斯录》大约撰于 1692 年之后,因为其在文中提及:"上赖圣主当阳,深信西士之无佗,洞察术之至正,特谕宗伯,布告天下并非左道异端,不必禁止。"②此语当指康熙三十一年(1692 年)颁布容教令之事。文中又提及杨光先反教事,最终也是在康熙的授意下,南怀仁上疏成功翻案。但是作为极端保守势力代表的杨光先的反教活动,影响深远。《三教正论》中的某些观点就来自杨光先的反教文献《不得已》。

杨光先反教事件虽然以失败告终,但给天主教带来的问题则远远没有解决,那就是天主教合法性的问题。清初的社会、思想、文化环境与明末大异,天主教所处的地位亦略显尴尬:其一,天主教是外来宗教;其二,天主教与儒家正统不类。因此,清初天主教涉及了两个问题:其一,大清与西洋诸国(教廷)关系问题;其二,政教关系问题。对于第一个问题,清初天主教不仅没有妥善处理好,相反因为"礼仪之争"愈加白热化而最终导致康熙帝下令禁教。第二个问题,实际上与第一个问题相关,正是因为天主教没有顾及传统中国的政教关系而导致了被禁止的命运。实际上,这两个问题均与合法性有关。

而从明末到清初,基督教在说明天主教合法性的策略上有所变化。明末的基督教以"合儒""补儒""易佛"为策略,一方面附会"古儒",以补充儒家为己任,另一方面则以代替、批评佛教为补充③。徐光启等信徒认为,天主教在功能上可

---

① 刘凝:《㧑松和尚三教正论辨》,页 585—589。
② 刘凝:《㧑松和尚三教正论辨》,页 589。关于容教令,参见张先清:《康熙三十一年容教诏令初探》,《历史研究》2006 年第 5 期。
③ 关于"易佛补儒",参见陈受颐:《明末清初耶稣会士的儒教观及其反应》,《中欧文化交流史事论丛》,台北:商务印书馆,1970,页 1—56;方豪:《明末清初天主教适应儒家学说之研究》,《方豪六十自定稿》上册,台北:台湾学生书局,1969,页 203—259。

第三章 "复儒"易佛：清初儒家基督徒刘凝

以补充儒家之不足，而儒家之不足正是由佛教造成的，因此有必要用天主教代替之。但是到了清初，天主教开始跳出附会儒家的樊篱，而在某种程度上开始产生了构建基督教独立身份的意识，此在张星曜的著作中可以看到。

清初天主教以"复儒易佛"为主要策略，其中也包括"超儒"。所谓"复儒"即是恢复"古儒"，而"超儒"即是超越"今儒"。虽然，"复儒"与"补儒"均包含有"合儒"之目的，但两者有迥然不同之处："复儒"是绕过秦汉以后的儒家，而接续到孔孟之学；而"补儒"是在某种程度上仍然承认"今儒"的权威，只不过在某些方面要恢复到"古儒"而已。而且，"补儒"是从社会功能而言的，而"复儒"则是从道统角度而言的。

明末国势动荡，人心不古，儒家在道德方面失去了约束力，而天主教正好可以弥补儒家之不足。此亦是徐光启在《辩学章疏》中为天主教进行辩护的主要理由①。而到清初，国势逐渐稳定，儒家正统再次被确立起来，社会仿佛又恢复到原有秩序，儒家再次主导一切。天主教难以在道德、社会等领域内觅得一席之地。

但是明末以来基督教的"易佛"主张促使不少士大夫选择加入天主教。无论是张星曜还是刘凝，均对佛教有所不满。尤其是佛教对宋明儒学的侵入，使得刘凝等基督徒认为，只有恢复到秦汉之前的儒家才可能保存"经学"之一脉，而天主教恰好就是秦汉之前的儒家。刘凝在《觉斯录》中多次提及："天福中华，西士还至，孔孟之学绝而复续。""此道不明久矣，非有泰西儒者，杭海远来，极力阐发，则尧、舜、禹、汤、文、武、周公、孔、孟之真传，几乎熄矣。"

另外，刘凝受洗入教的另一个原因，是因为其对古文字的研究，与天主教附会"古儒"相近。由于相关资料付之阙如，尚不能清晰刘凝受洗的确切时间，所以不知道是刘凝对古文字的研究导致其亲近天主教，还是因为其受洗入教，才致力于对古文字之研究。但毫无疑问的是，对秦汉之前儒家之重视，并力图从"古儒"中发现真义的做法，是刘凝与当时不少天主教传教士的共同旨趣。

相比较而言，刘凝只是康熙禁教之前的普通信徒之一。与同时代的其他信徒相比，刘凝有关天主教的著作不多。现有的文献中鲜见其受洗入教的记录，但刘凝又留下了重要的天主教文献《天学集解》《觉斯录》，并积极与佛教展开辩论，为天主教进行辩护；又参与了天主教著作的编辑事务，对于清初天主教的发展的发展不可谓小矣。揭示刘凝生平、交往、思想及其信仰状况对于我们全面、深入地了解清初天主教的发展大有裨益。

---

① 《辩学章疏》云："……（天主教）必欲使人尽为善，则诸陪臣所传事天之学，真可以补益王化，左右儒术，救正佛法者也。"徐光启：《辩学章疏》，《天主教东传文献续编》第 1 册，页 25。

第四章　大道由来天下公：清初儒家基督徒李祖白

历狱是影响清初天主教传播与发展的重要事件，而引发清初历狱的导火索之一就是李祖白的《天学传概》。历狱发起人杨光先在其著作《不得已》中指名道姓写道：

> 邪臣徐光启，贪其奇巧器物，不以海律禁逐，反荐于朝，假以修历为名，阴行邪教，延至今日，逆谋渐涨。令历官李祖白造《天学传概》妖书，谓东西万国，皆是邪教之子孙；来中夏者，为伏羲氏。六经、四书尽是邪教之法语微言。岂非明背本国，明从他国乎？如此妖书，罪在不赦。①

杨光先认为徐光启将传教士"荐于朝，假以修历为名，阴行邪教"，他认为《天学传概》中的核心观点即"人类同源异流"是荒诞无稽的。杨光先所掀起的历狱最终导致了汤若望下狱、李祖白等五人被处斩的结局。

有关李祖白的研究成果不多，主要有方豪的《中国天主教史人物传》中的简介以及吴莉苇针对《天学传概》所撰的专题论文。后者对李祖白撰写《天学传概》的背景与动机多有分析。然因相关资料付之阙如，后者的分析存在着诸多问题。本章在现有成果的基础上，结合新资料，对李祖白的生平事迹以及《天学传概》的思想特征进行分析，着重探究李祖白的身份及其撰写《天学传概》的主要动机。本章认为作为儒家基督徒的李祖白，只是在介绍较为完整的天主教教义，但忽略了耶儒之间所存在的张力与冲突。李祖白《天学传概》是一本介绍天主教史的宣教著作，其引发的历狱实际上是基督教普世主义与华夏中心主义或儒家本位思想之间的冲突。

---

① 杨光先：《不得已》，《天主教东传文献续编》第 3 册，台北：台湾学生书局，1996 年，页 1076。

第四章 大道由来天下公：清初儒家基督徒李祖白

第一节 李祖白的身份及其在历局的活动

李祖白的《天学传概》撰于1663年。1664年，杨光先即撰《请诛邪教状》投书礼部。在此状中，李祖白的身份是"历官"。1665年，李祖白等五人被处斩，汤若望开释后死在寓所。李祖白被处斩时的身份是"钦天监夏官正"。

崇祯元年（1628年），徐光启领衔组建历局。邓玉函、汤若望先后主持修历事务。1633年，徐光启去世后，李天经代董其事。1644年鼎革后，汤若望与钦天监大部分官员转仕新朝。汤若望将《崇祯历书》改题为《时宪历》敬献给新王朝。汤若望在顺治时期地位与日俱增，直到康熙初因历狱影响而晚景凄凉。

吴莉苇在其文章的第二节"李祖白身份蠡测"中对李祖白的身份进行了推测。吴莉苇指出黄宏宪等六人被称为"供事官"，而无具体职衔，因为徐光启设立的历局虽获朝廷批准，但毕竟是临时研究机构，人员无正式官衔。宋可成等三人的"掌乘"之名应与"供事官"同类，是历局内某种笼统的职务称呼，而李祖白和宋可成、焦应旭被冠以"生儒"称呼。随后，吴莉苇对"生儒"一词进行了详细分析。结合明代科举惯例以及魏特的《汤若望传》，吴莉苇认为之所以用"生儒"称呼李祖白等人，是因为李祖白可能不是生员。吴莉苇认为李祖白不是生员，"那就意味着他没有上儒学，就意味着他生活中少了一个学习和认可儒家思想的强大外在压力，则他的读书生涯中很可能恰恰不是以四书五经而是以天主教书籍为核心内容"。最后，吴莉苇得出结论：李祖白不同于一般中国青年的文化出身，是为在官方文本中给予李祖白等人一个合适的身份而施与的曲笔。正是因为李祖白没有受到儒学教育，而是自幼接受天主教，在文化归属感上淡漠儒学而亲近天主教。朱宗元等人可以称为"士人天主教徒"，而李祖白只能被称为"中国天主教徒"。因此，就可以理解李祖白撰写"离经叛道"的《天学传概》。

吴莉苇从"生儒"名词出发，探析李祖白撰写《天学传概》的背景与动机。可以发现，吴莉苇的推测虽然有一定的合理性，但对相关名词的解释相当牵强，因此不利于全面深入理解《天学传概》及其思想意识。

首先，"掌乘"是历局官员，并非职务名词，亦非与"供事官"同类；其次，"生儒"是流行于明清间的俗语，泛指儒生或儒士，包括生员、附生、增生、贡生等在内的未获科举功名的"儒学生"以及民间儒士。李祖白并非完全是一个"纯粹的"天主教徒，也并非对儒学没有任何认知。吴莉苇还依据方豪所提供的资料，认为李祖白出生于"京畿地区的天主教家庭"。但实际上，李祖白原籍杭州，后迁籍顺天。李祖白并非"天生的基督徒"。因此，李祖白并非没有受到儒学的熏陶。在受洗入教之前，李祖白亦并非放弃对科举功名的追求。是故从"纯粹的天主教徒"身份来臆测李祖白撰写《天学传概》是不恰当的。李祖白完全认同天主教的《圣经》编年史,接受与中国传统迥异的文明起源论,并不是因为李祖白没有受到儒学的教育,亦并非因为李祖白出生于天主教世家而自小受到天主教教导。李祖白撰写《天学传概》之主要目的是完整介绍天主教教义。李祖白在《天学传概》中介绍对儒家带有挑战性的观点,其主要原因是天主教的普世主义。

  徐光启组建历局之后就一直在访举修历之人。崇祯二年(1629 年),徐光启在奏章中提及"选取征用知历人,不拘吏监生儒",并把访举对象分为三等:其一,"能明度数本原,讲解意义,传教官生者";其二,"测验推步精密不差者";其三,"制造大小仪器工巧合法者"。徐光启原先意欲征用 15 名,但当年只得 3 名①。崇祯三年(1630 年),李之藻由杭州赴京协助徐光启修历,并于同年病死于任上。

  明清时期朝廷禁止民间私习天文,以免妄占祸福、扰乱民心,但对于历法则有所不禁。徐光启所访举的对象主要是民间知晓历法人士。李祖白之所以成为历局官员,主要原因就是其对历法有所了解。对于徐光启而言,所谓"知历"之"历"可能不是指传统的授时历或大统历,而是指西方历法;而明末对于西方历法有所了解者,只有三类人:传教士、信徒或对西学有所关注的士大夫。当然,只有那些对西方科学有所研究的传教士或信徒才能成为符合徐光启历局访举标准之人。换言之,李祖白成为钦天监官员最主要原因是其对西方历法有所了解,而并非因为其身份是天主教徒。因为在明末,除了对西学有所关注的士大夫之外,对西学最为了解的往往是那些与传教士过往甚密的天主教徒,尤其是那些具有一定知识水平的儒家信徒。如编纂明末天主教"百科全书"著作《口铎日抄》的李九标,虽然没有任何科举功名,但为了举子业奋斗了很多年,后来受洗入教,并通过信徒身份向传教士学习西方科学。《口铎日抄》中也记载了传教士介绍西方地理学、天文学等场景。

  随着传教士东来,在明末知识领域中出现了一群"西学人士",其构成者包括传教士、儒家信徒以及对西学关注的士大夫。这些新的"知识分子"对于推动新学(即西学)在中国的传播起到了重要作用。因此,从某种程度上说,徐光启所组建的历局是推广西学的最高官方机构。徐光启招揽"知历人"入局,并非仅仅为传教士提供了一个在华立足的合法性,更重要的可能还是出于其"会通超胜"之理想。1633 年,徐光启弥留之际,力荐李天经督修历法,而李天经并非天主教徒。在推荐李天经之前,徐光启亦曾推荐过"西学派"人士金声与王应遴。

  崇祯二年(1629 年),钦天监官生戈丰年、周胤"到局分番测验晷景";崇祯四年(1631 年),周胤升任钦天监秋官正;与五官司历刘有庆,漏刻博士刘承志、薛文

---

 ① 徐光启等:《治历疏稿初集》,上海图书馆徐家汇藏书楼藏,页 39—40。

灿,天文生朱国寿、周士昌、朱光灿,以及汤若望、罗雅谷及在局"知历人"定日晷、调定壶漏。崇祯五年(1632年)四月,徐光启在疏中强调对钦天监官生以及访取"知历人"奖惩结合:对于怠惰者轻则量惩、重则参罚;对于勤学有成者,移送礼部考试,如果精谙则明量加叙录。除此之外,对于那些要求上进的钦天监官生,则从优立格、招徕选取,一体训习①。训习则主要由汤若望、罗雅谷进行。官生与"知历人"一方面誊写进呈书册,另一方面接受传教士"训习"并推算、测验相关天文活动。徐光启在去世之前,曾上奏疏称赞汤若望、罗雅谷"讲教监局官生数年,呕心沥血,几于颖秃唇焦",因此,"功应首叙"。又提及知历生员邬明著,访举儒士陈于阶,知历生员程廷瑞、孙嗣烈、孟履吉,监生李次霙,访举儒士杨之华、祝懋元、张宷臣、黄宏宪、董思定、李遇春、赵承恩等②。其中,生员是指各种在籍的儒学生;而儒士则指民间的、不在籍的儒学者。

崇祯七年(1634年),治历生员邬明著、访举儒士陈于阶受钦天监差派,赴山海关、登州等地测验。徐光启、李天经等人使用西洋新法进行测验,而钦天监本身以及民间习历者仍用旧法,两者之间多有冲突,如李天经与魏文魁之间的冲突。

同年,李天经在奏疏中列举访取生儒"廪给",其中包括儒士及生员。儒士有陈于阶、张宷臣、祝懋元、董思定、杨之华、李遇春、黄国泰、黄宏宪等;生员有邬明著、程廷瑞、孟履吉等③。因此,生儒有可能指生员,或者儒士。其中不少人成为天主教徒,如陈于阶、祝懋元以及邬明著。崇祯八年(1635年),邬明著授钦天监正九品及五官司历职衔;生员程廷瑞、孟履吉,监生李次霙,儒士杨之华、祝懋元、张宷臣、黄宏宪,天文生朱国寿授钦天监从九品及漏刻科职衔④。邬明著于崇祯十年(1637年)辞去历局工作,返回湖北武昌传播天主教。

崇祯十一年(1638年),杨之华、黄宏宪量带光禄寺事职衔,仍管钦天监博士事;朱国寿、祝懋元各量带鸿胪寺署丞职衔,仍管钦天监博士事;而王应遴加大理寺右寺正职衔;张宷臣加升钦天监五官司历;朱光大、朱光灿、周士昌、朱廷枢、王观晓量授钦天监博士⑤。崇祯十二年(1639年),杨之华、黄宏宪与汤若望翻译《坤舆格致》。同年七月,进呈御览⑥。崇祯十三年(1640年)杨之华、朱国寿于任上去世。

崇祯十四年(1641年)十一月初八日,朱光大加通政使司经历职衔;宋发加钦

---

① 徐光启等:《治历疏稿初集》,页79—80。
② 徐光启等:《治历疏稿初集》,页99—100。
③ 徐光启等:《治历疏稿初集》,页160—163。
④ 徐光启等:《治历疏稿初集》,页223—224。
⑤ 徐光启等:《治历疏稿初集》,页324—325。
⑥ 徐光启等:《治历疏稿初集》,页351。

天监博士职衔,仍管历法事。崇祯十六年(1643年)七月二十六日,李祖白开始出现在李天经奏疏的"生儒"名单中,"汤若望及本局供事官黄宏宪、朱光大、王观晓、宋发、朱光显、朱廷枢,生儒掌乘、宋可成、李祖白、焦应旭前赴观象台"①。崇祯十六年(1643年)八月十七日,李天经的奏疏中再次提及七月二十六日测验事以及李祖白等人。在此次测验中,礼部尚书林欲楫亦一同参与②,而林欲楫则赠诗于艾儒略。因此,李祖白应该在崇祯十六(1643年)年七月二十六日前进入历局。而在崇祯十六年(1643年)的叙录疏中并没有李祖白的名字,可能原因在于李祖白无任何职衔,或因无功绩。

顺治元年(1644年)五月,以汤若望领衔的钦天监转仕新朝。五月二十三日,汤若望向清王朝开列钦天监官生名单,包括钦天监加通政使司经历在局仍管历法事朱光大,钦天监博士在局仍管历法事宋发、朱廷枢,历局供事生员宋可成、李祖白,儒士掌乘、焦应旭、掌有篆、宋可立、徐彦开、孙有本、李华③。在这份名单上,可以进一步明晰李祖白的身份为"生员"。此外,"掌乘"为儒士,并非职衔。同年七月,摄政王命名新法为《时宪历》。

汤若望在顺治元年(1644年)八月的奏章中更加明晰李祖白的具体身份是"副榜监生":"他若推算之官,旧制列名历尾。今铺注神煞者,该监止须二人填写两日即毕。而例得列名者十一员,乃本局推算者勤劳两月,列名仅有朱光大、宋发二员。如顺天生员宋可成、副榜监生李祖白、儒士掌乘、焦应旭,此四人者,文理优通,有志历学,访举在局,效力多年,只以未蒙授职,不便附列其名。"④《御屏京官职名册》亦称李祖白为顺天副榜监生⑤。当时历局中除了李祖白等人外,还有掌有篆、徐瑛、孙有本、张中鹄、鲍英齐、殷铠、武之彦、李华、宋可立、刘蕴德等十人。他们的身份是"供事诸生"。其中,刘蕴德于1684年加入耶稣会,1688年由罗文藻祝圣为司铎,曾序李九功《慎思录》及《文行粹抄》。

同年八月二十五日,宋可成、李祖白、掌乘、焦应旭四人"量带钦天监博士职衔",应同朱光大等附名历尾;儒士掌有篆等十人"照天文生例食粮办事"⑥。换言之,顺治元年(1644年)八月,李祖白由副榜监生变成钦天监博士。

同年十月二十九日,因为进献《时宪历》有功,叔父摄政王让汤若望开列名单予以嘉奖。十一月四日,汤若望开列名单如下:"历局供事加通政使司经历加俸

---

① 汤若望等:《新法算书》,《景印文渊阁四库全书》子部第788册,台北:商务印书馆2008年,页141。
② 徐光启等:《治历疏稿初集》,页405—406。
③ 汤若望:《治历疏稿二集》,上海图书馆徐家汇藏书楼藏,页5。
④ 汤若望:《治历疏稿二集》,页34—35。
⑤ 黄一农:《康熙朝涉及"历狱"的天主教中文著述考》,《书目季刊》1991年第1期。
⑥ 汤若望:《治历疏稿二集》,页38。

第四章 大道由来天下公：清初儒家基督徒李祖白

一级朱光大,加光禄寺大官署署正加俸一级黄宏宪,加钦天监博士加俸一级宋发,加钦天监博士加俸一级朱廷枢,加钦天监博士李祖白。"汤若望还特意注明："以上五员允宜首叙,前四员在局最久,推测劳深。后一员授职方新,效劳已久,所当并列者也。"①此是指李祖白虽然刚刚授职为钦天监博士,但是在局效劳已久,因此应该首先嘉奖。在李祖白之后,汤若望还开列有朱光显、刘有庆、贾良琦、宋可成等十六人名单。通过此奏疏可知,李祖白在历局中资历较深。

同年十一月二十五日,圣旨令汤若望掌钦天监印信："凡该监官员俱为若望所属,一切进历、占候、选择等项悉听掌印官举行,不许紊越。"②十二月初一日,汤若望上疏欲辞,不准。顺治二年(1645年)二月拟裁汰回回科秋官正、五官挈壶、博士等八人,由此引发了回回科与汤若望之间的冲突。顺治十四年(1657年)九月十日,回回科已被革职的吴明炫因为"以善推天象,自任欺奏皇上"拟绞,秋后处决③。

崇祯四年(1631年)正月二十八日,汤若望第一次进呈历书,其中有《升度表》七卷;而据现存《西洋新法历书》所收《正球升度表二》有如下署名："邓玉函撰,汤若望订,门人杨之华、李祖白、祝懋元、陈于阶、魏邦纶、掌乘受法。"④

崇祯四年(1631年)八月一日,汤若望第二次进呈历书,其中有《恒星历指》三卷。《恒星历指》第三卷有如下署名："汤若望撰,罗雅谷订,门人李遇春、李祖白、陈应登、杨之华、邬明著、掌乘受法。"⑤其他两卷的"受法"者为李遇春、宋可成、陈应登、董思定、陈于阶、朱光显、魏邦纶、祝懋元、朱廷枢等。同年又进呈《比例规解》一卷,其中"受法门人"有李祖白、张宷臣、掌乘、周胤、孙嗣烈、宋可成等人⑥。同年又进呈《测量全义》十卷。第三卷"受法门人"有李祖白及卫斗枢、董思定、宋可成、孙嗣烈、焦应旭。李祖白也出现在第十卷"受法门人"名单中⑦。

崇祯五年(1632年)四月四日,汤若望第三次进呈历书,其中包括《交食历指》四卷,其署名如下："汤若望撰、罗雅谷订,门人祝懋元、掌有篆、朱国寿、左允和、李祖白、武之彦受法。"⑧在相关奏疏中,祝懋元、朱国寿的名字出现次数颇为频繁。根据此处记载,1631年之前李祖白就已经进入历局。只不过在徐光启、李天经的奏疏中,李祖白的表现并没有如朱国寿等人那么好,所以出现的次数并不

---

① 汤若望:《治历疏稿二集》,页55。
② 汤若望:《治历疏稿二集》,页72。
③ 汤若望:《治历疏稿三集》,页41。
④ 徐光启等修辑:《西洋新法历书》第3册,《故宫珍本丛刊》第385册,海口:海南出版社,2000年,页86。
⑤ 《西洋新法历书》第2册,页325。
⑥ 《西洋新法历书》第5册,页11。
⑦ 《西洋新法历书》第5册,页266。
⑧ 《西洋新法历书》第1册,页374。

多。在同一著作中,受法门人还有黄宏宪、李华、贾良栋、焦应旭、掌乘、宋可立、潘国祥、刘有庆、朱光大、周士昌、陈应登、邬明著等人①。同年进呈的历书还有《月离历指》四卷。其第一卷"受法门人"名单中有李祖白、程廷瑞、陆昌、宋发、朱光大、掌乘等②。

崇祯七年(1634年)七月十九日,汤若望第四次进呈历书,其中有《交食表》四卷。其署名有"汤若望撰,罗雅谷订,门人朱光大、周士昌、程廷瑞、掌乘、李祖白、宋可立受法"③。同一著作的其他"受法门人"还有程廷瑞、陈应登、宋发、董思定、李华、陈于阶、焦应旭、张寀臣、周士泰、杨之华、祝懋元、朱光大、左允和、邬明著、刘蕴德、鲍英齐等④。《交食表》第七卷,同样出现了李祖白的名字:"汤若望撰,罗雅谷订,门人朱光灿、掌有篆、杨之华、周士萃、李祖白、武之彦受法。"⑤

崇祯七年(1634年)十一月二十四日,汤若望第五次进呈历书,其中有《五纬历指》八卷。第七卷署名如下:"罗雅谷撰,汤若望订,门人刘有庆、李祖白、朱廷枢、朱光大、程廷瑞、宋发受法。"⑥同年进呈的《五纬表》首卷也出现了李祖白的署名:"罗雅谷撰,汤若望订,门人祝懋元、刘有庆、邬明著、李祖白、朱廷枢、贾良琦受法。"⑦此书第八卷亦出现李祖白的署名:"罗雅谷撰,汤若望订,门人祝懋元、掌乘、朱廷枢、李祖白、杨之华、宋可成受法。"⑧此书第九卷"受法门人"名单中有李祖白、朱光大、掌乘、朱廷枢、宋发、焦应旭等人⑨。

崇祯九年(1636年),汤若望撰《浑天仪说》。顺治时期,此书被汤若望收入《西洋新法历书》。《浑天仪说》卷首有李天经的《浑仪用法序》。第一卷的"受法门人"有李祖白、李次霦、掌乘、邬明著、朱廷枢、宋可成等⑩。

综合以上可知,李祖白早在1631年之前可能就已经进入历局,1631—1634年五次进呈的历书中均有李祖白的参与。但在钦天监奏疏中,直到1643年才出现李祖白的名字。一直到明亡,李祖白的身份均是供事生员。在徐光启、李天经的恩叙奏疏中,均无李祖白。但到顺治元年(1644年)八月,汤若望向新朝推荐李祖白,位列二十一人名单的第四位,并由新朝廷授钦天监博士职衔。同年十月,汤若望再次推荐李祖白。据方豪考证,顺治六年(1649年)汤若望刻《西洋新法历

---

① 《西洋新法历书》第1册,页1、19。
② 《西洋新法历书》第5册,页18。
③ 《西洋新法历书》第2册,页64。
④ 《西洋新法历书》第2册,页88、108、128、157。
⑤ 《西洋新法历书》第2册,页184。
⑥ 《西洋新法历书》第3册,页186。
⑦ 《西洋新法历书》第3册,页237。
⑧ 《西洋新法历书》第3册,页370。
⑨ 《西洋新法历书》第4册,页1。
⑩ 《西洋新法历书》第5册,页35。

书》,时李祖白是夏官正①。但据《御屏京官职名册》,李祖白是顺治十年(1653年)六月题补为钦天监夏官正。据康熙三年(1664年)礼吏两部会审:"拟钦天监监正汤若望、刻漏科杜如预、五官挈壶正杨弘量、历科李祖白、春官正宋可成、秋官正宋发、冬官正朱光显、中官正刘有泰等皆凌迟处死。已故刘有庆子刘必远、贾良琦子贾文郁、宋可成子宋哲、李祖白子李实、汤若望义子潘尽孝俱斩立决。"②康熙八年(1669年),"以原任夏官正李祖白、春官正宋可成、中官正刘有泰、秋官正宋发、冬官正朱光显等死非其罪,各照原品级给祭银"③。换言之,从顺治初直到被处斩,李祖白的身份一直是钦天监夏官正。

因此,李祖白在进入历局之时的身份应为汤若望所言的"副榜监生",进入历局之后成为"供事生员",直到顺治元年(1644年)因修历有功获授钦天监博士,后担任钦天监夏官正。换言之,李祖白在进入历局之前是在国子监学生,正因如此,李祖白自入教之后就一直协助(修润)传教士撰写汉语著作。

第二节 李祖白受洗入教

徐光启所组建的历局,以汤若望、罗雅谷等传教士为核心,形成了一个研习西学的天主教徒或士子群体。据现有资料可知,李祖白身边的历局官生是天主教徒的有徐光启、李之藻、陈于阶、邬明著、刘蕴德、程廷瑞、祝懋元、周胤、宋可成、刘有泰、宋发、朱光显、尹凯、张文明等。除此之外,类似于李天经、王应遴等人应该属于友教士大夫,而汤若望等传教士的"受法门人"陈应登、掌乘、掌有篆、鲍英齐等则因相关材料付之阙如而未知其具体身份。

天启六年(1626年),李祖白协助汤若望译述《远镜说》一书,最早将伽利略的天文望远镜引入中国④。崇祯四年(1631年),高一志所撰《圣母行实》三卷在绛州付梓出版。罗雅谷撰有《圣母行实目录说》并与龙华民、汤若望共订此书。而修润此书的有段衮、韩霖、程廷瑞、陈所性以及李祖白。此时,李祖白自署籍贯为虎林,即武林(杭州)。段衮、韩霖、程廷瑞等人为天主教徒。

李祖白进入历局之后,与主持历务的汤若望、罗雅谷等传教士关系甚密。崇祯五年(1632年),程廷瑞修润罗雅谷所撰《圣记百言》,李祖白实际上也参与其中。崇祯六年(1633年),罗雅谷撰《哀矜行诠》两卷,李祖白作序,其中提及"余奉

---

① 方豪:《中国天主教史人物传》,页248。
② 《清实录》第4册,北京:中华书局,1985年,页230。
③ 《清实录》第4册,页418。
④ 《远镜说》由汤若望口授,李祖白笔译,参见《增订四库简明目录标注》,上海:上海古籍出版社,2000年重印本,页452。

教于西君子有年矣"①。换言之，李祖白进入历局之前应该就已经受洗入教。

罗雅谷在《哀矜行诠》的自序中对于自己进入历局修历而不能传教深感不安："阅两年如一日，未遑他务也。既而追唯八万里东来本意所图何事？而今专事此乎治历与治人孰急？明时与明道又孰急？"罗雅谷一方面奉西方教宗命来华传教，一方面则奉中国皇帝命修历，"用是两念横衷，未决者久之"。罗雅谷受到圣保罗的启示："其劝人也亦不一法，或以身或以口或以笔，皆救世法也。"因此，罗雅谷立意于公务外通过书籍传教②。在罗雅谷、汤若望等撰写汉语著作时，李祖白、程廷瑞等一同协助，或修润或校订或参阅。《哀矜行诠》有汪元泰引。汪元泰与程廷瑞、祝懋元同为婺源人。汪元泰在北京参加会试，过宣武门坠马受伤，受到传教士及程、祝多方照顾。传教士还赠送汪元泰《七克》《灵言蠡勺》《畸人十篇》等书籍。刊书传教之迹班班可见。程廷瑞在《哀矜行诠》的跋中则更加详细介绍了此书的编辑过程：

> 而罗先生著为《哀矜行诠》，以示能行者若此，不行者若彼，则又了如列眉矣。每著一端，便以示予。予喜而辑之，数阅月而成书。书成，罗先生复以质之王君云来、李君白也、邹君作郎，更相印可，要使辞足达意而止继。复请鉴定于师相玄扈徐先生。盖罗先生之于是书不啻三致意矣。本和汪君见而喜，遂然祝茂善之请，而梓之于戏③。

罗雅谷每写完一节便交给程廷瑞修润并编辑，数月而成书。成书后，罗雅谷将其送给王应遴、李祖白、邹明著校阅，以求"辞足达意"而后止。后又请徐光启审定。最后祝懋元请汪元泰付梓出版。

崇祯七年（1634年），罗雅谷仿费奇规《圣人保主》规例，撰《周岁警言》，选取耶稣所说"最警策者"三百六十六条，"以应周岁之义，俾观者日取一而行之"。高一志、阳玛诺、汤若望共订此书，而李祖白与徐尔爵、程廷瑞"同润"此书。此时，李祖白仍自署籍贯为"虎林"。

崇祯七年（1634年），罗雅谷撰《斋克》四卷，对天主教的斋戒规诫多有绍述。罗雅谷在《斋克引》中表明《哀矜行诠》是讲"向人之功"，而《斋克》则讲"克己之功"。罗雅谷希望"同教者读而思，思而行"，"岂非神粮之一助哉？"④《斋克》的编辑（阅或润）有李祖白、韩云、韩霖、程廷瑞、陈士兰。李祖白的籍贯误为"星源"，

---

① 李祖白：《哀矜行诠》"序"，法国国家图书馆，Courant chinois 6869.
② 罗雅谷：《哀矜行诠》"自序"，法国国家图书馆，Courant chinois 6869.
③ 程廷瑞：《哀矜行诠》"跋"，载刘凝编：《天学集解》卷二，俄罗斯国家图书馆藏，页 20。
④ 罗雅谷：《斋克引》，法国国家图书馆，Courant chinois 7341.

应为"虎林"。① 韩霖、韩云、程廷瑞、陈士兰为天主教徒。

崇祯九年(1636年),历法业已告竣,汤若望撰《主制群征》二卷,冀通过大自然的万事万物来证明造物主之存在及大能,"穷览天地神人事物之繁,足徵主制者,约列于篇,以俟同志或不无返本穷源之一助云"②。李祖白跋之,提及其跟随汤若望编辑此书的过程:"汤先生有慨于中久矣。乃于历事告竣,为著兹编以告世。余受而卒业,大率就人惑悔,广兆津梁。俾于耳目接万有之际,即以灵心接万有之所以有万而所以有唯一。"③李祖白自署"燕吴后学",称呼汤若望为"汤先生"。

崇祯十一年(1638年),罗雅谷在北京去世,其遗稿《求说》由云间天主堂付梓出版。此书由柏应理、利类思、鲁日满订;李祖白受、艾庭槐较。据费赖之,《求说》初版于崇祯二年(1629年)在绛州出版④。但今存《求说》均标明"泰西耶稣会士罗雅谷遗稿",由云间天主堂梓。此书主要内容是解释祈祷的方式,同样由李祖白协助罗雅谷完成。李祖白自署籍贯为"武林",字白也。

顺治十五年(1658年),李祖白撰有七言律诗《大道行》,并有序。序中记载了他受洗入教的时间以及入教之后的一些情况:

> 不肖归依天学,迄今越三十有七载矣。虽曰绝念科名,犹且营情升斗,以致神功漫散,灵舍荒凉。往往感慨鸡鸣,悽怀景夕。华滋已歇,俯怜进步之无多。锡祜维新,仰奋前修而益壮。幸际西傅定历,上结殊知,渥宠忘形。再见衣黄衣白,造庐来访,非徒问鬼问神,敬启沃于一人。悦理义之先得,兆民永赖,率性同然。吾道其行,圣化旁通九万里。私心以喜,幽吟自赏。⑤

通过此文,可以知道李祖白应该受洗于天启二年(1622年)。李祖白受洗入教之后才"绝念科名",放弃科举。换言之,李祖白并非"天生的基督徒",亦非出生于天主教徒世家。李祖白受洗入教之前可能与大多数人一样跋涉于举子业之途,直到入教之后才放弃科举。李祖白的情况与李九标很类似,均是在受洗入教之后放弃科举。然而,与李九标类似,李祖白虽然"绝念科名",但"营情升斗"。李九标在受洗入教之后也多次尝试科举,失败后才彻底放弃。

---

① 罗雅谷:《斋克》卷二,页18a。
② 汤若望:《主制群征小引》,《梵蒂冈图书馆藏明清中西文化交流史文献丛刊》第31册,郑州:大象出版社,2014年,页550。
③ 李祖白:《主制群征》"跋",页544—545。
④ 费赖之:《明清间在华耶稣会士列传》,上海:天主教上海教区光启社1997年,页216。
⑤ 李祖白:《大道行》"序",《天学集解》卷九。

李祖白在此序中反映出其在顺治时期对天主教发展的乐观预期。李祖白记述他的老师汤若望因为修历而"上结殊知,渥宠忘形",与顺治皇帝本人关系非常亲近。同时与朝中大臣往来频繁,"衣黄衣白,造庐来访"。顺治八年(1651年),顺治帝亲政,诰封汤若望为通议大夫,又驰赠汤若望父母、祖父母。顺治九年(1652年),宣武门内天主堂建成,顺治赐"钦崇天道"匾额。顺治十年(1653年),顺治赐汤若望"通玄教师"。顺治十一年(1654年),赐汤若望坟地。顺治十四年(1657年)有《御制天主堂碑记》,其中顺治帝对汤若望多有褒奖。同年,授汤若望通政使司通政使,加二级又加一级。顺治十五年(1658年),又授汤若望光禄大夫。因此,李祖白"私心以喜,幽吟自赏"。

李祖白在《大道行》诗中也明确记载了他受洗入教的具体时间是天启二年(1622年):"我聆此旨岁壬戌,夙污瀚却迪新吉。"其中"壬戌"即天启二年(1622年)。受洗之后,李祖白最主要的事情是协助传教士撰述:"舄奕宾贤著述勤,欲赞同文我佐笔。"后来因为汤若望进呈历法,受赐"通玄教师"。顺治皇帝曾向汤若望询问天主教来历,汤若望"和盘托出数端的"。顺治则"虚受渊衷答笑颜,天聪奇纵果无敌"。李祖白在此情况之下,对于亲近天主教的顺治皇帝充满了期待,"八十余年此一时,烝民指日起沉溺"。此处的"八十余年"应指天主教进入中国的八十年。换言之,李祖白认为自从传教士进入中国以来,还没有出现像顺治皇帝这样亲近天主教的。李祖白相信天主教迅速发展甚至顺治本人受洗入教都"指日可待"。此时,李祖白已经改字为"然真"。

顺治十六年(1659年),耶稣会士贾宜睦撰《提正编》两卷,李祖白与朱宗元、何世贞同阅。朱宗元是宁波鄞县天主教徒,著有《答客问》《拯世略说》《天主圣教豁疑论》《郊社之礼以事上帝也》等著作。何世贞是常熟传道员,著有《崇正必辩》两卷,以反驳杨光先的《不得已》。《提正编》中,李祖白自署籍贯为"燕吴"。

就在顺治十六年(1659年)季夏佟国器为《提正编》撰写序言之时,反教者杨光先在此年仲夏撰写完毕三篇反天主教文章《辟邪论》,对天主教的天主论、基督论、圣母论等核心教义展开攻击。同年,杨光先又撰有《选择议》《摘谬十论》《中星说》对西洋历法提出批评;第二年,杨光先撰《始信录序》《正国体呈稿》;康熙元年(1662年),则撰《孽镜》《镜余》等。

杨光先《辟邪论》中特意"临汤若望进呈图像说"。杨光先将汤若望1643年进呈御览的《进呈书像》中三幅图《拥戴耶稣》《钉架》《立架》予以临摹,以此证明"耶稣乃谋反正法之贼首,非安分守法之良民也"。杨光先最终论证天主教为邪教,耶稣是被国法处决的"谋反之渠魁"。

康熙二年(1663年),针对杨光先对汤若望的指控,尤其对天主教核心教义基督论的攻击,李祖白撰《天学传概》。李祖白让利类思请许之渐为此书作序。杨光先看到此书以及许之渐的序之后,更为恼怒,将其反教及反西洋历法文章结集刊刻,是为《不得已》。杨光先由此掀起了清初历狱,也最终改变了李祖白的命运。

同年七月,汤若望年已73岁,与利类思、安文思、南怀仁俱被拿问待罪。各省其他传教士由地方官拘禁候处。许之渐、佟国器等受牵连而罢官。康熙四年(1665年),礼部、刑部会审,汤若望拟死,其他传教士杖充。因京师大地震,汤若望被释回舍。第二年,汤若望病故,李祖白等五人由凌迟改处斩。直到康熙八年(1669年),南怀仁任钦天监监正,杨光先革职,汤若望案平反,受牵连的许之渐等人官复原职,李祖白家人受恩恤。

第三节 天主教人类始祖说与《天学传概》

以利玛窦为代表的耶稣会士采取"文化适应"策略,附会古代儒家、对佛道展开批评,同时对宋明理学的"今儒"亦有所微词。此举在某种程度上形塑了明末儒家基督徒的基本样态。徐光启、杨廷筠等儒家士大夫之所以成为天主教徒,并不是因为天主教是排他性的一神教,而是因为在儒家的框架之下,天主教可以起到"补儒易佛""补益王化、左右儒术"的作用。在儒家基督徒的思想世界中,儒家之正统与权威显然不可置疑。正统体现在儒学道统上,"古儒"经典是后世儒学发展之源,不可置疑与否认;权威则体现在儒学是官方意识形态,需要在耶儒关系上小心谨慎予以处理。

在明末礼崩乐坏的处境下,阳明心学的"东海西海、心同理同"的口号,似乎展示着儒学中普世性的价值观,但是儒学中也有一个与基督教颇为类似的且颇悠久的"反异端"传统。保守主义儒家士大夫对于外来的"异文化"颇为警惕,如果此种警惕上升到意识形态层面,往往会引起官方或民间的排外运动。因此,利玛窦等传教士无论从文化层面还是从心态层面都意识到,过分强调基督教的排他性可能会不利于传教。

世界地图的引入或许对晚明士人的传统世界观带来巨大冲击,但此种冲击还未造成情感或心态的变化。士大夫还能从邹衍或佛教那里寻找到类似论述,或者将其视作域外新论而已。但是当一神论的救赎思想以及单一的世界编年史被介绍给晚明中国时,其所引发的震动可能会远远超过世界地图。

华夏中心主义或者传统中国的天下观,是儒家士大夫思想世界的底色,是构建儒学世界观的基础。当传教士告诉晚明士人耶稣就是上帝、是全人类的救主的时候,蒋德璟则显示出极度不屑:"大主则上帝也,吾中国唯天子得祀上帝,余无敢干者。若吾儒性命之学,则畏天敬天,无之非天,安有画像?即有之,恐不是深目、高鼻、一浓胡子。"①传教士顿时语塞。

华夏中心主义是一个完整的世界观,至少整个天下都应该按照儒家的图景进行理解,但是基督教则提供了另外一套完全不同的世界观,它有自己完整的世界发展的历史与进程,有完整的伦理观、道德观等。

当李祖白等天主教徒宣称中国人是如德亚之苗裔的时候,杨光先却将其理解为"背叛"儒家的行为。实际上,李祖白只不过是在陈述天主教的教义而已,目的是希望世人了解完整的天主教教义,从而减少对天主教的误解。如同利类思,李祖白或许相信只要世人了解到完整的天主教教义,那么就不会对天主教产生误解,甚至攻击天主教。然而,当天主教教义更加完整清晰的时候,耶儒之间的罅隙与张力也日益明显。

崇祯六年(1633年),李祖白为罗雅谷的《哀矜行诠》作序,对天主教的仁爱观有所总结。李祖白认为西教"大旨则总归于仁",而仁分两支,"一爱天主万有之上,一爱人如己"。李祖白认为,首先需要爱人,然后才能爱主,否则"疏忽于见闻之众而求其竭情致,慎于不见不闻之中,必不得矣"。因此,"爱人之功,至急至重也"。此序中可见李祖白对于信仰之理解:

然而吾侪幸荷生成,身心获所,岂可自享有余,不以闵民穷而若主命哉?甚矣!爱人之不容已也。岂唯不已于其心,必将不已于其行。呜呼!此十四哀矜之所繇列于教要也。其可忽乎?②

此处的"吾侪"概指教友群体。从某种程度上说,李祖白已经有"天主教徒"的身份意识。此种意识让其在撰写此序时隐约体现出信仰天主教的归属感。

李祖白对于儒家经典应该比较熟悉。在《主制群征》跋的开头,李祖白就引用《礼记》,用以论述不可以用耳目听闻来验证天主是否存在。李祖白在此跋中指出了世人对于天主的存在以及降生有诸多疑问:"世之疑天主者曰:人未之见闻!……既降生浊世,……则又曰:我未之见闻,曷于西不于中?曷于汉不于今?"李祖白说应该通过万物万物用"灵心"来推测天主之存在:"一者,天主也。一不可见,而万可见;一不可闻,而万可闻。人诚闻万以闻一,见万以见一。"对于天主降生,李祖白仅能作出宣称:"其降世也,亦于西,亦于中;亦于汉,亦于今。察乎天地,贯乎初终。"李祖白未能对此作进一步解释。

撰于顺治十五年(1658年)的七言律诗《大道行》已经体现出李祖白对《圣经》

---

① 蒋德璟:《破邪集》"序",《明朝破邪集》卷三,《四库未收书辑刊》第10辑第4册,北京:北京出版社,2000年,页361。
② 李祖白:《哀矜行诠》"序",法国国家图书馆,Courant chinois 6869。

第四章　大道由来天下公：清初儒家基督徒李祖白

编年史的认同。同时代的吴历创"天学诗"，李祖白的《大道行》应属于此类。此诗以"大道行"作为标题，显然表明李祖白将其所信仰的天主教作为普世之"正道"，而在此诗中除了首尾记述利玛窦来华经历、汤若望在清初所获宠渥之外，主要内容是用诗歌的形式描述天主教教史。在此诗中，李祖白就已经明确指出天主创造所有人类的始祖："唯皇默转洪钧钮，以清以宁以洁齐；笃生我祖岂曰偶，谨率儿孙向上求。"

顺治十六年(1659年)，李祖白所参阅的《提正编》有佟国器的序。在此篇序的开头，佟国器就已经宣称始祖堕落而殃及后代，"厥初天主生人，畀以形神，原无疾病。自人类元祖悖违主命，灵神受病，形病继之，爰及苗裔"。值得注意的是，此处佟国器也使用了"苗裔"一词，此词后来在李祖白的《天学传概》中也有使用，只不过佟国器没有像李祖白那样直接宣称中国始祖是如德亚之苗裔。

天主教进入中国以来，世人最为疑惑之处恐怕就是耶稣被钉救赎的基督论教义。为了对向世人解释清楚基督论，传教士以及信徒就有必要从旧约创世纪始祖堕落而产生原罪讲起，如此方能将耶稣被钉的原因及其意义解释清楚。要追溯到创世纪，就必然涉及《圣经》编年史等内容。因此，贾宜睦在《提正编》中就提到："世人不知原罪之故，又不知主允元祖之请。故于降生一事，每生疑贰。……世人锢迷，不肯体味厥旨，或以为假托附会，不亦大罪人乎？"①

再看与李祖白同阅《提正编》的朱宗元。其在崇祯四年(1631年)出版的《答客问》中就已经对人类起源、原罪、耶稣降世救赎等内容进行详细论述："爰取土造人躯，赋以灵性，名曰亚当。复取亚当一肋骨造为女躯，赋以灵性，名曰厄袜。是为人类元祖。"②此书中，朱宗元还对华夏中心主义进行了批判。朱宗元认为在中国之外的西方诸国，是另一个类似于中国的文明之处，甚至有些地方高于中国："况大西诸国，原不同于诸蛮貊之固陋，而更有中邦亦不如者。道不拾遗、夜不闭户、尊贤贵德、上下相安，我中土之风俗不如也。"因此，朱宗元认为"以如是之人心风俗，而鄙之为夷，吾唯恐其不夷也已！"③在这里，华夷的标准也发生了改变。此外，朱宗元还接受了基督教普世主义观点，认为"况方域虽殊，无两天地、无两日月、无两昼夜，则亦无两主宰、无两赋畀、无两赏罚。故分夷、分夏，特井窥者，自生畦畛；造物视之，胡越原同一家"④，而原先儒家的天下观在普世主义中就已经不复存在。西洋不是儒家天下观中的化外蛮荒之地。相反，中国不过是基督教普世主义之一部分而已。

---

① 贾宣睦：《提正编》卷二，法国国家图书馆，Courant chinois 6943。
② 朱宗元：《答客问》，法国国家图书馆，Courant chinois 7036，页40。
③ 朱宗元：《答客问》，页50。
④ 朱宗元：《答客问》，页52。

在朱宗元的另外一部著作《拯世略说》中，他继续破除华夏中心主义以及儒家文明本位思想。朱宗元认为关于世界起源："唯如德亚国存之。自有天地至今顺治之甲申，仅六千八百四十四年，中间复遭洪水之厄。洪水以前，人类已繁衍如今日，因其背主逆命，悉淹没之，仅存大圣诺厄一家八口。自洪水至今四千八百余年耳。开辟之距洪水，可二千余年。中国之有人类大抵自伏羲始。"①这里，朱宗元并没有明确伏羲与诺厄的关系。朱宗元在《豁疑论》中也表达了同样的观点，认为儒家经典对于世界起源记载"荒唐而不可凭""凿空而不可信"，"唯如德亚国，史载无讹"②。

据学界通论，李祖白所撰《天学传概》是为了应对杨光先的《辟邪论》，但其实这是一本论述天主教进入中国的历史的宣教著作。李祖白在其口供中亦称其撰写《天学传概》乃劝人敬天行善③。其所陈述人类起源、始祖堕落、耶稣救赎等内容，与佟国器、贾宜睦、朱宗元等人并无不同。为了说明天主教不是新近进入中国的宗教，传教士或信徒往往将天主教分成性教、书教与身教三个层面。所谓"性教"是指人类同源异流，通过天主所赋之"自然理性"可以洞察某些真理。利玛窦等传教士之所以认为"古儒"经典与天学相一致，正是基于此种思想。只不过在儒家士大夫尤其是那些持"东海西海、心同理同"的士大夫那里，"古儒"经典就是权威。但是对于利玛窦等传教士而言，之所以附会"古儒"，不仅仅是为了附会现实中的儒家在政治上的权威，而且还是基于人类同源异流等《圣经》编年或基督教普世主义的思想。清初索隐派传教士马若瑟在著作中把此思想发挥到极致。传教士融汇耶儒的做法正好利用了儒家本位主义的思想，而李祖白则将耶儒之间本来比较模糊、各自为说的地方明晰起来，而且毫无顾忌儒家本位主义以及儒家的正统地位。

李祖白在解释天主教进入中国之始，就使用了"性教"的思想，认为古代中国人是如德亚苗裔，因此"古儒"经典如《尚书》《诗经》《论语》《中庸》《孟子》等才有与天主教相一致的有关上帝等的记载：

> 然则天学之传及中土，其时亦可得而稽乎？曰：有斯人，即有斯教，中土人与教同时并得也。何以言之？方开辟时，初人子孙聚处如德亚，此外东西南北，并无人居。当是时，事一主，奉一教，纷歧邪说无自而生。其后生齿日繁，散走遐迩，而大东大西有人之始，其时略同。考之史册，推以历年，在中国为伏羲氏，即非伏羲，亦必先伏羲不远，为中国有人之始矣。唯此中国之

---

① 朱宗元：《拯世略说》，法国国家图书馆，Courant chinois 7139，页 16—17。
② 朱宗元：《天主圣教豁疑论》，《天主教东传文献三编》第 2 册，台北：台湾学生书局，1984 年，页 542。
③ 《清初西洋传教士满文档案译本》，郑州：大象出版社，2015 年，页 33。

初人,实如德亚之苗裔,自西徂东,天学固其所怀来也。生长子孙,家传户习,此时此学之在中国,必倍昌明于今之世。延至唐虞,下迄三代,君臣告戒于朝,圣贤垂训于后,往往呼天称帝,以相警励。夫有所受之也,岂偶然哉?①

李祖白下狱之后亦有类似口供:"中国之初人来自如德亚,故而载称中国太古时候曾有天主教,自秦始皇焚书之后,此教也失传。经书所载上帝者,即指天主。"②但引发杨光先激烈批评的正是:"中国之初人,实如德亚之苗裔。"实际上在李祖白之前的著作中,都有类似思想。如罗明坚在《天主实录》中有谓:"次成一男,名曰哑啮;后生一女,名曰也袜。使之配偶。此二人者,乃普世之祖。"③利玛窦在《天主实义》中说:"吾西国古经载,昔天主开辟天地,即生一男,名曰亚党;一女,名曰厄袜,是为世人之祖。而不书伏羲、神农二帝。吾以此观之,可证当时果有亚党、厄袜二人,然而不可证其后之无伏羲、神农二帝也。若自中国之书观之,可证古有伏羲、神农于中国,而不可证无亚党、厄袜二祖也。"④这里并没有表示亚当与中国人始祖之间的关系,但已经明确表示,伏羲、神农是始祖的后人。

利玛窦在《畸人十篇》有谓:"自我辈元初祖先忤逆上帝,其后来子孙又效之,物始亦忤逆我,而万苦发。则夫多苦非天主初意,乃我自招之耳。"听者如此回应:"大宗伯(冯琦——引者注)闻毕叹曰:'噫嘻!此论明于中国,万疑解释,无复有咎天之说。'"⑤晚明士人对于"我辈元初祖先"的问题并不敏感,反而认为此种观点比传统的"怨天"更具有解释力。

晚明艾儒略在《万物真原》中就东西方有关世界起源的问题有过讨论:"造物主之《圣经》详载天地之初年、人类之元祖。又详记自有天地以来,世世之事,代代相传。自今崇祯元年(1628年),直溯始有天地,共不满七千年。"⑥艾儒略认为上古传说多为不经:"独《易》大传称说伏羲、神农、黄帝、尧舜。《尚书》亦粤稽古尧舜。而上古荒唐之言,俱未之及。盖经不传疑,而传信如此。"⑦艾儒略在《三山论学记》中也向叶向高等士大夫介绍如德亚为人类起源之地:"今诞于如德亚国,此地乃不属欧罗巴,与上国同一方域,总在亚细亚之界内,尤为三大州之正中,实厥初生民祖国也。"⑧

晚明有信徒对如德亚为万民始祖起源之地产生怀疑,认为亚当、夏娃或许只

---

① 李祖白:《天学传概》,《天主教东传文献续编》第2册,页1057—1059。
② 《清初西洋传教士满文档案译本》,页12。
③ 罗明坚:《天主实录》,《耶稣会罗马档案馆明清天主教文献》第1册,页30—31。
④ 利玛窦:《天主实义》,《天学初函》第1册,台北:台湾学生书局,1964年,页552—553。
⑤ 利玛窦:《畸人十篇》,《天学初函》第1册,页132。
⑥ 艾儒略:《万物真原》,《徐家汇藏书楼明清天主教文献》第1册,页168。
⑦ 艾儒略:《万物真原》,页168—169。
⑧ 艾儒略:《三山论学记》,《天主教东传文献续编》第1册,页489。

是如德亚始祖,未必是中国始祖。此种观点或可代表时人一般的看法。据《口铎日抄》记载:

> 十九日,贲宇复问曰:"天主之生吾人类也,始生亚党厄娃二人,以为原祖。然此二人生近如德亚国,或可为如德亚国之始祖耳。纵相传,亦传太西一州耳。吾中邦离此数万里,即诸司铎渡海,三年而始至。当初中邦羲、农未生,未有舟楫,又谁生羲、农诸人乎?抑或五大州,各生二人以为祖乎?敢请。"①

传教士回答如下:

> 按造物主《圣经》,天下万民,共出一祖。盖造物主肇成天地,化生亚党、厄娃时,天下一空虚世界耳。迨嗣续相传,人类繁兴,始分住他国。考中邦至羲、农御世,则已历二千余载。于时人类分析,始及中土。故中邦之有人类,大约自羲皇时始也。……中邦人未得造物主经传,只知有羲、农而已。未考羲、农从何而生,故有此问也。②

换言之,根据《圣经》记载,亚当、夏娃是全人类的始祖。从亚当之后,"人类繁兴,始分住他国"。中国相传始祖伏羲、神农,也是从如德亚始祖而来,"人类分析,始及中土"。很显然,传教士按照《圣经》记载,将中国历史纳入到基督教的世界历史之中。

王徵《畏天爱人极论》引庞迪我所言,提及人类始祖为亚党、厄袜:"吾西国有史,能志开辟之初,当未有天地人物之先,有一全能者罢德肋化成天地,创造人物。爰生一男名亚党,一女名厄袜,以为我人类之祖。"③

清初传教士利安当有《天儒印》,也有类似内容:"天主创生人类,其始唯一男一女,结为夫妇配偶,令其传生,是为万世人类之元祖。所为造端也。此人生之所自来也。"④马若瑟《儒交信》有谓:"天主始生人类元祖,一男一女,灵魂肉身两件都把与他,自然都是好的,所以说得性善。……元祖二人,错用了自己的主张,不听天主的命,如树之根本既坏,千枝万叶也都是坏的了,这叫作原罪。"⑤

从利玛窦开始,无论传教士还是信徒都接受了人类起源于如德亚,亚当是人

---

① 《口铎日抄》卷三,《罗马耶稣会档案馆明清天主教文献》第7册,页194—195。
② 《口铎日抄》卷三,页195—196。
③ 王徵:《畏天爱人极论》,法国国家图书馆,Courant chinois 6868,页6。
④ 利安当:《天儒印》,《天主教东传文献续编》第2册,页1001。
⑤ 马若瑟:《儒交信》,法国国家图书馆,Courant chinois 7166,页19—20。

第四章 大道由来天下公：清初儒家基督徒李祖白

类始祖等观念，甚至士大夫如叶向高等人也对此观点持宽容的态度。尽管如此，晚明以来的传教士、信徒并没有直接宣称中国人的始祖来自如德亚。

李祖白是非常直白、肯定地将此思想表露出来了。他认为："中国之教，无先天学者。惜乎三代而还，世风日下，民生苦于战争，士习坏于功利。吕秦代周，任法律，弃诗书，从前载籍，尽遭烈焰，而天学不复睹其详矣。伤哉！""古儒"与天主教相一致，遭秦火之后，中国古代有关天学的内容就失传。这些论述与刘凝、张星曜等同时代信徒如出一辙。

李祖白下狱之后，刑部曾审讯李祖白撰写《天学传概》等的相关内容。李祖白明确表示，《天学传概》所据内容来自西洋传教士所传，并非"载于中国史籍"。有着强烈身份意识的李祖白坚持认为其在《天学传概》中的论述，"并无编造之处"。对于为何在《天学传概》中宣称"伏羲为如德亚之苗裔"，李祖白回答如下：

> 中国史册不载伏羲为如德亚国之苗裔，但就理而言，在天地之间有最初人，中国亦有最初之人。天地间之最初人，必有居住之地，但在中国不见传。据西洋传教士言，最初人生于如德亚国，后因生齿日繁，遂分布至天下，云云。西洋国初人所生日期，即为中国之伏羲时期，故言伏羲来自如德亚。天地间之初人，皆尊崇天主教，而中国之初人既来自如德亚国，亦必尊崇天主教。天主即为上帝，况"四书""五经"中多有上帝之称谓，此乃中国初人之所传矣。汤若望、利类思亦如此而言，并非小的杜撰。①

李祖白的回答与《天学传概》中的内容一致，实际上与明清之际传教士、信徒所撰著作中的内容也一致。只不过正如李祖白而言，利玛窦等传教士以及朱宗元等信徒并没有直接言明"中国始祖是如德亚之苗裔"，但就理而言，可以推论出此结论。李祖白也表明此观点来自汤若望、利类思等传教士，并非杜撰。刑部官员则认为李祖白的观点"为无稽之谈"；李祖白则认为这些内容"皆系教内教士所传之言，并无编造之处"。在李祖白的思想与信仰世界中，他俨然将天主教作为权威而非儒家。李祖白受洗入教之后业已"绝念科名"。儒家对于李祖白而言可能仅为文化身份而已。因此，在李祖白身上可能不再有类似于明末儒家基督徒王徵的身份压力，因为李祖白不必像王徵那样需要妥协于耶儒两种权威。因此，李祖白毫不顾忌儒家传统，而推断中国人始祖"实如德亚之苗裔"。

杨光先对李祖白的"推论"难以认同，而且将其上升到国族认同的高度，认为李祖白此举是叛大清。杨光先认为汤若望等人虽然宣称人类有共同始祖，但还

---

① 《清初西洋传教士满文档案译本》，页11。

不敢声称"覆载之内,尽是其教之子孙"。但李祖白的《天学传概》则将大清以及古圣先生变成"如德亚苗裔":

> 若望之为书也,曰男女各一,以为人类之初祖,未敢斥言覆载之内,尽是其教之子孙,君子直以妄目之而已矣。祖白之为书也,尽我大清而如德亚之矣;尽我大清及古先圣帝圣师圣臣而邪教苗裔之矣;尽我历代先圣之《圣经》贤传,而邪教之绪余之矣。岂止于妄而已哉?实欲挟大清之人,尽叛大清而从邪教,是率天下无君无父也。①

杨光先反对汤若望历法的另一个理由,是认为汤若望《西洋新法历书》封面的"依西洋新法",将大清变成西洋之"苗裔",暗窃大清"正朔之权"。对于杨光先而言,儒家传统是其思想之权威;李祖白以及汤若望对儒家权威的挑战,意味着"叛大清而从邪教"。

因此,从本质上说,李祖白依据《圣经》编年史将中国历史纳入基督教所理解的人类史之中,与儒家的天下观、历史观产生了严重冲突,因而引发了杨光先的反教行为。李祖白之所以毫无顾忌儒家本位主义,而坚持宣扬《圣经》编年史,主要原因是为了更加完整地解释基督教历史,更重要的是解释当时基督教为世人充满疑虑的基督论等内容。当然,从《天学传概》来看,如同张星曜、刘凝等第三代信徒,李祖白的身份认同中已经出现了"超儒"的倾向。在与儒家迥异的世界观体系面前,李祖白等信徒只能选择天主教作为自己思想与知识的权威来源。审讯李祖白时,主审官员非常不理解李祖白的行为,"每次审讯尔(指李祖白——引者注)时,皆言天主教不载中国史册,而按照天主教内教文记载,或照西洋人所传而编写"。审问者认为李祖白应该依据中国典籍或儒家权威,而不应依据天主教。审问者认为李祖白此举即表明其有"异心"。但李祖白认为天主教虽不为中国史册所载,但"皆合于人心","为全世界之正理。"

* * *

杨光先在《不得已》中针对李祖白《天学传概》认为中国人"实如德亚之苗裔"的观点进行了大力批评,并因此引发历狱。在《不得已》出版后,利类思曾撰《不得已辩》进行反驳,文末附有《中国初人辩》,对中国人始祖起源于如德亚的观点进行辩护,全文如下:

---

① 杨光先:《不得已》,页 1090—1091。

第四章 大道由来天下公：清初儒家基督徒李祖白

《易》云有天地，然后有万物，有万物然后有男女，此据理而言。计此男女，生于天地成位洁齐之后，必也。普世之初人乎，生必有地，据《天主经》为如德亚国。(按舆图，天下分五大洲，一曰亚细亚，一曰欧逻巴，一曰利未亚，一曰亚墨利加，一曰玛热剌尼加。今如德亚国在亚细亚内，与中国同洲。)既有普世初人，方有各国之初人。据经各国初人，皆普世初人之后，则皆如德亚国之苗裔。岂中国初人独否耶？杨光先捏据，以为罪案。推其意以为中国人，耻言生于他国，今请得而辩之。谓中国初人非他国之苗裔，则他国之初人，乃中国之苗裔，理所必然。但合考中西古史，不载中国初人远游他国，而西史载如德亚国初人远游东来，则谓中国初人，生自他国，为有据。而谓他国之初人，生自中国无所凭。如初人生于他国，即为中国之初人，不得不为他国之苗裔。此必然之理。何足云耻哉？此中国彼外国，作如许区别者，皆后世之论，非所论太古之初者也。世方洪濛，此中正教未举，礼乐未兴，更溯其生，并生齿亦未之有，于斯之时宇内，元气浑浑沦沦，会有人焉？远从外来，为中国之鼻祖，木本水源，理所必至，孰为耻哉？夫中国之所以谓中国者，特以能兴礼乐，制文艺，该忠孝仁义，非因初人生在中国也。且中国有人之初，岂遂有文物礼仪之盛乎？亦必渐而兴焉。若以方域论，将冯之姚，西羌之似，岐下之姬，均非足中国之圣人矣。宋陆子曰，东海有圣人初，此心此理同，西海有圣人出，此心此理同也。但求心理之同，不分东西之异，何所见之不广也。①

此处回应有四层含义。首先，利类思意识到欲在儒学处境中讲明此事，需要依据儒家经典，只是儒家经典并未有类似内容。利类思只能依据天主教认为普世初人起源于如德亚。其次，利类思强调如德亚所在地位是亚细亚，与中国同为一洲。利类思亦是对儒家的华夏中心观有所考虑。虽然同为一洲，但如德亚距离中国与儒家文化圈太远。再次，根据东西经典所载，利类思认为中国人起源于如德亚有实据，而其他国始祖起源于中国"无所凭"。因此，既然有实据证明中国人始祖来自他国，那么"不得不为他国之苗裔"。换言之，李祖白所言即是"真理"，并没有什么可耻之处。最后，利类思对华夏中心主义或儒家本位思想进行了批判，认为所谓"中国"并非指地理区位，而是指文明。

利类思的回应可以体现出基督教普世主义与华夏中心主义或儒家本位主义之间的冲突。实际上，类似于《口铎日抄》中的记载，晚明以来的儒家士大夫(如熊明遇)更加倾向于理解与接受多元的人类起源论和多元的真理观，即儒家与天

---

① 利类思：《不得已辩·附中国初人辩》，《天主教东传文献初编》，页329—332。

主教可能都是对真理的表述。

因此，李祖白撰写《天学传概》宣称中国人始祖是"如德亚之苗裔"，其动机并非因为他没有儒家的身份或受到儒学熏陶，而是全面、完整地介绍颇为复杂、容易为时人所误解的基督论。李祖白等天主教徒以及传教士相信，只要完整解释了人类起源、始祖堕落等教义，世人就能准确理解基督论，从而减少对基督论的误解甚至攻击。李祖白将利玛窦以来的比较模糊的诠释方式变得更加清晰：正是因为中国人是如德亚苗裔，所以"古儒"经典与天学是一致的。此种论述在同时代的张星曜、刘凝等著作中均有论述，只不过李祖白的解释更为明确。作为天主教徒的李祖白，将儒家文化传统接续到基督教《圣经》编年史当中，显然得不到保守儒家士大夫的理解与认同，从而引发了杨光先激烈的反教行为。而杨光先的反教行为，实际上就是基督教普世主义与华夏中心主义或儒家本位思想之间的冲突。

本章通过分析，厘清了有关李祖白生平事迹、撰写《天学传概》动机的现有结论。首先，李祖白的身份是"副榜监生"；进入历局之后，成为"供事生儒"；顺治元年(1644年)成为钦天监博士，之后担任钦天监夏官正。其次，李祖白受洗于天启二年(1622年)。在受洗之前，李祖白一直奋斗在科举之途。再次，李祖白撰写《天学传概》的动机是完整地介绍天主教史、基督论，尤其是解释"古儒"经典为何与天学一致。《天学传概》之所以引起杨光先的批评主要是基督教普世主义与华夏中心主义或儒家本位思想之间的冲突。自利玛窦以来，传教士以及信徒均已意识到华夏中心主义或儒家本位思想与基督教普世主义之间的矛盾及冲突。利玛窦等传教士以及朱宗元等信徒均在努力改变华夏中心主义思想。杨光先的反教行为实际上是华夏中心主义对基督教普世主义的极端反应而已。

《圣经》编年史在明清之际的传播及其反应，亦可视作西方知识在中国社会传播的一个案例。在多元论的语境中，《圣经》编年史或可视作异域之论，持开放心态的熊明遇、江永等士大夫或可从中觅到与儒家文化相互对话和沟通的内容；而保守主义者杨光先，则从中寻获到天主教徒信仰中排他性的色彩，从而与政治运动相互勾连，引发了清初反天主教反西方文化的历狱。

第五章 太平万年：清初儒家基督徒郭廷裳

明末著名士大夫郭子章在肇庆与传教士利玛窦的一段交往，郭氏也因此成为明清天主教史研究者所关注的对象；而其玄孙郭廷裳则受洗入教成为天主教徒，并在康熙时期向江西地方官进言，企图通过自己的上书行为推广天主教的伦理道德。明清天主教研究向来重视士大夫信徒，而普通信徒往往成为"被忽视的对象"。郭廷裳因为有一位身世显赫的先祖而为学者所关注，如方豪先生曾对郭廷裳有初步研究，唯囿于资料限制，仅仅对郭廷裳先祖郭子章与利玛窦的交往、郭廷裳的著作《天平万年书》等有所介绍①。黄一农在其著作《两头蛇：明末清初的第一代天主教徒》中亦对郭廷裳的先祖郭子章有简略概述，并提及郭廷裳乃郭子章之孙②。

本章基于新发现的《冠朝郭氏续谱》③，首先梳理郭廷裳的先祖郭子章及其与西学之间的关系，并结合相关材料，对郭廷裳的家族世系进行清晰梳理，指出郭廷裳并非郭子章之孙，乃其玄孙。又对郭廷裳的生平事进行补充说明，最后对其留存的天主教著作《太平万年书》所涉及人物与郭廷裳的入教时间进行考证，以丰富对清初天主教徒郭廷裳的相关研究。

第一节 郭廷裳的先祖郭子章与西学

郭子章，名相奎，号青螺，又号蜕衣生、寄园居士，以字行④。江西吉安府泰和

---

① 方豪：《中国天主教史人物传》，页486—490。
② 黄一农：《两头蛇：明末清初的第一代天主教徒》，页98—99。
③ 郭桂修：(道光)《冠朝郭氏续谱》，景字号循伏堂，道光十六年版。
④ 现有成果以及《泰和县志》认为郭子章，字相奎，但《冠朝郭氏续谱》认为其名相奎，字子章，以字行，参见郭桂修：(道光)《冠朝郭氏续谱》卷四《列传·郭子章》，景字号循伏堂，道光十六年版，页41a；年谱则认为郭子章，字相奎，由其祖父郭奇士取名子章，参《资德大夫兵部尚书郭公青螺年谱》，《北京图书馆藏珍本年谱丛刊》第52册，北京：北京图书馆出版社，1999，页497。

县冠朝人,隆庆四年(1570年)举人,隆庆五年(1571年)进士。万历十年至十四年(1582—1586年)任潮州知府。值得注意的是,郭子章在潮州驱鬼的经历。年谱载冬十月,"公为文告城隍驱独鬼":

> 万历九年五月,城南有鬼腾趋于杨氏家,侵其女而淫之,自称曰独鬼。女坐鬼坐,女行鬼行,女卧鬼卧,亡日夕离。合家大惊,请巫禳之,不能除;诉于城隍,亦不能除。时公入觐,次舟三河,闻其妖,移文城隍驱之。鬼语女曰:"郭使君,正人也。有牒严驱,当疾走,不得复留此矣。"独鬼灭迹。①

郭子章驱鬼经历虽然被年谱作者(其子郭孔建)用以赞扬传主刚正的美德,但从中可以看出郭子章有着丰富的宗教体验;同时亦可看出郭子章对于鬼神、梦等超自然事件深信不疑。年谱中亦可见郭子章梦见西王母、为文求雨、向城隍祈晴等类似的内容②。郭子章自己亦如此说道:

> 敬鬼神,非媚鬼神也。君子无众寡无小大无敢慢,况鬼神乎?远之非但不媚鬼神也,以远祸也。……吾见今士大夫以撤寺观而斩祀者,以伐神丛而病亡者,一方一隅,区区鬼神,尚能祸任,而况其大乎?……鬼神无疑,而人何疑于梦耶?③

在郭子章所撰的《大洋洲萧侯庙志》中,可以看到郭子章撰写庙志的缘由,乃是其为了民间信仰"水神"萧天任"许官至尚书"的回报:

> 章由蜀督学迁浙参知官,舫泊大洋洲(按:今新干县大洋洲镇)。予舟解缆,内子舟忽胶焉。予亦停舟江左待之,而暝色延洲,暮不可开。内子焚香舟中祷。是夕梦侯来舟畔,语曰:"不知夫人舟泊庙前。明五鼓即开,亡过虑。为语郭尚书,功名远大,幸自爱。"丙夜大雨水涨,黎明舟合。内子始为予言。予炷香谢神而纪之。……播州之役,幸以微功……而晋子章兵部尚书,上及祖父,下及孙玄,锦衣之阴,加升一级。呜呼!主恩厚矣!神之梦亦

---

① 《资德大夫兵部尚书郭公青螺年谱》,页516;相同内容见《冠朝郭氏续谱》卷四·列传·郭子章》,页42a。《文告》载《蠙衣生粤草》卷十,《四库全书存目丛书》集部第154册,济南:齐鲁书社,1996,页605下—607上。
② 诸如《祈雨太湖文》《谢晴文》,《蠙衣生粤草》卷十,页608上。
③ 郭孔太辑:《青螺公遗书合编》卷九,郭子仁刻,光绪八年,上海图书馆藏,页33b。

第五章 太平万年：清初儒家基督徒郭廷裳

何灵耶？予同内子叩头谢主恩，复谢神，许为文纪之石。①

郭子章以自己的亲身经历，描述了萧侯的预言及其实现，证明了萧侯信仰很灵验。郭子章镇压播州叛乱之后，朝廷升其为兵部尚书。萧侯所谓"郭尚书"至此完全实现。实际上，在升尚书之前，郭子章对其妻子所梦不以为然。直到官至尚书后，郭子章才许诺对于他们所遇到萧侯的灵异事件"为文纪之石"，但因其忙于公务未果。后来因为"内子去世，年家甘幼龙来吊，夜宿大洋洲"，萧侯托梦给甘幼龙（应蚪）催促郭子章实现自己的许诺，"许公官至尚书，公亦许为碑文"。因此，便有了《大洋洲萧侯庙志》并勒石为铭。萧侯庙主要供奉三位萧氏神灵，即萧伯轩、萧祥叔、萧天任。自元代之后，当地人信奉萧氏神灵为水神，并在明初受封为英佑侯，故称其庙为萧侯庙。由此可知，郭子章有比较丰富的民间信仰经历与宗教体验。

据林金水先生考证，万历十六至十七年（1588—1589年）间，郭子章与利玛窦在肇庆交游②。但据年谱，万历十四至十六年（1586—1588年），郭子章已由潮州知府升任四川提学佥事。万历十七年（1589年）八月，郭子章则迁两浙参政。又据《利玛窦中国札记》，利玛窦是在肇庆的教堂建成之后，认识郭子章等士大夫的。教堂完工于万历十三年（1585年）四月左右③。因此，利玛窦与郭子章的交往应该在万历十三至十四年（1585—1586年）间。在此期间，郭子章任潮州知府，而两广总督则是吴文华。吴文华，字子彬，号小江，福建连江县学前铺义井街人，嘉靖三十五年（1556年）进士。郭子章在《督抚吴小江先生寿序》提及："不佞当年同籍称兄弟者，今按而数之两都列卿，董董十余人。今两越督府御史大夫吴公，其一焉。"④吴小江任两广总督时间为万历十一至十五年（1583—1587年）⑤。由于两人有同学之谊，且"称兄弟"，因此当吴小江在肇庆任督抚，郭子章任潮州知府时，两人很可能会在肇庆碰面。而利玛窦等传教士在肇庆颇有名声，是故郭子章在肇庆遇见利玛窦并有所交往。《利玛窦中国札记》记载利玛窦等人"就是在这里（按：肇庆教堂），我们结识了当时的将领或兵备道徐大任……还认识了另一个做了贵州省总督的大官"⑥。此处所说的"贵州省总督的大官"即

---

① 郭子章编：《大洋洲萧侯庙志》卷二《大洋洲萧侯传》，新淦萧恒庆堂，1932，上海图书馆藏，页1b—2b。
② 林金水：《利玛窦与中国》，北京：中国社会科学出版社，1996，页289。
③ 利玛窦、金尼阁：《利玛窦中国札记》，何高济等译，北京：中华书局，1983，页217；宋黎明：《神父的新装：利玛窦在中国[1582—1610]》，南京：南京大学出版社，2011，页23。
④ 郭子章：《督抚吴小江先生寿序》，《蜕衣生粤草》卷三，页516下。
⑤ 吴廷燮：《明督抚年表》，北京：中华书局，1982，页664。继任者为吴善，吴善死后继任者为刘继文。
⑥ 利玛窦、金尼阁：《利玛窦中国札记》，页217。

郭子章。

万历二十年(1592年)，郭子章迁山西按察使。万历二十一年(1593年)十月迁湖广右布政使。万历二十三年(1595年)十月迁福建左布政使。万历二十六年(1598年)十月诏起为贵州巡抚。万历三十二年(1602年)，郭子章升右都御史、兵部右侍郎，兼贵州巡抚，阴一子锦衣卫左指挥佥事。此时，郭子章获得利玛窦新刻《山海舆地全图》，立即将其翻刻，并撰写序文。万历三十六年(1606年)奉旨归养。万历四十六年(1616年)卒于家。

黄一农提及郭子章"似乎并未入教"①。实际上，一方面郭子章有着传教士极力批评的民间信仰，另一方面又佞佛，因此其绝非天主教徒。郭子章在《明州阿育王寺志》的序中明确指出：

> 余生平事佛率以名理取胜，多采诸最上乘门，与吾灵台有所发明者而雅尚之。至于一切报应因果等说，皆置而弗问。中年宦辙四方，多更事故，凡有所求屡著。……殆万历庚子奉命讨播酋，以孤军冒重围，举家百口入于万死一生之地，恐畏百至，虽委身于国，听命于天，而未尝不有祷于三宝。祷即应，应即审。事非影响？加之与关侯通于梦寐，播酋授首，多赖神助。余于是不唯于报应之道加详，而于生平所尚名理益著。近奉旨归养，乃舍宅建忠孝寺，皆所以报国恩，答神贶，以彰至理之不诬也。吾儿孔延、孔太、孔陵皆与余同茹茶甘，昭格见闻，故于此道颇遵庭训。

郭子章不仅生平"事佛"，而且在万历庚子年(1600年)往贵州镇压杨应龙叛乱之后，他对佛教的信仰更进一步。因为心学的传统，郭子章在平播之前只是从义理上接纳佛教，而平播之后则对果报、神应等超自然"神迹"深信不疑②。郭子章将其在贵州的"逢凶化吉"，甚至打败杨应龙均归功于"神助"。致仕之后，郭子章舍宅建寺(即净圣堂、太虚观③)，还与其子一起茹素，即邹德溥所谓"树辟土之勋，世拜玺书无虚岁，公独归功于佛佑，帅其家茹澹忍苦，内外竭施"④。邹元标谓"举室茹素，相为勤施，甚至大忠孝寺不靳重贾新之"⑤。因此，郭子章可谓是一个地地道道的佛教信徒。其子孔太、孔陵等人亦是佛教徒，曾捐修阿育王寺塔殿，

---

① 黄一农：《两头蛇：明末清初的第一代天主教徒》，上海：上海古籍出版社，2006，页99。
② 参张燕：《郭子章与晚明社会(1543—1618)》，南昌大学未刊硕士论文，页29。
③ 于万历四十四年(1616年)落成，郭子章撰有《太虚观净圣堂二长明灯田碑记》，参肖用桁：《泰和县新发现郭子章撰〈太虚观净圣堂二长明灯田碑记〉》，《南方文物》2006年第3期。还有其他寺观，参张燕：《郭子章与晚明社会(1543—1618)》，页20、31。
④ 邹德溥：《阿育王山志》"叙"，郭子章：《明州阿育王山志》，《四库全书存目丛书》史部第230册，页393下。
⑤ 邹元标：《阿育王山志》"跋"，《明州阿育王山志》，页401上。

第五章 太平万年：清初儒家基督徒郭廷裳

郭子章为此撰《明州阿育王寺志》。憨山德清称赞道："累代王臣兴建于前，太宰陆公、相国沈公重兴于昔，司马郭公及诸公子再振于今。"①郭子章的母亲、外祖母均佞佛茹素。郭子章对佛教的信仰，甚至影响到其对儒家思想的理解。四库馆臣批评郭子章对《易经》的理解已有偏差，"（郭子章）谓雷之所击，皆治其宿生之业。孔氏之门，安得是言哉？"

在《明州阿育王寺志》卷一《地舆融结》中，有郭子章的《通论地舆》，从中可以看出郭子章对于地舆等的看法。郭子章在《通论地舆》中使用了佛教地理观和宇宙观来诠释天地山川的形成、分布及形态：

> 螟衣生曰：……故曰天如卵白，地如卵黄。第此方论天地大，合为言得其形似而已矣。方外为言天无涯而先无涘。论涯涘者，约一佛化境也。何以言之？盖一佛化境，谓之三千大千世界，有百亿日月，百亿须受山，百亿大海水，百亿铁围山，百亿四太洲。铁围绕其外，海水聚其内，须弥屿其中，四洲罗其下，日月照临乎其上。百亿铁围之外，更有一大铁围总括之，……大千外更有人千，不知其纪极，故曰天无涯而地无涘。然则载山岳者海，载大海者地，载大地者水，载水轮者火，载火轮者金，载金轮者又风轮为之执持也。故《楞严》云，觉明空昧，相待成摇，故有风轮执持世界，乃至宝明生润，火光上蒸，故有水轮含十方世界，……故曰天位乎上，亦位乎下。岂非上天之上复有大地，大地之下复有上天？……中国名山祖于西域雪山，其次昆仑，又其次为五岳七山，离而复合，合而复离。

郭子章认为传统所谓"天如卵白，地如卵黄"只是言天地无涯无涘。郭子章使用佛教宇宙观来解释天地无涯无涘。佛教宇宙观认为，三千大千世界由小千、中千世界辗转集成。小千、中千、大千世界形式皆同，以须弥屿为中心，上自色界初禅，下抵风轮，其间包括四大部洲、日月、欲界六天及色界梵世天等。须弥屿矗立在地轮上，地轮之下为金轮，再下为火轮，再下为风轮，风轮之外便是虚空。一千个小千世界，集成一个中千世界；一千中千世界，上覆盖四禅九天，为一大千世界。比较佛教宇宙观与《通论地舆》可以发现，郭子章的地舆思想均来自佛教；而在《山海舆地全图》的序中，郭子章的舆地观则主要来自邹衍的"大九州说"：

> ……邹衍以为儒者所谓中国者于天下，乃八十一分居其一分耳。禹序

---

① 释德清：《明州鄮山阿育王舍利塔记》，《明州阿育王山志》，页 393 上。

> 九州之中国名曰赤县神州，中国外如赤县神州者九，乃名九州，有大瀛海环其外，实天地之际焉。其说盖出于《括地象》与《山海经》。……晋太康汲冢竹书出《穆天子传》，载穆王袭昆仑之丘，游轩辕之宫，勒石王母之山，纪迹玄圃之上，然后知邹子之语似非不经，而马迁所云张骞未睹者，原非乌有，故郭璞云竹书潜出于千载，正以作徵于今日。其知言乎？虽然犹以书证书也。不谓四千载后太西国利生持《山海舆地全图》入中国，为邹子忠臣也，则以人证书也。非若竹书之托空言也。

传统儒家如司马迁、桓宽、王充等认为《山海经》、邹衍的"九州说"以及张骞凿空为"闳大不经""迂怪虚妄""荧惑诸侯"。郭子章指出虽然《穆天子传》能够证实"九州说"，即中国是九州之一，在中国之外另有与中国类似之八州；但仍然只是"以书证书"，不能令人信服。而利玛窦持《山海舆地全图》入中国，则是"以人证书"，"非若竹书之托空言也"。因此，郭子章认为利玛窦乃"邹子忠臣也"。在这里，郭子章似乎认可传统的"大九州说"。其对利玛窦的《山海舆地全图》的理解亦是基于"大九州说"的框架：

> 利生之图说曰：天有南北二极，地亦有之。天分三百六十度，地亦同之。故有天球，有地球，有经线，有纬线。地之东西南北各一周九万里，地之厚二万八千六百余丈；上下四旁皆生齿所居。浑沦一球，原无上下。此则中国千古以来未闻之说者，而暗与《括地象》《山海经》合，岂非邹子一确证耶？

虽然利玛窦的《山海舆地全图》可以证明"大九州说"，即表明中国只不过是世界的一部分，但《山海舆地全图》还引入了全新的地理观，即"地圆说"。对于晚明中国人来说，"地圆说"是全新的地理知识，郭子章认为"地圆说"是"中国千古以来未闻之说"，但仍认为此说"暗与《括地象》《山海经》合"。换言之，郭子章认为"地圆说"虽然是全新的观念，但与《山海经》等暗合，因此亦可视作是对邹衍"九州说"的"确证"。郭子章大胆引入利玛窦的"地圆说"，并将其《山海舆地全图》缩刻，以方便携带与传播，从中可以看出郭子章等心学士人对于新知识的包容与接纳，亦可以看出明末西学在士人之中的流播情况。对于明末士人来说，"东海西海""心同理同"往往成为他们接纳西学西教的原因。对于守旧派来说，利玛窦所引入的全新的"地圆说"与儒家传统"天圆地方"观念迥异，因此断定"其图其说未必一一与天地券合"，但郭子章认为"不然"：

> 郭子曰：不然。郯子能言少皞官名，仲尼闻而学之。既而告人曰：天子

第五章 太平万年：清初儒家基督徒郭廷裳

失官，学在四夷。介葛庐闻牛鸣而知其为三牺，左氏纪之于传。孔、左何心？而吾辈便生藩篱，不令利生为今日之郯、介邪？且利居中国久，夫夷而中国也，则中国之矣。①

虽然在《山海舆地全图》的序中，郭子章只是简要介绍了利玛窦所引入的"地圆说"，在其思想世界中，有关宇宙、世界的看法仍然是传统的"九州说"，但是其对新知识的开放心态以及"天子失官、学在四夷"的辩论，似可作为晚明心学士人对待新事物的态度。

虽然郭子章与利玛窦有过交往，并积极刻印利玛窦的《山海舆地全图》，传播西学新知，但其人信仰佛教。在郭子章的思想世界中，传统儒家或佛教宇宙观、世界观仍占据了主导地位。作为王学士人之一，郭子章对待西学西教的态度反映出心学开放、自信、包容的心态，但对于西教则不一定予以接纳，一方面在于其信仰佛教及民间宗教，另一方面则如其认为儒家"善言天"：

> 昔孔子不语怪而间说梦，不语神而喜言天，居常梦周公，陈蔡梦见先君。其语王孙贾曰：获罪于天，无所祷也。及病，病矣。子路请祷，曰：祷久矣。使门人为臣曰，欺天乎？厄于桓匡之际曰：天生德于予，天未丧斯文。动以天自信，而天之受命也。如向五老降庭，万子孙世世无变，何其泽之姚长也。孔子从先进，故梦周公与其先君。道合天，故天不违夫天之佑。善助顺也，时冯于物以昭其馨香而合其嘉好，故《易》曰天地者，所以成变化而行鬼神也。②

郭子章突出了孔子对于天的信仰，并强调孔子信天而致"五老降庭"。换言之，郭子章认为孔子本人并非不关注超验世界（如祷之于天）和神秘事件（如梦周公及其先君）。因此，对于郭子章来说，传教士所谓的"天学"在孔子那里已经完备。需要注意的是，上述"五老降庭"的文字是郭子章为刘继文《圆通神应集》所撰写的序言。刘继文与利玛窦等传教士有过交往，且迫使后者离开肇庆而前往韶州③。在此篇序言中，刘继文及其母亲笃信观音大士，郭子章则通过孔子言天来诠释佛教的教义，即其所谓"借天以笃论大士"，并认为佛教因果即"神应之，是天受之矣"。

---

① 郭子章：《山海舆地全图》"序"，《蟫衣生黔草》卷十一，《四库全书存目丛书》集部第155册，页357下。
② 郭子章：《圆通神应集》"序"，《蟫衣生蜀草》卷一，收入《四库全书存目丛书》集部第154册，页614下—615上。
③ 参见宋黎明：《神父的新装：利玛窦在中国[1582—1610]》，页54、57。

刘继文，字永谟，号节斋，直隶灵璧县人，嘉靖四十一年(1562年)进士，曾任江西万安知县，万安离郭子章老家泰和很近，后又任两广总督，故郭、刘二人交往已久。据《灵璧县志》及《掖垣人鉴》，刘继文曾因"不媚江陵（按：指张居正）"，于万历六年(1578年)"奉旨致仕"。"江陵败，起四川布政使，升都宪，巡抚广西。寻总制两广，歼海寇有功，晋户部侍郎。卒于家。继文少孤，历官三十年，所在流清惠名，自奉甚约。治家有规矩，孙鸣阳以荫补浔州府同知，能守安静之教。"①刘继文不仅佞佛，还认为佛教与"吾儒合"，且"又自阴助吾儒者也"：

> 禅教与吾儒未始不相发明。吾儒曰性善，又曰人性上不加一物。彼则曰明心见性。惠能顿悟自性偈曰：本来无一物，何处惹尘埃。因此遂得信具，卓为南宗。揆厥本旨，实默与吾儒合。且鸷桀之徒，顽嚚之妇，以圣谟王法，彼皆悍然不顾。而一语之以禅家之因果，则靡不降心而揖志焉。唯恐不克于佛氏之收，以庶几于善之什一。则禅教又自阴助吾儒者也。②

刘继文的观点颇有代表性。明末江右是心学重镇，利玛窦等传教士在南昌等地亦受士大夫欢迎，心学士大夫与传教士结交者颇多，郭子章师从江右心学翘楚胡直，治学"不为空言"③。虽其服膺于阳明心学，但非为空谈心性：

> 公（即郭子章）师事同县胡庐山直。胡氏之学盖出文成。然予考公论学大旨，颇欲以汉儒通经之功，救末流空疏之失，可谓善承师说哉。④

瞿鸿禨认为郭子章之学旨在"以汉儒通经之功，救末流空疏之失"。因此，郭子章虽属王学，并佞佛信道，但其治学以匡时弊、救人心、致实用为依归。瞿鸿禨还以郭子章为例，反驳了晚明之祸由心学造成之说法：

> 世之好苛论者，动谓晚明之祸，阳明氏实酿成之。以予所闻，明自中叶以降，上之政教虽僨，下之风俗犹茂。其一时志节道义之士而膺时用者兢兢

---

① （乾隆）《灵璧志略》卷三《乡贤》，《中国地方志集成·安徽府县志辑30》，南京：江苏古籍出版社；上海：上海书店；成都：巴蜀书社，1998，页55下；宋黎明：《神父的新装：利玛窦在中国[1582—1610]》，页57。刘继文的生平简介，亦可参萧彦等撰《掖垣人鉴》卷十五，《四库全书存目丛书》史部第259册，页321下。
② 刘继文：《重修南华寺碑记》，《重修漕溪通志》卷四，《中国佛寺史志汇刊》第2辑第4册，台北：明文书局，1994，页341—346。
③ 胡直曾撰《赠司马公赴冬官序》提及郭子"旧学于予"，《冠朝郭氏续谱》卷十二《艺文纪三》，页73a—74a。
④ 瞿鸿禨序，《青螺公遗书合编》，页1a。

第五章 太平万年：清初儒家基督徒郭廷裳

然树立不苟,大抵私淑阳明之教为多焉。如公盖其一己且夫君子之为学,岂唯是苟焉。猎取名位争一日华宠而止哉?①

郭子章曾与邹元标讲学于青原山与白鹭洲,两人同师于胡直②。邹元标曾为郭子章的《明州阿育王山志》作跋,并为郭子章父亲撰《封潮州公七十序》《寿封中丞公八十序》等寿文及墓志铭,自署"通家眷晚生"③,表明邹元标与郭子章有通家姻亲关系。邹元标亦与传教士利玛窦、郭居静有过交往。邹元标与冯从吾创立首善书院,利玛窦的"南堂"即在书院隔壁。邹元标的《愿学集》有《答西国利玛窦》,认为西学西教与"吾国圣人语不异",但"吾国圣人及诸儒"发挥更加详尽无余。与郭子章类似,对于儒学颇为自信的邹元标,虽然对于西学西教亦持宽容、开放的心态,但还是认为儒学业已将西学西教相关内容阐述殆尽,两者的不同之处在于"习尚不同":

> 得接郭仰老(按:郭居静),已出望外,又得门下手教,真不啻之海岛而见异人也,喜次于面。门下二三兄弟,欲以天主学行中国,此其意良厚。仆尝窥其奥,与吾国圣人语不异,吾国圣人及诸儒发挥更详尽无余。门下肯信其无异乎? 中微有不同者,则习尚之不同耳。门下取《易经》读之,乾即曰"统天",不知门下以为然否?④

郭子章所交往的士人中还有郭应聘、王佐、刘斗墟、冯琦、冯应京、熊明遇、祁承㸁、黄汝亨、杨廷筠、孙承宗、焦竑、董其昌、李维桢。他们或与利玛窦等传教士有过交往,或本身就是天主教徒,或与天主教徒有过交往。其中,郭应聘于万历十一年(1583年)任两广总督时,在肇庆与利玛窦交往⑤。郭应聘于第二年"召掌南京都察院"⑥,郭子章撰有《赠督府郭华溪先生入掌南院序》⑦。王佐于万历二十四年(1596年)在南昌(时任南昌知府)与利玛窦有过往来,王佐则校郭子章所撰《郡县释名》⑧。祁承㸁是祁彪佳之父,所撰的《澹生堂藏书目》史部统志类收录有

---

① 瞿鸿禨序,《青螺公遗书合编》,页 1b。
② 杨䜣、徐迪慧等纂修:(道光)《泰和县志》卷二十一,道光六年刊本,《中国方志丛书》第839号,台北:成文出版社,1989,页 1270。
③ 《冠朝郭氏续谱》卷十二《艺文纪三》,页 40b—42a;44a—46a;98b—102b。
④ 邹元标:《愿学集》卷三《答西国利玛窦书》,《景印文渊阁四库全书》第1294册,台北:商务印书馆,1986,页 89 下。
⑤ 林金水:《利玛窦与中国》,页 287。
⑥ 吴廷燮:《明督抚年表》,页 663。
⑦ 郭子章:《蠙衣生粤草》卷二,页 501 下—502 下。
⑧ 郭子章:《郡县释名》,《四库全书存目丛书》史部第166册,页 570 下。

123

传教士撰《海外舆图全说》①。郭子章则有《祁夷度、沈五知两公祖枉顾山中赋谢》等诗②及《祁尔光公祖澹生堂藏书训约序》《上郡侯祁夷度公祖论守江要害》等文③。祁承㸁曾校郭子章的《明州阿育王山志》第一卷④。郭子章长子郭孔建早卒,有《垂杨馆集》十四卷行世,黄汝亨为之作序⑤。黄汝亨是信徒杨廷筠父亲杨兆坊的门生⑥。郭孔建曾于万历二十一年(1593年)参加秋试,时吉安知府为汪可受。郭子章的《长子孔建传》载:"八月郡守汪公可受季试卷,属安成(按:安福县)令杨公廷筠署其卷曰:'出奇如淮阴用兵,因地制形,变幻万状,而字字匠心,言言名理,七之五类离伦者上之。'置第一。"⑦孙承宗为郭子章父亲撰有《寿封大中丞公八十有六序》⑧,其是天主教徒徐光启的同年好友,曾协助天主教徒孙元化获授经略衙门赞画军需一职⑨。焦竑乃明末著名天主教徒、三柱石之一徐光启的座师,与利玛窦会见于南京;其为郭子章父亲撰有《寿封中丞公八十序》,自署"通家晚生"⑩,并有诗赠郭子章七十寿⑪。董其昌则与天主教徒韩霖往来密切⑫,其为郭子章父亲第六次诏封而撰诗,亦有诗赠郭子章七十寿⑬。李维桢有《赠司马公平播加恩序》,自署"旧治乡眷侍生"⑭;有诗《寿司马公偕萧夫人七旬》⑮。虽然李维桢认为利玛窦的地图可为邹衍一证,但又指责《山海图》"狭小中国":

> 抑余尝观司马传邹衍作迂怪之谈,列中国名山、大川、广谷、禽兽、水土所殖,物类所珍,因而推之海外,人所不睹,谓中国于天下,八十一分之一耳。王公大人奇其言而尊事之。顷有化外人利西泰为《山海图》,狭小中国,略与

---

① 王国荣:《明末清初传教士对五大洲说的早期传播》,《船山学刊》2009年第1期。
② 郭子章:《传草》卷五,《四库全书存目丛书》集部第156册,页18下。
③ 郭子章:《传草》卷二十四,《四库全书存目丛书》集部第155册,页682上—683上;《传草》卷七,《四库全书存目丛书》集部第156册,页57上—58上。
④ 郭子章:《明州阿育王山志》卷一,页405下。
⑤ 郭子章:《传草》卷十八,《四库全书存目丛书》集部第156册,页238下。
⑥ 黄汝亨是熊明遇的老师、顾起元的好友,熊、顾均与传教士有交往,参黄汝亨:《杨氏塾训》"序",杨兆坊:《杨氏塾训》,《四库全书存目丛书》子部第152册,页85上—86下;熊明遇:《寓林集》"序",黄汝亨:《寓林集》,《四库禁毁书丛刊》集部第42册,北京:北京出版社,2000,页18上—20下;顾起元:《寓林集》"序",《寓林集》,页2上—4下。
⑦ 《青螺公遗书合编》卷三十,页3b。
⑧ 《冠朝郭氏续谱》卷十二《艺文纪三》,页89a—90b。
⑨ 黄一农:《两头蛇:明末清初的第一代天主教徒》,页92、122。
⑩ 《冠朝郭氏续谱》卷十二《艺文纪三》,页48a—50b。
⑪ 《冠朝郭氏续谱》卷十三《艺文纪四》,页55a—55b。
⑫ 黄一农:《两头蛇:明末清初的第一代天主教徒》,页236、238。
⑬ 郭孔太:《师中家庆集》"序",《冠朝郭氏续谱》卷十二《艺文纪三》,页88a—89a;卷十三《艺文纪四》,页56a。
⑭ 《冠朝郭氏续谱》卷十二《艺文纪三》,页81a—83a。
⑮ 《冠朝郭氏续谱》卷十三《艺文纪四》,页54a—55a。

第五章　太平万年：清初儒家基督徒郭廷裳

衍同。而冯盱眙称之，无乃吊诡之过欤？①

郭子章除了与西学西教往来密切外，亦与反教人士往来，如校《阿育王山志》的魏濬②。魏濬，字禹钦（又作禹卿），号苍水，松溪人，万历三十二年（1604年）进士③。魏濬"少警敏，随口属对皆工妙"，郭子章"一见以远大期之"。郭子章"分校丙子闱，得苏濬，因时称闽中二濬"④。因此，魏濬是郭子章的门人，曾校郭子章《蜣衣生传草》⑤。值得注意的是，虽然郭子章推介利玛窦的《山海舆地全图》，并引入"地圆说"；但同为佛教居士的魏濬，则认为利玛窦的《山海舆地全图》，"洸洋窅渺，直欺人以其目之所不能见，足之所不能至，无可按验耳，真所谓画工之画鬼魅也"⑥。魏濬还认为"中国于全图之中，居稍偏西而近于北"是错误的，中国"当居正中"。魏濬认为利玛窦地图所传达的地理及天文知识"肆谈无忌""诞妄又甚于衍矣"。

郭子章还与憨山德清有过交往。虽然未见憨山德清有反教文字，但其弟子中反教者颇多。甚至到清初，有截流沙门相传为德清转世，大力批判天主教⑦。郭子章亦与曾凤仪曾校《胡子衡齐》，后者则参与了南京教案，曾凤仪则为邹元标的"年眷弟"⑧。曾凤仪"性耽内典"，"生平以宏护圣教为己任"。郭子章有《侍曾金简、邹南皋随喜忠孝寺，漫次来韵；附刘京兆明自、曾仪部金简、邹铨部南皋三公诗》等诗⑨。曾凤仪亦校郭子章的《明州阿育王山志》第四卷⑩。郭子章亦与曾反击利玛窦的黄辉有交往，后者则撰有《赠司马公平播序》，力赞郭子章平播之功⑪；亦撰有《寿封中丞公八十序》《诰晋大中丞少司马两峰先生郭太公眉寿六封暨青螺老公祖功成晋秩荫子序》，自署"通家晚生"⑫。

郭子章虽然属于江右心学，并佞佛信道，且旁及民间信仰，但并不妨碍他与利玛窦交往。晚明心学士大夫对于西学、新知的开放与自信在郭子章那里得到显著体现。与郭子章交往的不乏与西学西教有接触的士大夫。通过对郭子章著

---

① 李维桢：《方舆胜略》"序"，《大泌山房集》卷十五，《四库全书存目丛书》集部第150册，页609下—610上。
② 郭子章：《明州阿育王山志》卷二，页408下。
③ 潘拱辰：(乾隆)《松溪县志》卷八《选举志》，北京：国家图书馆藏，页3b。
④ 《松溪县志》卷九《人物志》，页21a。
⑤ 郭子章：《传草》"卷首"，《四库全书存目丛书》集部第155册，页574上。
⑥ 魏濬：《利说荒唐惑世》，徐昌治：《圣朝破邪集》卷三，页379。
⑦ 即普仁截流行策，撰有《辟妄辟》，清初基督教徒又撰《〈辟妄辟〉条驳》，《耶稣会罗马档案馆明清天主教文献》第9册，页389—528。
⑧ 胡直：《胡子衡齐》卷一，《四库全书存目丛书》子部第11册，页135下。
⑨ 郭子章：《传草》卷五，《四库全书存目丛书》集部第156册，页11上。
⑩ 郭子章：《明州阿育王山志》卷四，页435下。
⑪ 《冠朝郭氏续谱》卷十二《艺文纪三》，页76a—78b。
⑫ 《冠朝郭氏续谱》卷十二《艺文纪三》，页46a—48a；58a—61a。

作目录的分析,可知其广采众说,知识广博,尤对地理学深有研究。因此,郭子章刻印利玛窦的《山海舆地全图》,撰写序言并积极引入"地圆说"。但因其信仰佛教及民间宗教,最终未能入教,但其玄孙郭廷裳则受洗入教,成为天主教徒。

第二节　郭廷裳的家族与世系

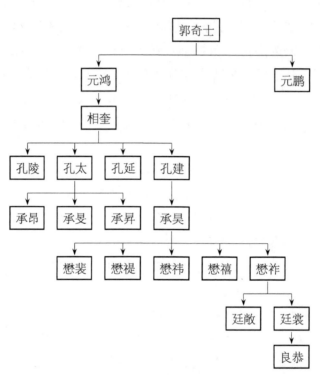

图 5-1　郭廷裳世系图

郭子章先祖为周平王时序封于阳曲之虢公,后衍为郭姓。祖辈中最为显者为汾阳王郭子仪。后经过八次迁徙之后,郭氏定居于吉安府泰和县层溪,后改名冠朝①。十二世祖为郭子仪五世孙郭延嵩,官至枢密观察使。至郭子章父亲郭元鸿则为三十三世,详见图 5-1。

郭元鸿,字于逵,号两峰。《冠朝郭氏续谱》称其"少负奇气,不屑于世,以孝友质行闻"。少时郭元鸿从师学易,授《易经程传》。他私批《焦氏易林》,因旁通数学。《续谱》认为郭元鸿"子孙荣显数世",其原因主要在于郭元鸿生前所做的善事。如嘉靖三十九年(1560 年),广寇(指张琏的起义军)侵犯郭元鸿的家乡泰和:

---

① 《郭氏八迁图》,《冠朝郭氏续谱》卷一,页 13b—14b。

126

第五章 太平万年：清初儒家基督徒郭廷裳

> 时汪宪副（按：江西副使汪一中）遇害后，上官得杀宪副，贼悬其首于里。公为私藏窖中。无何取献阙下，其首无恙。里人谢曰："匪公见吾属祸不浅矣。"贼退而岁屡不登，谷直昂，公发仓平粜，不翔一钱。不能粜者，粥之，所活不可数计。人以是德公，公益为济人利物事。如设渡舟、凿阜、济渠，捐赀葺南台寺。又上书行自运法于乡，既而通行一邑，更佐大吏行官运法，诸里甲赖以苏。其利于家者，祭则有田，赈荒有义谷，劝学有书台。自奉则布衣蔬食，不改其素。虽孙曾林立，朱紫满门，若弗知也者。

郭元鸿在张琏起义军攻打泰和后，因为私藏被起义军所杀害的汪一中的首级而被家属称赞。起义被镇压之后，谷物价格飞涨，郭元鸿开仓发粮，平抑谷价，并直接向无钱购买粮食的穷人施粥。除此之外，郭元鸿在家乡还开设渡舟、凿阜、济渠，捐资修葺南台寺，等等，从中可看出，郭元鸿家境颇为殷实。

郭元鸿后因郭子章平播功被封资政大夫、都察院右都御史兼兵部右侍郎。董其昌称赞其为"师中家庆"。郭元鸿死于万历三十七年（1609 年）十二月二十五日，享年 87 岁。万历四十年（1612 年）又以郭子章平苗功赠郭元鸿资德大夫、太子少保、兵部尚书。郭元鸿著有《壶史谱议》《孝思录》藏于家。因此，郭子章出身于书香门第。

郭子章是郭元鸿的独子。《冠朝郭氏续谱》载，郭子章，名相奎，字子章，号青螺，一号蠙衣生，以字行于世。嘉靖二十一年（1542 年）十二月二十五日子时生，万历四十六年（1618 年）六月十七日卒，享年 76 岁①。关于郭子章的出生则有如此记载："公（按：郭子章）生之夕，祖奇士梦负弩矢从东方射日怀归。筮之得震卦。俄而公生，两手文有二世字。祖喜曰：'此吾家祖之庆也。'"如此神异情节在《郭子章传》中历历可见，诸如其父梦见郭子章中式名次，郭子章审猿案、驱独鬼、步祷祈雨，等等。郭子章有子四：孔建、孔延、孔太、孔陵，有女二：贞文、贞玉，均因痘殇。

长子郭孔建，字学立，一字建公，一字司曜，小字大瓯，万历元年（1573 年）生于福建建州。少时师从于康用光。万历十五年（1587 年）娶万安张敏德女。杨廷筠任江西安福知县时，曾称赞郭孔建文章。万历二十三年（1595 年）"入闽北面于李见罗先生，讲学武夷"。万历二十五年（1597 年），"赴督学试，置第二。秋闱中式（乡试）第八十一名。明年，会试下第，归病，病十月卒"。去世时年仅 26 岁。有《垂杨馆集》十四卷传于世。有子一：承昊，字世忠，以郭子章平播功世袭锦衣

---

① 族谱记载郭子章有两种享年，一为 77 岁，参《冠朝郭氏族谱》卷七《南谱》，页 75a；一为 76 岁，参《冠朝郭氏族谱》卷四《列传》，页 45a；年谱则计享年 76 岁，参《资德大夫兵部尚书郭公青螺年谱》，页 571。按照阴历，郭子章生卒年为 1542—1618 年；按照公历，则为 1543—1618 年。

卫指挥佥事。万历四十年(1612年)，以郭子章平苗功，于原荫加升一级。

次子郭孔延，字学久，一字千秋，号瞻阕，恩荫官生。万历二年(1574年)生，娶庐陵左布政使彭应时女，次陆氏，副彭氏。族谱记载，郭孔延"读父书诗词古文，自成一家言"。著有《评释刘子》《元史通》二十卷，并撰有郭子章年谱。

三子郭孔太，字学初，一字太乙，号玉笥，邑庠入南监，恩荫官生，万历五年(1576年)生，崇祯九年(1636年)卒，娶欧阳宗翰女，子一；次杨氏，子二。编订《师中家庆集》，著有《续诗话》十二卷，《正误》三卷。

季子郭孔陵，字学山，一字陵舄，号四谦，由邑庠入南监，授恩荫官生，万历七年(1578年)生，娶杨寅秋女；次陈氏，子一。族谱记载，郭孔陵"书法绝伦，获其片纸只字者，珍如拱璧"。其诗则载于张贞生所辑《王山遗响》。又载其"生平忠义果毅"，"相传司马公建武功，公实佐戎行云"。

郭子章后辈中唯一与西学西教有关系的是郭廷裳。黄一农认为郭廷裳为郭子章之孙。实际上，郭廷裳为郭子章玄孙。

郭廷裳祖父郭承昊，郭子章孙，郭孔建子，为冠朝郭氏第三十六世，字世忠，号三顾，又号长瀛。万历三十三年(1605年)，承昊年十三，以郭子章平播功荫授锦衣卫衣左所指挥佥事世袭。万历三十七年(1609年)，以荫袭中式江西乡试武举第三十八名。万历四十年(1612年)，以郭子章平苗功加升锦衣卫衣左所指挥同知世袭。族谱记载，郭承昊累官至太子少师，后军都督府左都督、锦衣卫指挥使掌卫事、侍经筵，赐蟒玉，寻加少傅、泰和伯。"甲申三月，流寇陷燕京"，郭承昊"因道梗从王入粤，卒于粤"。娶庐陵刘孟雷女，封夫人，次张氏，子二；次沈氏，子二；次戴氏、刘氏，封夫人；次许氏，子一；次袁氏。著述有《锦衣卫志》三十卷。

而据其他资料，郭承昊于崇祯间，谄媚宦官，官至都督同知，太子少保。后归故里，以货殖豪纵为害乡里①。隆武时期，赴闽以资历掌锦衣卫事；闽陷入粤，加左都督；南明永历时期，刘承胤当权，郭承昊以女乐贿赂刘承胤而被封泰和伯："锦衣郭承昊以女乐一部贿承胤，马吉翔、严云从皆谄附之。承胤遂请封三人伯。"②族谱所谓"泰和伯"，当为永历时事。郭承昊"挟宝玉金币巨万金，女乐十余人，从上至武冈。以女乐分馈承胤、吉翔"，与王坤、马吉翔朋比为奸，"江、楚无赖求仕进者皆附之"。又于顺治四年(1647年)随刘承胤降清③。顺治六年(1649年)被封为"拜他喇布勒哈番"(骑都尉)。王夫之的《永历实录》将郭承昊列为"佞幸"，有传云：

---

① 参杨惠玲：《戏曲班社研究：明清家班》，厦门：厦门大学出版社，2006，页175。
② 王夫之：《永历实录》卷二十六《叛臣列传》，上海：上海古籍出版社，1987，页217。
③ 黄彰健：《明清史研究丛稿》卷四《读清世祖实录》，台北：商务印书馆，1977，页604—605。

第五章　太平万年：清初儒家基督徒郭廷裳

　　郭承昊，江西泰和人，故都御史郭子章之孙也。以子章军功，荫授锦衣卫千户。崇祯间，谄事内竖，屡官至都督同知、太子少保。驰驿归里，以货殖豪纵为乡里患。隆武元年，赴闽陛见，以积资掌锦衣卫事。闽陷走粤，依附拥戴，加左都督。与王坤、马吉翔比。从上至全州，结刘承胤。承胤为请封伯爵，御史毛寿登参劾之，被削。承昊遂得封泰和伯。承昊挟宝玉金币巨万金，女乐十余人，从上至武冈。以女乐分馈承胤、吉翔，相比为奸。江、楚无赖求仕进者皆附之。已而随承胤降清，见杀。①

　　郭承昊应该继承了郭子章佞佛的传统，曾多次捐俸刻印佛经，如崇祯十七年(1644年)捐俸刻《王法正理论》一卷、《瑜伽师地论释》一卷、《显扬圣教论颂》一卷、《能断金刚波若波罗密多经论释》三卷、《略明般若末后一颂赞述》一卷、《妙法莲华经优波提舍》二卷、《妙法莲华经论优波提舍》二卷、《大宝积经论》四卷等②。

　　郭廷裳父郭懋柞，郭承昊长子，郭子章曾孙，为冠朝郭氏第三十七世，字永锡，一字仁山。崇祯时顺天官籍贡生，以世荫中考选，入侍青宫。族谱载："陛见之日，上目而指之曰：'此子英气异常，是殆有祖风者。'寻以召对平台，称上旨，将大用之。"后因议时政，"忤中贵意，谪监军宁夏。继室袁氏习骑射，善用槊，故锦衣将军之女。李自成入关，其父兄并死难，因与仁山誓杀贼雪君父耻"。八月，李自成为吴三桂所败入陕，郭懋柞"独将轻骑由玉门直趋平凉，追击千里，至洮城遇贼将闯塔天，战于城南。袁氏戎装跃马，突冲入阵，大呼杀贼，运槊三中贼肩，手刃贼首甚众，贼遂溃"。后仁山备兵粤西，提军永州，日励战守。"大兵围之，期年不下，援绝粮尽，被执绝食七日，求死不得，顷获逸去，招所部残师于灵武山起义，复败，奔南岳为僧，不知所终。"著有《群书备考教子十二卷》《群书备考教子续二卷》，又有《仁山焚余》《读史编》行世。族谱又载，郭懋柞天启二年(1622年)生，康熙十六年(1677年)卒，娶萧氏，继戴氏，子二；继袁氏，封淑人。乾隆《泰和县志》有郭懋柞传，但将"懋柞"二字空而不刻，殆因其起兵抗清事而避清人之讳③。

　　钱海岳《南明史》有传：

　　　　懋柞，字仁山，泰和人。尚书子章裔，岁贡。崇祯中，以任子侍东宫。议

---

① 王夫之：《永历实录》卷二十四《佞幸列传》，页207。
② 章宏伟：《毛晋与〈嘉兴藏〉》，《十六—十九世纪中国出版研究》，上海：上海人民出版社，2011，页314—316。还有其他佛经，参瞿冕良编著：《中国古籍版刻辞典》(增订本)，苏州：苏州大学出版社，2009，页728—729。
③ 冉棠纂：(乾隆)《泰和县志》卷二十三《人物补传》，乾隆十八年刻本，北京：国家图书馆藏，页18a—19b。

时政,谪宁夏监军。妻袁,精骑射。李自成入关,父兄死难,因与懋祚起兵。十七年八月,以骑兵缒玉门趋平凉,追击至洮城,遇闯塌天。袁突阵破之,手刃寇多,寇溃。后谒肇庆,授广西佥事,以兵至永州。清围之期年不下,援绝执,不食七日,求死不得。逸去,招故部,起兵灵州,复败,入南岳为僧。①

此传内容与《冠朝郭氏续谱》《泰和县志》所载大同小异,其共同来源为泰和李友杜所撰《仁山公墓志铭》,收入氏著《书舫文集》。其撰墓志铭,正是受郭廷裳所请。

郭廷裳,字龙孙(又作窿生),号姑射山人。族谱载其顺治九年(1652年)生,娶罗氏,子一,即郭良恭。郭良恭,康熙十五年(1676年)生,娶黄氏,子六。自郭廷裳开始徙居赣州,郭良恭及其子均生居赣州,但郭良恭仲子郭时和则迁居万安。

据方豪考证,郭廷裳为天主教徒,圣名保禄,故其又署宝六。其有关天主教的著作,一为《太平万年书》,一为《南京罗主教神道碑记》,均藏于法国国家图书馆。前者约撰于康熙四十年(1701年),罗历山逝世于康熙四十三年(1704年),因此后者应撰于同年或之后。

关于郭廷裳的生平事迹,现有材料难觅踪迹,但据《冠朝郭氏续谱》或可对郭廷裳的人生作一简单勾勒。郭廷裳生于顺治九年(1652年),其父郭懋祚起兵抗清失败之后,不知所终。郭廷裳一直寻找父亲,并搜其遗文:

> 子廷裳念父出亡有年,终日呜呜作孺子泣,一日愤焉饮泣出门,遍历安南、交趾数千里间关,以踪迹所在不得归。至郴隅,询诸土人。或曰:"是顽民,亦义士也。尝客此,今失所之矣。"及衡岳皮佛峒,见壁间题诗有"有气须从天外吐,无心可向月中明。长江如练飞流寂,万点青山一抹横"之句,稔为父笔,不觉放声长号,急遍讯之,始获父殖某寺中,奉而归,以某年月日卜地于本里曾家园之原,与淑人合葬焉。一时道旁观者无不叹息感慨子孝臣忠、夫义妇烈归于一门,称全备矣。乃廷裳犹不自已,搜其家得《读史编》《仁山焚余》手墨若干卷,日夜手钞,泣授诸梓行世,冀不没其父志,以寄哀思。

郭廷裳为了寻找父亲,远至安南、交趾数千里,康熙十二年(1673年)至湖南营阳,当地人称赞郭懋祚"殷之士也,亦夷齐之流"。后郭廷裳至南岳衡山皮佛洞,看到洞壁有题诗,郭廷裳知为父亲所题,才获其父骨殖于寺中,既而与袁淑人

---

① 钱海岳:《南明史》卷七十一《列传第四十七》第9册,北京:中华书局,2006,页3445。

第五章　太平万年：清初儒家基督徒郭廷裳

合葬,并请李友杜撰写墓志铭。郭廷裳又搜郭懋祚遗文,编《仁山焚余》,亦请时人撰写序言。

因此,在康熙十六年(1677年)前后,郭廷裳为了寻找父亲一直在南部奔走。在获得其父遗骨之后,郭廷裳主要的工作是搜集父亲遗文。

李渔曾为《仁山焚余》撰写序言,赞其"陈词丽藻,有少年英锐之气,博雅淹洽,得老师宿儒之才。于子史诸经,靡不节解条入,取其行事,以言断之,不刻舟求剑,不吹毛求疵,不立非非之见,不矜察察之明而究归于理之所然而后已"。自署"壬戌秋月湖上笠翁李渔题于望湖亭之西阁"。但康熙壬戌为1682年,而李渔去世于1680年,故此序存疑。

郭廷裳好友章贡云,亦于康熙三十二年(1693年)为《仁山焚余》撰序。章贡云,字芳修,龙岩新罗人。按(民国)《龙岩县志》,章贡云"遂于星术,阴阳五行医卜等书,无不讨源溯流,窥其蕴奥"。壮年浪迹云游,自号"番果老"。"寻游京师,往来公卿间,名宿多为折倒。"著有《番果老集》,唯存《命理星案》二卷,其中附著《罗经奇门脉诀》诸篇。康熙间,侨寓都门十余年,受业者几遍海内①。但为郭廷裳撰写序言时,章贡云居于赣州易居山房,其与郭廷裳"游业有年"。郭廷裳于康熙三十一年(1692年)秋刻印郭子章《理冤案》,又刊《仁山焚余》,请章贡云撰序。章读之不禁怃然曰:

> 秦皇焚书而壮士起,先生焚余而手泽存。虽芳踪飘渺于云端,而浩气则塞于寰宇也。观其尺幅之中,不下百字,而语挟风霜,句琢金玉。即起古人于当日,未有不首肯者。至于论经书可补注疏断诸子实驾群儒,非天资之高迈与世笃忠贞者,未易易也。先生著述甚富,罹于灰烬。今兹《焚余》,尤先圣绝笔于获麟。

郭廷裳另一好友李友杜,谱名显猷,字亦仙,号书舫,泰和南冈人,拔贡生,好古文词,著有《书舫文集》②。李友杜在《赠姑射山人廷裳公序》中详细描绘了两人相识的过程,并对郭廷裳的相貌、在赣州的生活境况有所刻画。因此资料极为重要,兹全录如下:

> 客虎城(按:即赣州)十日,淫雨弗休,楗户不出见客。忽有款门投刺者,

---

① 马龢鸣修:(民国)《龙岩县志》卷三十四《方技传》,《中国方志丛书》第86号,民国九年铅印本,页312上。
② (乾隆)《泰和县志》卷二十五《人物·文学》,页13a。另参李友杜、李汝学等纂修:《南冈李氏族谱》"东派长房世系",康熙三十六年刻本,页228b—229a。感谢慈溪收藏家励双杰先生提供资料。

从帘间窥之,疏眉修髯,宽袍方履,瞿瞿立埠中,从容挥扇,有闲雅自得之致。心窃异之,意所称"有道而隐者"非耶?遽出肃而进之。始知为邑先贤大司马郭公青螺裔孙,而仁山中节先生之长君也。叙述温寒毕,徐出司马公后先为吏时决疑狱公案集、尊人中节公读史评以赠。且曰:"此予所手钞,暂付枣栗,以志不没先世之志。行且尽搜遗文以寿诸梓,竟吾愿耳。"予异之益甚。明日报谒,觅踪迹所在不得,则蹴居一廛户,垂疏帘门,外榜姑射山人字,始知山人卖卜虎头果市而隐者也。从帘间望见余来,欣喜跃出,笑携而入。斗室中,图书盈案,脱帽解衣,布席坐与谈。山人呼酒,有童子挈壶以进,意当不颣应门侍数目摄之。山人呼呼曰:"孺子!同乡有客,盍来肃揖。"及询之,始知为山人之子,曰策曰符。微闻帘内连呼,易瓶注酒,觞进累累,不绝如绳。山人长啸,掀髯挥觥,劝客笑语移日,曾无几微愁苦怨愤,形于颜面,而室中妻孥亦各欢然泰然,有偕隐自得之风。吾于是而叹为不可及,曰:"是可以隐矣。"且夫贫贱单寒之子,蓬荜而行,鸣琴在室,歌呜呜出,金石彼自行。吾素耳,抑何足异?若乃华冑裔人,则细旃广厦,出而裘马,拥从游遨,谳集歌呼欢赏,自鸣得意,此固其所。一旦濩落不偶,陋巷席门中局身容膝,市人刍竖皆得从而狎处玩睨之,则未有不感愤激昂,抑塞沮丧而不得其平焉者。吾观山人旷怀逸致。若视其先世拥师百万,高牙大纛,隶驱将帅,指顾生杀,邈如他人事,初不自知其为谁氏子者。然又夜每篝灯手自钞其先世著述不辍,日向人谈五行、论休咎、决吉凶晦吝之理,而取其资汲汲焉,剞劂以传,此何心哉?古有市隐君子,如严君平、宋清、司马季主之属,山人殆其流亚此,则予之所以感叹为不可及,故曰可以隐也。山人讳廷裳,字龙孙,自署其号曰"姑射"。盖亦微示其门市廛而心山林,仙仙霞举,飘然尘外,令人可望而不可即之意。其视帘外逐名走利、影织声附,纷纷藉藉,日过其前,不知且作何如观耶?于是欢饮而醉,既醉更酌酣酣,敬书以赠之。

李友杜所见到的郭廷裳"疏眉修髯,宽袍方履,瞿瞿立埠中,从容挥扇",颇有"闲雅自得之致",实足一副"有道而隐者"的形象。郭廷裳所居住的地方比较局促,"蹴居一廛户","垂疏帘门,外榜姑射山人字"。郭廷裳在赣州主要是通过卖卜为生,"卖卜虎头果市",即在赣州果市边为人占卜。李友杜写道:"山人长啸,掀髯挥觥,劝客笑语移日,曾无几微愁苦怨愤,形于颜面,而室中妻孥亦各欢然泰然,有偕隐自得之风。"从中可以看出郭廷裳及其家人,虽然条件艰苦,但心态颇为自逸。李友杜还提及郭廷裳有子曰策曰符,《冠朝郭氏续谱》有按语:"裳公世系,子一良恭,孙六,以泰和冠朝中街六字取名。缘公卖卜虎城,遂家于彼,不忘祖居,故云尔。而序内云山人之子曰策曰符二人名,今失考。"

李友杜亦有诗赠郭廷裳:

> 世路共嗟蜀道难,文园归卧寄衰残;故人远隔青山老,愁绪新添白发繁;寺忆嵯峨吟月下,仙携姑射话云端;何时李郭舟还共,潦倒樽前兴未阑。

禾川李跃珠,字水心,有赠诗:

> 相逢各自叹蓬飘,市隐如君兴颇饶;玩世何妨权卖卜,穷途且漫学吹箫,汾阳簪笏遗多少,忠武勋名也寂寥,世事浮云供笑柄,姑将浊酒换金貂。

李之辙,字苏颖,有赠诗:

> 耳热鸿名梦寐稠,偶从醉后叶嘤求;清光照我玉尤润,淑气迎人春更周;足迹风尘声价远,指挥世路性情幽;汾阳事业振千古,绍述如君孰与俦。

这些赠诗均表现出郭廷裳"隐者"形象,亦可看出郭廷裳淡泊名利、安贫乐道的"山人"形象。

第三节 郭廷裳与《太平万年书》

据方豪考证,郭廷裳上《太平万年书》的时间为康熙四十年(1701年)左右。在此书内,郭廷裳明确指出自己的圣名为保禄。因此,郭廷裳上书之前,业已受洗入教。《太平万年书》或谓《太平万年国是书》,实则是一本奏折:

> 上书人郭廷裳系江西吉安府泰和县山林草莽臣谨奏,为敬陈管见一得之愚,仰佐太平万年,无疆之休,上隆圣治,下扩宪化,乞奏御览,俯赐采择,国民均沾,万世永赖等事云云。

现存《太平万年书》刻本藏法国国家图书馆,Courant chinois 4935。其中仅存是书目录、各级官员批文以及《附补先祖青螺〈易解〉内言天地之理》。其中有12道各级官员批文:

> 前任道宪吴讳□,今升河南按察使司批:嘉谟入告,大臣之责;处士横

议,君子所戒。虽具经济良猷,亦应席珍以待,未奉督抚两院核实,不便遽题。

"吴"指吴国柱。按《赣州府志》,吴国柱,辽东人,康熙三十三年(1694年)分巡赣南道①;又按《清实录》:"康熙三十七年升江西赣南道吴国柱,为河南按察使司按察使。"②吴国柱认为,郭廷裳虽有"经济良猷",但应该"席珍以待",不可以横议朝政。疏文未经核实,不便上报。

按顺治二年(1645年)制定、三年(1646年)制成并颁行全国的《大清律集解附例·仪制》卷十二《上书陈言》:"若百工技艺之人,应有可言之事,亦许直至御前奏闻。其言可用,即付所司施行。各衙门但有阻挡者,鞫问明白,斩。"但同时又有规定:"若纵横之徒,假以上书巧言令色,希求进用者,杖一百。"沈之奇注为:"禁止辨乱之言,纵横之徒,不由正道,其辨给巧言,谄媚令色,足以倾动人主。假以上书为由,希求进用者,杖一百。"③吴国柱所谓"处士横议"指《大清律》"纵横之徒""巧言令色"之禁。

奉钦敕江西等处提刑按察使司、副使、分巡赣南道宪刘讳□批:吉安府泰和县布衣郭廷裳为乞奏御览《太平万年国是书》批语:士欲学古,必先通今。学古考历代源流,勤诵读者皆能之。通今必度身度世,量势揆时,圣贤复生,亦多束手处。且书传所载,有可行于古,而不可行于今者,种种最多。日来心驰簿书,几忘领教;适取而观之,颇富于学,涉猎广博,足愧寒俭之士,留心当世,有意民物,知非章句腐儒,但于条内有数事,非唯不可行,更有不可言者。执而进治安,恐非所宜。本道以地方官,簿书期会,唯日仆仆,进昌言、转奏牍,非其事也。有心上献,当诣北阙。嘉客赐教,毋以为礼,聊具一饭,以谢我三益之友。

"刘"指刘荫枢。按《赣州府志》,刘荫枢,字相斗,陕西韩城人,康熙八年(1669年)进士,三十八年(1699年)由给事中分巡赣南道,"居官仁而廉"④。按《清实录》,康熙四十三年(1704年),以原任赣南道刘荫枢、为云南按察使司按察

---

① 魏瀛等修:(同治)《赣州府志》卷三十四《统辖表》,同治十二年刊本,《中国方志丛书·华中地区》第100号,台北:成文出版社,1970,页623下。
② 《清实录·圣祖仁皇帝实录》第五册,页1020下。
③ 沈之奇:《大清律辑注》,怀效锋、李俊点校,北京:法律出版社,2000,页401—402;沈之奇:《大清律集解附例·仪制》卷十二《上书陈言》,北京大学图书馆藏,页7a—7b。
④ (同治)《赣州府志》卷三十四《统辖表》,页623下;卷四十一《统辖名宦》,页776下;傅应奎等修:(嘉庆)《韩城县志》卷五《科举表》,嘉庆二十三年刻本,北京:国家图书馆藏,页31a。

第五章 太平万年：清初儒家基督徒郭廷裳

使①。刘称赞《太平万年书》"颇富于学,涉猎广博",赞赏郭廷裳"留心当世,有意民物""非章句腐儒"。但是,刘荫枢也认为《太平万年书》所奏之事有些地方不仅不可行,而且"不可言"。如果转交朝廷,"恐非所宜"。他建议郭廷裳,"有心上献,当诣北阙"。

> 奉钦差监督赣关桥税务、兵部郎中兼参领事赫讳□批：郭廷裳《太平万年书》批语：阅兹奏章,知为豫章之材,惜乎未遇匠师耳。十五条内,建议发论,痛切时弊,洵有益于人心政治,非可以腐儒迂谈目之也。但揆时度势,其中未免有如刘宪所谓非宜言者,北阙上进,不若南阳高尚,韫匮而藏,俟他日弓旌之聘,轺轩之采,何如？

"赫"指赫钧,兵部主事,康熙三十八年(1699年)任税务监督②。赫钧虽然认为《太平万年书》"痛切时弊""有益于人心政治",但也认可刘荫枢所说的,书内有"非宜言者",不如"韫匮而藏"。

> 奉赣州府赣县正堂曹讳□批：条陈各款,不但切中时弊,更且议论极正,具见家学渊源,抱负宏伟,但天下有道,则庶民不议,姑准报宪,以备采用,可也。

"曹"指曹炯曾③,字世宏,号梧冈,上海人,康熙三十三年(1694年)以府学廪贡生任赣县知县,有政声,如设义仓、减浮耗、课农桑、通商惠工、辑兵弭盗④。曹炯曾认为《太平万年书》"切中时弊""议论极正",但"天下有道""庶民不议"。他建议将《太平万年书》提交给刘荫枢,由刘荫枢代交给朝廷。

> 复奉钦敕道宪大老爷刘□批郭廷裳为恳赐移请等事批语：文移申转,自有定例,本道未便违越,该生既怀瑾瑜,速自叩宪,以凭核实具题。

此处"刘某"亦应指刘荫枢,按《赣州府志》,与曹炯曾同时,且任"道台"刘姓

---

① 《清实录·圣祖仁皇帝实录》第六册,页185上。
② (同治)《赣州府志》卷三十四《榷使表》,页626下；祁美琴：《清代榷关制度研究》,呼和浩特：内蒙古大学出版社,2004,页420。
③ 《中国天主教史人物传》为"曹炯会",应为误植,页490。
④ (同治)《赣州府志》卷三十六《县秩官表》,页673上；卷四十三《县名宦》,页823上。另参应宝时等修：(同治)《上海县志》卷二十《人物三》,同治十年刻本,北京：国家图书馆藏,页17b。黄秀文主编：《中国年谱辞典》,上海：百家出版社,1997,页380。

者,只有刘荫枢。刘荫枢在接到曹炯曾的转文之后,认为"文移申转,自有定例",其不可以违越。

> 江南总督阿□批:存阅。又批:前拟呈阅各条,其中多有未协,既士子抱负经纶,怀才欲售,盍就正途,自有进身之地,奚为汲汲速此条陈一二上达乎?应归潜心肄业,以俟用,舍何为?

阿指两江(江南江西)总督满洲人阿山①。按《清实录》,康熙三十九年(1700年),以礼部侍郎管翰林院学士事阿山为江南江西总督;康熙四十五年升江南江西总督阿山为刑部尚书②。值得注意的是,其前任为曾有反教行为的张鹏翮。阿山认为,曹炯曾等人的批文"未协",认为郭廷裳应通过"正途""潜心肄业",来实现自己的"抱负经纶",不可以通过"汲汲速此条陈一二上达"。

> 奉巡抚江西等处地方,兼理军务,都察院右副都御使加五级马讳□批:布衣郭廷裳为应诏上书等事,批语:细阅奏条,虽心则可嘉,而言似难行,且从无代题之例,未便准奏。

此处的"马"指江西巡抚马如龙。马如龙,字见五,绥德人,康熙举人③。按《清实录》,康熙三十一年(1692年),升浙江布政使马如龙为江西巡抚;康熙四十年(1701年),江西巡抚马如龙以老病乞休④。马如龙认为郭廷裳的《太平万年书》"言似难行",而且没有代为题奏之例,因此拒绝代题之请。

> 奉吉安府主正堂太老爷强讳致中批:条陈天下利弊,有言责者之事,今郭廷裳以一布衣,而怀当世之务,胆识洵谓有过人者,但草莽士庶,例无建言之条,又乏采访之旨。况阅条内,体式舛谬,骇人听闻,何敢代为详请。姑准留案,以备上宪采择可尔。

强致中,字诣极,宝鸡人,顺治十一年(1654年)举人,康熙三十三年(1694年)任吉安知府⑤。强致中认为,郭廷裳以布衣上书,胆识过人,但"草莽士庶,例

---

① 谢旻等修:(雍正)《江西通志》卷四十八《秩官》,雍正十年刻本,北京:国家图书馆藏,页 1b。
② 《清实录·圣祖仁皇帝实录》第六册,页 22 下、页 279 下。
③ (雍正)《江西通志》卷四十八《秩官》,页 2b;卷五十八《名宦二》,页 52b。
④ 《清实录·圣祖仁皇帝实录》第五册,页 714 上、第六册,页 74 上。
⑤ 卢崧等修:(乾隆)《吉安府志》卷二十《府职官表》,乾隆四十一年刻本,北京:国家图书馆藏,页 33b;许起凤等修:(乾隆)《宝鸡县志》卷七《人物》,乾隆二十九年刻本,北京:国家图书馆藏,页 15a。

第五章　太平万年：清初儒家基督徒郭廷裳

无建言之条",而且书内"体式舛谬,骇人听闻"。因此不敢代为题奏,只许存案备用。

> 奉江西抚院大老爷批,为恳移督院会题,以隆国恩、砥砺风操等事。批语：郭廷裳以一儒生而议国政,辄意更张,夫欲何为者也？复奉都察院批,为俯赐采择,恳恩转奏,以彰朝廷有道,优游以养敢言之盛德等事。批语：有志北上,何须琐渎,不准。

据此条批文可知,江西抚院(可能为马如龙)曾请求都察院会题,转奏郭廷裳的《万年书》,但得到的反馈是不准转奏。

> 泰和县正堂田讳惟冀批：郭廷裳欲效郐模、张齐贤故事耶？而二宗卒莫之用。真挟斗筲管窥之小才,而妄言朝政军国之大事。据阅汝条,驰骋聪明,几数千言,然建设议论,亦无甚晓畅。子乃汝父母官耶？安肯因循？亦以虚言批奖？致贻汝后日之憾乎？急归闭户三载,细将令祖青螺先生文集,熟读评释,庶得以老其材,则玉不衔,而售者自至矣。

田惟冀,字禹先,云南永平人,康熙二十九年(1690年)由廪监生任泰和知县①。田惟冀斥责郭廷裳的行为是"挟斗筲管窥之小才,而妄言朝政军国之大事",认为《太平万年书》是"驰骋聪明",但"设议论,亦无甚晓畅"。田惟冀非常反感郭廷裳的"越轨"之举,认为郭廷裳此举是沽名钓誉,企图获得褒奖。田惟冀建议郭廷裳"急归闭户三载,细将令祖青螺先生文集,熟读评释"。

> 奉赣州府正堂太老爷谢讳□批,吉安泰和县布衣郭廷裳条陈《太平万年国是书》批语,硕议竑裁,亦自绮芬刻镂,但累句敷词,不无触忌犯讳,且士庶非奉特旨,不得建言。本府虽汲引有怀,而功令是凛,姑准留此,以备采风者之人告可耳。

"谢"指谢锡衮,字君章,浙江会稽人,监生,康熙三十九年(1700年)任赣州知府②。谢锡衮认为郭廷裳的奏疏有"触忌犯讳",而且士庶"非奉特旨,不得建言"。因此,谢锡衮只是将此书留存备查。

---

① （乾隆）《泰和县志》卷九《官师》,页 8b；卷十《宦迹》,页 24b—25a。
② （同治）《赣州府志》卷三十四《府秩官表》,页 645 上；仇锡廷等修：（民国）《蓟县志》卷四《人物·流寓》,《中国方志丛书·华北地方》第 180 号,民国三十三年铅印本,台北：成文出版社,1969,页 477。

复奉赣州府正堂太老爷谢□批,圣人无求言之特诏,当事少博询之明文,虽具经济宏词,孰敢冒昧上请?况浑金太璞,尚须斫炼而成,美锦采缯,亦俟裁割而制。若遽抱璞求售,反似投瑟于竽。幸聆教言,毋躁进也。

在第二道批文中,谢锡衮还是委婉拒绝了郭廷裳转奏之请,认为该文"虽具经济宏词",但"尚须斫炼"。谢锡衮劝告郭廷裳"幸聆教言,毋躁进"。表5-1是《太平万年书》的批文作者表。

表5-1 《太平万年书》批文作者表

序号	姓名	职务	籍贯	任职时间	离职时间	结果
1	吴国柱	分巡赣南道	辽东	康熙三十三年(1694年)	康熙三十七年(1698年)	待用(须督抚核实)
2	刘荫枢	分巡赣南道	韩城	康熙三十八年(1699年)	康熙四十三年(1704年)	拒绝
3	赫钧	赣关税务监督	满洲	康熙三十八年(1699年)	康熙三十九年(1700年)	待用(认可刘荫枢的批文)
4	曹炯曾	赣县知县	上海	康熙三十三年(1694年)	康熙四十一年(1702年)	报刘荫枢
5	刘荫枢	分巡赣南道		康熙三十八年(1699年)	康熙四十三年(1704年)	面见核实
6	阿山	两江总督	满洲	康熙三十九年(1700年)	康熙四十五年(1706年)	待用
7	马如龙	江西巡抚	绥德	康熙三十一年(1692年)	康熙四十年(1701年)	拒绝
8	强致中	吉安知府	宝鸡	康熙三十三年(1694年)	康熙三十九年(1700年)	留存
9	江西巡抚、都察院	(马如龙?)	(?)	(?)	(?)	拒绝
10	田惟冀	泰和知县	永平	康熙二十九年(1690年)	康熙四十三年(1704年)	拒绝
11	谢锡衮	赣州知府	会稽	康熙三十九年(1700年)	康熙四十二年(1703年)	留存
12	谢锡衮	赣州知府	会稽	康熙三十九年(1700年)	康熙四十二年(1703年)	拒绝

赣县知县曹炯曾对于《太平万年书》还是持比较赞赏的态度的,并转发给赣南道刘荫枢,刘荫枢则要求郭廷裳"报宪核实"。《太平万年书》最终被送到了都

第五章　太平万年：清初儒家基督徒郭廷裳

察院。江西巡抚请求都察院会题转奏，可惜最终被否定。虽然《大清律》规定士庶可以直接上书，但大部分官员认为转奏却无定例，因此拒绝了郭廷裳转奏的请求。此外，还有部分官员建议郭廷裳怀才待售或通过正常科考途径，实现自己的抱负。是故此次上书转奏行为最终没有成功。

上述批文的官员最早于康熙二十九年（1690年）任职，最晚于康熙四十五年（1706年）离任。因此，郭廷裳上书行为最早当为康熙二十九年（1690年），最晚不迟于康熙四十五年（1706年）。换言之，郭廷裳最早于康熙二十九年（1690年，39岁）之前受洗入教，最迟为康熙四十五年（1706年，55岁）。当然，郭廷裳上书是持续多年的行为。

拒绝郭廷裳请求的一个重要原因是这些官员认为《太平万年书》内有"有不可言者""触忌犯讳""骇人听闻"。由于原书已佚，我们仅能从现存目录中，对此书内容窥探一二。目录如下：

> 赐田租之半以遍穷檐，得劝农之法以慎游惰；添沟洫之法以备水旱，去苛政之扰以息天灾；溯河防之患以杜历弊，省亿万之饷以利无穷；练士马以备不虞，兴屯田以免刍挽；勤讲学以明人伦，教忠孝以造大节；汰僧道之冗以黜异端，禁土偶之饬以惜金铜；革神鬼之僭号帝皇者以惩不道，毁庵庙之僭名殿阁者以儆无将；禁神戏之费以节民财，劝贪福之谬以行实惠；请移院于赣州以辖四省，设屏藩于要害以固边疆；禁结婚于幼小以敦风化，杜乱萌于意外以息讼端；广开采之利以资国用，革势商之扰以免阻挠；别服色之制以辨上下，复衣冠之雅以成威仪；考律吕之制以通政和，补匏土之器以全音乐；立观政之法以练吏治之材，藉诸艰之试以老鼎铉之器；勤讲约以资政治，崇天学以正人心；较权量以同风俗，一王法永佐太平。

该目录共有16条，内容无所不包，既有农田、水利、赋税、军事，又有讲学、风俗、宗教、教化、资政等方面的内容；既有宏大的概略性阐述，又有具体的条议对策。其中可以看出郭廷裳的天主教信仰内容，如"汰僧道之冗以黜异端，禁土偶之饬以惜金铜"，即将佛教、道教作为异端而加以罢黜，并严禁使用金铜塑造佛像、道像。传教士将佛道视为偶像崇拜，尤其批评佛道教的塑像行为。又如"革神鬼之僭号帝皇者以惩不道，毁庵庙之僭名殿阁者以儆无将"，此建议亦是受到天主教影响。传教士对于官方或民间各种各样的山川岳渎神灵封号亦持批评态度。又如"禁神戏之费以节民财，劝贪福之谬以行实惠"，天主教反对民间宗教的祈福活动，尤其是向神灵的祈福行为实际上就是偶像崇拜，是天主教信仰所不允许的。最体现出郭廷裳宗教信仰的则是第十五条"勤讲约以资政治，崇天学以正人心"。在此条中,郭廷裳明确提出推崇天学,其目的则在于"正人心"。这些带有天主教色彩的内容,或许正是士大夫官员认为的"触忌犯讳"的内容。

郭廷裳企图通过上书,以官方的力量来推广天主教。其所使用的论证方式秉承了徐光启以来的模式,即实用主义。徐光启认为,天学有"补益王化、左右儒术"之功能。与郭廷裳同时代的张星曜也认为天学不仅可以补充儒家,而且还在某些方面超越儒家。因此,推广天学有益于世道人心。

几乎与郭廷裳上书行为同时发生的是,江西赣州、南昌等地的信徒群体参与了一场由耶稣会士发起的礼仪之争"誓证"活动。这些由赣州、南昌的信徒群体签字的誓状,连同其他各地的誓状一起由各地的耶稣会士寄往罗马,并以 *Summarium Novissimorum Testimoniorum Sinensium* 为名出版。当然,这些誓状有共同的模板,且由安多召集。这些基督徒中,来自北京有 50 人,江南有 204 人,湖广有 96 人,其中江西有 25 人。赣州的誓状由意大利耶稣会士 Carlo Amiani 收集,在誓状上签名的有"候选教谕吴伯多禄""候补都司栗若瑟""生员刘若亚敬""生员生员郭奥吾斯定""生员郭伯多禄""儒童谢若翰""耆年乡约文方济各""耆年乡约谢伯多禄""教中正会长钟欧斯大觉""副会长李老楞佐"等,签署日期为康熙四十一年(1701 年)九月二日①。其中,"候选教谕吴伯多禄"为吴应骥,字德君,宜黄人,康熙二十年(1681 年)举人,康熙四十二年(1703 年)任赣县教谕②。现有材料无法证实郭廷裳是否与这些赣州信徒群体有直接交往,签名中亦无郭廷裳的名字。

与郭廷裳有交往的传教士是罗历山。罗于康熙十九年(1680 年)传教广东,康熙三十五年(1696 年)为南京主教,康熙四十三年(1704 年)殁于南京③。罗历山去世后,郭廷裳撰有《南京罗主教神道碑记》。罗历山虽然主要在南京活动,但郭廷裳提及罗历山"躬巡各堂,耳提面命,历艰诸试,寒暑备尝"。清初教内有"巡堂"制度,罗历山会去赣州教堂巡视,因此认识郭廷裳。郭廷裳也指出:"某等超学恩门,训叨过庭,亲炙沐爱,饮和食德,向坐春风之中,夙沾时雨之化。"这表明,郭廷裳以及赣州教会众信徒与罗历山有过密切交往。因此,郭廷裳受众人委托为罗历山撰写《南京罗主教神道碑记》。在赣州传教的还有刘迪我与聂仲迁。

此外,清初在江西的传教士还有殷铎泽、卫方济等。康熙二十七年(1688 年),南城人万其渊晋升为铎品神父。康熙四十一年(1702 年),卫方济、万其渊与法国耶稣会士马若瑟共同创设南丰潋江天主堂。除了在建昌之外,其他地方如

---

① Nicolas Standaert, *Chinese Voices in the Rites Controversy: Travelling Books, Community Networks, Intercultural Arguments*, pp.189 – 193.
② (同治)《赣州府志》卷三十八《县教谕表》,页 702 下;许应鑅修:(光绪)《抚州府志》卷三十四《人物·宦业》,光绪二年刊本,《中国方志丛书·华中地方》第 253 号,页 913 上。
③ 费赖之:《在华耶稣会士列传及书目》上册,页 391—392。

第五章 太平万年：清初儒家基督徒郭廷裳

南昌(聂伯多、穆迪我)、吉安(刘迪我)、九江(殷弘绪)、抚州(傅圣泽)等地亦有耶稣会士[①]，但郭廷裳是否与这些传教士有交往则不可知。

* * *

明末著名士大夫郭子章在肇庆与传教士利玛窦的一段交往，使得西学得以广泛传播，郭氏也因此成为清初天主教史研究者所关注的对象；而其玄孙郭廷裳则受洗入教成为天主教徒，更是郭氏家族与西学西教相遇而结下的果实。本章通过《郭子章年谱》《冠朝郭氏续谱》等资料，对郭子章、郭廷裳家族世系，天主教徒郭廷裳的生平事迹，郭廷裳与《太平万年书》等进行深入考证，对学界相关的现有成果进行厘正与补充。研究发现，利玛窦与郭子章之间的交往应该在1585—1586年之间；郭子章虽未娶妾并对西学有好感和积极推广之，但其自身是虔诚的佛教徒，且有丰富的民间宗教体验，因此并未受洗入教。清初天主教徒郭廷裳为郭子章玄孙，生于1652年，业已由郭氏祖居泰和迁居赣县。郭廷裳前半生事迹主要为寻找父亲郭懋祎，并搜集其遗文刊刻付梓。郭廷裳入教之前的主要职业是为人卜算；入教之后，于康熙二十九至四十五年(1690—1706年)间企图通过向朝廷上书来推广天主教的教义与思想。现有资料表明，与郭廷裳有直接交往的传教士为罗历山，他为后者撰有《南京罗主教神道碑记》。郭廷裳企图通过上书《太平万年书》而推广天主教，最终因诸多原因未果，但从中可以发现清初天主教徒融合耶儒之努力。

---

① 参见吴薇：《明清时期江西天主教的传播》，江西师范大学未刊硕士论文，2003。

第六章　儒家化的基督教：白晋及其敬天思想

明末耶稣会士入华传教采取"适应"的策略,使用"附会古儒"的诠释方法,将天主教的教义、思想传达给信徒及其他人。清初传教士继续履行利玛窦等传教士所开创的传统,在诠释的道路上越走越远,形成了所谓的"索隐派"。"索隐派"可以视作"儒家化的基督徒",即将外来的基督教思想与信仰"披戴"儒家的外衣,并声称基督教就是"真儒"。"索隐派"传教士在某种程度上被"儒家化",实际上是在礼仪之争的背景下,努力让基督教成为合乎儒家正统与传统的思想及信仰。"儒家化的基督教"即"索隐派"神学的核心思想是敬天学(或"儒家一神论")。本章以清初"索隐派"代表人物之一白晋的《古今敬天鉴》为例,集中探讨清初基督教敬天学的内容、意义、诠释策略及其诠释的合理性。

本章通过对《古今敬天鉴》的文本分析,结合对比同一时代的信徒严谟的《帝天考》,对清初天主教的敬天学进行深入探析。本章认为,敬天学的理论基础是明清时期形成的"帝天说",亦即所谓的"儒家一神论"。敬天学是耶稣会士适应策略的具体体现,也是基督教本土化的一种路径。之所以会在清初出现敬天之学,一方面与清初对宋明理学的反思有关,即对"古儒"经典的宋儒诠释产生怀疑,而主张重新认识古代经典;另一方面则与当时天主教急切寻索身份认同、弥补耶儒之间的差异有关。敬天学虽然获得了传教士以及儒家信徒的认同与支持,但由于"帝天学"涉及礼仪之争的译名问题,最终引发了教会内部的纷争。

第一节　白晋与《古今敬天鉴》

白晋,又作白进,字明远,是"国王数学家"即法王路易十四派往中国的六名耶稣会士之一。1656年7月18日,白晋出生于法国,1685年3月3日与李明、张

第六章　儒家化的基督教：白晋及其敬天思想

诚、刘应等一起前往中国传教。1687年7月23日到达宁波。1688年2月7日抵达北京后，白晋与张诚随即被康熙留京供职。不久两人就深得康熙器重，在宫廷给康熙讲授几何学，并用满文撰写数学著作。白晋随后又充当了康熙与法王之间的使者。1693年，受康熙委托返回法国，于1697年3月回到故乡，又于1699年3月再次入华。虽然白晋的大部分时间都在朝廷供职，主要工作是测绘舆图，但并未因此停止传教工作。白晋甚至在北京组织善会"圣体会"，推动传教事业。1730年6月28日，白晋卒于北京①。其著作有中外文两大类：外文主要是写往欧洲的信札，中文则主要包括研究《易经》的著作及有关敬天学的著作，包括《中国语言中之天与上帝》《古今敬天鉴》等。

学界将白晋视作"索隐派"的重要人物，而《古今敬天鉴》则是体现其索隐思想的主要代表作品。利玛窦开创了"合儒""补儒"的"适应化"传教方法，使用"古儒"经典来诠释天主教教义与思想；而白晋则更进一步，他认为"古儒"经典中就含有天主教的教义。白晋在1715年的一封信中说道："我的研究就是要向中国人证明，孔子的学说和他们的古代典籍中实际包含着几乎所有的、基本的基督教的教义。我有幸得以向中国的皇帝说明这一点，那就是中国古代的学说和基督教的教义是完全相同的。"②

《古今敬天鉴》内容并不十分复杂，但体现出作者索隐的思想与方法，即从"古儒"经典、日讲、俗语等寻找证据来证明天主教的教义。虽然此种做法有时会造成附会之虞，但其会通中西之努力的用心却灼灼可见。与白晋同一时期的中国信徒，如张星曜、刘凝等人亦使用相同的方法为天主教辩护、证明③。

《古今敬天鉴》上下卷，现藏于法国国家图书馆，Courant chinois 7161，同馆又藏有一部，Courant chinois 7162④。两者之间在编排、个别字词上有所出入。

---

① 白晋生平参见费赖之：《明清间在华耶稣会士列传》，页504—513；Claudia von Collani, *P. Joachim Bouvet SJ. Sein Leben und sein Werk*. Monumenta. Serica Monograph Series 17, Nettetal: Steyler Verlag, 1985. 中译本参见柯兰霓：《耶稣会士白晋的生平与著作》，李岩译，郑州：大象出版社，2009。
② 罗马耶稣会档案馆 JS 176, f.340，转引自张西平：《中西文化的一次对话：清初传教士与〈易经〉研究》，《历史研究》2006年第3期。
③ 具体参见魏若望：《耶稣会士傅圣泽神甫传：索隐派思想在中国及欧洲》，吴莉苇译，郑州：大象出版社，2006。
④ 梵蒂冈图书馆亦藏有《古今敬天鉴天学本义》二卷（Borgia Cinese, 316.14），有白晋1707年序。此版本（包括此序）与 Courant chinois 7161 有所不同。该书图片参见 http://archives.catholic.org.hk/books/dth2/index.htm。据 Ad Dudink，北堂藏书楼藏有《古今敬天鉴》抄本，存1卷（上卷），1册56页，参见 Ad Dudink, "The Chinese Christian Books of the Former Beitang Library", in *Sino-Western Cultural Relation Journal* 26(2004). 郑安德《明末清初耶稣会思想文献汇编》第十九册《古今敬天鉴》，即以7161为底本进行编辑而成。梵蒂冈图书馆 Borgia Cinese, 316.15 书名为《天学本义》，有1703年韩荧所作的序。法国国家图书馆所藏《天学本义》《古今敬天鉴》业已影印出版，《法国国家图书馆明清天主教文献》第26册，台北：利氏学社，2009。无名氏：《天学本义》(7160)，页1—24；白晋：《古今敬天鉴》(7161)，页25—160；无名氏：《古今敬天鉴》(7162)，页161—330；无名氏：《造物主真论·古今敬天鉴》(7163)，页331—480。

同馆 Courant chinois 7160 为《天学本义》，内容是从儒家经典中摘录条文分门别类用以证明天主教的教义，此部分内容与《古今敬天鉴》类似。张星曜所撰《天儒同异考》之第一部分《天教合儒》或来自《天学本义》。目前尚不确定《天学本义》的编撰者，或可为白晋所作。《法国国家图书馆明清天主教文献》编者以"无名氏"处理。同馆 Courant chinois 7163 为同名著作，编者亦以"无名氏"处理。内容与7161出入很大。据徐宗泽考证，《古今敬天鉴》有康熙四十二年（1703年）韩菼序以及康熙四十六年（1707年）白晋之自序。但7161仅有白晋自序，且标明"韩大学士观此书时，尚未辑入日讲等诸解"①。

实际上，《古今敬天鉴》又名《天学本义》，此书写于1699年之前，拉丁文名为 *Observata de vocibus Sinicis Tien et Chang-ti*（《关于华人的天和上帝两个字的观察》）。此书很可能被白晋进献给康熙②。法国国家图书馆藏《天学本义》上卷（7160），主要内容是分门别类摘录"古儒"经典以说明、解释天主教思想，如摘录诗经中的"皇天上帝""昊天上帝"等以"称赞上天之文"。从全文来看，此书前后体例不一，条目之间的逻辑性并不明显。因此，该书可能是传教士的草拟之作。7163题名曰《造物主真论·古今敬天鉴》，但体例与7160不同。7160是先列举条目，然后摘录经文，再加出处与注释，注释极为简略。7163则是将出处置于文首，然后摘录经文，无注释。张星曜《天儒同异考》（7171）第一部分为《天教合儒》。据《经书天学合辙引言》，有言"余生泰西，自九万里来，心切伤之。爱据中国经书所载敬天之学，与吾泰西之教有同符者，一一拈出，颜曰《合儒》"③。《天教合儒》又名《经书天学合儒粹语提纲》，其体例与《天学本义》类似，即先列举条目，再摘录经文，然后是出处。偶见几条注释，比《天学本义》详细。但其条目则更为简略，前后逻辑性亦较强。学界对于《天教合儒》的作者尚有争议，但从体例与内容来看，此类敬天学作品在清初多有出现，如严谟《帝天考》、利安当《天儒印正》以及《补儒文告》《经书精蕴》④等。换言之，清初传教士与信徒都热衷于从"古儒"经典中寻章摘句以论证天主教思想。《天教合儒》的作者可能为白晋。当然，韩菼在序《天学本义》之时有曰"予观西洋诸君所辑《天学本义》一书"，表明类似于《天学本义》《天教合儒》等作者可能为白晋及其写作群体。

张星曜所撰《天儒同异考》第一部分《天教合儒》，其底本应该来自《天学本义》（7161），不仅条目（小标题）雷同，而且内容也极为相似。《天教合儒》附《经书天学合儒总论》，其内容亦与《天学本义》所附《经书载天学总纲统集真义》雷同。

---

① 白晋：《古今敬天鉴》，页34。
② 柯兰霓：《耶稣会士白晋的生平与著作》，页55。
③ 张星曜：《天儒同异考》，法国国家图书馆，Courant chinois 7171，页8a。
④ 徐宗泽：《明清间耶稣会士译著提要》，页100—101。

第六章 儒家化的基督教：白晋及其敬天思想

张星曜在前者的基础上进行了修改、润饰。

此外，《古今敬天鉴》(7161、7162)比《造物主真论》(7163)更加详细。条目增加到42条，且条目更加详细。7163显然只是在论述"造物主"，诸如全知、全善、全能、赏善罚恶等。而《古今敬天鉴》则不仅论述"造物主"的形象，而且还涉及始祖、原罪、基督降生等内容，因而内容更加丰富，极有可能是后期版本。7162与7161相比，在版本上有些微出入。除了字词差异之外，7161还缺了第29、30条两个条目，且第28条在抄录时重复了两页。7162不仅比7161更加完整，而且抄录得更加工整，并增多了《敬天鉴跋》。由此可见，两者可能抄录自不同的底稿。从上述分析来看，白晋等传教士在撰写《天学本义》之后，开始撰写《古今敬天鉴》，而《古今敬天鉴》是逐渐完善的，因而有不同的底稿。从法国国家图书馆所藏《古今敬天鉴》(7161)来看，康熙四十六年(1707年)的版本应该为终稿，而韩菼在康熙四十二年(1703年)所见的《天学本义》与法国国家图书馆所藏的7160亦有所不同。韩菼云："此书荟萃经传，下及于方言俗语，然其旨一本于敬天。"① 7160只载有经文，而无"方言俗语"，且无韩菼之序，或是因为7160仅为上卷而已。

《天学本义》《造物主真论》等著使用"古儒"经典来诠释天主教的"唯一神"天主。利玛窦在《天主实义》中明确提出"吾国天主，即华言上帝"，开创了使用"古儒"经典诠释天主教思想的先河。《天学本义》所附《经书载天学总纲统集真义》指出："自古帝王罔不明识有皇上帝，小心昭事，夙夜畏威，此唐虞三代之心学，至于缵述五经，继古言敬天之道，以传于后世，则孔子之功也。"②因此，《天学本义》是在阐述"古儒"的"敬天之道"，即敬天学。是故白晋在随后的版本中将《天学本义》改成《古今敬天鉴》，或可更加契合本书的写作主旨。

《天学本义》对"上帝"的诸多内涵作了详细说明，如创造天地万物、无所不知、无所不在、命令之权无所不显，等等。作者还将天主比喻成大父、大君、大师，认为自古帝王的郊社、牺牲、谷乐之礼均是在崇奉上帝。《天学本义》作者还使用了"上天""天"等字眼，力图证明上帝是人格神。作者还明确指出"善莫大于敬天，恶莫大于不敬天"，或可视作敬天学之主旨。然《天学本义》只是阐发了《天主实义》所开创的"帝天说"，其逻辑与利玛窦如出一辙，即"上天＝天＝上帝＝天主"，但对于天主为何降生成人、始祖犯罪、基督拯救世人等更为重要的问题却避而不谈，此即《古今敬天鉴》中的敬天学所要解决的问题。

---

① 徐宗泽：《明清间耶稣会士译著提要》，页101。
② 《天学本义》(7160)，页23。

第二节 "帝天说"与儒家一神论

所谓"帝天说"是指传教士及信徒使用"天主教唯一神论",把"古儒"经典中的"上帝""天"诠释为人格神,进而将"古儒"经典用于证明天主教教义的思想资源,并为天主教提供合法性与合理性①。此外,"帝天说"或"儒家一神论"亦是天主教与儒家相遇而产生的一种创造,是"合儒"的结果。"帝天说"虽然来自利玛窦等传教士的"诠释"策略,但是却促使不少儒家士大夫转向天主教,并坚定地认为天主教的教义、思想与"古儒"思想一致。虽然"帝天说"获得了追随"利玛窦规矩"的传教士以及儒家信徒的支持,但引发了教会内部的争议,康熙时期逐渐白热化的礼仪之争亦与此有关。"帝天说"对"古儒"经典中"上帝""天"的人格神的诠释,亦引发了如黄宗羲等儒家士大夫的反弹②。

撰于 1680 年的《帝天考》可谓"帝天说"的代表作品之一。撰者严谟,字定猷,圣名保禄(或保琭),福建漳州人,福建地区著名信徒严赞化之子,康熙四十八年(1709 年)岁贡,著有《辨祭》《存璞篇》《祭祖考》《李师条问》《庙祀考》《木主考》等③。这些著作基本上与礼仪之争有关。严谟写作《帝天考》的目的是向"新来铎德"说明,"古儒"经典中有关"上帝""天"的说法与天主教一致。受礼仪之争影响,"新来铎德"对耶稣会士使用"古儒"经典中的"上帝""天"来指称"天主"的做法颇有怀疑。严谟等儒家信徒无疑支持前者。严谟明确指出"以今考之古中之称上帝即泰西之称天主也"。此种说法与利玛窦的"吾天主,乃古经书所称上帝也"一致。严谟在《帝天考》中所使用的"古儒"经典主要是《尚书》《诗经》《论语》《中庸》与《孟子》。显然,严谟不认为"古儒"经典均可信。严谟认为:"敝中邦古书,唯五经四子,其说可凭。然《易经》语象,非实谈事,《春秋》乃纪周末人事,《礼记》多秦汉著作。唯《尚书》《诗经》二经及四子书,其中所载为详,而语且无讹。"而即使是《尚书》,严谟也认为需要"去瑕存璞",因为他认为古经很多方面都遭到汉宋学者的篡改。严谟使用此种释经学方法,对天主的属性作了详细说明,如其尊无对、其体无穷、纯神无形、无所不知、无所不在、无所不能、灵明威权、至神至活、生人生性、赏善罚恶等,并对"帝天说"的核心内容即"上帝""天"等同于"天主"作了深入论证。严谟认为,既然"古儒"经典中有诸多内容描述"上帝"的属

---

① 黄一农认为"帝天说"来自利玛窦的译名,即将上帝等于 Deus(天主)。参见黄一农:《明末清初"帝天说"所引发的论争》,《两头蛇:明末清初的第一代天主教徒》,页 437。
② 参见黄一农:《明末清初"帝天说"所引发的论争》,页 449—457。
③ 关于严谟与礼仪之争,参见李天纲:《严谟的困惑:18 世纪儒家天主教徒的认同危机》,李炽昌主编:《文本实践与身份辨识:中国基督徒知识分子的中文著述(1583—1949)》,上海:上海古籍出版社,2005,页 156—182。

第六章 儒家化的基督教：白晋及其敬天思想

性,而这些属性与天主的属性相同,那么这些内容实际上就是在描述"天主"。因此,"上帝=天主"。同时,严谟也意识到,"古儒"经典中描述的上帝属性与天主属性不完全相同,因为"古儒"经典中可以通过再诠释而重构唯一神"上帝"的形象,但是,"古儒"经典以及后儒均没有三位一体、基督论等内容。严谟认为：

> 天主无始与三位一体之奥理,极超人性,天主未降生前,非出天主之默示,人亦不能知,亦不敢言。其造成天地神人物之序,非居如德亚见古经,亦不能知,亦不敢言。中古圣贤之无言此者,盖其当也,盖其慎也。不可以此责其有关,而以其所称上帝谓非天主也。①

换言之,"古儒"以及中古圣贤未言三位一体等内容,并非由于上帝不等于天主,而是因为"古儒"在天主降生之前,"非出天主之默示,人亦不能知"。中古圣贤虽在天主降生之后,但"非居如德亚见古经,亦不能知"。因此,不可以因为"古儒"经典中有关上帝属性的描述缺少三位一体等内容,而否定上帝即天主。严谟还认为儒家经典在描述上帝属性时之所以没有提及三位一体的内容,是因为儒家圣贤"言简而意慎";而其他非儒家经典或可提及三位一体等思想,"如庄子称造物者,又云'百夫未始夫有始也者'。伯阳父曰：'有物混成,先天地生,函三为一'。又汉世祭'三一'"②,严谟认为对于三位一体"想亦古初有所传闻"。之所以严谟没有引用,"以其中语多不纯,不如勿语之为更当也"。因此,严谟认为古经缺乏三位一体不能当作否定上帝即天主的理由,因为如果古经中提及三位一体,反而会引起纷争,更易让人否定上帝即天主：

> 万一其中有一二疑似之言,今之论者,必执以为非天主矣。岂必语入于邪始可疑,即有但如太西古经之言天主者,则上帝亦必被诬为非天主矣。何以言之？古经云：天主父语天主子曰："我今日生尔。"又天主将罚琐法马五城,曰："我不信,我且下观之。"又如太西古画,三位皆有像。如此类者多,使非解释明白,人将谓天主非无始者,三位有大小先后；天主有所不知,有所不在；且非无形矣。将何以这辩乎？今幸吾经书中无一语疑似,岂非上古慎言简言之利溥哉？③

严谟不仅熟稔儒家经典,而且对《圣经》以及天主教三位一体的争议均非常

---

① 严谟：《帝天考》,《天主教东传文献续编》第1册,台北：台湾学生书局,1966,页85。
② 严谟：《帝天考》,页87。
③ 严谟：《帝天考》,页86—87。

熟悉。严谟利用三位一体所产生的争议的反例说明未提及三位一体不是"坏事"。严谟认为"古儒"的"上帝"因为没有提及三位一体,因而不会产生争议,避免了因三位一体的疑虑而否定上帝即天主。换言之,"古儒"的上帝更易传播天主教的唯一神思想。

至于论证"天=天主",严谟则继承了利玛窦的策略。利玛窦在《天主实义》中指出:"譬若知府县者,以所属府县之名为己称,南昌太守称谓南昌府,南昌县大尹称谓南昌县。比此天地之主,或称谓天地焉。非其以天地为体也,有原主在也。"① 换言之,经典对"天"的描述实则描述"天主",非指"苍苍有形之天",而实指天主。严谟同样认为,古经中有称"皇天""昊天"者,只是"表明之法","人目所见,唯天为大,言天所以引吾聪明以知上帝之大"。至于"天"者,严谟认为:

> 至于经书中有时单称天者,此又用字法也,是天以言帝也。今人称顺天知府为顺府,知县为县,岂城郭即为知府、知县乎? 称主上为朝廷,为陛下,岂殿宇阶级即为至尊乎? 不过借以为称指耳。……故其所言天者,皆灵明威权之事,悉非穹苍九重之圆体所有者,亦不忧其疑混也。况经书于一句中,上帝与天两两俱用,……亦不患人之疑天字谓非以指言上帝矣。②

严谟认为,"天"亦借称"上帝",如同以府借称知府、县借称知县、朝廷借称"主上"等。严谟认为用天借称上帝,是古人用词之妙,"非有错也"。严谟的"帝天说"甚至主张"上帝"之神名比"天主"更好,认为:"帝者,君也。上,则天上之大君,其包则天地万物在其中矣。称为天主,彼不知者,但以为属于天。汉世亦有天主、地主、山主之分,不几乎小哉?"③ 严谟认为,"初来铎德"即利玛窦辈传教士之所以在上帝之外另用天主之名,并非不知道"上帝即天主","但以古书中惯称,人见之,已成套语。又后代释老之教,目上帝以为人类,又其号至鄙,其位至卑,俗人习闻其名不清,故依太西之号纽摄称为天主,非疑古称上帝非天主而革去不用也"④。

因此,严谟的"帝天说"实际上是为利玛窦辈传教士使用"上帝""天"为神名进行辩护。严谟之所以提出"帝天说",与其儒家身份有关,亦与其身份认同中保留有"古儒"价值观有关。根据钟鸣旦的研究,严谟引用"古儒"经典来证明"上帝"和"天"与基督宗教的"天主"是一样的,严谟不独对这些古典著作作出新的诠

---

① 利玛窦:《天主实义》,《天学初函》第1册,页419。
② 严谟:《帝天考》,页88—90。
③ 严谟:《帝天考》,页90—91。
④ 严谟:《帝天考》,页91。

释，同时对天主教的神注入新的看法。在严谟的"帝天说"中，天主教的天主除了与中国传统天的观念相似之外，还有一些不同之处：天主教的天主常常是一位可亲的天主，与人亲近①。中国信徒所理解的上帝或天主，敬畏多于亲近。因此，敬天学虽然是以天主教来诠释"古儒"经典，但仍然以中国传统为基础，并注入新的元素。

第三节 《古今敬天鉴》的帝天说

《古今敬天鉴》所使用的引证来源比例与《帝天考》《天学本义》《天教合儒》等如出一辙。《帝天考》引用《尚书》33条、《诗经》26条、《孟子》3条、《论语》2条、《中庸》1条。《天学本义》引用《尚书》83条、《诗经》48条、《礼记》21条、《论语》10条、《孟子》7条、《中庸》5条、《易经》3条、《孝经》2条。《天教合儒》引用《尚书》最多，几乎占到所有引文的一半。其次是《诗经》，再次就是《礼记》（包括《周礼》）。对五经的引用要远远超过四书。引用四书时，《论语》的比重占到一半。《古今敬天鉴》引用《尚书》80条、《诗经》54条、《礼记》32条、《论语》30条、《易经》20条、《中庸》12条。此外，还引用《十三经注疏》18条、《性理大全》5条、《西铭》1条、《正蒙》1条。最终版本还辑入了《日讲》132条、《古文渊鉴》6条②。

敬天学的著作首先引用的"古儒"经典是《尚书》，其次是《诗经》，也会引用《礼记》《易经》以及四书。此种情况符合严谟所说的"唯《尚书》《诗经》二经及四子书，其中所载为详，而语且无讹"。同时，这种情况亦与当时的学术走向密切相关。清初思想界开始出现反思宋明理学的思潮，尤其反对朱熹所注的四书③。同时儒学开始转向考据训诂，"汉学"与"易学"等开始兴起④，并将主要研究对象转为孔子整理和传授的经典，即"以四经为宗，不读汉以后书"⑤。白晋曾奉康熙之命学习《易经》⑥，著有《周易原指探》⑦，因而对于清初学术走向颇为熟悉。《古今敬天鉴》以及《帝天考》之所以如此引用"古儒"经典，一方面符合清初学术思潮，

---

① 钟鸣旦：《可亲的天主：清初基督徒论"帝"谈"天"》，页141。
② 参见刘耘华：《诠释的圆环：明末清初传教士对儒家经典的解释及其本土回应》，北京：北京大学出版社，2005，页266。
③ 参见王泛森：《潘平格与清初的思想界》，《晚明清初思想十论》，上海：复旦大学出版社，2004，页296。
④ 参见侯外庐：《中国思想通史》第4卷，北京：人民出版社，1960，页403—418。
⑤ 参见朱维铮：《十八世纪的汉学与西学》，页148。
⑥ 参见韩琦：《科学与宗教之间：耶稣会士白晋的〈易经〉研究》，陶飞亚、梁元生编：《东亚基督教再诠释》，香港：香港中文大学崇基学院宗教与中国社会研究中心，2004，页413—434；韩琦：《白晋的〈易经〉研究和康熙时代的'西学中源'说》，《汉学研究》1998年第1期；韩琦：《再论白晋的〈易经〉研究——从梵蒂冈教廷图书馆所藏手稿分析其研究背景、目的及反响》，荣新江、李孝聪主编：《中外关系史：新史料与新问题》，北京：科学出版社，2004，页315—323。
⑦ 徐宗泽：《明清间耶稣会士译著提要》，页102。

另一方面则继承了利玛窦以来的传统。此种引用不仅有利于诠释天主教的一神思想,而且在某种程度上增强了说服力,因为这些引用以及注释表明论证所使用的材料是真实可靠的,是符合儒家士大夫一般常识的。为了增强材料的权威性,1707 年版本的《古今敬天鉴》还辑入了《日讲》以及《古文渊鉴》的御批。

《造物主真论·古今敬天鉴》(7163)使用"造物主"指称天主。"造物主"是明末清初天主教另一个神名,通常用于描述天主属性时。利玛窦在《天主实义》中使用了"造物者""天主造物"等概念。《造物主真论》引用来源广泛,不仅有《尚书》《诗经》,还有《稗编》《庄子》《淮南子》《列子》《图书编》《日讲》等。除了条目之外,并无注释,亦无序跋。此书卷上列有 30 个条目,其中 5 条说明"造物主"的存在及其本原,如"天地神人万物之上必有造物大主""造物主非理气""造物主非天地""造物主为道理本原"。21 条论述"造物主"的属性,包括创造万物、全知、全善、全能、无始、无终、无形、无像、赏善罚恶等。除了常见的描述造物主属性外,《造物主真论》还突出了造物主畀人以"自专之权"(自由意志)、"造物主为古今万民万方大君大父大师"以及"造物主立军师治教下民"。作者有意突出"造物主"与封建秩序之间的关系。另有 4 条列举古今帝王、圣贤、士民均在崇敬造物主,并附上了朱宗元的《郊社之礼所以事上帝也》。因此,作者使用"造物主"替代了"天主",而引文中所出现的"上帝""天"实际上等同于"造物主",即天主。

《古今敬天鉴》分上下两卷,下卷较为简单,敬天学主要体现在上卷之中。上卷共有 42 条,从不同角度对"帝天说"进行了论证。与《造物主真论》不同的是,《古今敬天鉴》条目中出现了"天""造物主""上主"等神名,在白晋的注释中则出现了"天主""造物真主"等神名。之所以有如此分别,是因为白晋使用天主教思想对"古儒"经文作出解释,因此他较多地使用天主教的术语。其中开篇第一条即论证唯一神天主的存在,即"宇宙之内,必自有一无形无像、造天地万物之主"。除此之外,《古今敬天鉴》分别从"天主"与"人"两个角度论述天主的属性,并介绍天主教的核心教义与思想,包括三位一体、天主降生成人、原罪等。

直接从"天主"的角度论述天主属性的有 18 条,如直接论述天主是"天之主宰,生人、养人、治人,居之、安之、佑之,乃万民之大君大父母"[①];又论述天主"至神至灵,无所不在,无所不知,无所不见,无所不闻。善恶无所不察,报应一定不爽,不可不敬畏"[②]等。其中有 2 条与天主降生救赎有关,即"上主欲救原祖之害,怜人无德,无足以救之降己同体之子,生同人类,一躬成至尊、至卑、至仁、义之

---

① 白晋:《古今敬天鉴》,页 39。
② 白晋:《古今敬天鉴》,页 63。

第六章 儒家化的基督教：白晋及其敬天思想

大圣,以立己功,而为天地神人之主"①;"人祖原罪之毒已流于下世,四方之民,由是失德而迷,人力不足以复明其德。然后天主、圣子降生为人,开圣德之道,复启人蒙,真先古百世所俟所待大圣也,唯一天主子降生为人是也"②。通过此18条的论述,基本上将唯一神天主的形象以及天主因为原罪而降生成人救赎众人等核心内容一一展现出来。

《古今敬天鉴》还从"人"的角度或"人神"之间的关系论述天主的属性,如认为天下万民皆由一元祖父母所出,是故天下一家;天主乃万民之大父母;天主赋人天理以及诚、正、中之理;人心初受原明无蔽,但逐渐染于旧污;造物主初生人,赋以元良之性,至精至纯,最善无恶;上主欲用人成大事,先以身心之艰苦炼其德,等等。另有3条从君臣角度论述人神之间的关系,如人君治民乃体现上主仁爱之心、君臣之权皆上主所赋、君臣赏罚应体现上主至公之心,等等。

《尚书》《诗经》等"古儒"经典中本来就有大量描述"上帝""天"的语句,除此之外,"古儒"经典还有众多内容有关君臣与上帝(或天)之间的互动关系。从某种角度来看,《尚书》等"古儒"经典的内容并不在于"天事",实际上是通过对"上帝""天"的描述来表达对"人事"的看法。白晋等人业已意识到"古儒"经典不仅关注超越性的"天",而且更关注现实性的"人"。儒家所关注的也是现实的人事。因此,《古今敬天鉴》中有20条是从人事角度论述"帝天说"的。此外还有4条是从古今君王、郊社礼仪等历史事实证明敬天的传统由来已久。

在《古今敬天鉴》中,白晋并没有直接表明"上帝""天"即天主,而是使用了"主宰""造物主""上天"等名词。《古今敬天鉴》开篇第一条引用《诗经·正月》的"有皇上帝"。白晋在注释中引用程子等宋儒的解释:"帝者,天之主宰。"又引用《说文》的解释:"皇从白,为古自字,即皇字也,自王也。"白晋在此基础上提出:"天之主宰,苟非自有,何以自王,何以皇天而主宰之?"③此处实际上即在论述天主的自有永有(I am who I am)。《易经》中有言:"帝出乎震。"《日讲》认为"帝"出入不可见,其生万物时,"令方行而气方动,化育发端"。按照《日讲》,"帝"在生物时只是发令,生物之能在于"气";而白晋认为,万物之所造依赖于上主之命。上主之命"为生生造化发育之大机"。白晋显然是按照天主教的教义来理解"古儒"经典以及《日讲》。

白晋又引用《礼记》的"礼必本于太一,分而为天地"。按照《史记》的解释,"太一"为百神之最尊者。白晋认为,"礼必本于太一"中的"太一",乃"天地万有

---

① 白晋:《古今敬天鉴》,页258。
② 白晋:《古今敬天鉴》,页254。
③ 白晋:《古今敬天鉴》,页35。

根本主宰上帝也"①。实际上,秦汉时期"太一"神并非白晋所谓的"天地万有根本主宰"。因为秦汉时期是多神信仰,汉武帝虽然有意提升"太一"之帝王,但"太一"仍不是唯一人格神。

白晋引《易经》的"易有太极,是生两仪"。他还引《日讲》的解释:"太极,谓至极无上。以主宰万化之理言,易固生生不已,变化无端矣。然必有至一不变之理,主宰于中,以为生生之本,太极是也。"白晋对此解释提出质疑,认为"主宰其中"的并不是"太极",太极不可为造物真主。尔后,白晋使用《圣经》,引出天主创造万物之思想:

> 据此《日讲》,万物本于太极,于理而已,其理其太极,可为造物真主乎?考天主《圣经》,造物主所化之类无数,然尽于有灵无灵,能明理不能明理,乃万物万灵二等而已。万物万形之妙,一一皆合于造物主;所怀至灵至一不变当然之理,而明显其造者之无极而太极之能、至明至神之德,于己万像万灵,一看万像,格物穷其理。而由此可见之形像,至于明通所无形像、无可见造物主自为无极而太极之能,万灵所属至神至灵至一不变之理,真为万物万灵根本主宰。由此观之,国史周濂溪等儒,论《太极图》,所云无极而太极,上原有"自",为二字极是。朱子何删之?②

白晋认为造物主创造的万物可分两类:有灵或无灵;能明理或不能明理。万事万物之妙,及其所怀"当然之理",皆体现出造物主"无极而太极"之能、"至明至神"之德。由造物主所造之万事万物,可以推见造物主"自为无极而太极"之能。因此,造物主是万物万灵之"根本主宰"。白晋认为《太极图说》首句应有"自"字,朱熹删除不当。

因此,白晋的"帝天说"是在《尚书》《诗经》以及《日讲》等权威著作的基础上,使用天主教及《圣经》进行再诠释而形成的。白晋的敬天学与严谟以及明末清初儒家的敬天学有共同之处,即以帝天思想为基础;但又有不同之处,白晋的敬天学更加突出基督教的上帝形象,尤其是上帝创生人类、降生救赎、三位一体等内容③。严谟或儒家的敬天思想,更加强调对天的敬畏之心,而白晋敬天学中的"天"则是一位为了拯救人类而甘愿降生的人格神,是愿意与人类亲近的唯一神。

---

① 白晋:《古今敬天鉴》,页37。
② 白晋:《古今敬天鉴》,页37—38。
③ 李炽昌认为"严谟注意到中国古书中没有提及三位一体和创世的概念",参见李炽昌:《跨文本阅读策略:明末清初中国基督徒著作研究》,《文本实践与身份辨识:中国基督徒知识分子的中文著述(1583—1949)》,页23。

第六章 儒家化的基督教：白晋及其敬天思想

第四节 白晋的敬天学

白晋敬天学的主旨即敬畏天主，"敬天畏天之本义，乃敬畏天主也"①。为何要敬天？除却"帝天说"常见的一般论述（如天生养众人、赏善罚恶等），白晋更加突出天主的降生救赎。其逻辑是这样的：天主创造人类，并赋予灵性。初生之人所赋之灵性本是纯善无恶，无奈始祖受魔鬼诱惑犯罪而使后代受殃。纵使天主怜悯人类，降生圣贤以教化之，仍改变不了人性堕落的趋势。为了拯救人类，天主降生成人，救赎人类罪恶而复厥本性。正是基于天主对于人类的生养与救赎的基础上，所以人类应该敬天。

(1) 天主创造人类，故人类由同一始祖所出

白晋在《古今敬天鉴》第三条中即明确提出"天下万民皆由一元祖父母所出，故天下为一家，四海为兄弟也。"②为了证明这一观点，白晋引用了《论语》的"四海之内皆兄弟也"。又引用《西铭》的"民胞物与"。在此引文之下，白晋有如下解释：

> 《易序·卦传》云："有天地然后有万物，有万物然后有男女。"万物万民所生所命之理同，即万民之生皆由造物主之命。从一男一女、一父一母同元祖所出。如万物之生，皆由天地一阴一阳，如一男一女、一父一母所生然。故《礼》云："万物本乎天，人本乎祖。"③

白晋此处使用《易经》的天地、万物、人类的生成秩序，证明人类由同一始祖所出，但还未明确指出该始祖所谓何人，只是按照天主教的思想，将《论语》以及《西铭》的相关材料诠释为人类由同一始祖所出。

随后白晋论证造物主创造人类时赋以"元良之性"，便乘势指出人类同一始祖乃造物主所造男女二人。白晋并没有指该男女二人为何名，只是强调此二人在受造之初的特征：

> 《日讲》解《书》所云"唯皇上帝"，当始生万民之初，乃万民之元祖。盖元祖为万民之宗，全包后族之众，如天地包万物然，真万民之根、之初也。此理

---

① 白晋：《古今敬天鉴》，页 57。
② 白晋：《古今敬天鉴》，页 40。
③ 白晋：《古今敬天鉴》，页 41。

本无异于天主《圣经》所载。造物主初造男女二人,以为后万世之元祖。赋其最善,不蔽于私欲之性,最明天理,容易守天诫,而保己永命。①

换言之,白晋将《尚书》"唯皇上帝,降衷于下民,若有恒性",重新诠释为上帝创造始祖时赋之"元良之性""至精至纯""最善无恶"。

(2) 性善与原罪

白晋认可儒家所谓的性善论,故引用《日讲》的"人无不善,而为万物之灵也"②。但是白晋认为,"古儒"经典所谓性善者,并非指所有的、自古至今的人类,而是仅仅指初生的人类:

> 据天主《圣经》,始生人之初,人祖之性,至精至纯,有善无恶。然未几,其心交蔽于物,获罪于天,坏己良善。人之根祖已坏如此,其后所生之子孙,莫不皆然。若论"古儒"经书所言性善者,原论万民始生之初也。③

白晋根据天主教《圣经》认为性善论只可用于人类堕落之前。据《圣经》的观点,他认为人类堕落之前,"始生人之初,人祖之性,至精至纯,有善无恶",因而是性善的;然而很快"其心交弊于物,获罪于天,坏己良善",自此之后,人类本性即不再良善,即"在人心不能无伪者,非人祖初生元良之心,乃获罪之后,染于旧污之心,后世子孙,无不皆然"④。

造物主所生之初民可谓性善,实际上即指未堕落之前的始祖是性善的;堕落之后始祖以及由同一始祖而出的人类,均不再性善。因此,后世万民所遭受之罪之罚,系来源于始祖的堕落。白晋在诠释《尚书》的"尔唯德罔小,万邦唯庆。尔唯不德罔大,坠厥宗"时,即强调了此种原罪之观点:

> 普天下之诸邦,不过数百而已。《书》所论之万邦,岂论唯一中华诸邦乎? 此所论者乃系于百世百方,宇宙一统之邦也。今据天主《圣经》,万邦万民,宗于一原祖之体,为宇宙之首王。造物主生原祖之初,命万民得失长生之真福,今系于厥原祖。一念一事善恶之微,若能敬畏上主大关系之命,则十愆并去。而后世万方万邦之庆,必积于此一念一事善之微矣。然惜乎元祖不

---

① 白晋:《古今敬天鉴》,页 43。
② 白晋:《古今敬天鉴》,页 45。
③ 白晋:《古今敬天鉴》,页 45。
④ 白晋:《古今敬天鉴》,页 52。

第六章 儒家化的基督教：白晋及其敬天思想

敬，而放此万福万祸之机，故后族万民所坠于永畏涂炭之祸，肇于此矣。①

白晋强调的是原罪的遗传性，即"万民得失长生之真福"，系于厥原祖。可惜因为元祖堕落，"而放此万福万祸之机，故后族万民所坠于永畏涂炭之祸，肇于此矣"。此外，白晋还将《尚书》中的"万邦"扩大为"百世百方，宇宙一统之邦"，认为原罪的遗传性体现在人类身上。

根据天主教《圣经》，始祖堕落原因是夏娃受到诱惑，进而亚当亦受其影响而堕落。白晋将此思想淋漓尽致地体现在对《诗经》的"乱匪降自天，生自妇人"的诠释上：

> 据天主《圣经》，万民祖父母，男女二人。原生之时，最明天理，自顺上主所赋至善之性，初乎不文众人。原祖母被邪魔之感，非特自获罪，于天下平安不乱嗟罪，因遂连类后族众人，均染原罪，天并引己之夫，犯非自上主所降，乃自妇人所生，乃之污。由是万民患难，宇大乱，真原祖母，真为先后万罪乱之根。②

白晋认为，万民患难、人间大乱，来自"原祖母"。因为"原祖母被邪魔之感"，因而连累后族众人，"均染原罪"，因此，"原祖母，真为先后万罪乱之根"。白晋甚至还重述了夏娃偷吃苹果、违背主命、犯下原罪的过程：

> 据天主《圣经》，上主生人祖，以明德良心而成其性，以试其性恒否。百果之间，特生一美味有醉心之酗毒，而严命禁之。若不遵命，犯命之辜必败人祖之心，其辜之毒至于害所生之蒸民，惜哉！人祖不存己心，目迷于果外之美，不顾其内之酗，放上主之大命，食其果、醉己心、昏己德、妹己土、败己家，而丧后世万民所妹之邦于一罪之墓，罪莫大焉，世乱万患之旧根也。③

此即人类原罪之来源。人类继承始祖的原罪，但并非表明所有人只会作恶而受到惩罚。白晋在突出原罪的同时，又强调上帝赋予人类以"自专之权"，即自由意志，"造物主生人，任平行善行恶，随其善恶而得善恶行报之诸福诸祸。即众人之祸福，真由自致"④。此外，造物主还赋予人类天理、天命、天道以及各种规心规身之范。因此，人类仍然有行善的可能，但所有善恶福祸皆操于上主之手。对于行善者，上主定以福报之；对于行恶者，上主容其改过迁善，若终不改过，则将

---

① 白晋：《古今敬天鉴》，页80。
② 白晋：《古今敬天鉴》，页83—84。
③ 白晋：《古今敬天鉴》，页255—256。
④ 白晋：《古今敬天鉴》，页86。

弃绝之。为了警醒人类,上主通过雷、风等自然变化予以警示,甚至通过圣梦予以启迪。然而,人祖原罪之毒业已流于下世。四方之民,"由是失德而迷",仅仅依靠上主所赋予德行善之能力,已不能"复明其德"。因此,天主之圣子降生成人,救赎世人。

(3) 天主圣子降生成人、救赎世人

《古今敬天鉴》是在诠释"古儒"经典之时,将天主圣子降生的教义引发出来的。白晋引《孟子·尽心上》:"形色,天性也;唯圣人然后可以践形",将此句中的"圣人"诠释为"上主之元子"。根据原罪思想,任何人都继承有原罪,唯有"上主之元子"除外。因此,在解释"唯圣人然后可以践行"之时,只有"上主之元子"方可成为《孟子》所谓如此之圣人,因其"圣德之全,毫无人祖旧污之染":

> 据天教真经,天之主宰初生人祖,原赋以明德善性。未几,人祖逆己性,获罪于天,即昏其明德,而有气禀之拘。后世子孙之众,无不染其旧污。唯上主之元子,降生为人,圣德之全,毫无人祖旧污之染,故能复人心本明之德。①

"上主之元子"降生为人,除了"复人心本明之德"之外,还要成为百世万民的君师,以治之、教之,而为"天地神人"之主。白晋甚至还提及"元子"降生早已从"太古之始"就已预定。既然天主无所不能,那么应可以不必降生即可救赎众人。白晋认为:

> 人已获罪于天,其心蔽于私,而必降立君师以辅助之。据天主照之,神光难通透,欲失其灵唯一形肉之心。上主点己圣子,取人形,亲其内如上主全能之灵,不足以教之,治之,故特降之。口谈道敷教子,自现圣德之全表,以击众人有形治,耳目透通其心,自行神化于四方。其万民之蒙之教,之而辅助上主全能之灵,有不及之处。②

因此,降生的必要性首先在于万民继承原罪,心已蔽于私,"神光难通透",需要一个圣德之表,以亲身作为师范,"耳目通透其心"。此等教化,丝毫不减弱上帝的全能。同时,降生的必要性其次在于始祖获罪于天,"后世蒸民,类其原罪,并坏其心,命犹死者"③。上主业已"绝元祖为万民主之命",因此万民需要新"主",故此降生,"同人亲民,使为复生民之主",并"以新道治之",即"做民之父母也"。降

---

① 白晋:《古今敬天鉴》,页 51。
② 白晋:《古今敬天鉴》,页 99。
③ 白晋:《古今敬天鉴》,页 101。

生的必要性再次在于始祖犯罪之后,"无一不染原祖之旧污,偏于私欲,而失己心之原正,后世四方,因而大乱"。此乱虽然由原罪造成,实则由"邪傲之神"(魔鬼)。因此,"元子"降生以"至仁至义之神器,逐邪神人,复立天教,以复正四方之人心,以止其乱"①。降生的必要性又次在于《圣经·旧约》业已预定降生之期,"上主千古之始,一誓许降己圣子,以救世人","元子"之降生"乃先古百世所望之吉也"。降生之后,四方大幸,天道复不息,"普世获可法圣德之全,表格合于上主之心。"②

降生的必要性最后也是最为重要的一个原因,则在于降生之"元子"乃上主与人类的"中介",可以沟通神人,弥合两者之间的鸿沟,人类得救自此成为可能。白晋认为《尚书》的"唯德动天,无远弗届"中的"德"是指具备全德之"元子"。白晋认为,世人无一不染"原罪",世无一人足可以称为有"全德",可以动上主之心。只有"自天所陨、所降天主之凡子","绝无旧罪之染,至尊至谦,至仁至义,真为德备天地之大圣人,佑助罪人之力"。因此,"世人若能坚立志赖望其佑,虽其罪人之卑,于至尊至圣上主之心相绝,比天地更远,上下自然无不相交。而上主被大圣人之动,亲于下人,而转其命"③。降生的"元子""其身至义无辜,至仁以负万方之罪,当为异能之牲,足以赎下罪之重,馨上主心,即于上下同类,克郊天郊地,即能统达上主下人之心,复相交合不绝"。

天主降生成人,即从至尊之唯一神降生成为普通之凡人,而"古儒"经典记载有文王、武王以及舜等从圣人变成百神之主。两者是否可以等类齐观?白晋认为,文王、武王"唯二人君而已",不能成为"神人之主""百神之主"④;舜亦即"人类而唯人君",不可以"肆类于上帝"。相反,虽然上主"元子"虽然降生成人,但"至尊而能谦,至恭以敬上主,至亲可降而同下人,一躬俗上主下人二性之尊卑",因而虽然降生成人,但救赎功毕,复升而受命于天,"天主圣父付之宇宙之总权""以为天国人神之主"⑤。

(4) 如何敬天

正是因为"天"创造万物、生养众人,且降生救赎,是故人类应该敬天。至于如何敬天,则散见于《古今敬天鉴》各处,如"凡事告于上主,敬祭祈祷,而求常生真福,必以心为主",即真心祷求;使用"谷酒、牺牲、礼乐、燔柴等祭祀之大用"来敬上主;"上主命人爱人,以爱己为爱人之准",尊主命爱人即为敬主,等等:

> 有形有灵之人,杀牲共物,诵谙敬畏,尽己身心之力,以祭之祷之,当然

---

① 白晋:《古今敬天鉴》,页101。
② 白晋:《古今敬天鉴》,页100。
③ 白晋:《古今敬天鉴》,页118。
④ 白晋:《古今敬天鉴》,页259。
⑤ 白晋:《古今敬天鉴》,页261。

之理也。但以身不如以心求之。若丰财厚禄之人有罪,虽用牺牲宝物之盛,奏乐诵诰以求,百不得一;若无辜虽无物贫家,空手虚心,唯以诚实敬畏,无声之意以求,则百求百获。无辜圣德者如此。至于最恶者,若反于己,醒悟痛悔,改过洗心,而唯一心之洁求之,百祷百获,无不然。凡求莫若于心求如此。①

(5) 敬天的后果：福善祸淫

上主有赏善罚恶的全能,因此,敬与不敬的结果明显可见。白晋认为："上主至神至灵,无所不在,无所不知,无所不见,无所不闻。善恶无所不察,报应一定不爽。"②人之善恶有变,其结果亦有所不同。或先为恶,但悔改迁善者,"上主无一不眷而亲之";为恶之人,若"悔己罪而自新",则"上主之心亦回而赦之";人或不善,上主暂以"灾异警其悔改",若终不悔不改,终必"绝其永命,而弃之于至畏至罚"。

赏善罚恶不一定在此世。白晋指出,天主教有"世国天国、世禄天禄"之说,天国、天禄比之于世国、世禄不足以万一③。此世之祸福,与善恶之报不相应,是"以祸福所报善恶者,上主下易之道,即世后报善恶之道也"④。善者之赏莫大于归其灵于"永安之天国";恶者之罚莫大于绝其出世之"永命"(非此世之生命)。当然,那些"先不善,然后悔悟,而终为善者",亦是敬主,必受"永年之吉"之赏;虽然曾经为善,但"不终已善",则是不敬主,必受"绝其永命"之罚：

> 凡圣德者去世,其灵不死,而归于天,上主收之,以享万世无疆之福。凡恶重者,其灵不但不得常生之福,上主绝其命,而弃之于永罚之畏。⑤

总而言之,白晋的敬天学以"帝天说"为基础,但突出了上主降生救赎、赏善罚恶的内容。《古今敬天鉴》强调了敬天的重要性,亦即"敬主与不敬主,真福真祸之机也"⑥。

* * *

《古今敬天鉴》中的敬天学逻辑如下："天"——创造始祖——原罪——降生救赎——敬"天"。白晋的敬天学与严谟的相差甚远,其不再停留在儒家一神论,而更加强调天主的降生、救赎。此举固然是传教士有意传播天主教的表现,但这

---

① 白晋:《古今敬天鉴》,页60。
② 白晋:《古今敬天鉴》,页63。
③ 白晋:《古今敬天鉴》,页122。
④ 白晋:《古今敬天鉴》,页136。
⑤ 白晋:《古今敬天鉴》,页129。
⑥ 白晋:《古今敬天鉴》,页126。

第六章 儒家化的基督教：白晋及其敬天思想

种做法却值得评估。

《古今敬天鉴》并非一般的护教著作，它不是直接宣讲教义，而是使用天主教的教义与思想来诠释"古儒"经典。《古今敬天鉴》将利玛窦所开创的"附会""古儒"的进路发挥到极致。这样做的可能性有二：其一，传教士有使用"古儒"经典作为诠释资源的传统①；其二，"古儒"经典可以成为开放性的文本。传教士采取了"适应"策略，主张"自然启示"，认为"古儒"经典中有"上帝之光"。但是利玛窦等传教士在使用"古儒"经典作为诠释资源时是有限度的，基本上只是使用"古儒"经典来论证一神论，很少涉及天主降生、救赎等基督论内容。即使是使用"古儒"经典，教会内部仍存在争议。白晋的索隐方式可视作清初天主教对待"古儒"经典诸多态度之一。同时，经过明清易代之后，儒家对于"古儒"经典的理解出现分歧，有尊宋学亦有尊汉学，但毫无疑问，人们业已意识到先前对"古儒"经典的解释或许存在问题，因此，有必要抛开宋学而直达经典本义。此时期出现的小学功夫，即为理解"古儒"经典而产生的②。尽管如此，诠释"古儒"经典仍然是有限的，白晋使用天主教来诠释"古儒"经典的合理性何在？

白晋在《古今敬天鉴》的自序中云："从古以来，诸儒皆重典籍所载修身齐家治国之道，无不以敬天为本。"③即认为诸儒经典以敬天为核心内容。韩菼在《古今敬天鉴天学本义序》中亦云："夫经之言天者详矣，尊之以照临，假之以视听，征之以祸福，照妪发育，包含遍覆，上而皇极之大，小而品物之细，无一不本之于天。"④但白晋所谓"天"与韩菼所谓"天"不可同日而语，白晋是将儒家的"天"置换成天主教的"天主"。虽然白晋仍使用"上帝""天"等词语，但其内涵却发生了变化，之所以他能够如此诠释，乃是因为清初天主教认为儒家自先秦之后，道统已断，古义不明，唯有天主教方可发明经典原意。

白晋将儒家分成三个阶段：上古之儒、中古之儒、"今儒"（宋儒），他认为唯有"上古之儒近于天学"，因此，上古敬天者，"明识有皇上帝至尊无对，全能至神至灵，赏罚善恶，至公无私，真为万有之根本主宰，所以朝夕小心翼翼，畏之、敬之、事之"⑤。这些内容与天主教的一神论相似。但是，中古之儒"不幸遭战国焚书之害"，"典籍所载敬天之原旨，与古传之文几亡"。秦汉晋唐，已经"失真道之传"，因此就有"祭五帝，祭七帝"之"种种非举，迷谬反古"。宋儒则"不明真主唯一之

---

① 白晋的索隐方法还有一个时代背景，即欧洲 17 世纪下半叶流行的以索隐方式解释古诗的风气。参见刘耘华：《诠释的圆环：明末清初传教士对儒家经典的解释及其本土回应》，页 261。
② 虽然清代汉学（包括皖派与吴派）均标榜恢复孔门经书之本义，但都是"为了借助经书的权威来推行自己那套统治术"，参见朱维铮：《十八世纪的汉学与西学》，页 149。
③ 白晋：《古今敬天鉴》"自序"，页 27。
④ 徐宗泽：《明清间耶稣会士译著提要》，页 101。
⑤ 白晋：《古今敬天鉴》"自序"，页 27。

旨","各逞其臆说,而经乃晦矣"①。虽然有儒家士大夫业已意识到如此问题,但终究"未能归于古儒原意之正"②。

白晋虽然认为唯有康熙的《日讲》《御批》以及所选《古文渊鉴》,"始复明典籍敬天之原旨,多正前代传解之谬","古典之文所载敬天之旨有缺而失序者,多赖《日讲》等书复明之"③,但经典所载敬天之学,"分见于经传","藏于奥文微言之内",且"中华经书所载,本天学之旨,奈失其传之真"。因此,唯有使用西国天学来重新诠释经典,方可恢复"古儒"敬天之原旨:"西土诸国存天学本义,天主《圣经》之真传,今据之以解中华之经书,深足发明天学之微旨。"同时,他亦引用部分中古之儒的著作,"注解著显著者,择录其略,以助明天学之本义"④。

因此,白晋使用天主教诠释"古儒"经典的合理性在于上古之儒敬天的原意,经秦火之后,原意丧失,后世之儒解释不清,唯有天主教方可恢复"古儒"原意。从另一个角度看,白晋之所以能够使用天主教来诠释"古儒"经典,乃是因为"古儒"经典与天主教一致,"中华经典与西土天主《圣经》,其大本原唯一无二"。这样就为天主教的存在提供了合法性:首先天主教徒所信仰的教义、思想并非是外来的,而是与"古儒"经典一致的,因而更非"异端";其次虽然"古儒"已有敬天之学,但其原旨已失,唯有天主教及《圣经》方可恢复原意,因此有必要受洗入教,并使用天主教及《圣经》重新诠释"古儒"经典。是故,白晋甚至提出:"中华之儒欲明经典奥文所藏天学本义者,莫如与西士同心合志,考究于天主《圣经》精微之旨尔。"⑤

白晋虽然此举能够解决天主教的合法性问题,但这种做法易造成"过度诠释"之嫌⑥。与白晋同时代的传教士如马若瑟甚至从古汉字的构造中寻求天主教的教义。此类"过度诠释"尤其体现在将"三后在天"解释为"三位一体"上⑦。此举无疑只会增加世人的疑虑,一方面,儒家业已形成自己的诠释传统,另一方面,世人对天主教教义尤其是降生救赎、三位一体均存在诸多疑问。使用降生救赎、三位一体等教义来诠释"古儒"经典,或许并不能恢复"古儒"原意,相反却会引起更多争议⑧。

总而言之,白晋的敬天学是以帝天说为基础,但更突出天主教的原罪、降生

---

① 白晋:《古今敬天鉴》"自序",页28—29。
② 白晋:《古今敬天鉴》"自序",页30。
③ 白晋:《古今敬天鉴》"自序",页30—32。
④ 白晋:《古今敬天鉴》"自序",页33—34。
⑤ 同时代的张星曜、刘凝等信徒虽然均认为"今儒"已非真儒,但其解释显然不同于白晋。张星曜认为"今儒"非真儒之主要原因在于佛道之侵蚀;刘凝则认为从秦汉以来,文字"屡经变更,渐失其真。起宣圣于此日,恐亦茫然莫辨。况今人不见古文旧本,敢妄议其失得乎?"
⑥ 参见刘耘华:《白晋的〈古今敬天鉴〉:传教士对儒家经典的诠释个案》,《基督教文化学刊》2005年第14期。
⑦ 白晋:《古今敬天鉴》,页103—104。另参见刘耘华:《诠释的圆环:明末清初传教士对儒家经典的解释及其本土回应》,页272—274。
⑧ 即使是白晋的弟子马若瑟亦对其有颇多不解与质疑,参见马若瑟有关白晋的信件,龙伯格:《清代来华传教士马若瑟研究》,李真、骆洁译,郑州:大象出版社,2009,页151。

救赎、三位一体等核心教义与思想。敬天学之敬天即敬畏天主,其主要依据是上帝创造人类并亲自降生救赎。白晋的敬天学使用天主教来诠释"古儒"经典,以恢复"古儒"经典原意自居,试图对"古儒"经典以全新解释,并说明天主教信仰与"古儒"经典原意相一致。但显然白晋之敬天学与儒家的敬天思想相去甚远,某些解释业已偏离"古儒"经典原意,因而难以被主流儒家所认可与接受。但白晋的敬天学融合中西之努力,使用天主教重新诠释"古儒"经典之尝试则不容忽视。表6-1为《天学本义》附录与《天儒同异考》附录的比较;表6-2详列了白晋的敬天思想。

表 6-1 《天学本义》附录与《天儒同异考》附录比较

《天学本义》(7160)附《经书载天学总纲统集真义》	《天儒同异考》(7171)附《经书天学合儒总论》
自古帝王罔不明识有皇上帝,小心昭事,夙夜畏威,此唐虞三代之心学,至于缵述五经,继古言敬天之道,以传于后世,则孔子之功也。至今经典具在,读有皇上帝,知天上必有主宰矣;读尊无二上,知元上唯有一主宰矣。天上□□□□天地人物之先唯一而极大永远无极,灵明之至,最深最微,而含□□美妙极能之至,于无中造天地人物,而主宰乎天地人物。无所不知,无所不在。命令之权无所不显。虽无形也,而无不视听闻言。大父也,大君也,大师也。而世上君师父之权皆上帝之命也。自天子以至庶人,皆当时时事敬顺天命,修身尽伦。而真能钦敬上天之命者,唯圣德能之自古帝王。郊社燔柴用牺牲谷酒乐之祭,所以报之也。上帝之心本爱人不恶人,而有喜矜怒厌之情者,因人不皆善而无恶也。善莫大于敬天,恶莫大于不敬天。一念之善,上帝无不知,即无不赏;一念之恶,上帝无不知,即无不罚。上帝至公也,上帝义至慈也。人得罪于上帝,上帝悯之,容人悔改,人认罪洗心斋戒沐浴,哀呼吁天,可以望赦,不然上天降灾警恶,不可不畏。夫百禄万恩之原皆本于上帝,而求雨求谷求寿求福者,皆求之于上帝。言死生贫富成败者,皆归之于上帝。赏罚之权必在上帝,而罪恶唯人自作。上天降灾,唯人自召也。所以人之生,上帝生之也。人之死,上帝死之也。生顺上天之命者,死自得永安之福,且有保护后人之责任,而人可以祷求之若生。逆上天之命者,自绝于天,死亦必受极苦永罚也。	自上天生人以来,圣帝贤王未有不知有维皇上帝,小心昭事,夙夜敬畏者,此唐虞三代之心学也。至于缵述修明,垂训万世敬天之道,彪炳典册,则孔子之功,尤其伟焉。读"有皇上帝"等文,则知天之必有主宰,而非徒苍苍之天矣。读"尊无二上"等文,则知天上唯有一主宰,而非百神之可并矣。然此天上之一主宰在天地人物之先,唯一而至尊,永远而无极;至明至灵,最深最奥;舍无穷之纯善,备万有之美妙;能于无中造成天地人物,而无所不在者也。虽无声而命令之权无不显也,虽无形而视听之鉴无不悉也。宇宙之大父也,大君也,大师也,而世间君父师之权皆其所命之也。自天子以至于庶人,皆当时时事敬顺天命,无间无怠以修身尽伦也。盖上帝之心本爱人不恶人,而有喜矜怒厌之情者,因人不皆善而无恶也。人之善莫大于敬天,人之恶莫大于不敬天。一念之善上帝无不知,即无不赏;一念之恶上帝亦无不知,即无不罚。上帝之赏罚不爽,而有迟速,因人之善恶未盈,而有迁变也。盖至公也,又至慈也。人之为恶,得罪于上帝,上帝悯之,容人悔改也。人能认罪,洗心涤虑,哀呼吁天,庶可望赦;不然,上帝义怒,降灾惩恶,不可不畏也。且百禄万恩皆本于上帝,郊坛之祀有祈焉,有报焉。二至之郊皆报也,雩祃祈谷诸祀皆祈也。雨与谷子与寿与福皆求于上帝者,以人之死生富贵贫贱祸福,皆上帝之权也。人能顺上帝之命,虽不必皆富皆贵皆福皆生,而生顺死安自得永安之福也。人不能顺上帝之命,虽不贫不贱无祸未死,而生之前或有微善,而报以安乐;死之后必罹大罚,而加之以永苦也。则以人之生为至短,人之死至长,人世之祸福不能尽报人生之善恶。使无死后之祸福,以称量而施之,将小人之纵逸为得计,而君子之勤修为徒苦矣。故生前之福固是欣,而死后之福尤可欣也;生前之祸固可惧,而死后之祸尤可惧也。唯事天敬天始得成圣,而免永祸也。古圣贤兢兢业业,永念天威,死而后已。欲得正而毙者,而正此故也。

表 6-2 白晋的敬天学

敬天学	天：造物主属性	存在且唯一	宇宙之内，必自有一无形无像、造天地万物之主
		生养众人	天之主宰，乃万民之大君大父母
		万民之大父母	上主为万物之本，万民之大父母，至尊无对
		全知、全善、全能、全听、赏善罚恶	上主至神至灵，无所不在，无所不知，无所不见，无所不闻。善恶无所不察，报应一定不爽
			上主本无耳目，而无不视听
			歆善厌恶，乃上主之心
		自然启示、圣梦启示	上主非以言示人，以物、事、时、民、梦示己意
			雷风等之大变，乃上主警恶劝善之效
		天主降生救赎	上主爱人，特将生一大圣全德者，为天地神人之主
			天主圣子降生为人，唯一天子降生为人是也
			上主欲救原祖之害，生同人类，而为天地神人之主
	人：神人关系	众人由同一原祖所出	天下万民，皆由一元祖父母所出，天下为一家
		人被赋予形与灵及天理	造物主至灵生人有形有灵，人当以灵为本
			诚、正、中，皆上主所命之理
			天理、天命、天道，上主原畀之于人，以成其性
			诚实不虚不伪，及人之原性，实上主所命
		初人被赋予元良之性	造物主初生人，赋以元良之性
		人性自染于欲至于无极；唯有圣德者自无私欲	人生之初，原秉天理。后因自染于欲，至于无极
			唯自天降有圣德者，自无私欲，复人心原明之德
			唯圣德克敬克飨，而乐上主之心
			有圣德者，凡事告于上主，敬祭祈祷
		人之福祸由善恶之念；善恶有报	普世万民，真福真祸，原由一念间善恶之微而出
			上主所备，报应善终
			若人所为者，皆邪不一，灭天理，当全绝之
			恶与祸，皆唯人所自为所自召
			劝惩天下善恶，无如祸福之永也
		上主赐人规心规身之范	规心规身之范，趋避诸善诸恶之道，皆上主所赐

续　表

敬天学	人：神人关系	恶人可以改过迁善；不改者将被弃绝	悔悟改恶者,上主无一不眷而亲之
			认悔己罪而自新,上主之心亦回而赦之
			人若未绝世,尚能仰望赖自天所降圣德者,可以动天,而转其命之凶
			人终不悔不改,上主绝其永命,弃之于至畏至罚
			纵肆逆天害民者,上主不佑,厌之弃之,绝之诛之
		上主命人爱人	上主命人爱人,以爱己为爱人之准
		成大事者先炼其德	上主欲用人成大事,先以身心之艰苦炼其德
		人之贫富等皆由上主	贫富、行止、成败、夭寿、生死,皆由上主之命
		无过呼主以明其心	真无过被人屈者,敬呼上主而誓,以明其心可也
		君臣之权皆上主所赋	普世诸臣诸君之权,皆上主所赋
			善民望祷上主,以天禄无疆之真福,尽报其君
			世之君臣所握之权,上主所付。
		经典之敬天非敬有形无灵之天	自古合经典之敬畏事之天,非有形无灵之天
		古典之礼皆敬上主	谷酒、牺牲、礼乐、燔柴等,原特为敬上主
总　结	敬天		敬主与不敬主,真福真祸之机也

第七章 基督教化的儒学：马若瑟对儒家经典的诠释

广义"儒家基督徒"的索隐派传教士，尝试对"古儒"经典进行"基督教化"的诠释，企图更新有关"古儒"经典的一般理解，从而发现"古儒"经典中的基督教信息，以此证明基督教与古代儒家相一致。本章即以清初索隐派代表人物之一的马若瑟为例，探讨马若瑟对"古儒"经典的基督教化的诠释方法与思想，从而明晰"基督教化的儒学"的主要内容与特征。

马若瑟通过使用基督教神学资源来重新诠释儒家经典，试图从儒家经典文本中寻找到基督教的信息。马若瑟对儒家经典的重新诠释，一方面是为开放的儒家经典文本提供新的解释，另一方面弥合了儒耶之间的张力，为清初基督教提供思想与文化的合法性。其核心内容是：信经不信传，六经地位不可动摇，《易经》是六经之首；经过秦火之后，六经原意丧失，汉儒、宋儒不仅不能恢复原意，反而淆乱经典；因为人类同源异流，上帝所赋之"理义"相同，所以可以用天学（基督教神学）来恢复六经原意；古文字中亦含有天学思想；受洗入教不是脱离儒家而是成为真正的儒家。索隐神学综合了儒家以及基督教的释经学传统，因忽略各自的传统与权威而遭到双方的批判，却为清初信徒及天主教提供了合法性依据。马若瑟的索隐神学重塑了清初汉语基督教神学的样态，为清初基督教思想史注入了新的可能性。

第一节 马若瑟及其传教活动

马若瑟，名龙周，字若瑟，自号温古子，法国耶稣会士，清初著名索隐派代表人物之一（其他两位为白晋、傅圣泽）。马若瑟出生时，中国天主教正在遭遇历狱。被称为"讼棍"的杨光先，弹劾以汤若望为首的钦天监官员，并通过撰写《不得已》批判与攻击天主教的教义及西方文化。在《不得已》中，杨光先使用儒家资

第七章 基督教化的儒学:马若瑟对儒家经典的诠释

源,针对天主教的上帝论、基督论、拯救论、基督教普世主义等进行了较为深入的攻讦。同时,还对传教士引入中国的西方天文、历法、地理知识等进行了批判。虽然历狱最后以南怀仁成功翻案作为结局,但是其中所体现出的耶儒之间的罅隙并没有随着历狱的终结而消失。随着礼仪之争的加剧,耶儒之间的张力与冲突日益明显。马若瑟入华之后所从事的"索隐"释经与诠释行为,可以视作弥合耶儒差异而进行的努力。

1698年,32岁的马若瑟与傅圣泽、白晋等耶稣会士一起进入中国传教。同年11月,马若瑟到达广州。1699年进入饶州,1700年在建昌,1701年在抚州,1714—1715年曾入京与白晋共事,1720年在九江传教。1724年被驱至广州,1726年曾被召回教廷,1733年被驱至澳门,1736年于澳门去世,享年70岁。至于马若瑟的少年生活,资料记载很少。据其《经传议论》序言可知,其在七岁入小学,"辨色乃赴共院,昏而罢归,喜为文辞,好赋新诗";十五岁,"始绝文章,志于穷理而学焉"即哲学;二十五岁,"达于上学"即神学;三十三岁航海东来。根据这段富有"中国化"的记述,马若瑟少年时期主要学习哲学与神学。

马若瑟大部分时间在江西传教,学习及研究中国经典,对其相关研究亦集中在马若瑟汉学家的身份上,而对其相关传教活动则关注不多。实际上,马若瑟入华目的仍然是传教,其从事的索隐活动,则是传教活动的副产品。

江西是阳明心学重镇之一,在明末清初的天主教发展中占有一席之地。明末利玛窦就是在南昌获得了极大的声誉。1595年,利玛窦被迫从南京折返至南昌,不仅收获了建安王、乐安王、章潢等人的友谊,而且通过出版《交友论》《天主实义》等著作获得成功。因此,甚至有人认为是江西成全了"中国化的利玛窦"[①]。明末众多西学人物或来自江西,或在江西任职。与明末三柱石之一杨廷筠有过密切交往的黄汝亨,曾任江西进贤知县及江西布政司右参议[②]。天主教徒韩霖姻亲的候峒曾,曾任江西提学参议,还为天主教徒刘凝所辑先祖刘壎《水云村泯稿》撰写序言。天主教徒李九标的老师葛寅亮亦曾任江西布政使右参议[③]。明末与传教士以及西学有过密切接触的熊明遇、樊良枢等均是江西进贤人[④]。天主教徒李之藻之子李次梂亦曾在江西担任官职[⑤]。顺治时期,天主教徒佟国器曾任巡抚南赣都御史[⑥]。天主教徒许缵曾亦在南昌担任官职(驿盐道)[⑦],"迎母于南昌署

---

① 吴薇:《明清时期江西天主教的传播》,江西师范大学未刊硕士论文,2003年。
② 杜果、伍柳:《江西通志》卷十三,康熙二十二年刊本,日本东京大学图书馆藏,页46b。
③ (康熙)《江西通志》卷十三,46a;黄一农:《两头蛇:明末清初的第一代天主教徒》,页296。
④ 黄一农:《两头蛇:明末清初的第一代天主教徒》,页112—115。
⑤ 见傅泛际译义,李之藻达辞:《名理探》"又序",页7—9。关于李之藻子嗣情况,参见龚缨晏、马琼:《关于李之藻生平事迹的新史料》,《浙江大学学报(人文社会科学版)》2008年第3期。
⑥ 顺治十二年(1655年)任,(康熙)《江西通志》卷十四,页3a。
⑦ 顺治十五年(1658年)任,(康熙)《江西通志》卷十四,页18b。

中,建天主堂,所在扶翼圣教,为西士所倚恃"。与马若瑟有过密切交往的刘凝,来自江西南丰。同样来自南丰的李长祚,也是一位天主教徒。

在江西传教的除了利玛窦、马若瑟之外,还有罗如望、金尼阁、殷铎泽、刘迪我、聂仲迁、殷弘绪、孟正气、傅圣泽等,甚至在清中后期严厉禁教之后,仍然有传教士坚守在江西传教,还有不少天主教徒家庭卷入了教案。

根据《耶稣会士中国书简集》,可以将马若瑟在华传教活动进行简单勾勒。在经过7个月的航行之后,1699年10月6日,马若瑟一行人抵达"希望之乡"上川岛,并朝觐了沙勿略的坟墓。10月24日到达澳门。同年11月,马若瑟抵达广州,在其写往欧洲的信件中,马若瑟对广州城以及在广州的所见所闻有详细的描述①。当时,法国传教士的主要基地在北京和广州。傅圣泽等人认为有必要在别的地方开辟基地,因此,他们将眼光投向江西。在马若瑟进入江西之前,利圣学和孟正气已经在抚州、饶州和九江购买房屋。1700年11月,马若瑟进入江西抚州。经过一年的学习之后,马若瑟已经可以熟练地使用中文交流。在这年写往欧洲的信件中,马若瑟格外强调对儿童的施洗与慈善工作,并设想在中国主要城市里设置育婴堂。马若瑟认为育婴堂主要收容被遗弃的女孩,并且"按宗教准则抚育她们到一定年龄,同时教她们适合自身条件和性别的当地技艺"。到了十四五岁之后,这些女孩就可以像"在法国一样把她们安置于某位喜欢使唤她们而不喜欢崇拜偶像者信奉基督教的太太,或是让她们进修道院祈祷和工作"。

在江西传教过程中,傅圣泽、马若瑟等传教士发现"穷人在接受宗教真理时比那些世俗的大人物和有权有势的人物较少有障碍,更为顺从"。为了迎合乡村穷人信仰的需要,马若瑟等传教士也采取了通过治病、驱魔、神迹等民间化的方式传教。江西龙虎山是道教天师道的发源地,天师道在江西民间甚为流行。在傅圣泽、马若瑟等人的信件中,历历可见天主教与道教在争夺信徒时发生的一些案例。对于乡民来说,灵验是衡量一个宗教是否值得皈依的重要原因。传教士信件中所宣扬的神迹,不仅意味着上帝在中国传教过程中的"在场",而且对于欧洲读者来说也起到感召作用。根据傅圣泽的信件,1702年,马若瑟负责南丰和建昌的教务。2—8月,马若瑟为六百多人施洗,但由于传教士人数有限,不可能在某地长时间停留,所以清初教会施行"游堂"制度。18世纪初,江西有七千名基督徒,但传教士不到十位②。

傅圣泽的信件详细转述了马若瑟在南丰的传教活动。马若瑟比较注重对儿童与妇女的传教工作,同时也更加注重乡村传教,"我们在乡村可以取得更大的

---

① 见《耶稣会士中国书简集》第1册中的《耶稣会传教士马若瑟神父致法国国王路易十四的忏悔师、本会可敬的拉雪兹神父的信》,郑州:大象出版社,2001年。
② 龙伯格:《清代来华传教士马若瑟研究》,页14。

第七章 基督教化的儒学：马若瑟对儒家经典的诠释

成果,在那里的人更易教育,即更神圣更天真,我们在那里因此会得到更大的安慰"。在乡村传教之时,马若瑟还要借助于当地传道员,尤其是因为方言的缘故。同时,马若瑟还对乡村贫困的基督徒施以援手,在无形之中提升了传教士的形象。根据民间社会的特点,马若瑟还认为有必要通过豪华的仪式来吸引人加入教会,"如果我们将宗教仪式搞得更辉煌亮丽,一定会对中国人更有吸引力"。在南丰举行的圣周瞻礼以及耶稣受难日瞻礼,辉煌的宗教仪式不仅强化了基督徒的信仰,而且对于吸引人受洗入教起到积极作用。在建昌,马若瑟不仅遍访之前的基督徒,还开辟了新的传教地区。马若瑟在建昌还组织了妇女信徒的聚会,并收到女信徒的捐赠。同时,马若瑟还利用中国乡村社会的基层组织——宗族来传教。

1714—1715 年,马若瑟曾被召回北京,与其索隐学老师白晋一起工作,但马若瑟并不适应与白晋的相处,很快就返回江西。直到 1721 年,马若瑟一直生活在南昌以南 150 公里的建昌。1721—1724 年,马若瑟则生活在九江。1724 年,在被驱至广州生活期间,马若瑟通过信件认识了傅尔蒙。马若瑟热情希望这位未曾蒙面的法国语言学家,能够认同与欣赏自己的索隐学说。在与傅尔蒙的通信中,马若瑟致力于论述自己的索隐学说,尤其关于中国汉字含有福音信息的思想。马若瑟甚至认为《易经》"是一本关于弥赛亚的预言书"[1]。马若瑟将自己的著作《汉语札记》寄给傅尔蒙,并希望后者能够帮助出版,以此作为传教士向中国传播福音的新工具。但傅尔蒙显然与马若瑟并不志同道合,两者研究汉字、中国经典的目的并不相同。

从 1700—1724 年,除了在北京的两年外,马若瑟基本上在江西北部从事传教工作并学习中国经典。从《耶稣会士中国书简集》中,可以发现马若瑟的传教工作有几个特点:首先,传教对象主要为穷人;其次,马若瑟尤其注重向妇女、儿童传教;再次,为了适应在乡村传教,马若瑟采取了灵活的传教方式,如通过治病、驱魔等宗教仪式来传教,等等。

马若瑟的传教成就被其索隐学说所掩盖。马若瑟索隐学说中对中国文字以及经典看似奇怪的理解方式,不仅不被当时的中国学者所接受,也没有被耶稣会士以及欧洲学者所认可。马若瑟宣称中国文字蕴含有丰富的福音信息,并通过索隐方式理解中国经典就能达到传播福音的效果,似乎让时人觉得过于异想天开。但是,无论是白晋还是马若瑟的索隐学说,实际上都是传教活动的产物。尤其是在清初礼仪之争白热化之时,传教士以及中国信徒觉察到如何说明外来天主教的合法性、如何消弭天主教与儒家之间的罅隙、如何说服时人皈依天主教不是"从夷狄之教"等变得日益紧迫与必要。对于欧洲教廷以及欧洲的信徒来说,

---

[1] 龙伯格:《清代来华传教士马若瑟研究》,页 46。

如何快速、有效地让大规模的中国人皈依,也是一个十分重要的议题。因此,索隐学说正是对这两方面的积极回应。

在思想来源上,学者大多强调索隐学说来自犹太教解经方式、古代神学以及旧约象征论。同时,清初思想环境对于白晋、马若瑟等人开创索隐学说有重要影响。白晋在康熙的要求下学习《易经》,与清初的学术转向密切相关。清初朴学兴起,开始反思宋儒对于古代经典的注疏与诠释,主张重新理解古代经典。为了更准确地理解经典,必须首先掌握古文字及其音韵,而古文字学家刘凝则对马若瑟产生了积极的影响,并为其在理解《说文解字》上提供了直接帮助。马若瑟的《六书实义》等著作中的诸多观点应该直接来自刘凝的《六书夬》等。

第二节 马若瑟对儒家经典的基督教化诠释体系

马若瑟的中文著作大体可分成两类:传教作品及讨论中国典籍的作品,后者集中体现了马若瑟的索隐思想。目前可见的具有汉语索隐思想的作品主要有:《梦美土记》《天学总论》《经传众说》《经传议论》《儒教实义》《六书实义》《儒交信》等。这些著作主要阐述了四个论点:古代经典可信,《易经》为六经之首,经典地位不可动摇;经典原意丧失,汉儒、宋儒不仅没能恢复原意,反而聚讼纷纭、各立门户,有害经典原意;天学(神学)可以用于解读古代经典,因为人类同源异流,上帝所赋予人类之理是相同的;皈依天教不是叛儒,而是"复儒"或成全儒家。

(1) 天学:以同理发明异经之奥义

马若瑟首先将学问分成伪学、空学与真学,伪学是指"务知外物而不知己",空学是指"思知己而不专心以知天",真学则是"以知天为本,以知己为干,知物为末"。马若瑟认为天学就是真学。要学习天学必须要从师而习。马若瑟将师分成"儒、贤、圣、天"等四个境界。最高境界为天人,"非天则不足以知天,非人则不可以诲人;天而人,人而天,乃得"。"人而天者,知之之至也;天而人者,任之之至也"。按照马若瑟的描述,这里得"天人"应该指耶稣,但是马若瑟并没有将此直接指出来。

马若瑟认为天学的传承过程是:从天传给先王,先王传给孔子。先王"笔之于经",孔子"信经而欲传之于后世"。马若瑟认为,"经"(六经)包含两部分:"经之言"(文本)以及"经之意"(含义)。对于"经之言",孔子可以传给弟子,但是"经之意"则失传:

> 孔子欲授《圣经》之真意而无受之者。当是之时,天下无道久矣。夫子

第七章 基督教化的儒学：马若瑟对儒家经典的诠释

之文章,七十子可得而闻也。夫子之言性与天道,七十子不可得而闻也。是以不传焉。①

马若瑟认为,孔子删改《诗》《书》《礼》《乐》,目的是以待"圣人"出而"经之意"明,但《易经》作为五经之首,天道、天学,"一《易》以贯之",因此,孔子晚年好读《易》,"以待其人而后行"。马若瑟认为天学与天道已经包含在《易经》等经典之中,但经典的真正含义则已经失传。孔子删改五经,并辅翼《易经》,其目的也是希望后人能够理解其中真意。

马若瑟对儒家"道统"中断的说法与其好友刘凝是一致的②。马若瑟认为自孔子之后,道术不明,礼乐衰败,异端蜂起,不仅不能获得经典的原意,而且各家诠释聚讼纷纭,莫衷一是:

> 及孔子殁,真道愈衰,礼乐废于战国,诗书焚弃于秦。汉兴而经学复贵,传注如山。《礼记》《家语》《世本》等书,杂纂而行。三子出而《春秋》无据,《小序》作而雅、颂坏,谶纬之书著而六经乱……各自名家,诸说纷纭,乖戾不已。先王之道既熄,则异端乘其隙而蜂起,佛法流入,而播其毒于中国……两汉之间,三教始出,而真学灭绝又如此。③

马若瑟回顾中国经学史,基本上是为其主张天学为真学,为接续儒家正统而铺垫的。根据马若瑟的论述,两汉经学不仅没有发明经典原意,反而导致对经典的误读与混乱。在此情况下,佛教进入中国,道教兴起,三教鼎立的局面开始形成。对于马若瑟而言,三教的出现实际上就表明儒家经典原意已经丧失,真学已经灭绝,真理被各传注者掩盖。

自汉之后,马若瑟认为只是"重文词而已";"无用以为用而厌于九章者也",已经远离经典原意。对于宋明理学,马若瑟的评价与对汉代经学类似,但对于朱熹的评价甚低,尤其是对他的理气主宰说进行了大力批判:

> 宋兴而儒术益隆,濂洛关闽之徒,卓然自尊,哧然黜汉唐之学……周子所以显于世者,一太极图而已矣。而大小程子疑之,故藏而不传之。横渠自成一家,康节亦是一门。至朱子则无所不容……乃理气之说,以为主宰是

---
① 马若瑟:《天学总论》,法国国家图书馆,Courant chinois 7165, f.4b。
② 参见肖清和:《清初儒家基督徒刘凝思想简论》,《史林》2011年第4期。
③ 马若瑟:《天学总论》,f.4b—f.5a。

也。然斯之果为天学之大患矣。①

马若瑟认为朱熹将理气作为主宰是天学的祸患。因为根据《诗》《书》，昊天、上帝，是"万物之真主"，而朱熹的解释业已偏离《诗》《书》原意，"惜乎朱子何不执此真实之理，而非佛老诡谬之妄，使后之学者不得逡吾儒而有三教归一之鹘说焉"。马若瑟认为，朱熹不仅没有改错归正，而且还用其谬说贻害后世，"自宋而下，凡儒之欲以文词举名者，莫不读《集注》《章句》而从之"。因此，对于马若瑟而言，根据汉、宋、明等诸儒去求经典原意根本是不可行的，"由此观之，反复诸儒之注疏，而求六经之大意，诚所谓缘木而求鱼者也"。换言之，马若瑟认为六经自孔子之后无人能解，六经之"大旨"也不得阐明，那么天学自然而然也就无人能知，"推而论之，不知六经，则不知仲尼；不知仲尼，则不知先王；不知先王，则不知天"。

马若瑟的结论是"古儒"六经原意在中国已经丧失，通过诸儒来寻求六经原意是不可能的事情。那么，应该从何处来寻求六经原意？从何处恢复六经中有关"知天"的"天学"呢？马若瑟认为，人类同为一个祖先所生，"吾人之祖宗，乃是一家，同仰一天帝，以为其父母，以为其君，以为其师"。古代圣王"继天作民师，而其所敷之言者，是彝是训"，现在中国丧失了圣王先师"大训之所藏妙意"，应该"求之于有道有学之邦"。

中国六经原意丧失，可以从别的国家或文化中寻求解读六经的方法，因为人类先祖传给中国或其他民族有关天学的内容是一样的。马若瑟认为欧罗巴可以成为这样的国家，可以为解读六经原意提供帮助。

对于欧罗巴之学，马若瑟根据基督教的历史，将之分成耶稣之前与耶稣之后。马若瑟对于耶稣之前的西学大加挞伐。他从荷马谈起，认为《荷马史诗》记载的内容成为后世偶像崇拜的来源，"左道始入西土"。哲学家毕达哥拉斯、苏格拉底、柏拉图等虽然"艴然怒而嫉其蔽，非徒不为之屈，又欲驱而灭之"，但最终"其道纷而不一，各门是我而非彼"。马若瑟对古希腊哲学家有关真理、幸福等不同观点一一作了梳理。尽管如此，马若瑟还是对上古西学有一定的肯定，"斯学虽不能无病，然而西学亦未尝不以修齐治平为雅言，而以正心诚意致知格物为其目"，但"其文厚而质薄，其词彩而道无本，是以不足宗而师也"。

马若瑟认为，上古西学对于测量法、轻重、几何、律吕、三历、天文等学非常有研究，但对于"诚德之实行敬事天帝则不知之也"。因为不知天学，导致上古的欧罗巴，"为人君者，侮天虐民，耽乐好勇，淫酗敖荒而已；为人士者，外谦内傲，言洁

---

① 马若瑟：《天学总论》，f.5b。

第七章 基督教化的儒学：马若瑟对儒家经典的诠释

行秽，似德非德，以狂瞽相师而已；为庶人者，习邪术，尚魔神，主恶祭，败良心，醉生梦死而已矣"。他认为改变上古欧罗巴此堕落状态的是天学。天学是"自东而出"，具体就是指来自如德亚（以色列）的基督教。马若瑟详细解释了天学、天教（基督教）从使徒伯多禄、保禄进入罗马开始，其间所遭受的种种迫害的历史，以及基督教没有因为迫害而消失的原因，"三百年间欧罗巴力攻天教，而天教日兴"。马若瑟从"杀之来由""天学之全""圣迹之异""习天学者之德行"等四个方面作出了解释①。

马若瑟按照基督教的历史，高度称赞君士坦丁，"孔士当定大王钦明仁恭，寅若上帝之迪，入天学圣门，乾乾昭事天主，于时神化广行，而欧罗巴大变焉"。马若瑟在讲述天学历史的这段过程时，特别提及佛教，说君士坦丁将基督教合法化之后，将古罗马的异教崇拜一扫而空，其中将"菩萨之恶像，烁之成钱；雕者火之，陶者破之"②。这是基督教历史上没有的事情，但马若瑟特意加上，为其"合儒"辟佛添加另一佐证，"东儒西儒"均反对佛老，是故"相近如此"。君士坦丁因为对天学有功，最后也得到福报，不仅因为基督教而打败三位政治上的对手，而且还获"功德之报于帝廷"，"享长生长王之真福"。马若瑟将欧罗巴描述为具有"三代之治"的景象，"四民嚣嚣然宅仁由义，富者好礼，贫者安乐，老者子幼，幼者父老，愚者问而不耻，知者教而不倦，市中无伪，贾值不欺，相亲相睦，无讼无狱"。天教（神学）也成为至高之学，"超出万学之上"，是其他学问的"规矩准绳"。欧罗巴业已被"神化"而"易凶俗"，此是"上帝之所为也"③。

在描述君士坦丁以及罗马帝国时期基督教历史时，马若瑟的语言深受《尚书》等风格的影响，如"天享于王德，眷保定之""时有三凶弗率""遐方仰化来贡""有暴君代作，喜杀无辜之天吏，上帝黜其命，而降灾于其躬"，等等。对于熟悉四书五经的儒家读者来说，此段描述无疑更加突出"天"与圣王之间的互动，以及"上帝"赏罚与君王德行之间的关系，此与中国上古圣王的故事如出一辙。

在讲述天学历史之后，马若瑟以问答的方式阐述自己对于天学在中国传播的看法。他认为天学还未能如欧罗巴那样改变社会面貌，是因为天教在中国的时间太短，"三百余载之苦似足以固天教之基，足以徵天学之实"；又认为"天帝为万民大父母，其爱人无穷"，所以不能对中国实行武力传教，只能"以圣训沃人心"，过程会更加漫长。

那么，为什么从未被中国人所熟悉的欧罗巴的天教与《六经》如此相近？马若瑟认为，"中华之六经，焚绝于秦，而先王之道不传久矣"，而"天教之《圣经》，不

---

① 马若瑟：《天学总论》，f.12a—f.15b。
② 马若瑟：《天学总论》，f.15b。
③ 马若瑟：《天学总论》，f.15b—17a。

遭火害,而自开辟以来,不绝如线焉"①。对于儒家士大夫而言,中国与西方的文明是两条平行线,或者如保守的士大夫认为的,中华是文明之邦,四周包括欧罗巴都是蛮荒之地。但是对于马若瑟而言,因为人类拥有共同的先祖,中国与西方是同源而异流,虽然支流不同,但追溯到上古时期则愈加相同。中西经典不同,但是天赋予人的明德相同,"以天学之真传,于六经之余文而察焉,不亦理乎!"②

马若瑟认为,中西方因为同一始祖、同一上帝,理同而经异。理是上帝赋予人性之理,而经乃是文本。以天学之理来发明不同文本的相同之理,是富有意义的。

在理同而经异的理念之下,马若瑟有一个庞大的解经计划:首先是发现《易经》大旨,其次是解读六经中的其他经典,再次是对古文字有所考察,最后是对古史、诸子等有所选择地进行再诠释。

马若瑟的普世主义显然来自基督教的上帝创造论。对于普世主义,晚明以来的开明士大夫以"东海西海、心同理同"作为对应,马若瑟认为此是君子儒应有的态度;但对于小人儒(或腐儒,即保守士大夫),马若瑟则予以严厉批评:"自儿童时不出本邑,不行四书集注之外,理云理云,而不知所以为理。"

马若瑟对于自己来中国传教,并自信能够以基督教神学来解读六经进行辩护。其辩护的立场依然来自上帝论:所有人类同为上帝子民,他有义务将上帝的天学之道传至中国。而中国自汉以来"不幸陷佛老沟壑之中,而不知上帝救世之大恩",因此马若瑟"幡然有攸往,利涉大海","以辟佛老之妄为念,而以扬上帝之恩为心"。

《天学总论》似乎是马若瑟写给康熙介绍基督教神学的著作。在此书最后,马若瑟表达出希望康熙不仅要学习西学之末的算法、几何、律吕等,更应该明乎天学之大道。马若瑟又尽文辞之丽,高度赞扬康熙及康熙盛世,认为康熙可与君士坦丁比肩,他"反复古圣王之玄文,乃到先儒所不及之处"。马若瑟等索隐派对《易经》着迷,自然离不开康熙的推动。康熙通过对《易经》等六经的重读与解释,树立作为异族统治者儒家化的权威及合理性。虽然这与清初有意反思宋儒注疏有关,但实际上是通过重释经典而笼络儒臣、统一思想。马若瑟洞若观火,提出康熙是"代上帝而治""以上帝之心为心",将中世纪以来教会企图通过提供合法性而攀接皇权的行为体现得淋漓尽致。

《天学总论》末尾有大段删改的内容,主要内容是劝说康熙皇帝成为中国的君士坦丁,因为上帝之报今世是"暂福","固如浮云",即使如文王,"享国五十年"

---

① 马若瑟:《天学总论》,f.18b—19a。
② 马若瑟:《天学总论》,f.19b。

第七章 基督教化的儒学：马若瑟对儒家经典的诠释

仍不足，"文王在上，于昭于天"，才是"福报圣德"。因此，马若瑟"号泣于神天，于仁慈大父母，昼夜不息，伏望俾我皇上明识天教之真，以得天门，以登帝庭，以享无尽无疆之真福"。马若瑟可能认为此句劝说康熙入教过于直白，后又将其修改为"微臣瑟号泣于神天，昼夜不息，幸将瑟之龄，以与皇上。又大幸俾圣心默试天学之要道，以知其诚，以得天门，以登帝庭，以享无尽无疆之真福"①。

总体而言，《天学总论》是马若瑟写给康熙介绍天学的著作，主要论证了天学为何可以发明六经大旨。马若瑟认为人类同源异流，上帝所赋予人类之理是相同的，虽然不同文化的经典不尽相同，但经典背后的理是相同的。六经遭受秦火之后，其真实含义已失，借助天学之理来发明六经之旨是可行的。此书还介绍了基督教在西方的历史，并表达了马若瑟对康熙成为中国的君士坦丁的迫切希望。

(2) "求圣人之心"：原意丧失之后如何理解经典？

《经传众说》可以与《经传议论》合而观之。《经传议论》讨论如何理解经典原意，《经传众说》则论证中国古代经典原意丧失。所以，《经传众说》《经传议论》是为《天学总论》中的经典原意理论奠定基础与铺陈理论体系的。

《经传众说》共有四节，分别是"求真经以信之""道亡而经不明""道既亡谁亡之""宋儒于道何如"。其逻辑关系是人们都"相信有真经"，但事实是经已不明，原因是汉儒、宋儒对原意的破坏。马若瑟使用儒家士大夫的语句来论述自己的观点，以免落人口实，"依中国大儒之高明而议中国所藏之诸书，则今之学者不可得而哂之而谓之妄论焉"②。

"求真经以信之"引用了欧阳修、朱熹、二程、孔安国、郑樵、韩愈、柳宗元、李皋等诸儒对经、传、六经以及《论语》等经典的看法。这些引言表达的观点是"经"（《易》《书》《诗》《礼》《乐》《春秋》）可以信，且经所言为大道，《易》为六经之首，如欧阳修谓"世无师久矣，学者师经"；朱熹谓"《易》之为书文字之祖，义理之宗"，等等。但他对《周礼》《仪礼》《礼记》《孝经》《论语》《中庸》《孟子》《孔子家语》《孔丛子》以及孔子之后诸子的一些看法就提出质疑，如朱熹对《孝经》之"可疑者不但此也"，柳宗元谓《论语》"信乎未然也"，李皋认为《中庸》遭秦灭而"此道废缺"，欧阳修谓《孟子》"善为言，然其道有至有不至"；朱熹认为《孔丛子》"亦伪书"；欧阳修认为"三代之衰，学废然后诸子出，圣人之学几乎其息"等。换言之，马若瑟引用诸儒用以证明《六经》可信，但诸子不可尽信，诸子对《六经》的解释亦不可尽信，因为诸子的诠释有分歧、错误以及疑伪之处。根据马若瑟的分类，六经为经，

---

① 马若瑟：《天学总论》，f.24a-24b。
② 马若瑟：《经传众说》，法国国家图书馆，Courant chinois 7165, f.24b。

诸子为传。六经所载之道唯一,诸子之传有合于一,也有不合于一。马若瑟甚至认为六经之道已不复存在:

> 易也、书也、诗也、礼也、乐也、春秋也,谓之六经;六经之外,谓之传。又按六经之道一而已。一也者,大也,真也,善也,妙也。而道之不一者,则非大、非真、非善、非妙之道也。是以凡传有合于一者,则取之;有不合于一者,则舍之。然此至大至真至善至妙之道,于今所存之六经,其可得而求欤?此旅人岂敢私定焉。①

马若瑟认为,六经之道"一而已",六经之外诸子之传"合于一"则取之,"不合于"于一则舍之。但因为诸子之传杂乱纷纭,是否能从诸传中求得经之真意,马若瑟深表怀疑。

在《经不明》中,马若瑟举孔子、程颢、郑樵、欧阳修、苏轼、来知德、韩愈、朱熹、胡安国、薛瑄、马贵与、熊赐履、罗长源、李贽等有关道之不传、失道等看法,从而论证他有关儒家"失道久矣"的观点。所引诸儒都认为道已失(经不明),至于从何时开始则众说纷纭,如程颢认为从七十子之后"门户众";郑樵认为七十二子"其失又远也";欧阳修认为孔子弟子"伪谬之失其可究邪?"。也有观点认为是从孔子去世开始的,如欧阳修认为"自孔子殁,周益衰乱,先王之道不明,而人人异学肆其怪奇放荡之说","自孔子殁,周衰道丧,而学废接乎战国,百家之异端起";苏轼认为"自仲尼之亡,六经之道遂散而不可解";来知德认为"自孔子殁而易已亡";韩愈认为"圣人之道不传于世";欧阳修认为"世无孔子久矣,六经之旨失其传","自圣人殁,六经多失其传"。也有人认为是自孟子去世开始的,如朱熹认为"自邹孟氏殁,而圣人之道不传";韩愈认为"轲之死不得其传焉";胡安国认为"自孟子殁而其传泯焉";薛瑄认为"自孟子没,道失其传",等等。这些引言所论观点不一,但都认为六经之道不存:"先王之道不传,据众说则不可疑,而斯道失传于何时则无定论。或孔子以上,或自孔子殁,或战国之时,或孟子而下。离古弥远,泯道弥深。"②马若瑟认为,是因为道学不传,然后异端蜂起;虽说秦火焚书,但《易》依然存在。

在第三节《汉儒》中,马若瑟认为汉儒虽然距离秦火时间很近,但不仅没有发明六经原意,反而进一步混乱了六经原意,加剧了道的失传。马若瑟对欧阳修特别有好感,首先引用欧阳修有关汉儒的评论,"自周衰,礼乐坏于战国而废绝于

---
① 马若瑟:《经传众说》,f.29b。
② 马若瑟:《经传众说》,f.33a。

第七章 基督教化的儒学：马若瑟对儒家经典的诠释

秦。汉兴,六经在者皆错乱散亡杂伪";后又引用程颐、朱熹、熊赐履、王直、吴莱、曹沧波、李贽、郑樵、王炎、马端临、吕大圭、赵汸等儒家言论予以证明。他援引的儒者言论有宋儒,也有明儒,甚至有清儒。这些言论毫无疑问证明了汉儒的错谬:

> 汉儒不啻无以复先王之道,况从而害六经于秦火殆有甚矣。盖一千余年而降,宋儒泰然始非汉学而自立,然则宋儒非汉唐之学固有验焉。宋儒自立而自尊,则旅人未敢以为然,亦不敢待后儒之论,并待实理之据而断之,乃可以免坠于谬妄,而知言者庶有察耳。①

马若瑟通过引用汉后诸儒尤其是宋儒的言论充分论证了自己的观点,即汉儒不仅没有恢复"先王之道",反而比秦火更糟糕的是破坏了六经原意。那么,在批判汉儒的基础上自立门户,是否表明宋儒就可以恢复六经原意呢?

马若瑟在第四节《宋儒》中作了否定的回答。马若瑟认为宋儒非汉儒,但宋儒本身又聚讼纷纭、难以服众。马若瑟引用郑晓、真德秀、朱熹、田艺蘅、朱俊栅、刘永之、何塘、杨龟山、薛瑄、胡居仁、湛若水、陈季立、罗钦顺、来知德、王阳明、钱谦益、胡安国的言论等。马若瑟最先引用的内容颇能证明其观点,如他认为郑晓:

> 宋儒有功于吾道甚多,但开口便说汉儒驳杂,又讥其训诂,恐未足以服汉儒之心。宋儒所资于汉儒者十七八。今诸经书传注傥有不及汉儒者,宋儒讥汉儒太过。近世又信宋儒太过。②

宋儒不仅"讥汉儒太过",而且不同流派互相抵牾之处众多,有些学说业已偏离儒家正统,如朱熹认为"横渠自成一家","程邵之学固不同","尧夫所学与圣门却不同";杨龟山认为"皇极之书,皆孔子之所未言者";薛瑄认为"邵子论天地始终之数,乃前圣所未言者";胡居仁认为"康节自成一家";陈季立认为"皇极经世八卦取象,皆与羲易不同";罗钦顺认为"朱子终身认理气二物,愚也……至今未敢以为然也"。马若瑟认为,这些儒者的论述,表明宋儒之间分歧严重,各成一家,让人无所适从:

---

① 马若瑟:《经传众说》,f.43b—44a。
② 马若瑟:《经传众说》,f.44a。

今诚如深入山林相似。夫真道唯一,奚斯路分,颇歧如此,使人不知何由而进耶?迁、苌、康成之徒请曰:"我有正路,从我则不惑。"伊川、横渠、晦庵惊曰:"弗听他,只是说梦,从之毫厘,即谬千里。吾道也,二千年不通之正路也。"九渊、阳明、白沙反曰:"正道在兹,顺他路乃空行。"呜呼!师多矣。是故玩先儒之书而学文辞则或得所欲也。如欲求六经之奥义,窃未必能得也。①

马若瑟以非常形象的笔触描述了宋儒之间观点森然的情况,并进一步强调无论是汉儒还是宋儒均不能求得六经原意。马若瑟又对可能有的反驳一一作了辩解,如儒家道统认为"以濂、洛、关、闽而接洙泗邹鲁之正传",马若瑟则辩解道:"欲接二水,莫如以察其清浊为急。源溷流溷,理固然矣。源洁流洁,则未必然也。举一太极图耳,而比之仲尼之圣学。呜呼!其太过乎!"②换言之,虽然儒家道统一脉相承,但马若瑟认为宋学不足以接续孔子正学。宋学为浊流,很难判定其来自孔子之源。又有反驳者认为宋学之流为清,忠信、笃行等接续孔子之学。马若瑟则认为,虽然宋儒讲的与孔子之学有相似之处,但孔子之后直到宋儒才得以发明孔子之道,实际上是非常值得怀疑的,"三代而下二千年泯没,而待宋儒然后明,则夫二千年间,中国之四民其如之何?"

另外,马若瑟认为宋儒诠释的内容不尽周全,尤其是朱熹在《白鹿洞书院揭示》讲的"行有不得,反求诸己",虽然列出了道德修养的具体条目与路径,但还不足够,他认为应该加上周召公的"祈天",方才全备。对于马若瑟而言,朱熹所谓的道德条目仅仅是世俗的自我修养行为,还不能完全回归到孔子及《尚书》中天人关系之下的道德要求。

总而言之,马若瑟通过引用历代诸儒之语论证六经文本虽存,但经典原意已失、六经之道已亡,汉儒、宋儒不仅不能恢复经典原意,反而聚讼纷纭、各立门户,让人无所适从。马若瑟还认为朱熹等宋儒的诠释,淡化甚至去除了《易》中有关"上帝""天"的超自然信仰,业已远离经典。

《经传议论》的主要内容是探讨如何理解经典原意。在"自序"中,马若瑟介绍了自己十年来学习汉字及中国经典的经历:"既至中华,口吃目瞽,一字不识,一言不出,乃不辞再反孩提之童蒙,有人在旁,指天曰天也,指地曰地也,指人曰人也。瑟也欣欣然从之,而跬步不敢离。"③这或许是诸多传教士进入中国学习汉字的一般情况。然而,对于马若瑟而言,仅仅学习一些日常用语是不够的,最重要的是要理解中国经典的原意:

---

① 马若瑟:《经传众说》,f.47b—48a。
② 马若瑟:《经传众说》,f.48b。
③ 马若瑟:《经传议论》,法国国家图书馆,Courant chinois 7164, f.3b—f.4a。

第七章 基督教化的儒学：马若瑟对儒家经典的诠释

> 盖理学也，固由经学而立；而经学也，必由字学而通。舍经斯理谬，舍字斯经郁矣。故凡思知六经者，当造乎六书。六书明而六经彬彬。此愚所以将许慎《说文解字》，铉、锴兄弟《集注》，宦光赵氏《长笺》等书，夙夜反复熟读，以求文字之本义。①

马若瑟认为求文字之本义实际上是为了求理学之本义。此种"六书—字学—经学—理学"的理解模式是清初思想界的共识。马若瑟深受刘凝字学的影响，他认为理解经典原意虽然要从字学开始，但对于经典亦要有所区分。在中国古籍中，经典为上，其下依次为传疏、诸子、史志、性理、文词诗赋等：

> 愚所以究文字之义，唯欲通古籍之旨而已。然古籍有等，而经典为上，传疏次之，诸子又成一端，史志自立一家，性理亦开一门，若文词诗赋，不本乎道，而区区富丽之言者，皆学之末也。是故瑟于十三经、廿一史、先儒传集、百家杂书，无所不购，废食忘寝，诵读不辍，已十余年矣。②

圣人之心应该直接从经典入手，传疏、诸子、史志、性理、文词诗赋都是后人敷衍而成的，虽然可以为理解经典提供帮助，但往往是私意揣测，难以觅见经典原意。是故，马若瑟将"经"与"传"分开，要求"经"之真义，不应从"传"入手，而直接从"经"入手方有可能，"屏众说，而复古经"：

> 愚求圣人之心于笺疏，然愈求之而愈溟之。《诗》曰："我闻其声，不见其人。"此之谓也。越三载，乃屏众说，而复古经。不信先儒，唯师先圣而已。以圣人之言，求圣人之心，而百不惑一者，此岂谓吾聪明也哉？③

马若瑟从字学直达经学的解经方法，受到西方释经法的直接影响。马若瑟认为西方学者读书之法是"以知言为本，以次序先后为要，以慎思明辨为务"，这样方可达到"信经而不信传"的目标。马若瑟认为，西方《圣经》有《古经》（《旧约》）与《新经》（《新约》）之分，两者互相发明，成为理解圣人之心的重要方法。而中国则没有这样的区分，只有"古儒"经典，但"古儒"之后，汉儒、宋儒彼此攻讦、彼此争讼，莫衷一是，不仅不能发明古经原意，而且对于后来人理解经典原意造成障碍。因此，马若瑟按照《圣经》新旧约的理解方式，来对照理解中国经典众说

---

① 马若瑟：《经传议论》，f.4a。
② 马若瑟：《经传议论》，f.4b。
③ 马若瑟：《经传议论》，f.4b—f.5a。

纷纭的注疏,得出结论是"未闻圣者之明言":

> 吾西土学者笃信上天《圣经》,以为万学真伪之表准。夫天经也者,不删削,不遭火,自开辟以来不绝者也。其所载也,有古圣之言焉。有圣者之言焉。彼之谓古经,此之谓新经。然古引导新,而新不背古;古如符也,新犹节也。新形而古景,古响而新声。使古无新,则古虚而不足从;使新无古,则新奇而难取信。有古以证新,有新以明古,则古与新互相发明,而道全矣。……由此观之,则从汉迄今,中华之学者,凡欲注古经,俱不能有定论,其所以然者非他,未闻圣者之明言故也。无新经而索古典者,诚是无形而求景,无声而望响,岂可得乎? 必不可得也。①

《经传议论》也是马若瑟写给康熙御览的著作。在自序中,马若瑟对康熙《御文渊鉴》大加赞赏:"卒读《御选古文渊鉴》,而始不疑矣。"②文中亦可见对康熙的溢美之词。根据序言,《经传议论》共有十二章,分别为"六书论""六经总论""易论""书论""诗论""春秋论""礼乐论""四书论""诸子杂书论""汉儒论""宋儒论""经学定论"。

按照基督教的释经学,旧约的相关预言在新约中得以实现,新约编纂者按照旧约先知的预言编排章节,从而使得新旧约互相印证。马若瑟详细论述了新经与古经之间的关系,正是在说明理解中国经典原意的困难,根本原因在于"未闻圣者之明言"。在某种程度上,马若瑟隐约设定了西方基督教的历史场景:在犹太教经典基础上形成的《旧约》的原意,凭借着耶稣道成肉身、复活拯救的具体历史事件形成《新约》而得以彰显。《旧约》中的上帝的话语,凭借着真实的历史人物耶稣得以显示其真实的含义。按照基督教释经学的思路,马若瑟将《易经》比附成《旧约》,将《春秋》比附成《新约》。马若瑟甚至按照如此新旧约的关系,来理解中国的六经。其中《易经》为六经之首,其地位相当于《旧约》,《旧约》中所记述的上帝是无形无相的,《易经》中所记述的圣人亦无形无相;《尚书》则有圣人的具体形象;《诗经》是赞美圣人的诗歌;《春秋》则记载了圣人之事;《礼》《乐》则为圣人所作:

> 《易》者,无形之圣人;《书》者,圣人之象;《诗》者,圣人之赞;《春秋》者,圣人之事;《礼》《乐》者,圣人之作。③

---
① 马若瑟:《经传议论》,f.5。
② 马若瑟:《经传议论》,f.11b, f.17a—18a。
③ 马若瑟:《经传议论》,f.9b。

第七章 基督教化的儒学：马若瑟对儒家经典的诠释

马若瑟以此方式理解六经之间的关系，并企图以理解《易经》作为理解其他经典之基。因此，他的释经方式可以被理解成"儒经圣经化"，即按照《圣经》的方式来理解六经。

现存《经传议论》只有第六卷《春秋论》。马若瑟认为孔子仅仅是《春秋》的编者，《春秋》之语不可理解为孔子之意，而应该被理解为"圣人"之意。马若瑟先引用汉儒、宋儒、明儒等解读《春秋》的内容，来表达自己对各家解经的观点，如认为"胡安国序春秋，解孔子之言也，未必得孔子之心"。马若瑟认为"知孔子"，"唯天乎"；《春秋》不过一经，"焉能知孔子？"至于《春秋》的性质，马若瑟认为是"唯夫子所俟后之圣天子而已矣"。马若瑟还提出测算《春秋》中所载日食来判定《春秋》是否为鲁史。这种解经方法与《旧约》的《圣经》考古学非常类似。

对于《春秋》三传，马若瑟认为应该信经而不信传①。马若瑟认为读先儒之书，"知言为要""明理为本"。古书由口授而成，最易产生谬乱而不敢轻信。对于康熙有关《春秋》的御批，马若瑟常予以肯定。

后儒注解三传更不可全信，因为"莫不以为我则是，他则非，故求质其公之理，而无私心杂于其间者，不可得而得也"②。马若瑟认为判定注解是否可信的依据不在于人，而在于"理义"。而"理义"由上帝赋予，"理义照于神心，犹日月系于形天"。"理义"实际上是上帝所赋之"理性"。"圣人之意皎然乎经，唯明者见之。"马若瑟认为孔子作《春秋》并非因为"上天之峻命，本心之良知，犹不足以治乱臣之病"，故"记列国之善恶，然后能治之"③。对于孟子所谓"乱臣贼子惧"，马若瑟深表怀疑。而对于苏洵所谓《春秋》"非曰孔子之书"，"此鲁之书也"，马若瑟予以反驳。虽然康熙对苏洵非常赞赏，但马若瑟认为苏洵的观点有偏差。马若瑟认为孔子虽为圣人，但"不能以天下予人也"，更不能以天子之权予鲁。天下只能由"天"予之。马若瑟此处对"孔子"圣人地位的描述，与索隐派所认为的孔子只是圣人而无祸福之权是一致的。

关于《春秋》"王正月"的解释，马若瑟特意引用刘凝的见解："按此则元年者，天道也；春王者，君道也；正月者，臣道也。知此者可以言《春秋》。"④马若瑟又援引诸儒对《春秋》的"夜恒星不见，夜中陨星如雨"；"十有四年春，西狩获麟"等的解释。马若瑟以对说明《春秋》"难通"。

马若瑟认为必须首先明白古经所载之道，否则"此道不明，故圣人之言，传愈久，谬愈甚，而或正之，或止之，非人力之所可及也"⑤。马若瑟还对"星陨如雨"的

---

① 马若瑟：《经传议论》，f.13a。
② 马若瑟：《经传议论》，f.19b。
③ 马若瑟：《经传议论》，f.21a。
④ 马若瑟：《经传议论》，f.26a。
⑤ 马若瑟：《经传议论》，f.27b。

相关解释作了批评。邵伯温谓星与石一体,在天为星,在地为石。马若瑟则根据其所掌握的天文学知识对此进行了无情的批判,"星极小者,其于地球乃大数倍也。安得变而为石乎?且恒星为火,与日同体,火炎而上,星又焉得陨而下哉?使汉成帝时果有陨星之异,则不但中国被陨星之火焚尽,即天下万国皆犹草芥入火海,靡有孑遗矣"①。马若瑟认为应该从"取象"(比喻)去理解《春秋》,不可用实证去解释。当然,马若瑟也主张可以根据日食等天象去核验《春秋》所载史实,此处则又背离前述主张,显然是以实证去解经,与索隐派的主张大相径庭。《春秋论》是马若瑟运用索隐体系来解经的一次尝试。由于其他内容业已散佚,仅从《春秋论》来看,马若瑟对《春秋》的新解释,不过是在众多解经中按照是否符合其理论体系的观点进行取舍,没有体现出他在《经传议论》中所提出的以天学去解释古经的精神。虽然马若瑟也有一些新的见解,但充其量只不过是增加一些注脚而已。

总而言之,马若瑟的经学诠释学有如下四个特点:首先,信经而不信传;其次,以字学达经学;再次,以圣人之心求古经之理;最后,以道明圣人之言,古经所载为大道、圣人之道。马若瑟还尝试运用索隐神学重新理解《春秋》,试图破解《春秋》奥义,并彻底解决各家解经者矛盾重重而互相对立的难题。

(3) 儒家宗教化:从基督教诠释儒家之敬天思想

虽然《春秋论》中以"天学"来解读《春秋》的色彩并不是很明显,反而与传统儒家注释家的风格类似,但《儒教实义》则完全使用基督教来诠释儒家思想,企图将儒家"天学"化②。《儒教实义》为问答体著作,由远生问,醇儒答,温古子述,约撰于1715—1718年间。全书按照基督教的宗教模式重新构建儒家的宗教形态,将儒家的"敬天""尊天"重新诠释为宗教行为,将儒家的"天"等同于天主,从而为清初耶儒之间分道扬镳的现实提供了另一条融合之径,以期弥合两者之间的差异以及降低由此带来的认同压力。

马若瑟首先将儒教定义为"心法","儒教者,先圣后圣相授受之心法也。古之圣王得之于天,代天笔之于书,以为大训,敷之四方,以为极言,使厥庶民明知为善有道而学焉"③。与今天语境中的"宗教"含义不同,马若瑟将"儒教"理解为"教导""为善之道"。马若瑟认为儒教所敬者有二:幽与明,前者包括天、鬼神、先人、先师;后者包括君、亲、师、长、友。在这里,马若瑟去掉了儒家常见的与"天"同时并立的"地",并认为,儒教最敬者为天,其次是敬鬼神,再次是敬先人、先师。

---

① 马若瑟:《经传议论》,f.28a。
② 王硕丰、张西平:《索隐派与〈儒教实义〉的"以耶合儒"路线》,《北京行政学院学报》2012年第5期。
③ 马若瑟:《儒教实义》,法国国家图书馆,Courant chinois 7152, f.3b。

第七章 基督教化的儒学：马若瑟对儒家经典的诠释

之所以要敬天，是因为天"以为独尊，以为上主，以为父母"；敬鬼神，是因为鬼神"既并受之于天"；敬先祖，是因为"事死如事生"。实际上，这三种敬拜的对象因为类别不同，不仅在地位上有尊卑差异，而且受到崇敬的性质也迥异。在马若瑟看来，天不是指苍苍之天，而是指皇天上帝，实际上就是指天主教的天主。敬鬼神、敬先祖与敬天在性质上有所不同，鬼神、先祖均为天所出，所以从尊卑秩序上来看，敬鬼神、敬先祖要远远低于敬天。正因如此，敬鬼神、敬先祖只有世俗性的，尤其是后者所体现出的孝道性质，而敬天则是有宗教性质的。

马若瑟在重新诠释儒教之时，完全遵从了利玛窦以来的诠释方法，如将天与地剥离开来，将传统儒家敬天地思想重新改造成敬天思想。按照马若瑟的理解，祭祖、敬孔、祭拜先祖都是儒教应有之义，也是耶儒融合的共同基础之所在。

马若瑟在《儒教实义》中，对儒教崇拜的最高对象"天"或"上帝"以及鬼神、先祖展开了详细论述，又对儒教的伦理、丧葬祭祀礼仪、儒教敬孔礼仪、儒教的经典进行论述。马若瑟是按照基督教的模式来理解儒教的，而在论述过程中，马若瑟还对佛道二教、三教合一等展开批评。

马若瑟认为，天非苍苍之天，亦非宋明理学中的理。至于上帝的实义，马若瑟引述《易经》《尚书》《诗经》等，得出结论："自宋至今，凡为醇儒者，皆信古经大训，皆事皇天上帝。"[①]马若瑟认为，从个人来说，敬天需要"主敬以修己，行恕以爱人。改过不吝，迁善不倦。畏天之威，祈天之迪，顺天之命"[②]。从礼仪来说，敬天是通过郊社之礼进行的。马若瑟延续了利玛窦的解释，并引用了朱宗元的《郊社之礼之所以事上帝》，认为郊社之礼只是敬天，非是祭天地。郑玄所认为的"不言后土，省文也"是错误的。

马若瑟指出祭天有四意：其一，为钦崇上帝；其二，为谢皇天之洪锡；其三，为祈上帝诸恩；其四，为息天义怒，而免罪罚[③]。对于马若瑟来说，儒教所祭之天实际上就是天主教的天主。

作为一个完整的神学体系，在论述儒教最核心的上帝崇拜之后，马若瑟对儒教系统中的人物鬼神进行系统论述。马若瑟认为万物存在具有一定的等级区分："上曰鬼神，下曰形物，中曰人者也。"所谓"鬼神"，并非宋明理学所谓"鬼者，气之归也；神者，气之伸也"，而是"上帝所造，列神无数，以传其号令，以守护万方，皆谓之鬼神"。"鬼神"实际上就是天主教的天神，所以鬼神有正有邪[④]。对于人与物的分类，马若瑟则基本上与利玛窦的观点一致[⑤]。

[①] 马若瑟：《儒教实义》，f.7b。
[②] 马若瑟：《儒教实义》，f.8b。
[③] 马若瑟：《儒教实义》，f.10a—11a。
[④] 马若瑟：《儒教实义》，f.12b—13a。
[⑤] 利玛窦：《天主实义》第四篇，《天学初函》第1册，页450—490。

马若瑟还将传统三礼(天神、地祇、人鬼)改造成三种祭祀礼节,而不是祭祀的三种对象,"上以达于皇天,中以通以鬼神,下以致孝于先人者"。因此,祭天带有强烈的宗教性,而祭鬼神、祭先人则不可以与祭天同日而语。马若瑟反对传统三礼将天神、地祇、人鬼三者并列的做法,认为只有天(上帝)至尊无对。马若瑟将鬼神代替地祇,认为鬼神虽然可以享受祭祀,但"淫祭非礼","祭鬼神以谢其恩,而求其庇,知其受命于帝庭,而护我、救我、引我、导我,为其任"①。祭鬼神首先要明确鬼神"受命于帝庭",不可与上帝分庭抗礼。与艾儒略等传教士一样,马若瑟也反对城隍崇拜②。马若瑟认为城隍崇拜要去掉佛教、道教的仪式及神诞之说,只用正像代替偶像,"又定一日以增奉敬",则"此近于古而合于理,存之宜也"③。

马若瑟对儒教的核心:天(上帝)、鬼神、人鬼都有详细的论述,在诠释策略与方法上与前人(利玛窦、艾儒略等)一脉相承,但有些方面则体现出他自身的特点。马若瑟对儒家进行宗教化的梳理,主要意图是寻求儒家与基督教的共同之处,并尝试使用基督教对儒家进行宗教化改造,以期儒家看起来是更加接近于或类似于基督教的一种宗教。

在儒教的伦理方面,马若瑟也进行了基督教化改造的尝试。首先是关于儒教的伦理纲常。马若瑟认为,敬君是敬上帝,"君为臣之天,臣不敬君,焉能敬天。故臣不臣,上帝之罪人也"④。他将儒教五伦之首的君臣关系中加入了传教士引入的"大伦"即天人关系中。父子关系中,孝道尤为关键。马若瑟也继承了利玛窦以来的为一夫一妻进行辩护的传统,"吾窃以为非以形传形为大孝,唯以德传德,则孝大矣",而将"无后为大"的传统观念改造成"无后"其实在孝道中是微不足道的。真正的孝道是"修齐治之本者也。人之于天,臣之于君,子之于亲,其理一也。自下上达,三互相顾,顺而不违是也"⑤。马若瑟将传统孝道中的君臣、父子关系加入到天人关系中。至于师、长、友仇、复仇、上下相敬等传统儒家伦理,马若瑟基本上都是引用儒家的观点加以论述,而没有加入基督教的伦理观念。

关于儒教礼仪,马若瑟重点讨论了丧葬祭祀。事死如事生,这是传统儒家的一般看法,马若瑟亦表示认同,但对于木主,耶稣会士的观点不尽相同。耶稣会士不赞同《朱子家礼》中对木主的使用,马若瑟也认为对着木主行礼是不可的,此举或违背了基督教的偶像崇拜之诫。晚明传教士在民间的实践中,则对木主进行了相关改造,以使之符合基督教的信仰准则⑥。此外,儒家丧葬仪式过程中,有

---

① 马若瑟:《儒教实义》,f.14a—14b。
② 艾儒略:《口铎日抄》卷二,《耶稣会罗马档案馆明清天主教文献》第7册,2002,页125。
③ 马若瑟:《儒教实义》,f.15b。
④ 马若瑟:《儒教实义》,f.16b。
⑤ 马若瑟:《儒教实义》,f.17b—18a。
⑥ 艾儒略:《口铎日抄》卷七,页468—469。

第七章 基督教化的儒学：马若瑟对儒家经典的诠释

升主、点主等行为，实际上带有一定的宗教意涵。通过点主之后，木主变成象征父母灵魂的神位。而马若瑟在诠释过程中，则把宗教意涵剔除，将其变成世俗性、纪念性的活动。丧葬礼中，除了《朱子家礼》作为标准之外，民间习俗常常使用佛教、道教礼仪，甚至还有看地、风水等民间信仰。马若瑟毫无疑问对这些行为均予以驳斥。马若瑟又对丧葬礼中的祝文、吊唁、守孝、奠祭、上坟、祠堂、家庙等进行了论述，基本上将其理解为世俗性的事务。关于儒教中非常重要的祭祀行为，马若瑟进行了区分。祭上帝，"以为至尊至一，万物所资始，万民所资生者也"；祭鬼神，"以为有丕万万之责于天者也"；祭先人，"以为推我孝，事死如事生者也"。马若瑟将祭上帝、祭鬼神纳入天主教的宗教体系，而将祭先人改造成世俗性活动，从而使得带有宗教性质的儒教的祭祀活动与天主教不相违背。

马若瑟撰写《儒教实义》时，正值礼仪之争进入白热化阶段。礼仪之争中争讼纷扰的"祭祖""敬孔"议题在马若瑟这里得到重新解释。马若瑟认为，祭先人是可以的，但是需要明白，祭祖并非向先人祈福，"或世福、或德福、或天福者，皆是上帝所赐，非祖宗所能致者也"；祖宗不仅不能赐福于子孙，而且也不能荫庇子孙，不能操祸福后人之权，不能主张天命。祭祖仅仅是一种纪念行为，但祖宗可以转祈上帝。

马若瑟认为孔子为"儒教之宗"，孔子之德不是传统儒家认为的是"授业先师"，而是"敬天""爱人"等品德。"吾先师之所以异乎常人者，唯在体天之意而已"。马若瑟似乎将孔子改造成了基督教传统的先知形象，其主要品德不在于学问，而在于"克享上帝之心"。马若瑟也同样认为可以有孔庙之制，亦可以敬孔于文庙，但敬孔只是称颂孔子之德，并非祈福。"夫祭祖宗者，非是为求福，并不信鬼魂或降在木主，或食品馔之气也。文庙丁祭，无以异也是"①。

马若瑟并非完全否定儒教的祭祖、敬孔等礼仪行为，而是使用天主教对其进行改造，剥离了祭祖、敬孔行为中所蕴含的宗教性质，使之符合基督教的教义思想。

比照基督教的《圣经》，马若瑟认为儒教经典为六经。六经之外，四书亦可观，但除此之外，诸如《山海经》《孝经》《周礼》《家语》等"皆可疑"。而诸子，则"杂而不纯，知言折中，贵玉而贱珉。珍珠焉，择之；鱼目焉，舍之哉"。其主要原因，是"夫子没，真道愈衰"，"先王之道不习，则异端乘其隙而蜂起。佛法流入，而播其毒于中国；道巫假老子之学，而媚于邪神，妄调不死之乐而害生"②。所以，要理解儒教真义，就需要跳出传疏，回到原典，尤其是需要重读《易经》，"故好学者，以六

---

① 马若瑟：《儒教实义》，f.38a。
② 马若瑟：《儒教实义》，f.41。

书为祖,以六经为宗,以孔子为师,以诸儒为友,辅我积善,佑我明真,则无不信"①。

马若瑟的儒家宗教化,实际上是使用基督教来改造儒家,保留儒家的敬天思想,将其变成基督教的敬拜上帝,将鬼神改造成天神。同时,按照基督教的标准,对儒教中祭祖等行为进行非宗教化。是故,儒家宗教化一方面是儒家的基督教化,另一方面则是儒家的去宗教化。其主要目的是让改造之后的儒家与基督教相一致,从而避免礼仪之争带来的负面影响:既尊重了中国儒家固有的礼仪传统,又保证了基督教的纯正。但马若瑟所作的儒家宗教化努力,其效果可能既不被时儒接受,亦难被罗马教廷认可。马若瑟的儒家神学体系如表7-1所示:

表7-1 马若瑟儒家神学体系

儒家神学体系	具 体 对 象
崇拜对象	天(上帝)、鬼神(天使)、人鬼(先祖)
伦理关系	天人、君臣、父子、兄弟、夫妇(孝道)、朋友
宗教礼仪	祭祀(敬天、祭祖)
宗教经典	六经、四书、诸子

(4)六书索隐:字学的基督教化诠释

马若瑟的全面体现索隐派思想与方法的著作是《六书实义》,他从古文字中寻找基督教信息的意图十分明确。《六书实义》书生问,老夫答,温古子述,有康熙五十九年(1720年)仲冬折中翁序、康熙六十年(1721年)孟春知新翁跋。通过分析可知,折中翁、知新翁就是马若瑟本人。

在清初朴学、音韵学、训诂学等学问兴起之时,一些儒家基督徒亦卷入其中。马若瑟的好友刘凝,就是一位古文字学家。刘凝的著作《周宣王石鼓文》曾入选《钦定四库全书》,由此可见其在古文字学方面具有一定的造诣。对古文字音韵及其含义的理解与诠释,可以发掘古代经典的真实含义,从而为理解经典原意提供了可能性。刘凝研究字学是因为"经学之晦久矣",经学之晦由"字学之不明"。刘凝认为"经与字相为源流",并对许慎的《说文解字》大加推崇②。而为了研究字学,则必须先明六书。"六书不明,犹泛海勃者,弃指南而弗用,徒向海若而望洋耳"。刘凝从古文字中探求经典原意的做法,对马若瑟有深刻影响。马若瑟在其著作《六书实义》中就多处引用了刘凝的观点与解释。

马若瑟在序中提及,"于字学六书,慕其法而究其义,盖二十余载"。马若瑟

---

① 马若瑟:《儒教实义》,f.43b。
② 邵吴远:《引书异同》"序",郑钺督修:(康熙)《南丰县志》卷十二,页51a—52b。

第七章 基督教化的儒学：马若瑟对儒家经典的诠释

1698年入华，至此书写作(1720年)时已有22年。为了学习汉字,理解汉字原意，马若瑟只好参考相关著作，但马若瑟发现"无不自名家是我而非彼,弥务一而弥乱"。马若瑟只好"屏弃众说","与其信后传而谬,毋宁信古人而不惑"。因此,《六书实义》也是马若瑟按照自己的思想来理解汉字六书的作品。

马若瑟采用了刘凝的观点，认为汉字与《易经》之间具有重要关联：

> 刘二至云：指事犹奇耦，象形犹八卦，形声、会意犹六十四卦，转注、假借犹之卦互卦。其始至精至微，其终至广至大。有天道焉，有地道焉，有人道焉。而天地之所以生生，帝王之所以大治，圣贤之所以迭传，皆基乎此。是故大易一书，卦卦爻爻、句句字字皆妙象焉耳矣。呜呼！谁谓六书为末艺哉？①

这里,刘凝对汉字六书的次序有了新排列，尤其将传统的六书之首象形放到第二，而将指事置于第一。马若瑟也采用了相同的做法。

首先，关于汉字(书契)来源。马若瑟认为，书契来源于夬，即卦。换言之，书契是"代天之言"。所谓"代天之言"，是因为书契之原"出于河洛"，而河图洛书"皆天神设言，以告王。先王受之于天，传之后世，百官以治，万民以察，谓之书契。故云代天之言也"②。

对于马若瑟来说，字学是理解古经的基础，但是"离古弥远，训义弥晦，而字学日衰"。后世百家出而六书昧，"六书昧，而六经乱；六经乱而先王之道熄"。因此，对于马若瑟而言，被视作"末学"之六的书学(字学)实际上是理解六经原意的关键，"六书明而后六经通，六经通而后大道行"。

而至于六书学，马若瑟认为许慎"与古不甚远，所以多存古人之遗训"，所以应当摒弃后世的训解，而以许慎之训为本训，许慎之义为本义。马若瑟认为："许氏以下能明六书而以本义本训解古字者，南丰刘凝二至一人而已。惜乎其书瘗于山穴，无人表彰而行世，七十年之功将尽泯也。呜呼！悲哉。"③

其次，关于六书次序。马若瑟重构为"指事、象形、形声、会意、转注、假借"。"以指事为首，象形次之，形声与会意可以同列。唯意为贵，而声为贱。事形意声在先而为体，注、借二者在后而为用。"④马若瑟认为《周礼》所提出的六书次序"象形、指事、会意、谐声、转注、假借"是郑玄、贾公彦妄解而乱之，并非《周礼》原文。

至于字学之道，马若瑟认为"体制"当在最先，音韵宜在最后。换言之，首先

---

① 马若瑟：《六书实义》,法国国家图书馆,Courant chinois 906, f.28a—28b。
② 马若瑟：《六书实义》,f.9a。
③ 马若瑟：《六书实义》,f.10b。
④ 马若瑟：《六书实义》,f.10b—11a。

应该弄清楚汉字的"体制"即本义,然后再去求音韵。"义训本也,音声末也。本急而末缓。""先事形意借而后声注事,而形形,而意意,而借借,而注注,而声云耳。"因此,马若瑟认为字学中存在着一个先后顺序:"字学有序,由本义而本训生,由本训而借训发。及其声音,六书之末者。古音失传,而至道无声焉。"是故,马若瑟将指事当作六书之首①。

再次,指事为六书之首。马若瑟认为指事为"六书之中最先而至要也",因为"指事明,则会意、假借不胜用,而象形、形声亦思过半矣"。"指事,其无形无象,而万象万形所出之原乎。"马若瑟认为指事是六书的基础,了解了指事,则可以完全理解会意与假借,而大部分的象形、形声也可以被理解。换言之,指事为汉字之原。

最后,指事的核心。指事为汉字之原,但指事中有更加基础的七个结构,即"、、一、二、三、二、三、丨"。马若瑟对此进行了详细说明。马若瑟认为,"、","古文字即主宰也"。"一、二、三",并不是数字"弌、弍、弎","一、二、三之画,无大小之分,无长短之别,皆含三点焉"。"二、三者,古文上下也"。"丨者,上下通也"。马若瑟认为,"、、一、二、三","四文同指一事,不可得而离也";"二、三、丨","三文又指一事,不可分而言也"。"、"以指主宰之体,次之"一、二、三"以指主宰之位。马若瑟用基督教的三位一体来比附指事中的核心"、、一、二、三"。马若瑟又作了进一步说明:

> 体是体、位是位,然位不离体,体不离位。曰:夫位何解?曰:一、二、三者,既皆指事,必为独体之文。使为多体,则或象形,或会意,而非指事,昭然矣。由此而推,又必非叠一而为二三。盖叠一而为之,则为会意而不为指事。又非象弌一弍一弎一之形。盖所谓指事,并无形可象。又非指多体之数。盖多体之数,如四五六,必不在指事之例。据斯确理,则一、二、三者既为指事而不可以异体分之,乃以异位别之,不亦宜乎?②

因此,马若瑟通过论述认为,"、"为主宰,"一、二、三"为三位,其体则一,即为"独体之文",其位则三。而"一、二、三"之间的关系如下:

> 一者非二非三,而为二、三之本;二者非一而为一之所生,三者非一非二而为一与二之所发。有一斯有二、斯有三,无先后之时,无尊卑之等,无大小

---

① 马若瑟:《六书实义》,f.12a。
② 马若瑟:《六书实义》,f.13a—13b。

第七章 基督教化的儒学：马若瑟对儒家经典的诠释

之杀，非形而形形，非象而象象，非数而数数，无始无终而为万物之始。论其纯神之体，则自为不贰；论其同等之位，则有一、有二、有三。①

一生二，三为一与二所发；三者之体为纯神，只有一个；但其位有三，且互相同等。三者之间，无先后、无尊卑、无大小，没有形象、没有数字，但为万事万数之本，为万物之始。很显然，马若瑟有关汉字核心的论述无不渗透着基督教三位一体教义的浓重色彩。按照马若瑟的理解，字学的形成是这样的：

丶——一、二、三——指事——象形、形声、会意、转注、假借（字学）——六书——六经（经学）——大道（理学）

马若瑟按照基督教教义，构建出具有基督教特色的字学。马若瑟将字学作为理解古经的基础，将六书之学作为字学的工具，认为指事为六书之首，并认为七个字符为最基本的汉字，是汉字结构之基。马若瑟又进一步将这七个字符细分，将前四个字符作为基础。最后，马若瑟又进一步认为，在前四个字符中，第一个字符，即"丶"为所有汉字之始。"丶"类似于主宰，是三位一体中的一体，"一、二、三"为三位：

> 吾所谓书契有丶，以指其妙体；有一、二、三，以指其尊位。丶者，千文万字所从始，而自无所资始。字字文文皆丶之所体，而无一文如丶之至纯，是表真宰，为千神万形所由生，而自无所资生。神神形形，皆真宰之所体，而无一物如主宰之至纯。其体虽至一，而其位则三。知其妙体不二，而其宝位成三，则一是三一；知其位成三而体自独，则三是一三；知一体非一位，三位非三体，则果无一无三而无言可言；知实有三位，而三位共为一体，则执三执一而真宰之道凝焉。②

上述马若瑟对"丶"及"一、二、三"的描述，很显然与基督教三位一体如出一辙："丶"是主宰，"千神万形所由生"，而"自无所资生"，即"自有而永有"。从"丶"生出千字万文。马若瑟认为"一、二、三"是指事之数，是故无尊卑无始无终；而象形之数，"始于四，而可延及无穷"。"有多寡、有大小、有尊卑、有限有变，可增可减，可分科乘。其纯也杂，其一页也纷矣。"因此，"一、二、三"是具有神性之三位，

---

① 马若瑟：《六书实义》，f.13b—14a。
② 马若瑟：《六书实义》，f.14a—14b。

不同于数字的一、二、三。用三位一体来理解汉字结构,构成了马若瑟索隐字学的核心特征。

宋明理学中太极有生一、二、三之说。那么,马若瑟所谓的指事核心三一者是否就是太极呢?马若瑟认为,太极之说"有善有不善",后儒(宋儒)所谓太极是理、阴阳是气、阴阳太极等诸多说法"焉能得三?苟或得三,焉足为一?"马若瑟认为如果太极不能离气,那么本身就是"溷于形",不可以是"指事之三一"。若太极为原质,为形下之器,"形下之三一,万不得与纯神之三一溷"。换言之,宋明理学最高范畴的太极,不能是三一。此外,气为象形,不可以"象形之气,溷指事之一哉"。

马若瑟认为,三一(丶、一、二、三)就是道。马若瑟从道的汉字结构出发,对许慎的"维初太始,道立于一,造分天地"进行了重新解释。马若瑟认为,既然太始,道已立,那么道必无始;又道既立于一,那么一即道。此一,是指一体,并非三一中之一。总而言之,三一者即道,即主宰,即上古地位郊祀之对象:

> 道字从首从辵,会意。首者,始也、自也;辵者,行也、动也。不已而不变,恒动而恒静之谓道。丶、一、二、三之所指者,此也。道立于一,非是道独得一而无二、三。乃一者,太一也,非一、二、三之一也。立于一云者,是道含三位而立于一体,而古者所谓太一含三、太极含三为一,古传所云天子祀神三一于郊,皆指此含三为一之真宰云耳。①

马若瑟的论述,已然将汉字结构中最核心、最基础的原始结构"丶、一、二、三",变成了带有宗教性质的最高神,即三位一体之神。对于马若瑟来说,因为"书契"是代神之文,文字是由神所授予的,因此,汉字的基本结构中能够体现出三位一体的形象,并可以三一等同于道。这或许是我们理解索隐神学的一个重要方面:通过分析汉字结构,来发现汉字中所蕴藏的基督教神学。实际上,所谓"发现"其实是马若瑟根据基督教神学来重构汉字六书系统,并力图使之符合基督教教义。

在此种思想背景之下,马若瑟还对道家的"道生一、一生二、二生三、三生万物"进行了重新解释。如同对"道立于一"等解释一样,马若瑟试图推翻先前的不符合基督教教义的解释,而重新作出梳理,力图使之与基督教教义相符。马若瑟认为,将其理解为"未有一,故道生一;有一未有二,故一生二;有二而未有三,故二生三";或者将其理解为"有道斯有一,有一斯有二,有二斯有三,有三斯有万

---

① 马若瑟:《六书实义》,f.16a。

第七章 基督教化的儒学：马若瑟对儒家经典的诠释

物。道也,一也,二也,三也,无始;万物亦同然无始",都是错误的。正确的理解应该是"、不离一、ニ、三,一、ニ、三不离、。、者,体也;一、ニ、三者,位也"。即应用三位一体来理解"道生一、一生二、二生三、三生万物"才是正确的。马若瑟对此进行了详细论述,尤其对"三生万物"作了深入探析。马若瑟认为,"三生万物"是指"一、ニ、三合旨而生物,而生有均同造成之之意"。换言之,"三生万物"实际上三位一体创造万物。马若瑟将道家的宇宙生成论,改造了基督教的神创论①。马若瑟认为"古人借△以拟生万物之三一,乃敬而祭之",实际上就是表明三一就是创造万物之最高神。

对指事核心"三位一体"(、、一、ニ、三)的论述是马若瑟索隐字学的主要内容。马若瑟还对"二、ニ、丨"作了分析。既然马若瑟将此三个字符当作指事最基本的结构,那么就不能用象形等来解释它们。"二、ニ"并非指方位"上下",而是指天地;"丨"指贯通天地者。"天地"并非指物质上的天地,"借天以指造天之上帝""借地以指履地之下民";而贯通天地者,"唯圣人为能之"。"二、ニ、丨"合起来即指"圣人"。马若瑟还用《易经》的相关卦辞进行了论述,指出"二、ニ、丨"之圣人是"天人缔结而成一位,唯至圣一人而已"。马若瑟还认为,此圣人之数为六,上天之数为九,下民之数为四。"四增二,即为六;二三为六;六增三即为九。是四与九,以六而合。四不登六,不可通于九;九不降六,不可通于四。"因此,"六也者,圣者之象也。""六字之训,易数也。盖大易之所指,至圣一人而已矣。"②实际上马若瑟强烈暗示"二、ニ、丨""六"以及贯通天地的唯一圣人就是救世主耶稣。

马若瑟认为指事核心的七个字符(、、一、ニ、三、二、ニ、丨),实际上体现出上中下三合：上合是指"、"与"一、ニ、三"三位一体;中合,是指"二、ニ、丨""天人结合而成一位"(圣人);下合,是指"善之者,与圣人合其德,而为一身,有首焉,有百体焉。以天人为首,以诸善为百体"。三合即"三一""圣人"以及"圣人之徒"。换言之,此七个字符实际上蕴含着基督教的核心教义：三位一体、弥赛亚以及基督教的道德伦理。

马若瑟还对象形、形声、会意、转注、假借进行了简要说明。在举例论述象形之时,马若瑟使用了"亡、衣、凶"三个汉字进行说明。对此三个字的解释均带有强烈的基督教色彩,如认为亡是指"维初之始人有愿而逃、迟曲隐蔽";衣"象覆二人之形",二人即男女,覆之者上帝主宰;凶"象地穿交陷其中",即"形神交陷"③。对"亡、衣、凶"三个象形汉字的说明,很容易让人联想到基督教创世纪的故事。

---

① 马若瑟:《六书实义》,f.16b—17a。
② 马若瑟:《六书实义》,f.20a。
③ 马若瑟:《六书实义》,f.21b。

马若瑟认为,六书中的指事、象形是最基本的,形声、会意由其派生而来,即"指事、象形,母也;形声、会意,子也"。形声有六种:"一左形而右声,一左声而右形,一上形而下声,一上声而下形,一外形而内声,一外声而内形。"马若瑟认为,形声有三病,因此,形声为六书之末,而且由于形声,先王之道不可达①。

会意有三种,首先反体,或倒体,或背体,或向体;其次同体;再次不同体。马若瑟特意列举了"羊"字,认为羊为圣人之象:"祭羊为祥;包羊为敬;羊大为美;大羊为奎;羊在两言中为羴,左言者言羊也,右言者羊言也。言羊与羊言,皆善,而此外不足称善。"②此处的解释,又让人联想到基督教之羊。此外,马若瑟又使用了"真、仙、长"三字说明会意,从中更加明确看到基督教色彩:

> 真训仙人变形而登天。本义从匕(此化本字),从目,从乚(此古隐字);八,所乘之载也。刘二至解云:世人见于目之所及,而不见目之所不及,故其见不真也;能见乎隐,其见始真。乃可以化其形体而昭假于上帝。盖善恶之路,于是焉别之。八者,别也。别其善而登于天门,别其恶而交陷火宅。故曰:八,所承载,真莫大于此。③

马若瑟引用了刘凝的解释。关于"真",《说文解字》训为"仙人变形而登天也。从匕从目从乚。八,所乘载也。"段玉裁《说文解字注》认为"变形故从匕目",之所以"言目者,道书云养生之道,耳目为先";八为乘载之基,段玉裁引用了《抱朴子》"乘跻可以周流天下"。传统字学认为,"八,所乘之载"为乘载之基,刘凝则将"八"理解为"别",除了升天之外,又加入了交陷火灾的内容。刘凝的解释改变了传统以道家来理解"真"的做法,引入了基督教的天堂、地狱的内容。

对于"仙"的重新理解更加突出马若瑟、刘凝等人对以道家来解释汉字的批评:"世人又不知仙字之义,故谬于神仙而以妖妄之说毒之久矣。"《说文解字》训"仙"为"长生仙去",但马若瑟认为,"仙"字本义并非是指"人之长生于此下土,是乃长生于天"。因此,"仙"字并非道教所谓成仙升天,而是指基督教的永生。对"长"的解释完全不同于后人对《说文解字》的注疏。马若瑟认为"长"指"彼一人之化者,久远而不亡矣"。这里加入了"一人",实际上暗指基督教的上帝。

关于转注、假借,马若瑟认为:"文字之体既定,则从而修其用,转注、假借是也。"在解释假借时,马若瑟提到"天地,即宰天地之主也"。从字学的意义上,马若瑟再一次强调了利玛窦以来的诠释传统,即所谓天地实际上是指天地之主宰,

---

① 马若瑟:《六书实义》,f.22b。
② 马若瑟:《六书实义》,f.24a。
③ 马若瑟:《六书实义》,f.24b。

第七章　基督教化的儒学：马若瑟对儒家经典的诠释

并非指物质之天地。

马若瑟使用基督教的资源来重构六书字学，将指事作为六书之首，并将七个字符作为六书之核心，试图通过对六书的重新理解，来追求经典原意。但实际上，对于马若瑟而言，经典原意就是蕴含在汉字中、隐蔽在经典中而不为世人所知的基督教教义："、、一、三，体一、位三、主宰也；二、三、丨，继天立极，圣人也。七文所指之事，乃归于此。而字学、经学、理学之微蕴，俱在其中矣。"①

马若瑟非常自信地宣称"指事明，而假借如指掌；假借明而六经如指掌；六经明而圣人之道又如指掌也。大易者，乃文字之祖；五经之宗也。而大易与书契同一原、一向、一道、一理"②。因为《易》与书契同源，所以掌握了字学也就掌握了《易经》，如此也就能掌握六经而达到圣人之道。

马若瑟的索隐字学，从问题意识上来看，符合清初的思想取向：通过对文字真义的理解，解决汉以后六经解释争讼纷纭的局面。马若瑟认为，后儒解释不一，是因为对经典尤其是《易经》理解存在分歧；而分歧的原因是圣人之道不明。通过字学可以直达圣人之道。但马若瑟、刘凝所给出的答案并非是"真义"，而是在解释过程中加入了基督教的教义。此种对字学的基督教解释，虽然能够自圆其说而且富有新意，但是已偏离传统字学范畴。

马若瑟在《六书实义跋》中表明指事"三一说"实际上来自基督教教义。他认为，通过基督教教义，可以为理解汉字原意甚至《易经》原意提供了可能。此种主张与刘凝一致："天福中华，西士还至，孔孟之学绝而复续。"

六书索隐，一方面是为了回应清初学界有关字学、音韵学的兴起，马若瑟充分利用了刘凝有关六书的研究成果；另一方面则是通过对字学的基督教化解释，来达成天学"敬天爱人"与"吾儒之学相为表里"的目的，努力融合耶儒。此举既为了传教，更重要的是在理论上说明基督教在清初的合法性：基督教教义可为理解儒家经典原意提供了可能或思想资源。但因为索隐学的特征，马若瑟在诠释道路上，相比利玛窦而言，已越走越远。

(5)"背儒"或"复儒"：索隐神学的处境

马若瑟甚至将其索隐思想用于文学创作。在《儒交信》之前，马若瑟撰有《梦美土记》，强调"固信古经，则近美土，则升帝廷"③。《儒交信》则更进一步，采用明

---

①　马若瑟：《六书实义》，f.27b。
②　马若瑟：《六书实义》，f.27b—28a。
③　相关研究有张西平：《欧洲早期汉学史——中西文化交流与西方汉学的兴起》(第二十一章"索隐派汉学家——马若瑟"，北京：中华书局，2009；宋莉华：《传教士汉文小说研究》，上海：上海古籍出版社，2010；李奭学：《中西合璧的小说新体——清初耶稣会士马若瑟著〈梦美土记〉初探》，《汉学研究》2011年第2期。

清小说常见的章回体,每回正文之前均有"回目"以及引词,共有六回①。故事发生在康熙年间,人物有三位:杨员外,本名杨顺水,字金山,是当地的富商,但喜欢附庸风雅,攀交名贵;李举人,本名李光,字明达,家境一般,但不为营生,只管读书;致仕在家的进士司马慎,号温古。缘起是司马慎受洗入教,引起了杨员外的质疑。故事内容就是三人之间有关天主教与儒家的对话。

马若瑟设定的人物角色符合他的神学背景:三人都处于社会中上阶层,都是地方上有影响的人物,但有三个不同的社会分工,分别是商人、士大夫与官员(致仕后变成士绅)。马若瑟在给人物的设定名字上也有所考虑。入了天主教的致仕官员为司马慎,单名为慎,另号温古。慎,言下之意是此人入教为谨慎之举,实非贸然、唐突的行为;而温古,则不仅与马若瑟的号"温古子"雷同,而且还点出此人入天主教的原因在于"温古"而"知新"。持多元论、同情传教士的李举人,字明达,意思是明晰真理、洞达世事,而作为反面角色的杨员外,自然在名字上显得俗不可耐。

故事的开头非常吸引人。作为儒家士大夫官员的司马慎,在致仕之后,突然受洗入教,引起人们的好奇心与疑问。杨员外认为此事是桩"大奇事",因为杨员外认为司马慎"是个真儒,信佛老"。受洗入教,对于杨员外来说就是背叛儒家,入了异端。但是对于李举人来说,虽然他不必从天主教,但是他奉行的是多元主义,"东海西海,心同理同","他信西儒,我从孔子",两者并不相悖。富商杨员外,没有学问,但坚定地认同儒家,"清天外无光,中国外无道",是类似于杨光先的儒家保守主义者;李举人是中下阶层的儒家士大夫,具有世界性的眼光,是类似于明末以来与传教士"咸与晋接"的开明士大夫;而司马慎则是通过阅读天主教的书籍,最后选择加入天主教,类似于明末三柱石之一的徐光启。换言之,对于马若瑟而言,清初社会反对天主教的人往往来自不读经典的阶层,而类似于李举人、司马慎等人则可以成为天主教的"盟友"。

马若瑟借助杨员外之口,一一指出当时反教者对于天主教的指控,如认为西洋人"常剜死人的眼,用作千里镜","炼丹烧汞",不拜祖先,不许人娶妾,等等;随后通过李举人之口一一为之剖析②。

马若瑟又通过杨员外之口,指出反教者有关天主教教义方面的质疑,如认为无形无相的天主与有历史形象的耶稣之间自相矛盾,天堂地狱来自佛教,等等。李举人则一一作了解释。杨员外认为成为天主教徒的都是那些"贫穷小民",作

---

① 马若瑟:《儒交信》,法国国家图书馆,Courant chinois 7166。正文前有用拉丁文撰写的章节内容提要。
② 马若瑟:《儒交信》,f.10a—12a。

第七章 基督教化的儒学：马若瑟对儒家经典的诠释

为一个进士、士大夫、官员，入教就等于"丢自己的体面"。在杨员外的眼中，天主教徒的行为"与三教小异，与世俗大同"，因此"天主并非正教，无益于人"。

接下来，李举人亲自去找司马慎，询问司马慎为何要入天主教。司马慎向李举人介绍了自己入教的经历。司马慎平时阅读了很多天主教书籍，更重要的是司马慎对生死问题非常注重，直到有一日他去省城见了传教士，便直接受洗入教。李举人将杨员外的问题直接抛给了司马慎，入教便"把孔子的道理都弃绝，一心从外国的教，这是怎么解？"

杨员外、李举人的问题实际上就是清初天主教与儒家关系的写照。从明末的"合儒""补儒"到清初的"超儒"，天主教与儒家之间的罅隙越来越明晰，两者之间分道扬镳的态势随着礼仪之争更加显明。因此，儒家士大夫成为天主教徒不再是明末士大夫信徒那样获得了"附加性"的身份，而是需要转换身份。从清初的"局外人"来看，成为天主教徒就是要抛弃儒家，"从夷教"。因此，清初传教士以及儒家信徒所要解决的问题就是说明或论证成为天主教徒不是背叛儒家，而是"成全"儒家。

明末来华传教士做了大量的"合儒"工作，将"天主"等于"上帝"等。"合儒"所带来的问题是，既然天儒一致，那又何必入天主教：

> 天教有七克，有十诫，有十四哀矜，皆是敬天修己爱人的纲目，与孔子的道理何尝有什么不同？这几件事，小弟若看得不错，敢问仁兄，入天主教，到底是什么要紧？①

马若瑟认为，虽然天主教与儒家相一致，但佛道二教背离儒家甚远，而儒家本身又不能起到规劝的作用，儒家又不重视传教，使得异端横行于世：

> 除了本府本县，还有十三省；除了中国，还有四夷。他们不认得上帝，不晓得孔子，难道不是上帝大父母所生，难道不是与我们同气弟兄不成？上帝明臣，孔子贤徒，你在这里做什么，何不分敷儒教于万方？②

此外，受洗入教的必要性还在于天主教的独特性。马若瑟借助司马慎之口，向李举人详细讲解了天主教的教义、神学，这些启示神学自然也就暗含着人应该受洗获得重生的逻辑关系。

---

① 马若瑟：《儒交信》，f.19b。
② 马若瑟：《儒交信》，f.21a。

第三回中出现了第四个人物，司马慎的同年同里赵敬之。赵敬之在对话一开始就提出了一个非常重要的问题："年兄奉天主教，想必不能做官了。"成为天主教徒是否意味着要放弃儒家身份？显然，马若瑟对此问题是有密切关注的。借助司马慎之口，马若瑟认为信天主要比做官更重要，而且信天主之后做官会更好：

> 不信天主而出仕，或因利害而忘仁义，或徇情分而滥刑赏，或重酒色而轻公事，这叫做难以做官。信天主而临民，居仁由义，先民以德，豪猾奸宄，畏之如神，孤寡困穷，戴之如天，不苛敛而得民心，善抚字而为民牧，这叫做易于居位。①

马若瑟与明末以来儒家信徒的辩护是一致的，信天主教不仅对于个体来说有益，而且对于社会来说也有益无害。同样，对于士大夫官员来说，信天主教有助于提升官员的道德，帮助官员治理民众。

受益于"合儒"策略，类似于李举人的儒家士大夫比较容易接受一神论的天主概念，但对于耶稣是否就等同于天主，士大夫很是疑惑。李举人问司马慎为什么中国经典中从未提及过耶稣，这个问题实际上也是清初世人对基督论最大的质疑。马若瑟的索隐天学体系就是从中国古代经典甚至是文字中寻找基督教的信息，以此消除中国士大夫的质疑：

> 经道失传，字学不行，寓言难达，又未闻天主降生妙道，就看这些古书，也遇他不着。若先晓得圣教中许多大事，后来虚心实意将中国古经古传细心合参，那时我不怕你说没有。譬如书之最古最奥者莫奥莫古于《易》，大《易》中六十四卦三百八十四爻，却像个什么。凡学易者，就满口说都是像圣人。前朝徐寒泉作《易》，或其中明云："易者，无形之圣人，圣人者，有形之易。"诸儒也无不说乾坤就是易，乾坤就是圣人。若这个圣人，还不是降生的天主，《易经》的妙文，总不可解矣；若这个圣人，又是人又是天主，圣三上帝所许将来的救世者，一定是他无疑了。故《中庸》曰："大哉人之道，待其人而后行。"②

按照马若瑟的解释，儒家士大夫往往疑古不如信古，认同古代经典的权威，

---

① 马若瑟：《儒交信》，f.24a。
② 马若瑟：《儒交信》，f.39a—39b。

第七章 基督教化的儒学：马若瑟对儒家经典的诠释

但是秦火之后，经道失传，而字学又不发达，古代经典所蕴含的微言大义难以为人所明白。因此，对于马若瑟而言，并非中国古代经典没有记载耶稣等基督教信息，而是因为中国人不了解基督教，所以对这些蕴含有基督教信息的古代经典无法作出正确的理解与诠释。如果首先了解了基督教，那么就可以自然而然理解古代经典中记载了基督教的内容。马若瑟以《易经》为例，说明"圣人"就是"降生的天主"。从这个意思上来讲，马若瑟的索隐神学认为古代经典本身就已经蕴含着基督教信息，但是道术不传，后来儒者因为没有基督教知识，无法准确解释经典，所以只有通过基督教来解释古代经典，方可融会贯通。马若瑟的索隐神学就是要揭示被掩盖的、被遗忘的古代经典中所隐藏的基督教信息，以此作为耶稣就是天主的历史证据。

在处理完与儒家之间的关系之后，《儒交信》接下来处理的是天主教与佛教之间的关系。李举人在被司马慎劝化之后，认同天主教与儒家一致，决心恢复"古儒"信仰，回到家中后扫灭了佛教偶像，这引起了佞佛的妻子吴氏的不满。吴氏与其亲妹之间的交谈，实际上引出了一个至关重要的问题：对于像李举人这样的士大夫来说，坚持儒家正统，恢复儒家信仰，破除佛道异端，是否就已经足够？马若瑟通过小说人物说出了自己的理解：

> 儒教的说原好，只是还不全。儒教的经指引我们学圣人，然儒教的人，不晓得这个圣人是谁，不知道这个圣人来未曾来。孔子待这个圣人，所以说不得孔子就是他。凡得儒教只是一半不免。①

换言之，马若瑟认为虽然古代经典有基督教信息，天主教与"古儒"也一致，但是后儒所讲的内容并不全面，所以儒家士大夫要恢复或强化儒家信仰，不仅要破除佛道信仰，更应该转向天主教，"只有我天主圣教，所以又能灭佛，又能补儒"。天主教徒是"完备"的儒家，儒家若没有天主教信仰，则不能将儒家落到实处。"儒未信无用，儒交信才实。需望圣人为儒，从圣人言为信"，此或许是《儒交信》书名的大旨。

最终，李举人、李举人的妻子吴氏在司马慎等人的劝说之下，同赴省城天主堂，从西师受洗入教。马若瑟在《儒交信》的最后一回，借用了很多利玛窦《天主实义》的论证方法，向读者介绍天主教的教义、礼仪以及有关形而上学、人性论等内容。

《儒交信》是一部体现出马若瑟索隐神学思想的章回体小说，同时也是一部

---

① 马若瑟：《儒交信》，f.52a。

护教或传教作品,包含了大量的教义、教理等宣教文字,甚至在第三回中还出现了完整版的《信经直解》。因此,《儒交信》企图通过人物之间的对话以及最后人物的转变来为天主教进行辩护。《儒交信》还体现出耶稣会士一贯的传教方法,如通过书籍传教,书中出现了《天主降生言行纪略》《轻世经书》《真道自证》以及受众为女性的《天神会课》等著作。《儒交信》所要处理的核心问题就是儒家士大夫为什么要信天主教?信天主教是否意味着背叛儒家?答案是:儒家士子受洗入教并非背叛儒家,而是成全儒家,天主教不仅与儒家一致,而且比儒家更加完备。"古儒"经典中蕴含者天主教信息,只是经典原意丧失,后世并未知悉。因此,受洗入教不是脱离儒教,而是恢复儒教。

* * *

除了汉语索隐著作之外,马若瑟还用法语、拉丁语撰写了大量的索隐著作。这些著作体现出马若瑟等索隐派的神学思想体系。与白晋、傅圣泽不同,马若瑟曾经对索隐方法产生过动摇与怀疑,"白晋和傅圣泽所做的全部推演最多也不过只是一种可能性,这样一来,这一体系就仅是天主教的一种护教论,毫无意义"①。马若瑟的怀疑可能与其所处的环境有关,亦有可能是其内心深处对此方法的实际效果产生焦虑。虽然马若瑟没有参与礼仪之争的讨论,但身处康熙时期日益白热化的中西矛盾中,他迫切需要为儒耶之间的张力提供出口,也迫切需要为天主教提供合法性。索隐神学体系可谓是集传教、护教、辨教以及为天主教提供合理性为一体的整体解经方案。

索隐神学来源于传统儒家的解经学,并结合了西方基督教神学以及释经学。马若瑟则将其发扬光大,不仅研究《易经》,而且还关注其他经典,甚至是古文字。索隐思想在西方有着深厚渊源,但马若瑟的索隐神学体系首先探讨的是中国古代经典原意问题。

康熙通过《古文渊鉴》的御批,将有关古代经典注疏之争作了定论。马若瑟试图在纷杂的注解之争中,确立索隐派的解经方法,即通过天学来解读古代经典。索隐神学的实质是解经学。马若瑟试图将自己对古代经典的理解,并入清初诸儒反思明儒、宋儒、汉儒而重新诠释六经之列。马若瑟的孜孜努力,似乎是向康熙或士大夫表明,天学不仅仅是一种宗教,而且还可以成为理解古代经典原意的思想资源。因此,天学可以成全儒家。与明末的"合儒""补儒"不同,马若瑟与刘凝等清初天主教索隐思想家采取的是"复儒",即恢复儒家,他们认为"今

---

① Paul Rule, *K'ung-tsz or Confucius? The Jesuit Interpretation of Confucianism*, Allen & Unwin Australia Pty Ltd,1986, p.179. 杨平:《耶稣会士〈易经〉的索隐法诠释》,《周易研究》2003年第4期。

第七章 基督教化的儒学：马若瑟对儒家经典的诠释

儒"、后儒不是真正儒家,而天学才是与"古儒"一致的,才是真儒。

索隐释经学的逻辑关系如下:信经不信传,六经地位不可动摇,《易经》是六经之首;经过秦火之后,六经原意丧失,先王之道亡佚,汉儒、宋儒不仅不能恢复原意,反而淆乱经典;因为人类同源异流,上帝所赋之"理义"相同,所以可以用天学来恢复六经原意;不仅儒家经典与天学一致,而且六书(古文字)中亦含有天学思想;儒教本质上就是天学。马若瑟最终将儒教改造成符合天学的一神教。所以,受洗加入天主教不是脱离儒家而从夷狄之教,而是成为真正的儒家。天主教是完备的、符合古代经典原意的儒家。

对于汉语神学来说,马若瑟的索隐神学体系至少提供了如下历史意义:首先,马若瑟积极切入清初经学的学术领域,试图使用基督教思想为聚讼纷纭的解经方法贡献一家之言,表明汉语神学的构建不仅不应远离主流学术圈,更应为当下议题献芹,此亦符合汉语神学的初衷,"使基督神学成为汉语文化思想的结构要素和人文学术的组成部分"[①]。其次,马若瑟索隐神学主要回应的问题是作为信奉儒家的士大夫为何要受洗入基督教? 此问题直到今天依然非常重要。汉语神学是否能够成功,可能取决于对此问题的解答。再次,马若瑟索隐神学综合运用基督教神学以及儒家经学,从而构建出颇有特色的思想体系。汉语神学能否运用本土思想资源,并融入西方基督教神学,可能决定了未来汉语神学的命运。

按照后现代主义的观点,能否恢复经典原意实际上并不很重要,重要的是谁判定对经典的解释是符合原意的以及对经典的解释是否对历史产生影响。虽然汉儒、宋儒可能淆乱经典原意,但并不妨碍汉学、宋学的产生与发展。同样,经典的重要性不在于原意而在于诠释,而对经典的诠释要立足于传统与权威。马若瑟以基督教神学来诠释经典,虽然可以作为一家之言,但是从儒家的立场来看,显然偏离了传统儒家释经的方向。马若瑟用三位一体来解读古文字的做法,无疑显得十分怪异。但是对于清初儒家基督徒如刘凝而言,索隐神学体系却为他们信仰基督教提供了一个完满而自足的解释体系。此体系不仅让他们心安理得地受洗入教,而且还为他们坚守信仰,反驳反教者的指控提供了思想武器。同时,马若瑟的索隐神学体系还为中西经典互释、中西经学辨读等提供了有益尝试[②]。

[①] 《道风》(复刊号)1994年夏第一期《汉语神学学刊》(Logos & Pneuma, Chinese Journal of Theology, No.1 1994 Summer)《复刊辞》。

[②] 经典互释,可参考李炽昌的跨文本阅读方法,参李炽昌:《跨文本阅读:〈希伯来圣经〉诠释》,上海:上海三联书店,2015;关于经学辨读,可参考杨慧林:《"经文辨读"与"诠释的循环"》,《中国人民大学学报》2012年第5期;杨慧林:《中西"经文辨读"的可能性及其价值——以理雅各的中国经典翻译为中心》,《中国社会科学》2011年第1期;游斌主编的《比较经学》辑刊。

结　论

明末清初天主教传教士东来,不仅带来了西方的宗教、科学与文学,而且还将基督教的组织制度引入中国。明末清初之际,中国社会中出现了一个独特的群体,即儒家基督徒群体。所谓儒家基督徒是指因为耶稣会士的"适应"策略产生的信仰基督教、同时又具有儒家身份的群体。同时,本书所谓的"儒家基督徒"也包括"儒家化"或"儒学化"的基督徒,如索隐派的耶稣会士。

从明末到清初,儒家基督徒群体发生了明显变化。清王朝作为异族入主中原,虽然对基督教的政策与明王朝具有一定的延续性,但是汤若望、南怀仁等传教士在宫廷中获得了前所未有的地位。在康熙禁教之间,清初基督教的发展达到顶峰,"今天教行于我中国,如日中天"。此为清初儒家基督徒群体的塑造提供了一般背景。儒家基督徒群体不断得到发展与壮大,儒家基督徒所撰写的汉语基督教文献也日益增多。但与此同时,伴随着日益白热化的礼仪之争,儒家基督徒群体在处理耶儒关系之时面临着巨大困难。儒家基督徒群体也参与了礼仪之争,在第一次中西争论中发出了自己的声音[①]。

清初儒家基督徒在身份认同上具有鲜明的特征:他们一方面认同儒家传统,但又对"今儒"颇有不满,并对宋明儒学提出了批评;另一方面认同天主教,认为天主教与"古儒"思想一致。在明末儒家基督徒的认同基础之上,清初儒家基督徒的认同有新的发展与变化。清初儒家基督徒继承了明末"合儒""补儒"的路径,进一步论述基督教与儒家一致,并且能够为儒家提供裨益。江西泰和儒家基督徒郭廷裳在其奏章《太平万年书》中就提出基督教有助于提升人心道德,"崇天学以正人心"。在"合儒""补儒"之外,清初儒家基督徒又提出了"超儒""复儒"的主张。浙江杭州儒家基督徒张星曜在《天儒同异考》中提出了基督教超越于儒

---

① Nicolas Standaert, *Chinese Voices in the Rites Controversy: Travelling Books, Community Networks, Intercultural Arguments*, Roma: Institutum Historicum Societatis Iesu, 2012.

家。换言之,张星曜认为基督教比儒家更加优越。江西南丰儒家基督徒刘凝则指出基督教可以恢复儒家。刘凝认为,"古儒"在经过秦火之后已经丧失原意,而西来的基督教则可以恢复儒家经典的真正含义。这些主张实际上是在处理耶儒之间的关系,而耶儒关系是儒家基督教认同的核心问题。

清初儒家基督徒在传教士传教策略的影响下,试图融合儒耶两种不同的传统。但随着清初基督教的发展,尤其是随着礼仪之争的发展,儒耶之间的罅隙日益凸显,两者之间的张力日益增强。儒家基督徒在认同上存在着巨大压力。康熙禁教之后,儒家基督徒需要在儒耶之间进行"非此即彼"的选择。清初著名画家吴历在经过慎重思考之后,放弃了科第考试,主动选择基督教信仰,并成为华籍耶稣会士,在松江一带默默传教三十余年。虽然吴历是清初画家六大家之一,但他并不是如明末三柱石那样具有科举功名以及儒家士大夫身份,因此,吴历在传教过程中遇到了极大的困难与压力。吴历所主持的教会也未能得到儒家士大夫的有效保护。

清初儒家基督徒大部分著作都是在处理耶儒关系,他们的思想与清初的思想转向一致。刘凝对古文字、古音韵的研究,对清初传教士马若瑟的索隐思想产生深刻影响。他们试图通过对古文字的研究,探究上古时期汉字中所隐藏的基督教信息,从而说明基督教并不是外来宗教,而是被中国人已经遗忘的思想传统。此种做法与清初考据学兴起的理路是一致的:都是在寻求经典的原意。只不过清初考据学家所谓的经典原意仍然在儒教诠释的框架之内,而儒家基督徒的诠释却加入了基督教教义的色彩。因此,儒家基督徒的诠释已超出儒家诠释的传统与权威而显得乖离,难以让当时的儒家士大夫理解与接受。

清初儒家基督徒在思想上除了处理耶儒关系之外,还有重要的内容是处理耶佛关系,他们基本上继承了明末基督教处理耶佛关系的主要原则:辟佛(包括道教、民间宗教)。清初儒家基督徒撰写了大量的辟佛著作,如张星曜的《辟妄辟条驳》,延续了徐光启辟佛的传统。署名徐光启的《辟妄》对佛教的"天堂""地狱""持咒"等展开深入批判。清初净土宗普仁截流对《辟妄》展开反驳,撰写了《辟妄辟》。张星曜则对普仁截流的反驳进行批判。张星曜是一位历史学家,编撰了卷帙浩繁的《历代通鉴纪事本末补后编》五十卷,通过中国历史上的事实、名人言论来攻击佛道二教。不同于明末儒家基督徒仅仅从义理上辟佛,清初儒家基督徒开始以史学来对佛道二教展开批判,体现出清初儒家基督徒对处理耶佛关系的进一步发展。

清初日益白热化的礼仪之争,对清初儒家基督徒的思想世界产生了重要影响。最主要的影响是促使儒家基督徒思考如何处理耶儒关系,如何处理自己的身份认同。儒家基督徒为了维护自己的信仰与认同,纷纷维护明末耶稣会士的礼仪与诠释策略,赞同"合儒""补儒"的传教方法,并参与了耶稣会士的"证词"活动。但是受种种因素的影响,清初儒家基督徒在礼仪之争中的声音被忽略了。自此以后,成为基督徒与成为儒家士大夫两者不可兼得。明末儒家士大夫成为基督徒是获得一种新身份,并不丧失原先的儒家身份;而随着礼仪之争以及禁教令的推行,成为基督徒则意味着身份的转换。

清初儒家基督徒的信仰与明末保持一致,但通过研究清初儒家基督徒的著作,可以发现清初儒家基督徒的信仰体现出"杂糅"的特征。明末著名基督徒孙元化后代孙致弥,虽然是儒家基督徒,但是信仰上却有民间宗教的色彩。清初的基督教日益民间化,通过采用民间社会所喜闻乐见的"神迹""驱魔""治病"等方式试图参与到民间的社会生活,与民间宗教展开竞争。这在清初儒家基督徒的著作中多有体现。

身份的转换,体现出清初儒家基督徒群体的整体特征,而随着此种转换,儒家基督徒群体日益封闭。清初的儒家基督徒虽然还有庞大的人际网络,但是这些网络的核心是深居皇宫中的耶稣会士,缺乏类似于明末的三柱石般的重要基督徒。随着礼仪之争的展开及禁教令的推行,基督徒群体的人际网络日益隐蔽,最后形成封闭的基督徒社区[①]。

通过研究清初儒家基督徒的思想、信仰与人际网络,可以对清初儒家基督徒群体的状况有一个整体性的了解,并可管窥清初基督教发展的一般情况。清初儒家基督徒群体的发展与变化,奠定了清初以来基督教与中国互动的基础,也是近代基督教中国化的前驱。他们的著作、思想与信仰,是中国思想与文化的重要组成部分。他们与清初社会之间的互动,他们的人际网络,是清初历史的重要环节。

---

① 如湖北磨盘山天主教徒社区,参见康志杰:《上主的葡萄园——鄂西北磨盘山天主教社区研究(1634—2005)》,台北:辅仁大学出版社,2006。

参 考 文 献

一、汉语古籍

［意］艾儒略：《涤罪正规》,《天主教东传文献三编》第 3 册,台北：台湾学生书局,1984。

［意］艾儒略口铎、李九标笔录：《口铎日抄》,载钟鸣旦、杜鼎克编：《耶稣会罗马档案馆明清天主教文献》第 7 册,台北：利氏学社,2002。

［意］艾儒略：《弥撒祭义略》二卷,1629 年福州刻本,天主教香港教区藏。

［意］艾儒略：《三山论学》,《天主教东传文献续编》第 1 册,台北：台湾学生书局,1965。

（清）敖立榜修、（清）曾毓佐纂：《高县志》,北京：国家图书馆藏。

［法］白晋：《古今敬天鉴》,《明末清初耶稣会思想文献汇编》第 19 册,北京：北京大学宗教研究所,2003。

［法］柏应理：《永定历年瞻礼日法》,载钟鸣旦、杜鼎克编：《耶稣会罗马档案馆明清天主教文献》第 5 册,台北：利氏学社,2002。

（清）柴绍炳：《柴省轩先生文抄》,《四库全书存目丛书》集部第 210 册,济南：齐鲁书社,1997。

（明）程廷瑞：《死说小引》,载钟鸣旦、杜鼎克、蒙曦：《法国国家图书馆明清天主教文献》第 23 册,台北：利氏学社,2009。

（民国）仇锡廷,等：（民国）《蓟县志》,《中国方志丛书·华北地方》第 180 号,民国三十三年铅印本,台北：成文出版社,1969。

［法］戴进贤：《睿鉴录》,载钟鸣旦、杜鼎克、蒙曦：《法国国家图书馆明清天主教文献》第 16 册,台北：利氏学社,2009。

（清）丁廷楗修、赵吉士纂：（康熙）《徽州府志》,北京：国家图书馆藏。

（明）丁志麟：《杨淇园先生超性事迹》,载钟鸣旦、杜鼎克等编：《徐家汇藏书楼明清天主教文献》第 1 册,台北:方济出版社,1986。

(清)杜果、伍柳:《江西通志》,康熙二十二年刊本,日本东京大学图书馆藏。

(明)方以智:《物理小识》,《四库全书》子部第 867 册,台北:商务印书馆,1985。

[法]冯秉正:《盛世刍荛》,《天主教东传文献续编》第 3 册,台北:台湾学生书局,1966。

[葡]傅泛际译义,(明)李之藻达辞:《名理探》,上海:商务印书馆,1935。

(明)傅山:《霜红龛集》,《续修四库全书》第 1395 册,上海:上海古籍出版社,1995。

(清)傅应奎,等:(嘉庆)《韩城县志》,嘉庆二十三年刻本,北京:国家图书馆藏。

[意]高一志:《圣方济各沙勿略传》,武林天主超性堂刊刻,载钟鸣旦、杜鼎克编:《耶稣会罗马档案馆明清天主教文献》第 12 册,台北:利氏学社,2002。

(明)葛寅亮:《四书湖南讲》,《四库全书存目丛书》经部第 162 册,济南:齐鲁书社,1997。

(清)贡震:(乾隆)《灵璧志略》,《中国地方志集成·安徽府县志辑》,南京:江苏古籍出版社;上海:上海书店;成都:巴蜀书社,1998。

(清)郭桂:(道光)《冠朝郭氏续谱》,景字号循伏堂,道光十六年。

(清)郭孔太:《青螺公遗书合编》,郭子仁刻,光绪八年刻本,上海图书馆藏。

(清)郭孔延:《资德大夫兵部尚书郭公青螺年谱》,《北京图书馆藏珍本年谱丛刊》第 52 册,北京:北京图书馆出版社,1999。

(明)郭子章:《大洋洲萧侯庙志》,新淦萧恒庆堂,民国二十一年刻本,上海图书馆藏。

(明)郭子章:《传草》,《四库全书存目丛书》集部第 156 册,济南:齐鲁书社,1996。

(明)郭子章:《郡县释名》,《四库全书存目丛书》史部第 166 册,济南:齐鲁书社,1996。

(明)郭子章:《明州阿育王山志》,《四库全书存目丛书》史部第 230 册,济南:齐鲁书社,1996。

(明)郭子章:《蠙衣生黔草》,《四库全书存目丛书》集部第 155 册,济南:齐鲁书社,1996。

(明)郭子章:《蠙衣生粤草》,《四库全书存目丛书》集部第 155 册,济南:齐鲁书社,1996。

(明)韩霖:《铎书》,载钟鸣旦、杜鼎克等编:《徐家汇藏书楼明清天主教文献》第2册,台北:方济出版社,1996。

(明)韩霖:《二老清风》,台北:文海出版社,1970。

(明)韩霖、张赓,等:《圣教信证》,《天主教东传文献三编》第1册,台北:台湾学生书局,1984。

(清)韩菼:《戒山文存》,《四库全书存目丛书》集部第240册,济南:齐鲁书社,1996。

(清)洪济:《〈辟略说〉条驳》"序",载钟鸣旦、杜鼎克编:《耶稣会罗马档案馆明清天主教文献》第9册,台北:利氏学社,2002。

(明)胡直:《胡子衡齐》,《四库全书存目丛书》子部第11册,济南:齐鲁书社,1996。

(清)黄伯禄:《正教奉褒》,载辅仁大学天主教史料研究中心编:《中国天主教史籍汇编》,台北:辅仁大学出版社,2003。

(清)黄德溥、崔国榜:(同治)《赣县志》,《中国地方志集成·江西府县志辑》第75册,台北:成文出版社,1975。

(清)黄鸣珂、石景芬:《南安府志》,同治七年刊本,《中国方志丛书》第268号,台北:成文出版社,1975。

(明)黄汝亨:《杨氏塾训》"序",载杨兆坊:《杨氏塾训》,《四库全书存目丛书》子部152册,台南:庄严文化事业有限公司,1996。

(清)黄寿祺、吴华辰,等:(同治)《玉山县志》,同治十二年刊本,《中国方志丛书》第274号,台北:成文出版社,1975。

(清)黄廷金、萧浚兰:《瑞州府志》,同治十二年刊本,《中国方志丛书》第99号,台北:成文出版社,1970。

(明)黄贞:《请颜壮其先生辟天主教书》,载夏瑰琦点校:《圣朝破邪集》卷三,香港:宣道出版社,1996。

(明)黄佐:《泰泉乡礼》,《钦定四库全书·泰泉乡礼》卷三,北京:紫禁城出版社,2007。

(清)纪昀:《阅微草堂笔记》,杭州:浙江古籍出版社,2010。

(清)蒋继洙、李树藩:《广信府志》,同治十二年刊本,《中国方志丛书》第106号,台北:成文出版社,1970。

(清)金天柱撰,海正忠点校、译注:《清真释疑》,银川:宁夏出版社,2002。

(民国)黎广润:(民国)《南丰县志》,民国十三年,上海图书馆藏。

(清)李长祚:《崇质堂集二十卷附录一卷》,《四库全书存目丛书》集部112册,济南:齐鲁书社,1996。

(清)李长祚:《周宣王石鼓文定本》"叙",《四库全书存目丛书》经部第200

册,济南:齐鲁书社,1996。

(清)李桓:《国朝耆献类征初编》,《清代传记丛刊》第150册,台北:明文书局,1986。

(明)李九功:《励修一鉴》"自序",《天主教东传文献三编》第1册,台北:台湾学生书局,1984。

(明)李九功:《慎思录》,载钟鸣旦、杜鼎克编:《耶稣会罗马档案馆明清天主教文献》第9册,台北:利氏学社,2002。

(明)李盘、韩霖,等:《金汤借箸十二筹十二卷》,《四库禁毁书丛刊》子部第33册,北京:北京出版社,1997。

(明)李盘:《李小有诗纪》,《四库未收书辑刊》第6辑第29册,北京:北京出版社,1997。

(明)李嗣玄:《西海艾先生行略》,载钟鸣旦、杜鼎克编:《耶稣会罗马档案馆明清天主教文献》第12册,台北:利氏学社,2002。

(明)李维桢:《方舆胜略》"序",《大泌山房集》,《四库全书存目丛书》集部第150册,济南:齐鲁书社,1996。

(清)李卫:《改天主堂为天后宫碑记》,《皇朝经世文编》,北京:中华书局,1992。

(明)李小有:《广仁品》,《四库全书存目丛书》子部第151册,济南:齐鲁书社,1996。

(清)李友杜、李汝学,等:《南冈李氏族谱》"东派长房世系",康熙三十六年刻本。

(明)李之藻:《天学初函》第1册,载吴相湘主编:《中国史学丛书》,台北:台湾学生书局,1964。

[西班牙]利安当:《正学镠石》,《东传福音》第3册,合肥:黄山书社,2005。

[意]利类思:《不得已辩》,《天主教东传文献》,台北:台湾学生书局,1964。

[意]利类思:《圣事礼典》,载钟鸣旦、杜鼎克编:《耶稣会罗马档案馆明清天主教文献》第11册,台北:利氏学社,2002。

[意]利玛窦、金尼阁著,何高济等译:《利玛窦中国札记》,北京:中华书局,1983。

[意]利玛窦:《利玛窦全集》,台北:光启出版社,1986。

[意]利玛窦:《天主实义》,载李之藻辑:《天学初函》第1册,台北:台湾学生书局,1964。

[意]利玛窦:《西国记法》,《天主教东传文献》,台北:台湾学生书局,1965。

(民国)梁启超:《清代学术概论》,北京:东方出版社,1996。

（明）刘继文：《重修南华寺碑记》，《重修漕溪通志》，《中国佛寺史志汇刊》第2辑第4册，台北：明文书局，1980。

（清）刘凝：《本草补》"序"，载钟鸣旦、杜鼎克编：《耶稣会罗马档案馆明清天主教文献》第12册，台北：利氏学社，2002。

（清）刘凝：《觉斯录》，载钟鸣旦、杜鼎克编：《耶稣会罗马档案馆明清天主教文献》第9册，台北：利氏学社，2002。

（清）刘凝：《三余署记》，（同治）《崇义县志》卷十《艺文》，同治六年刻本，上海图书馆藏。

（清）刘凝：《水村先生行实》附《水村先生传》，清刻本，上海图书馆藏。

（清）刘凝：《四末论序》，《天学集解》，俄罗斯国家图书馆藏。

（清）刘凝：《游沙溪洞记》《游桶冈峒茶寮记》，均载（同治）《崇义县志》卷十《艺文》，同治六年刻本，上海图书馆藏。

（元）刘壎：《水云村稿》，《四库全书》集部《别集类》第1195册，台北：商务印书馆，1985。

（元）刘壎：《隐居通议》，《四库全书》子部《杂家类》第866册，台北：商务印书馆，1985。

（元）刘壎：《忠义集》，《四库全书》集部《总集类》第1366册，台北：商务印书馆，1985。

（元）刘壎著、刘冠寰编辑、刘斯嵋校刊：《水云村泯稿》附《恕庵先生传》，道光十七年镌，爱余堂藏版，上海图书馆藏。

（清）卢崧等修：（乾隆）《吉安府志》，乾隆四十一年刻本，北京：国家图书馆藏。

（清）陆陇其：《三鱼堂日记》，北京：中华书局，1985。

［意］罗雅谷：《哀矜行诠》，载钟鸣旦、杜鼎克编：《耶稣会罗马档案馆明清天主教文献》第5册，台北：利氏学社，2002。

（民国）马龢鸣：（民国）《龙岩县志》，《中国方志丛书》第86号，民国九年铅印本。

（清）马如龙、（清）杨鼐，等：（康熙）《杭州府志》刻本，北京：国家图书馆藏。

［法］马若瑟：《经传议论》，法国国家图书馆藏，Courant chinois 7164。

（清）马注著，郭璟、孙淘、马忠校注：《清真指南》，西宁：青海人民出版社，1989。

（清）孟炤、黄祐：《建昌府志》，乾隆二十四年刻本，北京：国家图书馆藏。

（清）孟炤：（乾隆）《建昌府志》，北京：国家图书馆藏。

(民国)《闽清县志》,《中国方志丛书》第 101 号,台北:成文出版社,1967。

(清)缪荃孙等撰、吴格整理点校:《嘉业堂藏书志》,上海:复旦大学出版社,1997。

(清)莫友芝:《宋元旧本书经眼录》,《续修四库全书》史部第 926 册,上海:上海古籍出版社,1995。

[比利时]南怀仁,等:《熙朝定案》(三种),《天主教东传文献续编》第 3 册,台北:台湾学生书局,1965。

[比利时]南怀仁:《熙朝定案》(一种),《天主教东传文献》,台北:台湾学生书局,1965。

(清)潘拱辰:(乾隆)《松溪县志》,北京:国家图书馆藏。

[意]潘国光:《圣教四规》,载钟鸣旦、杜鼎克编:《耶稣会罗马档案馆明清天主教文献》第 5 册,台北:利氏学社,2002。

(清)饶佺、旷敏本:《衡州府志》,光绪元年刊本,北京:国家图书馆藏。

(清)沈保桢、吴坤修等修,何绍基、杨沂孙等纂:(光绪)《重修安徽通志》,《续修四库全书》史部第 652 册,上海:上海古籍出版社,1995。

(清)沈之奇:《大清律集解附例·仪制》卷 12《上书陈言》,北京大学图书馆藏。

(清)沈之奇撰,怀效锋、李俊点校:《大清律辑注》,北京:法律出版社,2000。

(明)施邦曜:《福建巡海道告示》,《圣朝破邪集》卷 2,日本安政乙卯(1885年)冬翻刻本,《四库未收书辑刊》第 10 辑第 4 册,北京:北京出版社,2000。

(清)石铎琭:《本草补》,载钟鸣旦、杜鼎克编:《耶稣会罗马档案馆明清天主教文献》第 12 册,台北:利氏学社,2002。

(清)石铎琭:《大赦解略》,载钟鸣旦、杜鼎克、蒙曦:《法国国家图书馆明清天主教文献》第 24 册,台北:利氏学社,2009。

(清)汪宝树、冯宝山:《崇义县志》,同治六年刻本,上海图书馆藏。

(明)王朝式,夏瑰琦点校:《罪言》,《圣朝破邪集》卷 3,香港:宣道出版社,1996。

(清)王夫之:《永历实录》,上海:上海古籍出版社,1987。

(清)王让修、桂超万:(道光)《祁门县志》,北京:国家图书馆藏。

(清)王若翰:《辟妄条驳合刻》,载钟鸣旦、杜鼎克编:《耶稣会罗马档案馆明清天主教文献》第 9 册,台北:利氏学社,2002。

(清)王思轼:《聂都沙溪洞志序》,(同治)《崇义县志》卷 12《艺文》,同治六年刻本,上海图书馆藏。

(清)王同:《唐栖志》,杭州:浙江摄影出版社,2006。

(明)魏濬:《利说荒唐惑世》,《圣朝破邪集》卷3,《四库未收书辑刊》第10辑第4册,北京:北京出版社,2000。

(清)魏禧:《魏叔子日录》,《续修四库全书》集部第1409册,上海:上海古籍出版社,1995。

(清)魏禧:《魏叔子文集》,《续修四库全书》集部1408册,上海:上海古籍出版社,1995。

(清)魏修、裘琏,等:(康熙)《钱塘县志》,北京:国家图书馆藏。

(清)魏瀛,等:(同治)《赣州府志》,同治十二年刊本,《中国方志丛书·华中地区》第100号,台北:成文出版社,1970。

(明)文翔凤:《处分西夷议》,《南极篇第八》,《四库禁毁书丛刊》子部11册,北京:北京出版社,1997年。

无名氏:《圣方济各会规》,载钟鸣旦、杜鼎克编:《耶稣会罗马档案馆明清天主教文献》第12册,台北:利氏学社,2002。

无名氏:《天主教要》,载钟鸣旦、杜鼎克编:《耶稣会罗马档案馆明清天主教文献》第1册,台北:利氏学社,2002。

(清)吴历:《续〈口铎日抄〉》,《墨井集》卷5,宣统元年徐家汇印书馆铅印本,北京大学图书馆古籍特藏库。

(清)吴庆坻:(光绪)《杭州府志》,《中国方志丛书》第199号,台北:成文出版社,1974。

(清)席绍葆、谢鸣谦、谢鸣盛:《辰州府志》,乾隆三十年,北京:国家图书馆藏。

(清)夏玛第亚:《泡制辟妄辟》,载钟鸣旦、杜鼎克编:《耶稣会罗马档案馆明清天主教文献》第10册,台北:利氏学社,2002。

(民国)萧若瑟:《天主教传行中国考》,载辅仁大学天主教史料研究中心编:《中国天主教史籍汇编》,台北:辅仁大学出版社,2003。

(清)萧彦,等:《掖垣人鉴》,《四库全书存目丛书》史部第259册,济南:齐鲁书社,1996。

(清)谢旻,等:(雍正)《江西通志》,雍正十年刻本,北京:国家图书馆藏。

(清)谢文洊:《程山先生日录》,《丛书集成续编》子部第77册,上海:上海书店出版社,1994。

(清)谢文洊:《谢程山集》,《四库全书存目丛书》集部第209册,济南:齐鲁书社,1996。

(明)熊明遇:《寓林集》"序",黄汝亨:《寓林集》,《四库禁毁书丛刊》集部42册,北京:北京出版社,2000。

（清）熊士伯：《等切元声》"序"，《四库全书存目丛书》经部第219册，济南：齐鲁书社，1996。

（明）熊士旂：《策怠警喻》，载钟鸣旦、杜鼎克等编：《徐家汇藏书楼明清天主教文献》第1册，台北：方济出版社，1996。

（明）徐昌治：《圣朝破邪集》，《藏外佛经》第14册，合肥：黄山书社，2005。

（明）徐昌治：《无依道人录》，《禅宗全书》第60册，台北：文殊出版社，1988。

（明）徐光启：《辟释氏诸妄》，载钟鸣旦、杜鼎克等编：《徐家汇藏书楼明清天主教文献》第1册，台北：方济出版社，1996。

（明）徐光启：《辩学疏稿》，《天主教东传文献续编》第1册，台北：台湾学生书局，1966。

（明）徐光启著，王重民辑：《徐光启集》，上海：上海古籍出版社，1984。

（清）许起凤，等：（乾隆）《宝鸡县志》，乾隆二十九年刻本，北京：国家图书馆藏。

（清）许应镳：（光绪）《抚州府志》，光绪二年刊本，《中国方志丛书·华中地方》第253号。

（清）严谟：《辨祭》，载钟鸣旦、杜鼎克编：《耶稣会罗马档案馆明清天主教文献》第11册，台北：利氏学社，2002。

（清）杨伯多禄、洪意纳爵、朱西满：《祭祀问答》，载钟鸣旦、杜鼎克编：《耶稣会罗马档案馆明清天主教文献》第11册，台北：利氏学社，2002。

（清）杨光先：《不得已》，《天主教东传文献续编》第3册，台北：台湾学生书局，1966。

（清）杨讱、徐迪慧，等：（道光）《泰和县志》，道光六年刊本，《中国方志丛书》第839号，台北：成文出版社，1989。

（明）杨廷筠：《代疑篇》，《明末天主教三柱石文笺注——徐光启、李之藻、杨廷筠论教文集》，香港：道风书社，2007。

（明）杨廷筠：《天释明辨》，《天主教东传文献续编》，台北：台湾学生书局，1966。

（明）叶向高：《西学十诫初解序》，《天学十诫解略》，早稻田大学图书馆藏。

（明）叶益蕃：《三山仁会小引》，《天学集解》卷7，俄罗斯国家图书馆藏。

（清）应宝时，等：（同治）《上海县志》，同治十年刻本，北京：国家图书馆藏。

（清）应撝谦：《性理大中》，《续修四库全书》子部第949册，上海：上海古籍出版社，1995。

（清）永瑢、纪昀主编，周仁等整理：《四库全书总目提要》，海口：海南出版社，1999。

（明）虞淳熙：《胜莲社约》，《武林西湖高僧事略》，杭州：杭州出版社，2006。

（明）虞淳熙：《虞德园先生集》，《四库禁毁书丛刊》集部第43册，北京：北京出版社，2000。

（明）张赓：《领洗告解要规》，法国国家图书馆，Courant chinois 7249。

（清）张景祁，等：（光绪）《福安县志》，《中国方志丛书》第78号，台北：成文出版社，1967。

（明）张蔚然：《绿雪楼集》"跋"，载熊明遇：《绿雪楼集》，《四库禁毁书丛刊》集部第185册，北京：北京出版社，1997。

（清）张星曜：《〈辟妄辟〉条驳》，载钟鸣旦、杜鼎克编：《耶稣会罗马档案馆明清天主教文献》第9册，台北：利氏学社，2002。

（清）张星曜：《历代通鉴纪事本末补后编》全50册，澳门"中央"图书馆何东图书馆藏。

（清）张星曜：《钦命传教约述》，载韩琦、吴旻校注：《熙朝崇正集、熙朝定案（外三种）》，北京：中华书局，2006。

（清）张星曜：《祀典说》，载钟鸣旦、杜鼎克编：《耶稣会罗马档案馆明清天主教文献》第10册，台北：利氏学社，2002。

（清）张星曜：《天教明辨》全20册，北京：国家图书馆藏。

（清）张星曜：《天教明辨》全20册，载钟鸣旦、杜鼎克等编：《徐家汇藏书楼明清天主教文献续编》第6—12册，台北：利氏学社，2013。

（清）张星曜：《天儒同异考》，法国国家图书馆，Courant chinois 7171。

（清）张之洞撰、范希曾补正：《书目答问补正》，上海：上海古籍出版社，2001。

（清）郑云修：（乾隆）《杭州府志》，《续修四库全书》史部第703册，上海：上海古籍出版社，1995。

（清）郑沄修、邵晋涵纂：（乾隆）《杭州府志》，《续修四库全书》史部第702册，上海：上海古籍出版社，1995。

（明）钟始声：《辟邪集》，《东传福音》第9册，合肥：黄山书社，2005。

（清）朱庆萼，等：（同治）《新昌县志》，《中国地方志集成·江西府县志辑》第40册，南京：江苏古籍出版社，1996。

（明）朱宗元：《答客问》，原文附于 Dominic Sachsenmaier, *Die Aufnahme europäischer Inhalte in die chinesische Kultur durch Zhu Zongyuan (ca.1616-1660)*, Nettetal: Steyler 2001 (Monumenta Serica Monograph Series 47).

（明）朱宗元：《天主圣教豁疑论》，《天主教东传文献三编》第2册，台北：台湾学生书局，1984。

(明)朱宗元:《拯世略说》,原文附于 Dominic Sachsenmaier, *Die Aufnahme europäischer Inhalte in die chinesische Kultur durch Zhu Zongyuan (ca. 1616 - 1660)*, Nettetal: Steyler 2001 (Monumenta Serica Monograph Series 47).

二、今人著述

边晓利、刘峥、张西平:《中国基督教史论文索引(1949—1997)》,《基督宗教研究》(第一辑),北京:社会科学文献出版社,1999。

曹增友:《传教士与中国科学》,北京:宗教文化出版社,1999。

常建华:《明代宗族研究》,上海:上海人民出版社,2005。

陈宝良:《中国的社与会》,杭州:浙江人民出版社,1996。

陈佳荣:《中国宗教史》,香港:学津书店出版,1988。

陈来:《蒙学与世俗儒家伦理》,载袁行霈主编:《国学:多学科的视角》,北京:北京大学出版社,2007。

陈受颐:《明末清初耶稣会士的儒教观及其反应》,《中欧文化交流史事论丛》,台北:商务印书馆,1970。

陈受颐:《中欧文化交流史事论丛》,台北:商务印书馆,1970。

陈永革:《晚明佛教思想研究》,北京:宗教文化出版社,2007。

陈垣:《从教外典籍见明末清初之天主教》,《陈垣学术论文集》,北京:中华书局,1980。

《崇义县文史资料》第8辑,赣出内赣地字(1995)44号。

崔维孝:《明清之际西班牙方济会在华传教研究(1579—1732)》,北京:中华书局,2006。

戴康生、彭耀:《宗教社会学》,北京:社会科学文献出版社,2000。

董少新:《形神之间——早期西洋医学入华史稿》,上海:上海古籍出版社,2008。

杜洁祥:《中国佛寺史志汇刊》,台北:明文书局,1980—1994。

杜泽逊:《四库存目标注》,上海:上海古籍出版社,2007。

杜正贤:《杭州孔庙》,杭州:西泠印社,2008。

樊洪业:《耶稣会士与中国科学》,北京:中国人民大学出版社,1992。

方豪:《方豪六十自定稿补编》,台北:台湾学生书局,1969。

方豪:《方豪六十自定稿》,台北:台湾学生书局,1969。

方豪:《李之藻研究》,台北:商务印书馆,1966。

方豪:《中国天主教史论丛》甲集,上海:商务印书馆,1947。

方豪:《中国天主教史人物传》,北京:中华书局,1988。

方豪:《中国天主教史人物传》,北京:宗教文化出版社,2007。

方豪:《中西交通史》,台北:中华文化出版社,1959。

费孝通:《乡土中国·生育制度》,北京:北京大学出版社,1998。

葛兆光:《中国思想史》,上海:复旦大学出版社,2000。

顾卫民:《基督宗教艺术在华发展史》,香港:道风山基督教丛林,2003。

顾卫民:《中国天主教本地化的历程》,载卓新平、许志伟:《基督宗教研究》(二),北京:社会科学文献出版社,2000。

顾卫民:《中国天主教编年史》,上海:上海书店出版社,2003。

韩溥:《江西佛教史之四·佛教人士事略》,北京:光明日报出版社,1994。

韩琦:《科学与宗教之间:耶稣会士白晋的〈易经〉研究》,载陶飞亚、梁元生编:《东亚基督教再诠释》,香港中文大学崇基学院宗教与中国社会研究中心,2004。

韩琦、[意]米盖拉:《中国和欧洲——印刷术与书籍史》,北京:商务印书馆,2008。

韩琦:《再论白晋的〈易经〉研究——从梵蒂冈教廷图书馆所藏手稿分析其研究背景、目的及反响》,载荣新江、李孝聪:《中外关系史:新史料与新问题》,北京:科学出版社,2004。

洪汉鼎:《理解与解释——诠释学经典文选》,北京:东方出版社,2001。

侯外庐:《中国思想通史》,北京:人民出版社,1957。

胡迎建:《江西古文精华丛书·游记卷》,南昌:江西人民出版社,1995。

黄洁碧、伍庆华:《澳门"中央"图书馆古籍目录处理现况》,《古籍联合目录数据库合作建置专集》,北京:国家图书馆,2003。

黄开国:《经学辞典》,成都:四川人民出版社,1993。

黄仁生:《日本现藏稀见元明文集考证与提要》,长沙:岳麓书社,2004。

黄秀文:《中国年谱辞典》,上海:百家出版社,1997。

黄一农:《两头蛇:明末清初的第一代天主教徒》,上海:上海古籍出版社,2004。

黄彰健:《明清史研究丛稿》,台北:商务印书馆,1977。

黄兆强:《清人元史学探研:清初至清中叶》,台北:稻乡出版社,2000。

江灿腾:《晚明佛教改革史》,桂林:广西师范大学出版社,2006。

江庆柏:《清朝进士题名录》,北京:中华书局,2007。

江庆柏:《清代人物生卒年表》,北京:人民文学出版社,2005。

瞿冕良:《中国古籍版刻辞典》(增订本),苏州:苏州大学出版社,2009。

阚红柳:《清初私家修史研究:以史家群体为研究对象》,北京:人民出版社,2008。

康志杰:《上主的葡萄园——鄂西北磨盘山天主教小区研究(1634—2005)》,台北:辅仁大学出版社,2006。

康志杰:《晚明至清中叶天主教善会述论》,载卓新平、许志伟:《基督宗教研究》第7辑,北京:宗教文化出版社,2004。

李炽昌:《文本实践与身份辨识:中国基督徒知识分子的中文著述(1583—1949)》,上海:上海古籍出版社,2005。

李凌翰:《韩霖〈铎书〉与中西证道:明末天主教徒参与的地方教化活动》,香港中文大学文化与宗教研究系,2005。

李奭学:《中国晚明与欧洲文学——明末耶稣会古典型证道故事考诠》,台北:联经出版事业公司,2005。

李天纲:《明末天主教三柱石文笺注——徐光启、李之藻、杨廷筠论教文集》,香港:道风书社,2007。

李天纲:《关于儒家的宗教性:从"中国礼仪之争"两个文本看儒耶对话的可能性》,香港:香港中文大学崇基学院宗教与中国社会研究中心,2002。

李天纲:《跨文化的诠释:经学与神学的相遇》,北京:新星出版社,2007。

李天纲:《徐家汇藏书楼与明清天主教史研究》,《相遇与对话——明末清初中西文化交流国际学术研讨会文集》,北京:宗教文化出版社,2003。

李天纲:《严谟的困惑:18世纪儒家天主教徒的认同危机》,载李炽昌主编:《文本实践与身份辨识:中国基督徒知识分子的中文著述(1583—1949)》,上海:上海古籍出版社,2005。

李天纲:《中国礼仪之争:历史·文献和意义》,上海:上海古籍出版社,1998。

李天纲:《中文文献与中国基督宗教史研究》,载张先清:《史料与视界:中文文献与中国基督教史研究》,上海:世纪出版集团、上海人民出版社,2007。

李学勤:《孟子注疏》,北京:北京大学出版社,1999。

李真:《刘凝与〈觉斯录〉》,《国际汉学》第17辑,郑州:大象出版社,2009。

李致忠:《古代版印通论》,北京:紫禁城出版社,2000。

梁家麟:《徘徊于耶儒之间》,台北:财团法人基督教宇宙光传播中心出版社,1997。

梁其姿:《施善与教化——明清的慈善组织》,石家庄:河北教育出版社,2001。

林金水:《利玛窦与中国》,北京:中国社会科学出版社,1996。

刘国忠、黄振萍：《中国思想史参考资料集：隋唐至清卷》，北京：清华大学出版社，2004。

刘乃和：《中国现代学术经典：陈垣卷》，石家庄：河北教育出版社，1996。

刘素民：《托马斯·阿奎那自然法思想研究》，北京：人民出版社，2007。

刘耘华：《诠释的圆环——明末清初传教士对儒家经典的解释及其本土回应》，北京：北京大学出版社，2005。

刘耘华：《依天立义：清代前中期江南文人应对天主教文化研究》，上海：上海古籍出版社，2014。

吕大吉：《从哲学到宗教学》，北京：宗教文化出版社，2002。

吕元骢、葛荣晋：《清代社会与实学》，香港：香港大学出版社，2000。

罗炽：《方以智评传》，南京：南京大学出版社，2001。

罗光：《天主教的政教关系观》，载郑梁生主编：《第二届中国政教关系国际学术研讨会论文集》，台北：淡江大学历史学系，1991。

罗光：《天主教教义》，台北：辅仁大学出版社，1985。

罗群：《传播学视角中的艾儒略与〈口铎日抄〉研究》，上海：上海古籍出版社，2012。

马西沙、韩秉方：《中国民间宗教史》，上海：上海人民出版社，1992。

马相伯：《马相伯集》，上海：复旦大学出版社，1996。

牟钟鉴、张践：《中国宗教通史》，北京：社会科学文献出版社，2000。

潘凤娟：《西来孔子艾儒略——更新变化的宗教会遇》，台北：财团法人基督教橄榄文化事业基金会，2002。

潘吉星：《中国、韩国与欧洲早期印刷术的比较》，北京：科学出版社，1997。

祁美琴：《清代榷关制度研究》，呼和浩特：内蒙古大学出版社，2004。

钱海岳：《南明史》，北京：中华书局，2006。

钱仲联：《清诗纪事·明遗民卷》，南京：江苏古籍出版社，1987。

沈定平：《明清之际中西文化交流史——明代：调适与会通》，北京：商务印书馆，2001。

圣严：《中国佛教史概说》，台北：法鼓文化事业股份有限公司，1999。

宋伯胤：《明泾阳王徵先生年谱》，西安：陕西师范大学出版社，1990。

苏萍：《谣言与近代教案》，上海：上海远东出版社，2001。

孙尚扬、[比利时]钟鸣旦：《1840年前的中国基督教》，北京：学苑出版社，2004。

孙尚扬：《基督教与明末儒学》，北京：东方出版社，1994。

孙尚扬：《明末天主教徒韩霖对儒教伦理的批判性反思》，载许志伟主编：

《基督教思想评论》(第2辑),上海:上海人民出版社,2005。

孙尚扬:《明末天主教与儒学的互动:一种思想史的视角》,北京:宗教文化出版社,2013。

孙尚扬:《宗教社会学》,北京:北京大学出版社,2004。

孙毓修:《明朝纪事本末补编》"跋",《历代纪事本末》第2册,北京:中华书局,1997。

汤开建:《顺治时期天主教在中国的传播与发展》,载卓新平、许志伟主编:《基督宗教研究》第3辑,北京:宗教文化出版社,2001。

汤开建、赵殿红、罗兰桂:《清朝前期天主教在中国社会的发展及兴衰》,《国际汉学》第9辑,郑州:大象出版社,2003。

王泛森:《晚明清初思想十论》,上海:复旦大学出版社,2004。

王家俭:《从天主教的冲击看明末清初时期中西文化论战的背景与意义》,《清史研究论薮》,台北:文史哲出版社,1994。

王日根:《乡土之链:明清会馆与社会变迁》,天津:天津人民出版社,1996。

王晓朝:《基督教与帝国文化——关于希腊罗马护教论与中国护教论的比较研究》,北京:东方出版社,1997。

王重民:《跋爱余堂本隐居通议》,《图书季刊》新六卷一、二合期,1945。

王重民:《中国善本书提要》附录《题跋》,上海:上海古籍出版社,1983。

吴飞:《麦芒上的圣言:一个乡村天主教群体中的信仰和生活》,香港:道风书社,2001。

吴海林、李延沛:《中国历史人物辞典》,哈尔滨:黑龙江人民出版社,1983。

吴旻、韩琦:《欧洲所藏雍正乾隆朝天主教文献汇编》,上海:上海人民出版社,2008。

吴廷燮:《明督抚年表》,北京:中华书局,1982。

吴薇:《明清时期江西天主教的传播》,江西师范大学历史文化与旅游学院未刊硕士论文,2003。

夏伯嘉:《天主教与明末社会:崇祯朝耶稣会士龙华民山东传教的几点问题》,载刘翠溶编:《四分溪论学集》(上),台北:允晨文化实业股份有限公司,2006。

萧放:《明清家族共同体组织民俗论纲》,《明清史》,北京:中国人民大学书报文献社编,2006。

肖清和:《理解与诠释之间——〈铎书〉考辨》,《基督教文化学刊》第13辑,北京:中国人民大学出版社,2005。

肖清和:《身份认同与历法之争:以〈不得已〉与〈不得已辩〉为中心》,《天主教研究论辑》第 5 辑,北京:宗教文化出版社,2008。

肖清和:《"天会"与"吾党":明末清初天主教徒群体之形成与交往研究》,北京大学哲学系、宗教学系未刊博士论文,2009。

肖清和:《吴历与清初中国天主教教会——以〈续口铎日抄〉为中心》,《新世纪宗教研究》第六卷第四期,2008。

肖清和:《张星曜与〈天儒同异考〉——清初中国基督徒的群体交往及其身份辨识》,《天主教研究论辑》第 4 辑,北京:宗教文化出版社,2007。

谢国桢:《江浙访书记》,北京:生活·读书·新知三联书店,1985。

谢国桢:《明清之际党社运动考》,北京:中华书局,1982。

谢鸣谦:《程山谢明学先生年谱》,《北京图书馆藏珍本年谱丛刊》第 73 册,北京:北京图书馆出版社,1999。

邢福增:《文化适应与中国基督教》,香港:建道神学院,1995。

徐海松:《清初士人与西学》,北京:东方出版社,2000。

徐海松:《耶稣会士与中西文化交流论著目录》,《东西交流论坛》(2),上海:上海文艺出版社,2001。

徐进:《江西名胜诗选》,南昌:江西人民出版社,1986。

徐远和:《理学与元代社会》,北京:人民出版社,1992。

徐宗泽:《明清间耶稣会士译著提要》,上海:上海书店出版社,2006。

许嘉璐:《传统语言学辞典》,石家庄:河北教育出版社,1990。

阎宗临:《中西交通史》,桂林:广西师范大学出版社,2007。

杨惠玲:《戏曲班社研究:明清家班》,厦门:厦门大学出版社,2006。

杨慧林:《圣言·人言——神学诠释学》,上海:上海译文出版社,2002。

杨森富:《中国基督教史》,台北:商务印书馆,1984。

杨少芳:《清初儒家基督徒张星曜及其〈天教明辨〉初探》,北京外国语大学硕士论文未刊稿,2008。

姚淮:《重建文昌阁记》,载释际祥:《净慈寺志》卷五,杭州:杭州出版社,2006。

叶丽珊、阮美贤:《正义道中寻:天主教社会训导文献简易本》,香港:香港天主教正义和平委员会,2006。

游子安:《善与人同——明清以来的慈善与教化》,北京:中华书局,2005。

翟志宏:《阿奎那自然神学思想研究》,北京:人民出版社,2007。

张国刚:《从中西初识到礼仪之争》,北京:人民出版社,2003。

张静:《身份认同研究:观念、态度、理据》,上海:上海人民出版社,2006。

张铠:《庞迪我与中国:耶稣会"适应"策略研究》,北京:北京图书馆出版社,1997。

张权民:《清代前期古音学研究》,北京:北京广播学院出版社,2002。

张树栋,等:《中华印刷通史》,台北:财团法人印刷传播兴才文教基金会,2004。

张西平:《欧洲早期汉学史——中西文化交流与西方汉学的兴起》,北京:中华书局,2009。

张西平:《中国和欧洲早期宗教和哲学交流史》,北京:东方出版社,2001。

张先清:《官府、宗族与天主教:17—19世纪福安乡村教会的历史叙事》,北京:中华书局,2009。

张先清:《回顾与展望——20世纪中国之明末清初天主教传华史研究》,《宗教文化》(3),北京:东方出版社,1998。

张先清:《刊书传教:清代禁教期天主教经卷在民间社会的流传》,载张先清编:《史料与视界:中文文献与中国基督教史研究》,上海:上海人民出版社,2007。

张先清:《明清宗族社会与天主教的传播——一项立足于东南城乡的考察》,载卓新平:《相遇与对话:明末清初中西文化交流国际学术研讨会文集》,北京:宗教文化出版社,2003。

张星烺:《中西交通史史料汇编》,上海书店影印辅仁大学丛书,1930。

张秀民、韩琦:《中国活字印刷史》,北京:中国书籍出版社,1998。

张秀民:《中国印刷史》,上海:上海人民出版社,1989。

张燕:《郭子章与晚明社会(1543—1618)》,南昌大学未刊硕士论文,2012。

章宏伟:《十六—十九世纪中国出版研究》,上海:上海人民出版社,2011。

章文钦:《吴渔山及其华化天学》,北京:中华书局,2008。

赵庆源:《中国天主教教区划分及其首长接替年表》,台南:闻道出版社,1980。

郑安德:《明末清初耶稣会思想文献汇编》,北京:北京大学宗教研究所,2003。

郑振满:《明清福建家族组织与社会变迁》,长沙:湖南教育出版社,1992。

周萍萍:《十七、十八世纪天主教在江南的传播》,北京:社会科学文献出版社,2007。

周秋光、曾桂林:《中国慈善简史》,北京:人民出版社,2006。

周一良:《中外文化交流史》,郑州:河南人民出版社,1987。

周振鹤:《圣谕广训:集解与研究》,上海:上海书店出版社,2006。

朱维铮:《利玛窦中文著译集》,上海:复旦大学出版社,2001。

朱维铮:《走出中世纪》,上海:上海人民出版社,1987。

卓新平:《基督宗教论》,北京:社会科学文献出版社,2000。

三、汉语译著

[美] 艾尔曼:《从理学到朴学——中华帝国晚期思想与社会变化面面观》,赵刚译,南京:江苏人民出版社,1995。

[德] 奥脱:《天主教信理神学》,王维贤译,台北:光启出版社,1967—1969。

[加] 查尔斯·泰勒:《自我的根源:现代认同的形成》,韩震等译,南京:译林出版社,2001。

[法] 德礼贤:《中国天主教传教史》,上海:商务印书馆,1933。

[美] 邓恩:《从利玛窦到汤若望:晚明的耶稣会士》,余三乐、石蓉译,上海:上海古籍出版社,2003。

[美] 杜赞奇:《文化、权力和国家——1900—1942年的华北农村》,王福明译,南京:江苏人民出版社,1994。

[法] 费赖之:《明清间在华耶稣会士列传(1552—1773)》,梅乘骐、梅乘骏译,上海:天主教上海教区光启社,1997。

[法] 费赖之:《在华耶稣会士列传及书目》,冯承钧译,北京:中华书局,1995。

[日] 夫马进:《中国善会善堂史研究》,伍跃、杨文信、张学锋译,北京:商务印书馆,2005。

[比利时] 高华士:《清初耶稣会士鲁日满常熟账本及灵修笔记研究》,赵殿红译,郑州:大象出版社,2007。

[法] 伯希和编、[日] 高田时雄校订补编:《梵蒂冈图书馆所藏汉籍目录》,北京:中华书局,2006。

[德] 哈贝马斯:《公共领域的结构转型》,曹卫东、王晓珏等译,北京:学林出版社,1999。

[德] 加达默尔:《真理与方法——哲学诠释学的基本特征》,洪汉鼎译,上海:上海译文出版社,1992。

[美] 凯特·洛文塔尔:《宗教心理学简论》,罗跃军译,北京:北京大学出版社,2002。

[美] 柯文:《在中国发现历史:中国中心观在美国的兴起》,林同奇译,北京:中华书局,1989。

[意] 柯毅霖:《晚明基督论》,王志成等译,成都:四川人民出版社,1999。

[美] 赖英泽:《基督与文化》,龚书森译,台南:东南亚神学院协会台湾分会,1963。

[丹麦] 龙伯格:《清代来华传教士马若瑟研究》,李真、骆洁译,郑州:大象出

版社,2009。

[美]罗德尼·斯达克、威廉姆·希姆斯·本布里奇:《宗教的未来》,高师宁、张晓梅、刘殿利译,北京:中国人民大学出版社,2006。

[美]罗德尼·斯塔克:《基督教的兴起:一个社会学家对历史的再思》,上海:上海古籍出版社,2005。

[美]罗纳德·L.约翰斯通:《社会中的宗教——一种宗教社会学》,尹今黎、张蕾译,成都:四川人民出版社,1991。

[德]马克斯·韦伯:《新教伦理与资本主义精神》,于晓、陈维纲等译,北京:生活·读书·新知三联书店,1987。

[美]孟德卫:《中国礼仪之争研究概述》,《国际汉学》第5辑,吴莉苇译,郑州:大象出版社,2000。

[法]裴化行:《天主教十六世纪在华传教志》,萧濬华译,上海:商务印书馆,1936。

[加]秦家懿、孔汉思:《中国宗教与西方神学》,吴华主译,台北:联经出版事业公司,1989。

[美]苏尔、诺尔:《中国礼仪之争西文文献一百篇(1645—1941)》,沈保义、顾卫民、朱静译,上海:上海古籍出版社,2001。

[美]汤朴·威廉:《基督教与社会秩序》,香港:基督教文艺出版社,2003。

[美]特雷西:《诠释学·宗教·希望——多元性与含混性》,冯川译,上海:上海三联书店,1998。

[法]卫青心:《法国对华传教政策:清末五口通商和传教自由,1842—1856》,黄庆华译,北京:中国社会科学出版社,1991。

[美]魏若望:《耶稣会傅圣泽神父传:索隐派思想在中国及欧洲》,吴莉苇译,郑州:大象出版社,2006。

[德]魏特:《汤若望传》,上海:商务印书馆,1949。

[法]谢和耐:《中国和基督教:中国和欧洲文化之比较》,耿昇译,上海:上海古籍出版社,1991。

[荷]许理和:《李九功与〈慎思录〉》,卓新平主编:《相遇与对话——明末清初中西文化交流国际学术研讨会文集》,北京:宗教文化出版社,2003。

[美]杨庆堃:《中国社会中的宗教:宗教的现代社会功能及其历史因素之研究》,范丽珠等译,上海:上海人民出版社,2007。

[法]伊夫斯·德·托玛斯·德·博西耶尔夫人:《耶稣会士张诚——路易十四派往中国的五位数学家之一》,辛岩译,郑州:大象出版社,2009。

[比利时]钟鸣旦:《可亲的天主——清初基督徒论"帝"谈"天"》,何丽霞译,

台北：光启出版社,1998。

［比利时］钟鸣旦：《杨廷筠：明末天主教儒者》，北京：社会科学文献出版社,2002。

［美］周绍明：《书籍的社会史：中华帝国晚期的书籍与士人文化》，何朝晖译，北京：北京大学出版社,2009。

四、外文文献

Barret, Timothy H. The Rise and Spread of Printing: A New Account of Religious Factors. London: *School of Oriental and African Studies*, 2001.

Bays, Daniel H. "Christianity and the Chinese Sevtarian Tradition", in *Ch'ing Shih Went'I* (1982) Volume 4.

Übelhör, Monika. "Hsu Kuang-chi und seine Einstellung zum christentum", PhD dissertation, University of Hamburg, 1969.

Bell, Catherine. "Printing and Religion in China: Some Evidence from the Taishang Ganying Pian", in *Journal of Chinese Religious* 20(1992).

Bodde, Derk. *Chinese Thought, Society, and Science: the Intellectual and Social Background of Science and Technology in Pre-modern China*. Honolulu: University of Hawaii Press, 1991.

Brockey, Liam. *Journey to the East, the Jesuit Mission to China, 1579 - 1724*. Cambridge: The Belknap Press of Harvard University Press, 2007.

Brokaw, Cynthia J. and Chow Kai-wing (eds). *Printing & Book Culture in Late Imperial China*. Berkeley: University of California Press, 2005.

Chan, Albert. *Chinese Books and Documents in the Jesuit Archives in Rome, a Descriptive Catalogue: Japonica-Sinica I - IV*. Armonk, N.Y.: M. E. Sharpe, c2002.

Chan, Hok-lam. *Control of Publishing in China, Past and Present*. Canberra: The Australian National University, 1983.

Charbonnier, Jean-Pierre. *Christians in China: A.D. 600 to 2000*. San Francisco, CA: Ignatius Press, 2007.

Chaves, Jonathan. *Singing of the Source: Nature and God in the Poetry of the Chinese Painter Wu Li*. Honolulu: University of Hawii Press, 1993.

Chow, Kai-wing, "Writing for Success: Printing, Examinations and Intellectual Change in Late Ming China", *Late Imperial China* 17, 1(1996).

Clossey, Luke. *Salvation and Globalization in the Early Jesuit Missions*.

New York: Cambridge University Press,2008.

Cohen, Paul. *China and Christianity: The Missionary Movement & the Growth of Chinese Antiforeignism*, 1860 – 1870. Cambridge, Massachusetts: Harvard University Press, 1963.

Courant, Maurice. and Yoshinobu Sakade. *Catalogue des Livres Chinois, Coréens, Japonais*, etc. Tokyo: Kasumigaseki Shuppan Kabushiki Kaisha,东京: 霞ケ关出版株式会社,1993—1994.

Cummins, J. S. *A Question of Rites: Friar Domingo Navarrete and the Jesuits in China*. Aldershot, Hants: Scolar Press, 1993.D

Dehergne, Joseph. Catéchismes et catéchèse des Jésuites de Chine de 1584 à 1800,in *Monumenta Serica*, Vol. XLVII, 1999.

Dehernge, Joseph. "La Chine central vers 1700: III, Les vicariats aposoliques de l'intérieure", in *AHSI* 36(1967).

Dehernge, Joseph. "La Chine central vers 1700: II, Les vicariats apostoliques de la côte", in *AHSI* 30(1961).

Dehernge, Joseph. "La Chine central vers 1700: I, L'évêché de Nankin", in *AHSI* 28(1959).

Dehernge, Joseph. "Les chrétientés de Chine de la période Ming (1581 – 1650)", in *Monumenta Serica*, Vol.16, 1957.

Dehernge, Joseph. "Les missions de la Chine du Nord vers 1700", in *AHSI* 24(1955).

Dudink, Ad. "*Christianity in Late Ming China: Five Studies*", PhD dissertation, Leiden, 1995.

Dudink, Ad. "Nangong shudu (1620), Poxie ji (1640), and Western Reports on the Nanjing Perspecution (1616/1617)", in *Monumenta Serica* 48 (2000).

Dudink, Ad. "Review of The Forgotten Christians of Hangzhou", in *T'oungpao* LXXXIV, Brill, Leiden, 1998.

Dudink, Ad. "The Chinese Christian Books of the Former Beitang Library",in *Sino-Western Cultural Relation Journal* 26(2004).

Dudink, Ad. "The Rediscovery of a Seventeenth-century Collection of Chinese Christian Texts: The Manuscript Tianxue Jijie", in *Sino-Western Cultural Relation Journal* XV(1993).

Duteil, Jean-Pierre. *Le mandat du ciel: Le rôle des jésuites en Chine.De la* mort de François-Xavier à la dissolution de la Compagnie de Jésus, 1552 - 1774. Paris: Arguments, 1994.

Ebrey, Patricia Buckley and James L. Watson (eds.), *Kinship Organization in Late Imperial China, 1000 - 1940*. California: University of California Press, 1986.

Edkins, Joseph. *China's Place in Philology: an Attempt to Show that the Languages of Europe and Asia Have a Common Origin*. TaiPei: Cheng Wen Publishing Company, 1971.

Elman, Benjamin A. *A Cultural History of Modern Science in China*. Cambridge, Mass: Harvard University Press, 2006.

Faure, David. *Emperor and Ancestor: State and Lineage in South China*. California: Stanford University Press, 2007.

Frankel, James D. "*Liu Zhi's Journey Through Ritual Law to Allah's Chinese Name: Conceptual Antecedents and Theological Obstacles to the Confucian-Islamic Harmonization of the Tianfang Dianli*", Ph. D. Dissertation, Columbia University, 2005.

Freedman, Maurice. *Chinese Lineage and Society: Fukien and Kwangtung*. London: Athlone Press, 1966.

Freedman, Maurice. *Lineage Organization in Southeastern China*. London: Athlone Press, 1958.

Geffeé, Claude. "*The Crisis of Christian Identity in an Age of Religious Pluralism*", in Christianity in Crisis, edited by Jon Sobrino and Felix Wilfred, London: SCM Press, c2005.

Gernet, Jacques. *China and the Christian impact: a Conflict of Cultures*. Cambridge: Cambridge University Press; Paris: Editions de la Maison des Sciences de l'Homme, 1985.

Gernet, Jacques. *Chine et christianisme: Action et reaction*. Paris: Gallimard, 1982.

Gold, Thomas; Doug Guthrie; David Wank (eds.), *Social Connections in China: Institutions, Culture, and the Changing Nature of Guanxi*. Cambridge, UK; New York: Cambridge University Press, 2002.

Haddad, Yvonne. "Maintaining the Faith of the Fathers: Dilemmas of Religious Identity in the Christian and Muslim Arab-American Communities", in *The Development of ArabAmerican Identity*, edited by E. McCarus, Ann

Arbor: The University of Michigan Press, 1994.

Hamilton, Malcolm B. *The Sociology of Religion: Theoretical and Comparative Perspectives*. London and New York: Routledge, 1995.

Huang, Xiaojuan. "*Christian Communities and Alternative Devotions in China, 1780-1860*", Ph.D Dissertation, Princeton University, 2006.

Jensen, Lionel Millard. "*Manufacturing 'Confucianism': Chinese and Western Imaginings in the Making of a Tradition*", PhD Dissertation, University of California at Berkeley, 1992.

Kim, S.K. "*Strange Names of God: The Missionary Translation of the Divine Name and the Chinese Response to Matteo Ricci's Shangti in Late Ming China, 1583-1644*", PhD Dissertation, Princeton Unversity, 2001.

King, Gail. "Candida Xu and the Growth of Christianity in China in the Seventeenth Century", in *Monumenta Serica* 46(1998).

King, Gail. "Christian Charity in Seventeenth-century China", in *Sino-Western Cultural Relations Journal*, XXII, 2000.

Laamann, Lars Peter. *Christian Heretics in Late Imperial China: The Inculturation of Christianity in Eighteenth and Early Nineteenth Century*. London: Routledge Curzon, 2006.

Lane, Dermot A. "Faith and Culture: The Challenge of Inculturation", in *Religion and Culture in Dialogue, A Challenge for the Next Millenium*, edited by Dermot A. Lane, Dublin: Columba Press, 1993.

Latourette, Kenneth Scott. *A History of Christian Missions in China*. New York: Macmillan, 1929.

Lee, Archie. "Cross-textual Reading Strategy: A Study of Late Ming and Early Qing Chinese Christian Writings", in *Ching Feng*, n. s., 4.1(2003).

Lee, Archie. "Textual Confluence and Chinese Christian Identity: A Reading of Han Lin's Duo Shu", in *Chakana*, Vol.2(2004).

Lee, Joseph Tse-Hei. *The Bible and the Gun: Christianity in South China*. New York and London: Routledge, 2003.

Litzinger, Charles. "*Temple Community and Village Cultural Integration in North China: Evidence from Sectarian Cases (Chiao-an) in Zhihli, 1860-1895*", Dissertation, University of California-David, 1983.

Liu, Kuang-ching ed. *Orthodoxy in Late Imperial China*. Berkeley: University of California Press, 1994.

Lundbæk, Knud. *Joseph de Prémare*, 1666 – 1736, *S. J.: Chinese Philology and Figurism*. Aarhus C, Denmark: Aarhus University Press, 1991.

Madsen, Richard. "Catholicism as Chinese Folk Religion". In *China and Christianity: Burdened Past, Hopeful Future*, edited by S. J. Uhalley and WU Xiaoxin, Armonk, N.Y.: M. E. Sharpe, 2001.

McGuire, Meredith. *Religion: The Social Context*, Belmont, Calif.: Wadsworth Pub. Co., c1987.

McMullen, M. *The Baha'i: The Religious Construction of a Global Identity*. New Brunswick, NJ: Rutgers University Press, 2000.

Menegon, Eugenio. *Ancestors, Virgins, and Friars: Christianity as a Local Religion in Late Imperial China*, Cambridge, Mass.: Harvard University Asia Center for the Harvard-Yenching Institute, 2009.

Menegon, Eugenio. "*Ancestors, Virgins and Friars: The Localization of Christanity in Late Imperial Mingdong (Fujian, China) 1632 – 1863*", Ph D, Dissertation, University of California, Berkeley, 2002.

Mol, Hans. *Identity and the Sacred: A Sketch for a New Social-Scientific Theory of Religion*. Oxford: Blackwell. 1976.

Mungello, David E. *Curious Land: Jesuit Accommodation and the Origins of Sinology*, Stuttgart: F. Steiner Verlag Wiesbaden, 1985.

Mungello, D. E. *Spirit and the Flesh in Shandong, 1650 – 1785*. Lanham, MD: Rowman & Littlefield Publishers, c2001.

Mungello, D. E. *The Forgotten Christians of Hangzhou*. Honolulu: University of Hawii Press, 1994.

Mungello, D. E. *The Great Encounter of China and the West, 1500 – 1800*. London: Rowman & Little Field Publishers, Inc., 1999.

Mungello, D. E. "Unearthing the Manuscripts of Bouvet's GUJIN after nearly three Centuries", in *China Mission Studies (1550 – 1800)* Bulletin X (1988).

Nagel, J. "American Indian Ethnic Renewal: Politics and the Resurgence of Identity", in *American Sociological Review* 60(1995).

Niebuhr, Richard. *Christ and Culture*. Harper: New York, 1951.

Noll, Ray R. *100 Roman Documents Concerning the Chinese Rites Controversy (1645 –1941)*. University of San Francisco, the Ricci Institute for Chinese-Western Cultural History, 1992.

Overmyer, Daniel L. "Alternatives: Popular Religions Sects in Chinese Society", in *Modern China*, VII-2 (April 1981).

Peek, Lori. "Becoming Muslim: The Development of a Religious Identity", in *Sociology of Religion* 3(2005).

Pelliot, Paul. *Inventaire Sommaire des Manuscrits et Imprimés Chinois de la Bibliothèque Vaticane: A Posthumous Work*, revised & edited by Takata Tokio, Bottero, Francoise and D'Arelli, Francesco. Kyoto: Istituto italiano di cultura, Scuola di studi sull'Asia orientale, 1995.

Redfield, Robert. *Peasant Society and Culture: An Anthropological Approach to Civilization*. Chicago: University of Chicago Press, 1956.

Smart, Ninian. *Dimensions of The Sacred: An Anatomy of the World's Beliefs*. Berkley: University of California Press, 1996.

Standaert, Nicolas. *Chinese Voices in the Rites Controversy: Travelling Books, Community Networks, Intercultural Arguments*. Roma: Institutum Historicum Societatis Iesu, 2012.

Standaert, Nicolas. *Handbook of Christianity in China: Volume One (635-1800)*. Leiden; Boston: Brill, 2001.

Standaert, Nicolas. *Methodology in View of Contact between Cultures: the China Case in the 17th Century*. Hong Kong: Centre for the Study of Religion and Chinese Society, Chung Chi College, The Chinese University of Hong Kong, 2002.

Standaert, Nicolas. *The Interweaving of Rituals: Funerals in the Cultural Exchange between China and Europe*. Seattle and London: University of Washington Press, 2008.

Standaert, Nicolas. "The Jesuit Presence in China (1580-1773), A Statistical Approach", in D. E. Mungello ed., *Sino-Western Cultural Relations Journal*, XIII, 1991.

Standaert, Nicolas. "Xu Guangqi's Conversion as a Multifaceted Process", in *Statecraft and Intellectual Renewal in the Late Ming: The Cross-Cultural Synthesis of Xu Guangqi (1562-1633)*, C. Jami, P. Engelfriet & G. Blue (eds.) Leiden: Brill, 2001.

Standaert, Nicolas. *Yang Tingyun, Confucian and Christian in Late Ming China: His life and Thought*. Leiden; New York: E.J. Brill, 1988.

Sun, Shangyang. "Misreading and Its Creativity in Sino-Western Cultural

Communication at the End of the Ming Dynasty", in edited by Yang Huilin and Daniel H. N. Yeung. *Sino-Christian Studies in China*. Newcastle: Cambridge Scholars Press, 2006.

Sweeten, Alan Richard. *Christianity in Rural China: Conflict and Accommodation in Jiangxi Province 1860 – 1900*. Ann Arbor, Michigan: University of Michigan Press, 2001.

Tanner, Kathryn. *Theories of Culture: A New Agenda for Theology*. Minneapolis: Fortress Press, 1997.

Taylor, Charles. *Sources of the Self: the Making of the Modern Identity*. Cambridge, Mass.: Harvard University Press, 1989.

Tiedemann, R. G. "Conversion Patterns in North China: Sociological Profiles of Chinese Christians, 1860 – 1912", in ed. By Ku Wei-ying and Koen De Ridder, *Authentic Chinese Christianity: Preludes to Its Development (Nineteenth and Twentieth Centuries)*, Leuven: Leuven University Press, 2001, pp.107 – 133.

Tsien, Tsuen-hsuin. "Chemistry and chemical technology: paper and printing", in *Science and Civilisation in China*, ed. by Joseph Needham. Cambridge: Cambridge University Press, 1985.

Yan, Ke. "*Scholars and Communications Networks: Social and Intellectual Change in 17th-century North China*", PhD Dissertation, Georgetown University, 1998.

Young, John D. *East-West Synthesis: Matteo Ricci and Confucianism*. Hong Kong: Centre of Asian Studies, University of Hong Kong, 1980.

Zhang, Qiong. "*Cultural Accommodation or Intellectual Colonization? A Reinterpretation of the Jesuit Approach to Confucianism during the Late Sixteenth and Early Seventeenth Centuries*", Ph. D. dissertation, Harvard University, 1996.

Zürcher, Erik. "Christian Social Action in Late Ming Times: Wang Zheng and his 'Humanitarian Society'", in *Linked Faiths: Essays on Chinese Religions and Traditional Culture in Honour of Kristofer Schipper*, edited by Jan A.M. De Meyer & Peter M. Engelfriet, Leiden; Boston: Brill, 2000.

Zürcher, Erik. "Jesuit Accommodation and the Chinese Cultural Imperative", in *The Chinese Rites Controversy: Its History and Meaning*, edited by D. E. Mungello, Nettetal: Steyler Verlag, 1994.

Zürcher, Erik. "The Jesuit Mission in Fujian in Late Ming Times: Levels of Response", in E. B. Vermeer (ed.) *Development and Decline of Fukien Province in the Seventeenth and Eighteenth Centuries*. Leiden: E. J. Brill, 1990, pp.417-457.

[日] 大木康:《明末江南の出版文化》,东京: 研文出版,2004。

附表一：《天教明辨》细目

第一册	辨人当知原本；辨天地万物原本天主；辨天必有主；辨太极天地(太极、天地、天与天主之别)；辨天主圣父
第二册	辨天主圣子(圣名、圣像)；辨天主圣神；辨天主三位一体；辨天主降生
第三册	辨天主救赎人受难；辨十字圣架；辨天主耶稣复活；辨天主耶稣升天；辨天主圣母(圣母始胎之奇、圣母诞生为人类之庆幸、圣母童贞、圣母精修、圣母圣功、圣母升天、圣母天福、圣母端冕、圣母灵迹、圣母提佑诵经者、圣母提佑守斋者、圣母提佑修会、圣母荫保回家、圣母启牖学者、圣母保护生产、圣母救援临终、圣母提援贞洁、圣母赈穷济难、圣母罚僇不肖、人宜钦崇圣母、圣母报钦崇者)
第四册	辨天类人类地类(天类、雨、雷电、人、地类、地震、水、天地开辟、文字、天地终穷)；辨天神魔鬼人；辨天神；辨魔鬼(魔鬼事迹考)；辨人；辨人有灵魂；辨灵魂不灭
第五册	辨轮回之妄、辨灵魂诸司(辨爱欲、辨明悟、辨记含)；辨肉躯五司；辨形神；辨神(神生、神光、神病、神宜聚、神不可太用)；辨性(超性)；辨心(热心、思、意、七情、邪情、天理、心内附心图)
第六册	辨元祖原罪本罪(元祖、原罪、本罪、三仇)；辨今世；辨世福(世贵、世财、世乐、世物)；辨世遇(吉凶祸福、富贵贫贱)；辨世事(善恶报应)
第七册	辨世患；辨世务(国王、理民、化人、礼乐、刑罚、治家、父母、兄弟、夫妇、父子、主仆)；辨人己(交友、恶友、佞人、誉言)；辨言；辨行(观书、梦)；辨生死(寿、诞日、善终)；辨四末
第八册	辨死候(死不可免、死候足畏、死前可畏、死际可畏、死后可丧、逆俗畏身死不畏神死、欲不畏死宜去恶迁善、死亦可爱、人死非死乃始生、古今年寿不齐、念死候为治死害之乐、预备死候所须、慎备死候宜上终无闻、幼者宜乘时改过、老者不宜失志后改、哀宜有节、墓与奢宁简)；辨审判；辨天堂地狱
第九册	辨天堂；辨地狱；辨圣教十诫；辨第一诫尊崇天主于万有之上；辨信德
第十册	辨望德；辨爱德；辨第二诫毋呼天主圣名而发虚誓；辨第三诫守瞻礼之日；辨第四诫孝敬父母(附尊敬长上、教训子孙)

227

续　表

第十一册	辨第五诫毋杀人;辨第六诫毋行邪淫(邪淫之害、避邪淫法、贞德之益);辨第七诫毋偷盗;辨第八诫毋妄证
第十二册	辨第九诫毋愿他人妻及第十诫毋贪他人财物;辨谦德以伏傲(克傲难、戒以形福傲、戒以心德伐、戒好异、戒好名、戒诈善钓名、戒好贵、论谦德、认己保谦);辨恕德以平妒(戒计念人恶、戒听谗、嫉妒之害、戒逸言、诽谤之害、论仁德);辨忍德以熄忿(忍德敌难、窘难益德)
第十三册	辨惠德以解贪(施舍);辨节德以塞饕(戒酒、节德、节衣);辨勤德以策怠(勤德、时机图);辨克己
第十四册	辨领洗;辨坚振;辨悔解(省察、省言、省事、省缺、日省、岁省、省察条款、痛悔、启发真悔、告解、解罪事宜、解罪情节、解罪复补、解罪礼节、解罪不泄、集论、解罪圣迹考);补赎(三功、施舍、斋戒、奉祷、自责赎罪);改过
第十五册	辨领圣体(立圣体之义、领以前工夫、远备三德、近备存想、切备神功、领后嘿存工夫、集论、圣体圣迹);辨终傅;辨品级;辨婚配;辨十四哀矜行;辨形哀矜七端;食饥者(辟谷方、行路千里不饥方、荠粥方);饮渴者(炯寻泉法、行千里不饮不渴方);衣裸者(辟寒方、辟暑方);舍旅者(长生屋式);顾病者(附食医方、风、寒、暑、湿、燥、火、内伤脾胃、气、血、疾、热、阴虚、阳虚、诸虚);赎虏者;瘗死者(救缢死、摧压死、溺水死、魇魅死、冻死、喝死、解毒药死方)
第十六册	辨神哀矜七端;启诲愚蒙;以善劝人;慰忧者;责有过失者;赦侮我者;恕人之弱行;为生死者祈祷天主;辨真福八端;辨神贫;辨良善(毋作非为);辨涕泣;辨嗜义如饥渴;辨哀矜(详哀矜行);辨心净(各安生理);辨和睦(和睦乡里);辨为义被窘难
第十七册	辨道术;辨教(古教、新教、性教、书教、宠教、天教入中国之始、奉教无待、外三教);辨圣会;辨圣教四规(瞻礼、斋期、解罪、领圣体);辨天地神功(通功);辨祭祀;辨祀天主上帝(弥撒礼规);辨祈求
第十八册	辨默想(默想利益、默想切要、默想前后六端、默想三路、默想规矩、默想多路、默想要知七端、默想驱魔);辨天阶;辨天教至真;辨天教补儒;辨儒教合天;辨天教绝魔
第十九册	辨释教谬妄;辨道教谬妄;总辨释道谬妄(释迦佛罗汉僧、老君、玉皇、观音、三官、家堂、真武、文昌魁星、关公、五通、五路、灶君、阎君、吕祖、马祖、张道陵、金龙四大王、王灵官、许真君、土神、城隍土地、淫祠宜毁、楮钱虚妄);辨堪舆;辨卜筮;辨克择;辨星命;辨风鉴;辨占天
第二十册	天教诸德(三超性德、见钦崇条、七克罪德、见前七克、四枢德、智、义、毅、廉);(中德、恒德、伪德无德以真为守);辨圣人圣迹(圣若瑟、圣史、宗徒、圣伯多禄、圣保禄、圣若翰、圣若望、圣雅各布伯、圣巴尔多禄茂、圣多默、圣若未达、圣依纳爵、圣奥斯定);辨圣事(圣宠、圣经、圣堂、圣匦、圣枝、圣灰、圣烛);辨西士品行;辨奉教(奉主命、感谢主恩、隐修、远镜喻)

附表二：《历代通鉴纪事本末补后编》目次

总类	细则	卷序	目　　录
历代释氏之乱	历代君臣奉佛之祸	卷一	汉楚王英、桓帝、笮融、后赵主石虎、东晋孝武帝、郗超、前秦主符坚、后秦主姚兴、东晋恭帝、北凉主沮渠蒙逊、北魏太子晃、北魏高宗、北魏显祖、北魏世宗、北魏肃宗、北魏胡太后、南齐竟陵王子良
		卷二	梁武帝、陆法和、北齐主高洋、河间王孝琬、后主高纬、北周主宇文赟、陈武帝、宣帝后主、隋文帝、隋炀帝、隋恭帝、高颎、郑颋、唐萧瑀
		卷三	唐武曌、越王贞、房融、房管、肃宗、侯希逸、代宗、元载、王缙、杜鸿渐、德宗、宪宗、刘总、穆宗、敬宗、宣宗、懿宗、后唐庄宗后刘氏、闽主延钧、后晋主石重贵、李守贞、楚王马希广、南唐邉镐
		卷四	南唐李后主、宋王钦若、杨亿、范致虚、黄潜善、汪伯彦、蒙古主宪宗、元世祖、元成宗、元武宗、元仁宗、元英宗、元泰定帝、元文宗、元顺帝、明成祖、明宪宗、明武宗、罗汝芳、程敏政、胡清虚、明憨帝
	佛教事理之谬	卷五	佛之生、佛之名、佛书
		卷六	咒、虚无、有无、苦空、空、慈悲不杀、放生、禁屠
		卷七	生死、形神、轮回
		卷八	果报、天堂地狱、修炼精神、禅定
		卷九	悟、印证、止观、讲僧、福慧、布施、反布施、持戒持斋、精进、忍辱
		卷十	念佛、净土、平等、不二、圆通、解脱、二障、神通、舍利光、灭度、焚尸、自戕
		卷十一	劝诱愚俗、祈禳(斋醮)追荐、祈子、祈雨、忏悔、预修纸钱、进香

229

续　表

总类	细则	卷序	目　　录	
历代释氏之乱	佛教事理之谬	卷十二	塔庙像；菩萨；罗汉；夜叉罗刹；淫祠（三世佛、三清、紫薇、雷声、文昌、青龙、东岳、真武、王灵官、城隍、太岁、五圣、家堂、和合、生祠）	
		卷十三	鬼神、龙、三千大千世界、出家出世、沙门度牒、尼丛林、僧产	
		卷十四	不敬君亲；诞妄；自私自利；异端参互（杨朱、墨翟、告子、许行、陈仲子、公孙龙子、关尹子、庄子、列子）	
	佛徒纵恶之祸	反逆沙门	卷十五	晋侯子光、沙门法长、宋释法略尼法静、沙门司马百年、释昙标、齐僧法智、梁沙门法庆、僧强、隋大业盗、宋子贤向海明、唐沙门高昙成、沙门道澄、白铁余、僧法坚、李软奴、僧圆净、后晋尼孙深意、宋赵元昊、西僧铁里、僧圆明、僧陈庆安、韩山童等、明僧道衍、唐赛儿、宪宗时僧、僧李子龙、陕西僧张金峰、石和尚李五、僧田园、僧惠金
		杀业沙门	卷十六	宋安丰僧（北汉医僧）、（胡）浙江古寺僧、娄门（附舟）僧、叫夜僧、崇庆僧、平原僧、石门资福寺僧、山阴僧、承天寺僧、杭州募缘僧、云林寺游方禅僧
		淫恶沙门	卷十七	魏长安沙门、齐沙门统昙献、唐浮屠辨机、僧怀义、元西番僧、明僧常琇、梁瑶光寺智远、唐鄠县僧、南唐僧、相国寺比丘澄晖、宋盐桥河僧、临安僧、鹿苑寺僧、灵隐寺僧二条、柳州寺僧、杭州灸顶僧、真腊国僧阵毯、明金山寺僧惠明、常熟县僧（蜀中僧）、京师僧、又常熟僧、野寺僧、吴僧、上元县僧、建宁僧、万寿寺僧、宝莲寺僧、延庆寺僧、广东僧、灵隐寺僧、京师化缘僧、明目寺尼、女贞庵尼、髡士尼、避尘庵尼、伪吴尼、临安尼、尼慧澄、金比丘尼
		妖妄沙门	卷十八	北魏僧法秀、唐河内老尼、僧胡超、僧慧范、亳州僧、宋蔡仙姑、刘金莲、胡僧哈立麻、僧本明、明天顺寺妖僧、成化时番僧法王、李氏、达观憨山雪浪、某山寺僧、李贽
		贪冒沙门	卷十九	宋僧惠琳、北魏僧昙曜、（北周）、僧鉴虚、僧惠秦、元西僧杨琏真伽、元西僧、僧一山、沈明伦、元僧、明能仁寺僧、天顺时僧、僧继晓、杭州游僧
	儒释异同之辨	卷二十	儒释异同总辨	
		卷二十一	儒释异同之辨	太极、天、性、中、气
		卷二十二		心性、心图说、心
		卷二十三		静定；心迹（体用、寂感、内外、本末）；思；知觉；见闻；知性；道
		卷二十四		义理；上下（下学上达、形上形下）；是非（善恶、邪正）；伦常；身；修治（省察、功德）；克己；学；白；传教；护法

续　表

总类	细则	卷序	目　录
历代释氏之乱	儒学杂禅之非	卷二十五	禅学乱正总论、逃禅总论
		卷二十六	隋王仲淹、唐韩文公、李习之、宋游定夫、吕与叔、杨中立、谢显道、吕正献、吕原明、吕汲公、陈了翁、苏子瞻子由、张子韶、冯和靖、王介南、吕居仁、江圣锡、刘屏山、胡籍溪、李伯谏
		卷二十七	陆象山
		卷二十八	陆象山
		卷二十九	朱陆早同晚异考辨
		卷三十	杨慈湖、宋潜溪、陈白沙
		卷三十一	王阳明
		卷三十二	王阳明
		卷三十三	王阳明
		卷三十四	王阳明、湛甘泉、王龙溪、管东溟、周海门
	历代圣君贤臣辟佛之正	卷三十五	后赵著作郎王氏、北魏光禄大夫崔氏、北魏世祖、南齐范氏、南齐顾氏、北魏侍郎杨氏、北齐章仇氏、北周武帝、刺史李氏、唐高祖太宗、太史傅氏、长孙皇后、平章狄氏、平章李氏、御史张氏、平章姚氏、唐玄宗、突厥谋臣暾氏、唐平章张氏、唐德宗、平章李氏、平章裴氏
		卷三十六	昌黎伯韩子、习之李氏、唐文宗、节度使杜氏、唐武宗及平章李氏、进士孙氏、淮南师柴氏、后晋高祖、后汉员外李氏、后周世宗、符皇后、南唐江王李氏
		卷三十七	宋太祖、左拾遗田氏、宋太宗、种氏、学士王氏、宋仁宗、学士蔡氏、直史馆华氏、濂溪周子、学士欧阳氏、直史阁蔡氏、石氏、李氏、明道程子、伊川程子、横渠张子
		卷三十八	平章李氏、平章刘氏、平章司马氏、康节邵子、学士苏氏、御史朱氏、御史孔氏、龟山杨氏、宋高宗、康侯胡氏、朱子
		卷三十九	南轩张氏、宋孝宗、宋世宗、宋盰江李氏、象山陆氏、致虚胡氏、宋光宗、安抚胡氏、西山真氏、蒙古平章廉氏、元鲁斋许氏、御史李氏廉访王氏、元成宗、元仁宗、右丞拜氏、元英宗、草庐吴氏、平章张氏员外宋氏、祭酒李氏、宣政脱氏、枢密李氏
		卷四十	明太祖、诚意伯刘氏、翰林王氏、学士解氏、御史彭氏、明成祖、侍读李氏、尚书夏氏、明宣宗、荆门州判官陈氏、学正曹氏、敬轩薛子、巡抚周氏、明英宗、明景帝、兵部尚书于氏、户部尚书金氏、太学生杨氏姚氏、仪制郎中章氏、中书李氏林氏、大学士李氏、给事张氏、湖广巡抚王氏、给事丘氏、编修陈氏、明宪宗、内官覃氏、敬斋胡氏、大学士丘氏、明孝宗、都御史姜氏、光禄彭氏、尚书倪氏、孝宗朝臣

续 表

总类	细则	卷序	目　　录
历代释氏之乱	历代圣君贤臣辟佛之正	卷四十一	大学士刘氏、主事李氏、大学士梁氏、尚书蒋氏、大学士杨氏、明武宗、大学士杨氏、明世宗、郎中屠氏、尚书乔氏、尚书罗氏、清澜陈氏、尚书李氏、御史鲍氏、给事李氏、京山郝氏、本清章氏、泾阳顾氏、景逸高氏、几亭陈氏、辟佛总论
历代老氏之乱	历代君臣求仙奉道之祸	卷四十二	秦始皇、汉武帝、刘更生、新莽、张豊、张津、后汉黄皓、魏何晏、晋赵王伦、周嵩、哀帝、王凝之、殷仲堪、北魏主拓跋珪、崔浩、北魏主明元帝嗣、太武帝焘
		卷四十三	梁简文帝、元帝、隋郑译、唐（原）、太子承干、(高宗武后曌)、唐玄宗、杨慎矜、棣王琰、李泌、唐宪宗、唐穆宗、唐敬宗、唐武宗、唐宣宗、高骈、赵王镕
		卷四十四	闽王延钧及子昶、南唐烈祖(李平刚)①、北汉主刘继光、南汉郭崇岳、宋真宗王钦若、丁谓、宋徽宗、宋钦宗、元泰定帝、元顺帝、明成祖、李广、明世宗、宋应昌
	道教事理之谬	卷四十五	道书、道法、虚无、神仙、长生、修养、辟谷、丹药、彼岸、尸解
		卷四十六	道观、附三清诸神、西王母、祈禳、符箓、乩仙、尸虫、张真人、道士、巫觋、克择
	道士纵恶之祸	反逆道士	卷四十七	张角、刘弘、晋孙泰孙恩、宋严道育、唐杜从法、元刘嗣光、蕲饶道士、明钱成、段铁
		诞妄道士		汉新垣平、隋潘诞、唐桓法嗣、郭行真、明崇俨、郑普思、叶静能、张果老、李琪、宋李守宁、扬州道士、京师道士、王仔昔、林灵素、明段朝用、胡大顺、苏州道士、方兴时、吴中道士、伊阙道士
		干政道士		宋徐知章、明宪宗朝道士、明李孜省
		淫恶道士		唐北山道者、丘德章、河南道士、女冠鱼玄机
	儒老异同之辨附释老异同	卷四十八	儒老异同总论、上帝、老子、庄子、神气魂魄
		卷四十九	释老异同
	历代圣君贤臣辟老之正	卷五十	汉江都相董子、谏大夫王氏、京兆尹张氏、丞相匡氏谷氏、给事桓氏、魏陈思王曹氏、吴骑都尉虞氏、晋益州刺史应氏、都督陶氏、丞相掾李氏范氏、唐高宗、侍郎郝氏、拾遗李氏、唐玄宗、昭应令梁氏、刺史左氏、平章李氏、后周隐士陈氏、宋太宗、邵子、侍制孙氏、宋仁宗、枢密吕氏、宋哲宗、孔氏、程子、朱子、侍御程氏、元世祖、明太祖、明成祖、大学士商氏、都御史马氏、大学士徐氏、给事叶氏、主事陈氏、大学士刘氏、主事李氏、给事张氏、给事黄氏、给事高氏、大学士杨氏、主事海氏
	附编卷		中国奉教修士考

① 原稿中该姓名被墨迹涂掉。

附表三：南丰刘氏世谱简表[①]

世代	生平简介	子嗣
始祖金	彭城人，唐濠、滁二州刺史	子二：仁规、仁瞻
二世仁瞻	字守惠，南唐清淮军节度使，镇寿州，赠太师中书令，封越王，谥忠肃	子三：崇谏、崇讚、崇谅
三世崇赞	周怀州刺史	子一：希迩
四世希迩	宋工曹郎中，始迁南丰	子二：曙、昭
五世昭	宋昇州通判	子三：元亨、元常、元载
六世元载	昭第三子，字景德，号江楼居士	子二：用滋、煆
七世用滋	元载长子，宋秘书省著作郎	子四：德纯、德恭、德辉、德象
八世德纯	用滋长子，好义建学	子一：志通
九世志通	少负高才，不事进取	子一：铎
十世铎	宋绍兴二十七年(1157年)进士，官宁远县丞，授承事郎	子二：炎、方
十一世炎	铎长子，博学高致，称光夫先生	子一：岩
十二世岩	以文学教授	子一：壎
水村先生壎	字起潜，元延平路教授，没祀乡贤，著有《隐居通议》《水云村泯稿》《吟稿》俱刻。又《南丰州志》，今存。又《经说讲义》《哀鉴思华录》《中华黼藻集》，今轶	子三：龙瑞、麟瑞、鸾瑞
二世麟瑞	壎次子，号如村，著有《昭忠逸咏》	子二：浑、深

[①] 刘凝：《水村先生行实》附《南丰刘氏世谱》，清刻本，上海图书馆藏，页13a—15b。

续 表

世代	生平简介	子嗣
三世浑	麟瑞长子,字子厚,好学不倦,当世称为通儒	子二:机、德澄
四世机	浑长子,字德泉,号清轩,以诗书自娱,不求闻达	子四:叔明、叔泰、叔崇、叔远
五世叔泰	机次子,字与鹤,治《尚书》,力学不倦	子二:季渊、季澄
六世季渊	叔泰长子,号溪隐,没后乡人立像社侧	子二:成祖、原宝
七世成祖	季渊长子,字思颐,号恬养,生明洪武十四年(1381年),通达时务	子三:献平、献安、希昂
八世献安	成祖次子,字希广,号方楼,温雅自持,厚积能散	子二:斌、厚
九世厚	献安长子,字端重,号受约,性敏而学优	子一:禄
十世禄	字克万,号平西,纯厚儒雅	子二:拱富、榜
十一世榜	禄次子,字拱堂,号乐恒,孝亲和族	子三:炬、烜、燏
十二世烜	榜次子,字启耀,号文台,明万历岁贡生,福建闽清县教谕	子三:天赠、御、冠寰
十三世冠寰	烜第三子,字尚之,号恕庵,明天启恩拔贡生	子二:鸿、凝
十四世鸿	号渐逵,明县学附生	子六:言、吉、腊、鼎、轸、弁
凝	字二至,号籀堂,岁贡生。康熙年间崇义县训导。著有《咏原表》《说文解字咏》《原石鼓文定本》《崇义县志稿本》《王文成经营横水方略咏》《原全书》《六书夬》《说文解字夬》	子七:允、俞、都、臬、然、许、异
十五世吉	鸿次子,字几先,号耐庵,明府学附生,著有《遵礼余言》《二愚草》	子二:万程(子雯)、万秩
十六世万秩	字幼元,号半园,康熙廪贡生,星子、兴国两县训导,貤赠通奉大夫	子四:霶、霭、霖、霈
十七世霶	万秩长子,字左璞,号守谦,康熙四十四年(1705年)科举人,内阁中书,诰赠通奉大夫	子三:秉彝、秉亮、秉钧
十八世秉彝	霶长子,字鄮侯,号菶田,乾隆二十一年(1756年)科举人,诰赠通奉大夫	子六:焯、煊、炾、炜、焕、熿
十九世炾	秉彝三子,字见南,号诚甫,乾隆三十四年(1769年)科进士,刑部右侍郎	子四:斯祜、斯璋、斯嵋、斯增
二十世斯嵋	炾第三子,字弥三,号眉生,嘉庆十六年(1811年)科进士,任山东布政使	子三:绩、繁、绎

附表四：刘凝著述表①

著　作	来　源	说　明
《六书夬》九卷②	《二至先生传》(《水村先生行实》附)、(康熙)《南丰县志》(郑釴督修)	
《说文解字韵原》	《二至先生传》《南丰县志》	《南丰县志》作《文字韵原》，又作《韵原表》，撰于1696年之前，载《四库全书总目提要》
《引书同异》	《二至先生传》《南丰县志》	《南丰县志》作《引书异同》二十四卷
《石经本末》	《二至先生传》《南丰县志》	
《孝经全本注》	《二至先生传》	
《石鼓文定本》	《二至先生传》	又作《周宣王石鼓文定本》，1667年初刻、1679年重订，1705年李长祚刻于溆浦，载《四库全书总目提要》，今见于《四库全书存目丛书》经部第200册；上海图书馆藏清抄本，不分卷
《樊合著》	《二至先生传》	
《稽礼辩论》	《二至先生传》《南丰县志》	载《四库全书总目提要》
《尔斋文集》	《二至先生传》	今附于《水云邨浞稿》(道光爱余堂藏版)，存《古今斋辨》《斋必变食辨》《禁牛论》三篇。上海图书馆、傅斯年图书馆藏有道光十七年刊本。

---

① 以下著作后带*为基督教著作。
② 马若瑟《六书实义》(法国国家图书馆，Courant chinois 906)引用了刘凝的某些观点，其内容可能来自刘凝的《六书夬》。

续　表

著　作	来　源	说　明
《文字夬》一千卷	《南丰县志》	
《周易古今合本》	《南丰县志》	
《及尔斋类稿》	《南丰县志》	
《沙溪洞志》	（同治）《崇义县志》	
《王文成公经营横水方略》	《崇义县志》	
《崇义县志》十二卷（未成稿）	《崇义县志》	
《南丰县志》十六卷	郑钺督修，刘凝纂	1684 年
《觉斯录》*，包括《原本论》《天主之名非创自西域》《辨天童密云和尚三说》《抚松和尚三教正论辨》	CCT①	ca.1680—1700 年，今载《耶稣会罗马档案馆清初天主教文献》第 9 册；《明末清初耶稣会思想文献汇编》第 33 册
《天学集解》*	CCT	ca.1680—1700 年
《水村先生行实》	附于《水云村泯稿》	
篇　章		
《聂都山水纪略》	《崇义县志》	
《游沙溪洞记》	《崇义县志》	
《游桶冈峒茶寮记》	《崇义县志》	1693 年
《聂都水楼记》	《崇义县志》	
《步文成公桶冈和邢太守韵》二首	《崇义县志》	
《步文成公茶寮纪事韵》	《崇义县志》	
《纪实》二十韵	《南丰县志》	记 1675 年事
《周易古今合本》"序"	《南丰县志》	
《周宣王石鼓文定本》"自序"	《南丰县志》	
《六书夬》"自序"	《南丰县志》	
《引书异同》"自序"	《南丰县志》	
《说文解字夬》"序"	《南丰县志》	
《隐居通议》"序"	《南丰县志》	
《水云村吟稿笺注》"序"	《水云村吟稿》（道光爱余堂藏版）	

---

① Chinese Christian Texts Database, http：//www.arts.kuleuven.be/sinology/cct/cct.htm.

附表四：刘凝著述表

续　表

著　作	来　源	说　明
《四末论》"序"①*	CCT,收入《天学集解》,高一志著	1672年,又作《天主圣教四末论》
《交述合录》"序"*	CCT,收入《天学集解》,利玛窦、卫匡国著	1677年
《泰西肉攫》"序"*	CCT,收入《天学集解》,利类思著	1679年
《大赦解略》"序"*	CCT,刘凝于崇义三余署作序	1689年
《本草补》"序"*	CCT,刘凝于庚岭翼翼堂作序	1697年
校　刊		
《水云村泯稿》十五卷	据《水云村泯稿》二十卷附录二卷,道光丁酉(1837年)刘斯嵋刻,爱余堂藏版	初有天启刻本三十八卷,崇祯时亦有刻本,刘凝编本《水云村泯稿》十五卷刻于清初,道光刻本二十卷附录二卷,爱余堂藏版,日本静嘉堂文库藏②
《隐居通议》三十一卷	据《读画斋丛书》丙集《隐居通议》	康熙六年(1667年)刘凝校定,此版本收入《四库全书》,《海山仙馆》重梓,嘉庆六年(1801年),十九世孙刘炑再梓,爱余堂藏版,又见于《读画斋丛书》丙集(《丛书集成新编》第八册)、《知不足斋丛书》
《水云村吟稿》十二卷	据《水云村吟稿》十二卷,道光庚寅(1830年)刘斯嵋刻,爱余堂藏版	刘凝搜辑,刘斯嵋重梓
《默想神工》*	CCT,吴宿阅注,赵师瑗、赵希隆、刘凝、李日宁、李长祚、甘作霖校	石铎琭著,ca.1700年

---

① 柏应理有《四末真论》。
② 杜泽逊:《四库存目标注》第五册集部上,页2554—2555。

附表五：《古今敬天鉴》各版本比较

书名		《天学本义》(7160,《经书载天学之纲》)	《天教合儒》(7171,《经书天学合辙》《经书天学合儒粹语提纲》)	《古今敬天鉴》(7161, 7162)	《造物主真论·古今敬天鉴》(7163)
体例		条目＋经文＋出处	条目＋经文＋出处	条目＋经文＋出处＋注释	条目＋出处＋经文
条目（卷上）	一	称赞上天之文	经书称帝天之文	宇宙之内，必自有一无形无像、造天地万物之主	天地神人万物之上，必有造物大主
	一	天有主宰至威至赫尊无二上	天有主宰至威至赫尊无二上	天之主宰，生人、养人、治人，居之、安之、佑之，乃万民之大君大父母	造物主全能，自有无始、无终、无形、无像
	一	上天为天地人物之本	上帝为天地人物之本	天下万民，皆由一元祖父母所出，故天下为一家，四海为兄弟也	唯一造物主，至尊无对
	一	上天极大极明而无所不知无所不在	上帝极大极明而无所不知无所不在	造物主至灵，生物唯有形，生人有形有灵。人当以灵为本，以形为末。若有灵之人，专向于有形之物，而不专向至灵至主，大不可也	造物主之尊号非一
	一	上天为君为父为师而有命令之权	上天无形而有视有听，有闻有言，其说为至真	造物主初生人，赋以元良之性，至精至纯，最善无恶	造物主非理气
	一	世上君师父之权皆上天之命	上天为君为父为师而有命令之权	人生之初，原秉天理。后因自染于欲，乃仁不仁，善不善，公私二道分焉。二者不容并立，各率人行其善恶，至于无极	造物主非天地

238

附表五：《古今敬天鉴》各版本比较

续　表

体例		条目＋经文＋出处	条目＋经文＋出处	条目＋经文＋出处＋注释	条目＋出处＋经文
条目（卷上）	一	敬天修身尽伦上天之命时时事事当敬当顺否则悖天道灭天理	世上君父师之权旨上帝之命	诚、正、中，皆上主所命之理	造物主为道理本原
	一	钦敬上天之命唯圣德能之	敬天修身尽伦上天之命时时事事当敬当顺	人心初所受于上主之德，原明无蔽。其后众人有欲之私，染于旧污。即昏而失己原性之明德，已力不足以克己身之欲。唯自天降有圣德者，自无私欲，能克践其形之情，而复人心原明之德	造物主至神至灵无所不在无所不知
	一	君民皆当敬事上天唯圣王郊祀燔柴用牺牲谷酒乐祭以报之	钦敬上天之命乃为圣人 君民皆当敬事上天唯圣王郊祀燔柴用牺牲	上主为万物之本，万民之大父母，至尊无对。自天子以至于庶人，所当敬畏以报本者，唯一而已	造物主赏罚至公不爽在今世更在身心
	0	上天知人心善恶赏罚至公无私	上天本爱人不恶人而有喜矜人善怒厌人恶之情	自古合经典之旨，所敬畏事之天，非有形无灵之天；真为至神至灵，至上而临下，有心有意有思，而所不照见之天主	造物主从无造生天地万有
	1	上天哀怜容改人认罪洗心斋戒沐浴哀呼吁天	上天知人心善恶赏罚至公无私	唯圣德克敬克飨，而乐上主之心。在恶者，若能痛改洗心更善，亦可敬飨。	造物主造生万物原以为人
	2	上天为百禄万恩之原一一皆宜祷求之	上天哀怜人容人迁改人宜痛悔认罪洗心斋戒哀呼吁天	有圣德者，凡事告于上主，敬祭祈祷。而求常生真福，必以心为主	造物主生人有形躯有灵性
	3	上天降灾警恶不可不畏	上帝为百禄万恩之原一一皆宜祷求之	谷酒、牺牲、礼乐、燔柴等，祭祀之大用，原特为敬上主。若为自用而无节，大背天命	造物主赋人灵魂不死不灭
	4	生死贫富成败皆在上天	生死贫富成败皆在上天	上主至神至灵，无所不在，无所不知，无所不见，无所不闻。善恶无所不察，报应一定不爽，不可不敬畏	造物主立畀人自专之权

续　表

体例		条目＋经文＋出处	条目＋经文＋出处	条目＋经文＋出处＋注释	条目＋出处＋经文
条目（卷上）	5	极恶而违天命悖人伦者自绝于天受极罚永苦	上天降灾警恶不可不畏	上主本无耳目，而无不视听。然其视听之验，明显于众人共同之意	造物主为古今万民万方大君大父大师
	6	极善而生顺天命者死得永安	罪恶唯人自作上天降灾唯人自召	上主非以言示人，惟以物，以事，以时，以民示己意，亦有时以梦示之	造物主立军师治教下民
	7	圣德在天有保护后人之责任而可以祷求	极恶而违天命悖人伦者自绝于天必受极罚永苦	善德之香，无罪之号；罪恶之臭，皆达于上主。歆善厌恶，乃上主之心	造物主本心立仁爱生养保佑下民
	8	—	极善而生顺天命者死得永安	规心规身之范，趋避诸善诸恶之道，皆上主所赐	古今圣帝明王唯钦崇一造物主
	9	—	圣德在天有保护后人之责任可以祷求	天理、天命、天道，上主原界之于人，以成其性，须臾不可离忽。唯圣德者，时时恐惧，敬之慎之	古今君王圣贤士民皆祷求造物主
	10	—	—	诚实不虚不伪，及人之原性，实上主所命。若内意与外貌相乖，非特拂人性而欺人，并违上主之命而欺天	古今圣贤明儒皆敬畏造物主
	11	—	—	先后普世万民，有命绝命，真福真祸之大，原由一念间善恶之微而出	二至牺唯祭祀唯享一造物主（附：朱宗元《郊社之礼所以事上帝也》）
	12	—	—	上主至公无私，至尊无亲。然万民之众，或克敬为善者，或先不善，而后蒙上主默照，悔悟改恶者，上主无一不眷而亲之	造物主享善德之馨
	13	—	—	上主命人爱人，以爱己为爱人之准	唯造物主操生死祸福成败之权

附表五:《古今敬天鉴》各版本比较

续 表

体例		条目+经文+出处	条目+经文+出处	条目+经文+出处+注释	条目+出处+经文
条目（卷上）	4	—	—	非上主之佑，人不能为善而得福。至于恶与祸，则皆唯人所自为所自召，不可归于气数。上主所降之灾，犹可转回；自所召者，万不可免	造物主默佑人心
	5	—	—	凡有罪之人，赖上主神佑。认悔己罪而自新，复己元善吉，上主之心亦回而赦之。罪人大幸，可善终而复己福之元吉	造物主常以苦难炼善人之德
	6	—	—	人为不善，上主先以真福之逸率也。若仍不善，不合于上主之心，上主不忍绝之，暂以灾异警其悔改。若终不悔不改，然后震怒，绝其永命，而弃之于至畏至罚	造物主常以灾异警凶人之恶
	7	—	—	雷风等之大变，乃上主警恶劝善之效。恶人不敬惧之，实有可畏；善者心亦敬惧之，无所可畏	造物主至仁至慈容人悔改
	8	—	—	上主爱人，怜其有私，不能自治，特将生一大圣全德者，命之为君、为师，以治之、教之，而为天地神人之主	造物主至公至义震怒罚恶
	9	—	—	人祖原罪之毒已流于下世，四方之民，由是失德而迷，人力不足以复明其德。然后天主、圣子降生为人，开圣德之道，复启人蒙，真先古百世所俟所待大圣也，唯一天主子降生为人是也	盛德之人生时敬顺造物主之命，身后其灵升天

续 表

	体例	条目+经文+出处	条目+经文+出处	条目+经文+出处+注释	条目+出处+经文
条目（卷上）	0	—	—	上主欲救原祖之害,怜人无德,无足以救之降己同体之子,生同人类,一躬成至尊、至卑、至仁、至义之大圣,以立己功,而为天地神人之主	行恶之人,生时违逆造物主之命,身后其灵永堕
	1	—	—	上主欲用人成大事,先以身心之艰苦炼其德	—
	2	—	—	纵肆逆天害民者,大恶也,上主不佑,厌之弃之,绝之诛之	—
	3	—	—	贫富、行止、成败、夭寿、生死,万惠万灾,皆由上主之命。凡惠本于天,归之于天,理也;凡灾本于己,故归之于己,甘受无怨	—
	4	—	—	真无过被人屈者,敬呼上主而誓,以明其心可也	—
	5	—	—	凡人获罪于天,皆属上主所命之凶罚。若未绝世,尚能仰望赖自天所降圣德者,可以动天,而转其命之凶	—
	6	—	—	普世诸臣诸君之权,皆上主所赋,故诸民诸臣忠君者,如敬上主;诸君诸臣爱民者,如上主爱人。二者唯一天命,唯一理也	—
	7	—	—	人君体上主仁爱之心治民,其功不小。人力及世禄之福,不足以报。故善民望祷上主,以天禄无疆之真福,尽报其君	—

附表五：《古今敬天鉴》各版本比较

续　表

体例	条目＋经文＋出处	条目＋经文＋出处	条目＋经文＋出处＋注释	条目＋出处＋经文
条目（卷上） 8	—	—	世之君臣所握之权，上主所付。祸淫福善，报应影响，一定不易之道。君臣凡行赏罚，若体上主至公之心，下民无不从之	—
9	—	—	凡人或自始至于终为善；或先不善，然后悔悟，而终为善者，皆为敬主，为有德，为义人也。终后上主一定怜之，以永年之吉，真福其命。若不终己善，终而有辜，此为不敬主，为无德，不义人也。终后上主一定不怜之，不但绝己永命，亦致至畏之天罚于己躬。即敬主与不敬主，真福真祸之机也	—
0	—	—	凡圣德者去世，其灵不死，而归于天，上主收之，以享万世无疆之福。凡恶重者，其灵不但不得常生之福，上主绝其命，而弃之于永罚之畏。劝惩天下善恶，无如祸福之永也	—
1	—	—	上主所备，报应善终，恶亡者之功罪，乃全福极祸之吉凶	—
2	—	—	上主所闻之道乃自然率性之天理，至此唯一。若人所为者，皆邪不一，大坏人心，败五论，灭天理，当全绝之，必然之理也	—
条目（卷下）	—	—	称呼真宰之文语	称主名号
	—	—	宇宙必有真宰	上天大主
	—	—	至尊无对	至尊无对

243

续　表

体例	条目＋经文＋出处	条目＋经文＋出处	条目＋经文＋出处＋注释	条目＋出处＋经文
一	—	—	造天地万物	造化万物
一	—	—	养万民之大母	生民大父
一	—	—	天子在位乃奉主宰之命	养民大主
一	—	—	人人该敬事之	人当敬天
一	—	—	人心不正,何能事之?	主宰人心
一	—	—	无所不在	无所不在
0	—	—	无所不知	无所不知
1	—	—	无所不见	无所不见
2	—	—	无所不闻	无所不闻
3	—	—	明白善恶	明鉴善恶
4	—	—	毫厘不差	天鉴最真
5	—	—	至明何能哄之?	天不可欺
6	—	—	至公无私	至公无私
7	—	—	自掌赏罚善恶之权	赏罚善恶
8	—	—	自本爱人	上天爱人
9	—	—	万恩之源,理当报之	天恩当谢
0	—	—	吾将何物报其洪恩	天恩难报
1	—	—	生人之主命人相爱,或有相欺即欺主也	上天难欺
2	—	—	人不善,其宰严其恶	天不容恶
3	—	—	凡苦皆由其命	苦由天命
4	—	—	慈怜之本不负苦人之望	唯天佑人
5	—	—	苦之极必祷其怜	苦望天怜
6	—	—	好谦恶傲	天压强傲
7	—	—	不容人恶,不可不畏	天不容恶
8	—	—	人无过失,何以畏之	天鉴人心
9	—	—	其意深奥难知	莫能测天
0	—	—	其算无穷	天定有数
1	—	—	事事好否,无不顺其命	天命当顺
2	—	—	人之生死俱属主宰之命	操生死权
3	—	—	非主宰之佑,事事不成	主宰成败

(左侧首列合并单元格：条目(卷下))

附表五：《古今敬天鉴》各版本比较

续　表

体例	条目＋经文＋出处	条目＋经文＋出处	条目＋经文＋出处＋注释	条目＋出处＋经文
条目（卷下） 4	—	—	真宰者乃众人之赖，事事告之	向天祷告
5	—	—	天昊之时，望雨求之	天旱求雨
6	—	—	天旱之时，望雨求之	祈求五谷
7	—	—	五谷不生，求之方得	真福在天
8	—	—	真宰福善之所不外于天	为君祈祷
9	—	—	真宰乃长生之根求之可寿无疆	敬主牌位
0	—	—	敬主牌位	敬主礼仪
1	—	—	敬主礼仪	开人明悟
2	—	—	开人明悟，自招灾祸	自招灾祸
3	—	—	开人明悟	开人明悟
4	—	—	赋人上智	赋人上智
5	—	—	上天从人	上天从人
6	—	—	全赖上天	全赖上天
7	—	—	赐人福禄	赐人福禄
8	—	—	上天降灾	上天降灾
9	—	—	唯天当求	唯天当求
0	—	—	上天神灵	上天神灵
1	—	—	上天可畏	上天可畏

附文：清初儒家对基督教的反应：
杨光先与《不得已》

清初出现的儒家基督徒及儒家基督教在儒家士大夫之间引起了一系列反弹，尤其是儒家基督徒李祖白在著作《天学传概》中指出，中国始祖"实如德亚之苗裔"，这引起了儒家保守主义者杨光先的极力批评。杨光先认为儒家基督教是"媚儒"而"窃儒"，基督教与儒家之间存在着天壤之别。儒家基督徒不是真正的儒家，是"卖君作子"，是"真杂种也"，是"人妖"。杨光先非常痛恨儒家基督徒将基督教置于儒家之上，本章以杨光先及其《不得已》为例，分析清初保守主义儒家对儒家基督徒的反应，注重分析其反教思想及其来源。

第一节 杨光先生平及著作

据黄一农的研究，杨光先之先祖袭璋为淮南人，后渡任余姚尉。杨源时，落籍徽州歙县。故杨光先自称歙县人，或称余姚人。崇祯中，杨光先遵父命将副千户让其弟杨光弼。崇祯九年（1636年），山阳武举陈启新在正阳门捧疏跪奏，被帝擢为吏科给事中。杨光先即于九月上《揭报疏》，大力攻击陈启新。崇祯十年（1637年）夏，杨光先进《死争疏》，更将其矛头指向当时的首辅温体仁[1]。虽然陈启新遭降二级处分，但杨光先以"恣臆干政"被廷杖八十，并发戍辽边[2]。崇祯十六年（1643年）冬，崇祯帝御经筵，询问宇内人材，襄城伯李国桢推荐杨光先为大将军，但杨光先还未回京时，李自成已经攻陷京师[3]。

---

[1] 参见《钦定四库全书·明史》卷三百八十《列传第一百九十六》温体仁。
[2] 至于杨光先是否被廷杖及被流放的具体地点，参见黄一农的论述，黄一农：《从〈始信录序〉析究杨光先的性格》，载 Sino-Western Cultural Relations Journal, no. 16，页3—4；黄一农：《杨光先家世与生平考》，页18。谷应泰谓流放地为辽西。参见《钦定四库全书·明史纪事本末》卷七十二《崇祯治乱》。
[3] 此段有关杨光先的经历，可参见《不得已》后附萧穆《故前钦天监监正杨公光先别传》，页1307—1320。另参见黄一农：《杨光先家世与生平考》，页18—19。另参见黄一农：《从〈始信录序〉析究杨光先的性格》，页1—4。

入清以后,汤若望等传教士受到清廷优待,天主教一度发展迅猛。在此情势之下,杨光先再度挑起纷争。顺治末年杨光先上书斥责天主教之非,但均不报。康熙三年(1664年)七月,鳌拜等四大辅臣左右朝政,杨光先上《请诛邪教状》,掀起所谓的"康熙历狱"。后又重新呈进顺治十六年(1659年)的《摘谬论》与《选择议》。两个月之后,传教士汤若望、利类思、安文思、南怀仁等被判监禁。康熙四年(1665年),这几位传教士因星变而获赦出狱,但各地传教士俱受牵连而递解广东安插。同年四月,奉教官员李祖白等五人被处斩。同一月,杨光先力辞未果后出任钦天监监正。三年后,南怀仁在康熙的授意下为历狱翻案。恰好康熙八年(1669年),鳌拜案发。杨光先被南怀仁疏告"依附鳌拜,捏词陷人"。康熙以杨光先"理应论死,念其年老,姑从宽免,妻子亦免流徙"。同年十月十日,杨光先在返回老家的途中去世,时年73岁①。

根据黄一农的考究,杨光先的著作有以下几种:一是《野获》②,前有自称"眷弟"的洪襟撰于崇祯十年(1637年)的序。《野获》主要收录杨光先奏疏,包括《捐报疏》《死争疏》等。二是《距西集》。该书今藏在台北"中央"图书馆善本书室。内收杨光先几篇文章及奏疏,包括《辟邪论上》《辟邪论中》《辟邪论下》《为历关一代大典,邪教疏谬肆欺,据理驳政,仰祁睿断事》《摘谬论》《正国体呈稿》《孽镜》《镜余》《选择议》《浑天十二宫图说》,等等。三是《不得已》。据黄一农所见,该书有五个版本。第一个版本为影印版本。该版本是道光、咸丰间抄本,今藏南京图书馆。《近代史料丛书汇编》与《天主教东传文献续编》所收《不得已》即此版本。第二个版本为旧抄本,二卷二册,时间应在同治之后。此本与第一个版本稍异,附图多略去。第三个版本为李文田手批抄本,一卷一册,抄写时间应在咸丰时期,藏于台北"中央"图书馆。第四个版本则藏于台北辅仁大学神学院图书馆。该书为饲雀山房版本,原为范行准高价购于书肆,后转藏于徐家汇藏书楼。第五个版本藏于罗马耶稣会档案馆,为孙元化之孙孙致弥在康熙四十年(1701年)时秘密借给当时耶稣会中华副省长安多参阅③。除去上述著述外,还有以下几种已亡佚的著作,包括:《理气考正论》,主要内容是"辩论屯理诸家之说,正其谬误";《易见通书》,成书于顺治十六年(1659年)之前;《阳宅辟谬》,见于曹寅所编《栋亭书目》;《始信录》由杨光先四篇论述结集而成,包括《辟邪论》《中星说》《尊圣学疏》等。

杨光先在明季以死谏闻名于世,又以挑起康熙历狱之举载入历史。这些举

---

① 以上参见黄一农:《杨光先家世与生平考》,页19—20。另参考《钦定四库全书·明史》卷二百五十八《列传》第一百四十六;《钦定四库全书·皇朝文献通考》卷二百五十六《象纬考一》。
② 按"中国古籍善本目录导航系统",南京图书馆亦藏有《野获》,明崇祯饲雀山房刻本,十行二十二字白口四周单边。
③ 关于此版本参见黄一农:《新发现的杨光先〈不得已〉一书康熙间刻本》"后记",(台北)《书目季刊》1993年第2期。

动与杨光先本人的性格有莫大关系。杨光先生性刚烈鲁莽,疾恶如仇,对自己秉持的理念亦相当执着,对其所疏告的对象则"除恶务尽",以至于不计个人得失而不达目的不罢休。黄一农称其为"一性喜惊世骇俗的行动家、宣传家",并以"承继儒学的道统自许",但为了达到个人目的,却"往往借不完全真实的叙事或论据,以博取支持或攻讦对手,而其行事则是执着不移,常不计个人安危,衔追不舍,绝不轻罢"①。此种判断,当为确论。

上述所谓"不完全真实",是指杨光先曾伪作《始信录序》及杜撰李国桢推荐杨光先为大将军之事②。可以看出,杨光先为了达到"轰动"效用,有意夸大个人行为,此种行为虽为正人君子所不耻,但效果却相当显著。

关于杨光先之死有不同说法。《不得已》称其在山东暴卒,"盖为西人毒死"③。阮元《畴人传》称其"归卒"。《崇正必辩》则言杨光先至山东德州时,"病疽发背,肌肉溃腐,脱落成穴;越七日,毒攻内腹,旋即溃烂,前后腹背贯穿洞开,脏腑倾出,号叫数日而死"。《崇正必辩》著者天主教徒何世贞不忘加上一句"现世之恶报如此最显"④。黄一农引《集验背疽方》,以证《崇正必辩》所述杨光先发疽病为真。

第二节 《不得已》的主要内容

现存《不得已》主要收藏在罗马耶稣会档案馆⑤、台北辅仁大学图书馆⑥、南京图书馆⑦等地。已出版的《不得已》则主要收于周驰方编校的《明末清初天主教史文献丛编》(卷五)⑧、郑安德编的《明末清初耶稣会思想文献汇编》(第59册)⑨、中国宗教历史文献集成编纂委员会编纂的《东传福音》(第9册)⑩、李毓澍主编的《近代史料丛书汇编》(第一辑)⑪、方豪主编的《天主教东传文献续编》(第3册)⑫

---

① 参见黄一农:《从〈始信录序〉析究杨光先的性格》,页18。
② 参见黄一农:《从〈始信录序〉析究杨光先的性格》,页10—14。
③ 杨光先:《不得已》,页1320。
④ 见何世贞:《崇正必辩》,转引自黄一农:《杨光先家世与生平考》,页20。
⑤ 按陈伦绪(Chan, Albert. *Chinese Books and Documents in the Jesuit Archives in Rome, a Descriptive Catalogue: Japonica-Sinica I - IV*. Armonk, N.Y.: M.E. Sharpe, 2002),该书在罗马耶稣会档案馆的编号为Japonica-Sinica I, 89.1-2。
⑥ 按杜鼎克[Dudink, Adrian. "The Zikawei Collection in the Jesuit Theologate Library at Fujen University (Taiwan): Background and Draft Catalogue", in *Sino-Western Cultural Relations Journal*, XVIII(1996)],该书在辅仁大学图书馆的编号为154R。
⑦ 按"中国古籍善本目录导航系统",南京图书馆藏有两部《不得已》,均为清抄本。其一由顾大昌批校并跋。
⑧ 周驰方编校:《明末清初天主教史文献丛编》卷五,北京:北京图书馆出版社,2001。
⑨ 郑安德编:《明末清初耶稣会思想文献汇编》第59册,北京:北京大学宗教研究所,2003。
⑩ 中国宗教历史文献集成编纂委员会编纂:《东传福音》第9册,合肥:黄山书社,2005,页534—600。
⑪ 李毓澍主编:《近代史料丛书汇编》第一辑,台北:大通书局,1968,页361—624。
⑫ 方豪主编:《天主教东传文献续编》第3册,页1069—1332。

以及上海古籍出版社《续修四库全书》(子部天文算法类,第 1033 册)①。出版的《不得已》基本上都是咸丰年间抄本。其中,《续修四库全书》本为影印北京大学图书馆藏咸丰抄本(抄者自署"吴门萧珂韵"),其中钱绮的小记被置于扉页,然后是目录,再是小引。其他版本基本上先是小引,然后是目录,再是正文,钱绮的小记则置于文末(《杨光先别传》之前)。具体参见附表1。

附表 1 《不得已》各版本内容

版 本	内 容	卷 次
《续修四库全书》(咸丰八年,1858年抄本,北京大学图书馆藏)	钱绮小记、上卷目录、小引②、请诛邪教状、与许青屿侍御书③、辟邪论上、辟邪论中、辟邪论下、临汤若望进呈图像说④、正国体呈稿、中星说、选择议、摘谬十论、始信录序并口供、尊圣学疏	卷上
	下卷目录、引⑤、孽镜、(镜余)⑥、合朔初亏时刻辨⑦、日食天象验、一叩阍辞疏、二叩阍辞疏、三叩阍辞疏、四叩阍辞疏、五叩阍辞疏、(黄丕烈跋)⑧	卷下
《近代史料丛书汇编》(民国十八年,1929年出版,中研院近代史研究所藏)	小引、上卷目录、请诛邪教状、与许青屿侍御书⑨、辟邪论上、辟邪论中、辟邪论下、临汤若望进呈图像说⑩、正国体呈稿、中星说、选择议、摘谬十论、始信录序并口供、尊圣学疏	卷上
	下卷目录、引⑪、孽镜、(镜余)⑫、合朔初亏时刻辨⑬、日食天象验、一叩阍辞疏、二叩阍辞疏、三叩阍辞疏、四叩阍辞疏、五叩阍辞疏、(钱大昕跋)、(黄丕烈跋)⑭、(钱绮跋)⑮、(萧穆《故前钦天监监正杨公光先别传》)、(萧穆《故前钦天监监正歙县杨公神道表》)、(柳诒徵跋)⑯	卷下

---

① 《续修四库全书》第 1033 册,上海:上海古籍出版社,1995,页 443—502。
② 上卷目录中无"小引"。
③ 上卷目录中为"与许侍御书"。
④ 上卷目录为"邪教三图说评"。
⑤ 下卷目录中无"引"。
⑥ 下卷目录中无"镜余"。
⑦ 下卷目录为"日食时刻辨"。
⑧ 下卷目录中无"黄丕烈跋"。括号表明此内容为后者所加。
⑨ 上卷目录中为"与许侍御书"。
⑩ 上卷目录为"邪教三图说评"。
⑪ 下卷目录中无"引"。
⑫ 下卷目录中无"镜余"。
⑬ 下卷目录为"日食时刻辨"。
⑭ 下卷目录中无"黄丕烈跋"。
⑮ 即《续四库全书》钱绮引,目录中无。
⑯ 萧穆《故前钦天监监正杨公光先别传》、萧穆《故前钦天监监正歙县杨公神道表》以及柳诒徵的跋,为柳诒徵于1929年所加,随后付梓出版。

郑安德编《明末清初耶稣会思想文献汇编》中所整理的《不得已》附有顾曾寿的跋。该版现藏于南京图书馆。按顾曾寿，该书原藏人为管心梅，同治八年(1869年)由刘泖生借出，并由江鹿门抄录。顾曾寿为清末著名书画家，其与袁又恺、沈曾植、刘泖生、顾曾寿、邹一桂、傅增湘等藏家善，曾藏有《薛涛诗》。从钱绮、钱大昕、柳诒征以及顾曾寿等藏家的跋中可以看出，在晚清时期，由于民族主义、排外主义抬头，杨光先因其反对汤若望的行为而被尊为近代爱国行为的先驱，即所谓"杨公明见在二百年之先"。著作《不得已》被著名藏书家竞相抄录、购买与收藏。

《不得已》中的大部分文章撰写于康熙四年(1665年)前后，但也收录了撰写于顺治年间的文章。当《不得已》刊印之后，影响极大。利类思在《不得已辩》序中称"甲辰冬，杨光先著《不得已》等书"①。其中，甲辰即康熙三年。当时，利类思等传教士被判监禁。此即表明，早在历狱之初，杨光先即已刊印《不得已》。萧穆谓"西人以重价购其书，悉为焚毁，欲灭其迹"②，虽是夸大之词，但亦表明《不得已》对天主教传教士有非常大的冲击。

杨光先《不得已》刊行之后，利类思、南怀仁等传教士即针对《不得已》撰有《不得已辩》，一方面为了论证西洋历法的合理性，另一方面为消除杨光先反教的不良影响。

法国国家图书馆藏有两部《不得已辩》，编号为 Courant chinios 1883、4984，又藏有《中国初人辩》(Courant chinios 4989)。罗马档案馆则藏有四部利类思的《不得已辩》以及一部南怀仁的《不得已辩》。梵蒂冈图书馆藏有利类思《不得已辩》与南怀仁《不得已辩》各一部。台北辅仁大学神学院则藏有一部利类思的《不得已辩》。按杜鼎克，原北堂亦藏有利类思的《不得已辩》，为北京天主堂刻本，共二十四册四函③。另外，日本藏有道光二十七年(1847年)重刊的以及1926年上海土山湾重印的利类思《不得已辩》④。

已出版的《不得已辩》则主要收于《天主教东传文献》⑤。郑安德《明末清初耶稣会思想文献汇编》第17册收有利类思的《不得已辩》。《东传福音》第3册收有利类思的《不得已辩》与南怀仁的《不得已辩》各一部。

杨光先曾在《不得已》中以"条驳"的形式反驳汤若望所进呈的历法。利类思在《不得已辩》中亦采取类似的模式，逐条列出杨光先的论点，然后加以反驳，共33条(附录两条)。正文之后附有《借历法行教辩》及《中国初人辩》。南怀仁的

---

① 利类思：《不得已辩》，《天主教东传文献》，页225。下面所引利类思《不得已辩》均此版本。
② 萧穆：《故前钦天监监正歙县杨公神道表》，见《不得已》，页1327。
③ 参见 Dudink, Ad. "The Chinese Christian Books of the Former Beitang Library", In *Sino-Western Cultural Relation Journal* 26(2004).
④ 参见"全国汉籍データベース"(日本所藏中文古籍数据库 http：// kanji.zinbun.kyoto-u.ac.jp/kanseki/)。
⑤ 《天主教东传文献》，台北：台湾学生书局，页225—332。

《不得已辩》则主要侧重于历法，反驳杨光先对西洋历法的攻击。

实际上，围绕历狱以及《不得已》，南怀仁等传教士还撰有《妄推吉凶辩》《妄占辩》《妄择议》以及《熙朝定案》等①。天主教徒何世贞则针对《不得已》撰有《崇正必辩》，为天主教进行辩护②。这些辩护性的著作对于历狱的翻案以及维护、宣扬天主教起到了非常积极的作用。

第三节 儒家反对基督教的原因：两个框架

杨光先的《不得已》按文章形式可分为以下五种：奏疏、反对西洋历法的文章、反对天主教的文章、序言以及书信。就文章性质而言，大体可分两类：反对西洋历法与反对天主教。其中，部分奏疏与反对天主教的文章集中体现了杨光先反教的主要思想，见附表2。

附表2 《不得已》文章类别

性质	内容
奏疏	请诛邪教状、正国体呈稿、尊圣学疏、一叩阍辞疏、二叩阍辞疏、三叩阍辞疏、四叩阍辞疏、五叩阍辞疏
反对西洋历法	中星说、选择议、摘谬十论、孽镜、镜余、合朔初亏时刻辨、日食天象验
反对天主教	辟邪论上、辟邪论中、辟邪论下、临汤若望进呈图像说
序言	始信录序
书信	与许青屿侍御书

按文章撰写时间顺序分析，可知大部分文章撰于康熙时期。可以看出，杨光先反教思想前后基本一致。杨光先的反教行为很大程度上源自其对儒家正统的坚持以及自身不肯屈服的性格，见附表3。

附表3 《不得已》文章时间顺序

时间	内容
崇祯	尊圣学疏
顺治	（十六年五月十五日，1659年）辟邪论上、辟邪论中、辟邪论下 （十六年，1659年）选择议、摘谬十论、中星说 （十七年十一月初一日，1660年）始信录序 （十七年十二月初三日，1660年）正国体呈稿

---

① 参见黄一农：《康熙朝涉及"历狱"的天主教中文著述考》，(台北)《书目季刊》1991年第1期。
② 载郑安德编：《明末清初耶稣会思想文献汇编》第42册。另外法国国家图书馆藏有该书(Courant chinios 5002)，台北辅仁大学亦藏有该书，编号077R，其中上卷由吴历校订，中、下卷由陈薰校订。

续 表

时间	内容
康熙	(元年五月五日,1662年)孽镜、镜余 (三年三月二十五日,1664年)与许青屿侍御书 (三年三月之后,1664年)临汤若望进呈图像说 (三年七月二十六日,1664年)请诛邪教状 (三年十二月之后,1664年)合朔初亏时刻辨、日食天象验 (四年四月至八月,1665年)一叩阍辞疏、二叩阍辞疏、三叩阍辞疏、四叩阍辞疏、五叩阍辞疏

这种对儒家正统的坚持,早在崇祯末年弹劾陈启新的《尊圣学疏》中即已完全体现①。杨光先谓陈启新批评宋真宗《劝学之歌》为"学之罪,坏万世人心道术";又谓"太祖竭尽心力,未见大有挽回"。原来,陈启新因力陈以举孝廉代替"科目取人",而被崇祯帝任用。杨光先在《尊圣学疏》中反对陈启新的"罢制科",认为此举是"以尊经为名,而以废学为实",并将他比作李斯。杨光先还反复强调儒学道统,"生民以来,圣圣相承,唯此道统历千世而不坠"。杨光先担心的正是陈启新此举会破坏儒学正统,甚至会"废先圣之学"。杨光先称陈启新为"妖祟",又举"丙子科榜出之日,妖风碎榜,吹倒榜棚",以证其说。杨光先谓"学之在天地间,如日月之无终无古",即是对儒学的尊崇,反对陈启新"罢制科"。然而,从当时的政治环境来看,杨光先虽然得到一部分儒家士大夫的认可与赞同②,但很显然得不到主流士大夫的认可。究其原因来说,虽然杨光先出于维护儒家正统的立场,但杨光先本乃一介布衣,其行为举动很显然冲击了儒家士大夫的权威。因而,最终以"草莽甲士,妄干朝事"而失败,但杨光先维护儒家正统的立场及其鲜明的性格,给世人留下极深的印象。

从儒家正统出发,杨光先对天主教展开激烈批评。撰于顺治十六年(1659年)前后的《辟邪论》是杨光先最早的辟天主教的著作③。《辟邪论》由上、中、下三篇文章组成,第一篇文章撰写于顺治十六年(1659年),而第二、第三篇文章,其撰写时间较晚,可能于付梓《不得已》时所加。在第一篇文章中,杨光先对天主教的核心教义,诸如创造论、天主的存在、耶稣基督、童贞玛利亚女、亚当始祖以及《圣经》编年等,均提出质疑,并用儒家的权威与资源进行反驳及批评。总体来说,杨光先对天主教的教义有相当程度的了解。

在《辟邪论》上篇中,杨光先首先简要概述了天主教的教义,即天主"先造无

---

① 杨光先:《尊圣学疏》,《不得已》,页1187—1189。
② 参见黄一农:《从〈始信录序〉析究杨光先的性格》,页4。
③ 杨光先:《辟邪论》上、中、下,《不得已》,页1103—1134。

量数天神无形之体,次及造人";"次造天堂""造地狱",等等,然后对天主创造论进行批评。杨光先根据儒家,尤其是宋明理学,认为天是由"二气之所结撰而成,非有所造而成者也"。宋明理学中的宇宙生成论,认为天以及自然界是由阴阳二气"结撰"生成,并非创造而来。在这种"气"论的框架之下,杨光先认为天主也不过是阴阳二气中的一气而已。此种理解,类似于宋明理学对鬼神的解释,即用二气的功能来解释鬼神,亦即对超自然的鬼神进行形而上的解释。杨光先认为天主不过如鬼神一样,是二气中的一气,因此不能创造万有之二气;而万物是由二气"结撰"而成,既然天主不能创造万有之二气,那么天主也就不能创造万物。杨光先又认为天主教的创造论,是"窃吾儒无极而生太极之说",而太极说只是用来"言理",而不是用来"言事"的。因此,天主教的创造论不仅荒谬,而且违背了儒家不语怪力乱神的准则。从这段论述来看,杨光先或许没有阅读过利玛窦《天主实义》。因为利玛窦在该书中,集中批评了宋明理学的宇宙论,并对无极而太极进行了批判。杨光先对天主教所作的批判,实际上已经在《天主实义》中被反驳过。

利玛窦在《天主实义》中对天主的属性作了说明,尤其是关于天主"无始无终"作了详细的论证。杨光先似乎没有看到这些论证,认为天主之无始会导致无限上推,因而没有"穷极"。杨光先还认为无始亦不得作为天主之名。实际上,利玛窦在《天主实义》中已说明无始并不会无限上推,必然有最终的存在者,而所谓"无始"亦非天主之名,而只是利玛窦用来说明天主存在的属性。

杨光先对天主教三位一体难以理解,因而认为耶稣降世之后,天主即已从天上降到世间,因此天主没有宰制"天上地下、四海万国"。对于耶稣的降世,杨光先根据儒家的"男女媾精,万物化生",认为既然耶稣由玛利亚所生,那么玛利亚必然非童贞。从这些批判可以看出,杨光先对天主教中三位一体、耶稣降世等内容甚不理解,他从儒家的角度出发来解释这些"超自然"的天主教教义,必然将其解释为荒诞不稽。因此,杨光先毫不掩饰地说,天主教中童贞女之说,"实为无夫之女,开一方便法门矣",而这种解释实际上就说明天主教的教义严重违背了儒家的伦理道德。

对于天堂地狱说,杨光先仍然以儒家的功能论角度来进行诠释,即认为天堂地狱只不过是佛教用来"怵愚夫愚妇,非真有天堂地狱也"。杨光先以儒家的"福善祸淫说"比附天堂地狱,即明言非真有天堂地狱。对于天堂地狱与善恶之间的关系,利玛窦在《天主实义》中亦有说明,然而杨光先对此仍不以为然。对于恶者只要忏悔、哀求圣母即能升入天堂之说,杨光先尤为不满。因为这与儒家的道德教化相悖,因此杨光先认为"奸盗诈伪,皆可以为天人,而天堂实一大逃薮矣"。与明清反教者类似,杨光先亦认为天主教天堂地狱说沿袭佛教,"拾释氏之唾余",而天主教对佛教的批评,杨光先认为不过是天主教"满腔忌妒,以腾妒妇之口"而已。

杨光先在批评天主教时,着意将天主教定性为"邪教"。在评论天主教与佛教之争时,他表明天主教批评佛教,虽然其意可取,但天主教自身却是"妖邪之教"。杨光先批评天主教在教义上不仅"怪僻妄诞",而且还"以死于法,乃妄自以为冒覆宇宙之圣人"。他将耶稣定义为"聚众谋为不轨"之人,因此天主教即为邪教。为了加强对"邪教"的论证,杨光先特意详细解读耶稣受难的过程。从杨光先的儒家现实主义立场出发,耶稣受难实际上就是因为耶稣欲"聚众谋为不轨矣,官忌而民告发",是故"众加耶稣以僭王之耻,取王者绛色敝衣披之。织刚刺为冕,以加其首,且重击之。又纳杖于耶稣之手,比之执权者焉,伪为跪拜,以恣戏侮。审判官比辣多计释之而不可得,姑听众挞以泄其恨。全体伤剥,卒钉死于十字架上"。据此,杨光先得出结论认为"耶稣为谋反之渠魁",其受难是因为"事露正法"而已。从整个论证过程来看,杨光先认为耶稣受难是"谋反"失败而造成的,而耶稣受难复活,则是耶稣之徒"邪心未革,故为三日复生之说,以愚彼国之愚民"。

杨光先关于耶稣受难过程的知识来源于汤若望的《进呈书像》。该书以图文并茂的形式叙述天主创造、降生、受难、复活、审判的过程。然此一超自然的宗教历史,全然被杨光先解读为耶稣聚众谋反的过程。杨光先认为:"夫人心翕从,聚众之迹也;被人首告,机事之败也;知难之至,无所逃罪也;恐众被拘,多口之供也。傍晚出城,乘天之黑也;入山圃中,逃形之深也。跪祷于天,祈神之佑也;被以王者之衮冕,戏遂其平日之愿也;伪为跪拜,戏其今日得为王也。众挞泄恨,泄其惑人之恨也;钉死十字架上,正国法快人心也。"①

此种解读并非没有道理,从现实的角度看,耶稣之死实际上是因为耶稣有侵犯犹太教祭司阶层权力的潜在可能。当时出现的耶稣运动,从某种程度上对现有统治阶层带来挑战。当然,从神学的角度看,又有不同的解释。杨光先如此解释完全是为了证明他定义天主教为邪教的需要,而从效果来看,此种解读能够唤起某些士大夫的共鸣。

利玛窦以降的传教士虽然对基督论有所介绍,但没有像天主论、创造论等内容那样有所侧重。因为基督论更加深奥而难以被理解,而正是基督论,让杨光先确证天主教即为邪教。从中国人所理解的神灵观出发,耶稣之受难似乎更加印证了耶稣只不过是"谋反之渠魁"的结论。

杨光先的论证实际上是将耶稣与天主决然分开,认为耶稣为人,而天主要么

---

① 杨光先《辟邪论》上,《不得已》,页1114—1115。

不存在,要么只是二气中之一气。杨光先根据《进呈书像》中"耶稣跪祷于天",而得出耶稣非天主的结论。杨光先挑取某些论点作为攻击对象,无非是说明天主教窃取儒家、佛教的某方面内容,即"盖其刊布之书,多窃中夏之语言文字,曲文其妖邪之说"。当然,这些只是其论证中的一部分,而非其攻击天主教的主要目的。其最主要的目的是要说明耶稣之教是谋反之教,天主教即邪教。因此,虽然杨光先没有阅读利玛窦的《天主实义》,某些形而上的辩论也显得苍白无力,但其从儒家角度出发将耶稣解读为谋反之魁,则是非常耸人听闻的。

《辟邪论》中篇显然是后来加上去的。因为从内容上看,与第一篇并不连贯,而且有迹象表明是杨光先看完《天主实义》之后撰写的。该文针对的主要是利玛窦《天主实义》中的天主论。利玛窦在《天主实义》中谓天主即华言上帝,并用古代儒家经典诠释天主教。利玛窦将形体之天与主宰之天分开,试图将宋明理学中的天恢复到经典儒家中的主宰之天,即"苍苍之天,乃上帝之所以役使者"。利玛窦认为主宰之天即独一创造主上帝,而形体之天为上帝所造。此种思想恰好为宋明理学所反对。根据宋明理学,杨光先认为实际上利玛窦所谓的主宰之天只不过是理而已,而形体之天即是理的表现。终极者只是理而已,并非是人格神。杨光先更引用二程语录来解释天之功用,"以形体谓之天,以主宰谓之帝,以功用谓之鬼神,以妙用谓之神,以性情谓之乾"。如此一来,杨光先实际上想用宋明理学来说明,一尊者唯有天而已。古代儒家所谓的上帝,只不过是从另一个角度对天的称呼,即"以上帝称天焉,非天之上,又有一帝也"。

更重要的是,杨光先认为利玛窦所引古代儒家经典如《诗经》《尚书》等,来说明上帝即为天主,而天乃天主所造,实际上完全颠倒了儒家的尊卑秩序。杨光先认为,古代儒家经典中言天与上帝等处,如《尚书》云"钦若昊天"和《诗经》云"畏天之威,天鉴在兹",等等,均表明天为上帝所尊、所敬者。他认为天主教颠倒儒家的尊卑秩序,是故入天主教者"必毁天地君亲师之牌位,而不供奉也"。杨光先并不理解天主教为何不遵守儒家礼仪。因为当时随着礼仪之争的展开,不少天主教徒开始拒绝儒家礼仪,包括祭祖、敬孔等。杨光先谓天主教徒毁天地君亲师牌位,或有其事。但此举只与天主教一神信仰有关,而非因为天主教颠倒上帝与天的关系所致。杨光先谓:"不尊亲以耶稣之无父也,天地君亲尚如此,又何有于师哉?此宣圣木主之所以遭其毁也。"即是将天主教徒拒绝祭祖、敬孔解释为拒绝儒家道德伦理。姑且不论杨光先的论证逻辑,但就其目的来说,则十分显然。与上篇类似,杨光先的目的意在表明天主教乃违背儒家伦理道德的邪教而已。官方对邪教的定义,往往就是从儒家正统出发,只要认定其违背儒家正统即是邪教,而释道二教之所以能够有所保留,原因就是它们有补助儒家教化的功能。

杨光先既然认为耶稣为"正法"的罪人,就不可被尊为上帝,而耶稣复活升天之功,则又比不上"稷之播百谷,契之明人伦,大禹之平水土,周公之制礼乐,孔子之法尧、舜,孟子之距杨墨"。因此,杨光先认为所有这些言论不过是"妖书妖言,悖理反道"。很显然,对于耶稣的神人二性,杨光先非但不能理解,而且还据此认定天主教为邪教。

大概在撰写完《辟邪论》上篇之后,杨光先再次详细阅读利玛窦的著作。因为利玛窦在其著作中为了避免争论,并未将基督论作详细论述。后来的传教士汤若望并没有注意到这一点,恰好在其《进呈书像》中以图文并茂的形式,详细叙述了天主降生、耶稣受难、复活等全过程①。汤若望等传教士希望以此方式传播天主教中最重要的教义,却被杨光先错误解读。杨光先认为利玛窦有意隐瞒耶稣受难情节,而"其徒汤若望之知识,卑暗于利玛窦",不小心将耶稣的事迹和盘托出。杨光先之所以如此论述,完全是为了他的目的服务,他认为利玛窦之所以有意隐瞒,是因为耶稣本人就是"彼国正法之罪犯"。明季缙绅因为利玛窦没有介绍这些内容,而以为利玛窦只是排斥二氏,因而与儒家类似,故与之晋接往来。杨光先认为"此利玛窦之所以为大奸也"。

因此,在《辟邪论》下篇中,杨光先再次论证耶稣为"正法"之罪犯。因而,天主教是等同于黄巾、白莲之类的邪教。杨光先举实例说明天主教在中国布教,实乃图谋不轨,并认为教徒家门上的十字架为左道暗号。杨光先的最终结论是要说明天主教传教士"非我族类,其心必殊。不谋为不轨于彼国,我亦不可弛其防范,况曾为不轨于彼国乎"。

杨光先的三篇文章从三个角度论证天主教为邪教,有图谋不轨之虞,因而当严厉禁止。杨光先主张以韩愈的办法对待天主教,即"人其人,火其书,庐其居"。可以看出,从保守的儒家正统出发,难以与天主教中的天主论、创造论、基督论等超越的神学观点达成共识。杨光先毫不犹豫地将其认定为邪教。

理解杨光先反教行为的关键是儒家正统的两个框架,其一是"政教关系",其二是"华夷关系"。杨光先在论述天主教为邪教时,即是依据第一个框架"政教关系"来进行的。依据此框架,只要违背儒家正统(包括儒家的伦理、道德、秩序以及儒家的诠释传统、权威等),即被认定为邪教。杨光先认定天主教为邪教主要依据两点:其一是天主教违背儒家正统道德秩序,其二是耶稣为"正法"之罪人。官方之所以严禁邪教,主要是防止邪教谋反作乱。杨光先在第三篇文章中极力说明天主教有谋反之嫌。

杨光先对第二个框架即"华夷关系"的运用,主要体现在《正国体呈稿》中②。

---

① 参见杨光先:《临汤若望进呈图像说》,《不得已》,页1135—1142。
② 杨光先:《正国体呈稿》,《不得已》,页1143—1155。

附文：清初儒家对基督教的反应：杨光先与《不得已》

该稿是杨光先于顺治十七年(1660年)向礼部呈交的疏稿。在这篇疏稿中，杨光先充分使用华夷关系框架，认定天主教传教士僭越传统的正朔关系。杨光先认为，汤若望所修的《时宪历》是大清之历，不能在其封面上写"依西洋新法"等字样。如其所谓：

> 夫《时宪历》者，大清之历，非西洋之历也；钦若之官，大清之官，非西洋之官也。以大清之官，治大清之历，其于历面之上，宜书"奏准印造时宪历日，颁行天下"，始为尊皇上而大一统。今书上传"依西洋新法"五字，是暗窃正朔之权以予西洋，而明谓大清奉西洋之正朔也，其罪岂止无将已乎？①

区区五个字"依西洋新法"，本来是汤若望表明《时宪历》是按照欧洲历法修成的，然而被杨光先解读为汤若望有"暗窃正朔之权以予西洋，而明谓大清奉西洋之正朔也"。换言之，杨光先认为《时宪历》是按照西洋的"正朔"来修造大清历法，即让大清奉西洋之正朔。此处的"依"，在汤若望那里是"依照""按照"之意，而杨光先则认为是"奉照""遵照"之意。在汤若望那里，历法只是科学中之一种，而在杨光先这里却成为事关国体的大事。

从儒家传统来看，历法事关重大。杨光先以孔子修《春秋》为例，说明虽然孔子乃鲁国人，但仍以周王为正，故书"春王正月"。汤若望既然上《时宪历》封面上书"依西洋新历"，则表明汤若望欲让大清"奉西洋之正朔"，即欲"王西洋"而"鲁大清"，即其所谓：

> 今以大清之历而大书"依西洋新法"，不知其欲天王谁乎？如天王皇上，则不当书"依西洋新法"；敢书"依西洋新法"，是借大清之历，以张大其西洋，而使天下万国，晓然知大清奉西洋之正朔，实欲天王西洋而鲁大清也。罪不容于诛矣。②

实际上，杨光先此举虽然有理有据，但显然过于纠缠字面意思。因此，当杨光先上疏时，礼科未报。汤若望也并非因此被劾下狱。杨光先在《正国体呈稿》又强调汤若望所修历法与儒家羲和历法大相剌谬。杨光先既然将西洋之学定位为"左道之学"，那么历法亦不过是"左道之学"。杨光先又谓汤若望借着修历之机，布党于京城各地；又举利玛窦曾谋袭日本之事，表明"天主教人之狼子野心。

---

① 杨光先：《正国体呈稿》，《不得已》，页1145—1146。
② 杨光先：《正国体呈稿》，《不得已》，页1146—1147。

谋夺人国,是其天性"。

从历法之争的层面看,在杨光先的思想世界中,唯有儒家正统即羲和历法是最好的。其反西洋历法,主要基于对羲和历法的维护,或是对儒家正统的维护。如其所谓:"坐视《新法》之欺罔,羲和之废绝,岂非学士大夫之罪哉?"杨光先认为摈弃羲和之法而用西洋历法,是"若而人乃尽叛其家学,而拜仇作父,反摇尾于贼跖,以吠其生身之祖考"①。杨光先声称羲和历法要精于西洋历法,但实际上,后来在康熙主导的测试中,杨光先所主持的钦天监败于南怀仁。羲和历法实际上是古代儒家经典中记载的历法,具体操作方法均已失传。杨光先以此反驳汤若望,在某些方面显得似是而非。然而杨光先的主要目的是维护儒家正统,对于历法精确与否则并不不在意。

杨光先以一介布衣,以久已失传的羲和历法对抗西洋历法,最终导致了失败。然而其维护儒家正统与权威的精神,在撰于康熙三年(1664年)三月二十五日的《与许青屿侍御书》中,进一步得到明确。

虽然利玛窦、徐光启、杨廷筠、李之藻、张星曜等人极力弥合天主教与儒家之间的张力,但对于反教者而言,这种张力是不可调和的。尤其是对儒家保守主义代表者杨光先而言,天主教及其背后的西方文化,与儒家格格不入。杨光先认为许之渐不该为天主教徒李祖白的《天学传概》写序,因为《天学传概》严重违背了儒家正统。杨光先认为《天学传概》推崇《圣经》编年,即是向如德亚效忠,即"必祖白臣事彼国,输中国之情,尊如德亚为君,中夏为臣,故有史册历年之论"②。这正是《圣经》编年与儒家编年的差异所造成的。杨光先认为李祖白之说实际上是"谓我伏羲是天主教之子孙"。换言之,即"此中国之初人,实如德亚之苗裔"。如此一来,由伏羲以来的"圣君圣师圣臣,皆令其认邪教作祖"。

利玛窦所采取的"援儒释耶"策略的前提,是认为古代儒家经典中有暗合天主教的地方。杨光先对此非常清楚,认为利玛窦只不过是用儒家经典"文饰"天主教而已,而李祖白则直言儒家经典受"邪教之法语微言"。换言之,李祖白与利玛窦的做法完全相反。利玛窦目的是说明天主教与古代儒家所传达的理念一致,而李祖白则谓古代儒家经典来自天主教。此种微妙关系虽然在天主教诠释策略中无关紧要,但对于杨光先来说,则难以接受。杨光先有极强的"道统"观念,认为"大清今日之天下,即三皇五帝之天下也,接三皇五帝之正统;大清之太祖、太宗、世祖、今上也,接周公孔子之道统,大清之辅相师儒也"③,而李祖白谓"历代之圣君圣臣,是邪教之苗裔,六经、四书是邪教之微言,将何以分别我大清

---

① 杨光先:《孽镜》"引",《不得已》,页1196—1197。
② 杨光先:《与许青屿侍御书》,《不得已》,页1084—1085。
③ 杨光先:《与许青屿侍御书》,《不得已》,页1087—1088。

之君臣,而不为邪教之苗裔乎?"① 杨光先认为李祖白之意在于以天主教代替儒家,从而割裂道统,尊夷为正宗。

杨光先还极力证明天主教即邪教,论证过程与《辟邪论》如出一辙,同时又很详细地列举了天主教堂的分布位置:

> 以谋反之遗孽,行谋反之邪教,开堂于京师宣武门之内、东华门之东、阜城门之西,山东之济南,江南之淮安、扬州、镇江、江宁、苏州、常熟、上海,浙之杭州、金华、兰溪,闽之福建、建宁、延平、汀州,江右之南昌、建昌、赣州,东粤之广州,西粤之桂林,蜀之重庆、保宁,楚之武昌,秦之西安,晋之太原,绛州,豫之开封,凡三十窟穴,而广东之香山岙盈万人盘踞其间,成一大都会,以暗地送往迎来。若望借历法以藏身金门,而棋布邪教之党羽于大清京师十二要害之地,其意欲何为乎?②

杨光先通过阅读《天学传概》以及其他天主教著作,对天主教堂的分布有所了解,同时用以表明当时天主教发展之盛③。杨光先对李祖白的带有情绪化的批判,反映其对天主教之恨。如其所谓:"国家有法,必剖祖白之胸,探其心以视之。""啖祖白之肉,寝祖白之皮,犹不足以泄斯言之恨。"

康熙三年(1664年)七月二十六日,杨光先上疏《请诛邪教状》,掀起清初历狱。在《请诛邪教主状》中,杨光先简要重述其在《辟邪论》《正国体呈稿》《与许青屿侍御书》中的观点,并将《天学传概》、《进呈书像》三张、金牌一面、绣袋一枚、会期一张、顺治十八年(1661年)汉字黄历一本、《正国体呈稿》、《与许之渐书稿》等一并上交礼部。九月,汤若望、利类思、安文思等传教士即被判监禁。康熙四年(1665年)三月,虽然汤若望等因星变而恩赦出狱,但一个月后,李祖白等五位奉教官员被处斩。同月,杨光先力辞未果担任钦天监监正,但他自知"只知历理、不知历数",一直请求皇帝"收回成命"以还乡,上五疏,即《不得已》下卷中的《叩阍辞疏》。康熙八年(1669年)初,杨光先因历法置闰错误被南怀仁弹劾,而遭革职。同年十月十日,杨光先卒于返乡途中。至此,清初历狱落下帷幕。

杨光先之反教基于两个框架:政教关系和华夷关系。无论是天主教与儒家伦理相悖,还是西洋历法不同于羲和历法,无不说明天主教及西洋历法是异于儒家正统的。杨光先以维护儒家正统为己任,丝毫不容许天主教对儒家正统、权威

---

① 杨光先:《与许青屿侍御书》,《不得已》,页1088。
② 杨光先:《与许青屿侍御书》,《不得已》,页1098—1099。
③ 关于此时全国教堂的数量,参见汤开建:《顺治朝全国各地天主教教堂教友考略》,《清史研究》2002年第3期。

所带来的挑战与破坏。因此,理解杨光先的反教行为,除了要从其性格、政治背景出发,还应从其坚持的儒家正统以及两个框架等角度出发。

实际上,在明季的反教活动中,这两个框架同样为反教者运用。但由于具体社会处境不同,明季除了南京教案之外,并没有大规模的官方反教行为。清初,随着天主教的长足发展,天主教徒群体不断壮大,天主教及其背后的西方文化与儒家以及中国本土文化之间的差异进一步显现。杨光先之所以认定天主教为邪教,除了天主教违背儒家正统以外,还与天主教自身的迅猛发展有关。

杨光先在《与许青屿侍御书》以及《请诛邪教状》中均明确指出,天主教布党于京城以及各地,企图谋反作乱。当时教堂分布甚广,教徒甚众。传教士汤若望与皇家关系密切,不少皇族之人亦加入天主教。就清初社会情势来说,天主教徒群体的出现与壮大显然会给以儒家为正统的社会带来冲击。新群体的出现,必然带来新身份认同,而新身份即是该群体不同于其他群体的标识。李祖白在《天学传概》中,表达的正是这种新身份的主要内涵。李祖白认为始祖身处如德亚,伏羲即如德亚之苗裔,并将天主教带到中国,儒家三坟五典均受自天主教。

此种观点将天主教提升到儒家之上,将利玛窦小心翼翼"援儒释耶"的策略完全摈弃,而直接认为儒家来自天主教。从群体认同的角度看,此种观点实际上表明,作为天主教徒的身份要优先于儒家,这是儒家与天主教徒身份进一步分离的征兆。

明季由于利玛窦、徐光启等人所采取的策略,使得明季社会出现了具有双重身份的群体,即儒家天主教徒;而到清初,随着天主教的发展以及天主教徒群体的壮大,天主教徒群体认同加强,天主教徒身份开始从依附儒家而独立出来。这样就在清初社会中出现了完全不同于儒家的新群体。杨光先认定该群体为邪教党羽,而天主教即邪教。

因此,在分析杨光先反教原因时,除了上述两个框架之外,还需要考虑到天主教徒群体认同等因素。尤其是后者,让以儒家正统自居的杨光先倍感危机与挑战。而天主教徒身份逐渐从儒家身份分离出来的迹象,实际上表明天主教徒身份与儒家身份之间不再是"兼容",而是"非此即彼"。因此,当天主教徒群体壮大之时,即表明儒家群体的萎缩,而天主教的深入发展,会给儒家带来威胁与挑战。杨光先所担心的正是这一点。

第四节 儒家传统中的外来宗教

杨光先掀起历狱,起因是他认为西洋历法没有羲和历法精确,又认为汤若望等人在置闰、择日等重大问题上犯有错误。杨光先还就《时宪历》撰有批评性文章《摘谬》与《孽镜》，对西洋历法展开批评。然而杨光先的历法知识来源，仅仅是古代儒家经典所记载或所传说的羲和历法，他不仅没有认识到西洋历法比当时的回回历更精确，而且也没察觉到西洋历法本身所代表的自然科学的意义。

通过详细分析《摘谬》与《孽镜》可知，虽然杨光先对西洋历法不以为然，但其真正目的在于借恢复羲和历法，以维护儒家正统及其权威。在杨光先的思想世界中，无论是历法还是宇宙论等，均是同一个整体，是儒家正统中不可分割的一部分。既然杨光先以维护儒家正统自居，就不能容忍采用西洋历法而摈弃儒家羲和历法之举。这种保守主义立场使得杨光先不仅不将天主教与西洋文化区别对待，反而将天主教与西洋文化当作一个整体而予以拒绝。

杨光先在《中星说》中谓："羲和订正星房虚昴之中星，乃《尧典》之所记载，孔子之所祖述。""若望一旦革而易之，是尧舜载籍之谬，孔子祖述之非。"①杨光先认为汤若望废弃中星，即表明汤若望认为《尧典》与孔子均错误。杨光先又认为汤若望以"偏邦"西洋历法淆乱儒家的《礼经》，是一种"慢天帝而亵天子"的行为，而汤若望只进二百年之历，表明他不愿大清"国祚之无疆"。

杨光先认为历法事关重大，而儒家之历法被邪教所摒绝，是故"疾声大呼为之救正"。他想恢复羲和历法，以此维护儒家正统与权威。如其所谓："俾羲和之学，坠而复明，尊羲和以尊二典，尊二典以尊仲尼。"②

实际上，即使是在批评"纯技术性"的西洋历法时，杨光先仍然使用了儒家正统的两个框架，即一方面批评西洋历法与儒家正统相违背，另一方面批评西洋历法没有遵照传统的华夷关系。杨光先以汤若望不以"正午居中夏"为例，说明汤若望没有遵照传统的华夷关系。传统的华夷关系建立在朝贡体系之上，即以华夏为中心，四夷来朝，而汤若望根本没有顾及这一点，即杨光先所谓："丑宫者，北方幽阴之地，先天为坤，坤者妇道也。阴者，臣道也。若望之西洋在西方之极，其占天度也，宜以酉戌自居。中夏在天地之中，其占天度也，宜居正午之位。今乃不以正午居中夏，而以正午居西洋，不以酉戌居西洋，而以阴丑居中夏，是明以君位自居，而以中夏为臣妾，可谓无礼之极矣。""午阳在上，丑阴在下，明谓我中夏是彼西洋脚底所踹之，其轻贱我中夏甚已，此言非馋之也。""'依西洋新法'五字，明谓我中夏奉西洋之正朔。"③可以说，正是汤若望的《时宪历》打破了儒家的华夏中心论。

---

① 杨光先：《中星说》，《不得已》，页1160。
② 杨光先：《孽镜》"引"，《不得已》，页1198。
③ 杨光先：《孽镜》，《不得已》，页1210—1211。

杨光先之所以将天主教与历法视作同一个系统,在于他认为西洋历法符合天主教教义。西洋历法可谓是天主教系统之中的一部分,如杨光先所谓:"天主教人之心,欲为宇宙之大主,天则耶稣之役使,万国人类为亚当一人所生。国则居正午之阳,而万国皆其臣妾,地则居上而万国在其下与四旁。"①同时,杨光先将天主教与历法视为一体的做法,实际上与利玛窦以降的传教士的传教策略有关。利玛窦等人为了更好地宣扬天主教,把西方天文、历法、算法、水利、火炮、舆图等自然科学当作手段,并将这些世俗科学与天主教"打包"起来向世人"推销"。这种"打包"策略虽然有效,但其负面后果也极为明显,杨光先反教即为一例。

实际上,杨光先对西洋历法的批评,从今天的角度来看,实属无知。如其谓《新法》的错误,源于天主教认为地球是圆的,即"《新法》之妄,其病根起于彼教之舆图,谓覆载之内,万国之大地,总如一圆球,上下四旁,布列国土,虚悬于太空之内,故有上国人之足心与下国人足心相对之论"②。杨光先坚持儒家的"天圆地方"观念,故认为"地圆说"非常滑稽可笑。杨光先对"地圆说"的不理解,源自他所自恃的儒家并没有"地圆说"的内容。因此,杨光先反历法,并不是依据自然科学,而是依据儒家正统以及当时的"常识"或"共识"。这种似是而非的做法虽然得到部分儒家知识分子的认可,但不少理性的知识分子则不予首肯。

这种极端的反西洋历法思想,在《不得已》中淋漓尽现。杨光先认为,即使西洋历法是准确的,亦不能容忍,如其所谓:"即使准矣,而大清国卧榻之内,岂惯谋夺人国之西洋人鼾睡地耶?"在这里,杨光先所依据的仍然是传统的"四夷来朝"概念。既然传教士并不遵守传统的华夷关系,而且又著述论证"东西万国及我伏羲与中国之初人,尽是邪教之子孙",因此,杨光先认为不能因为西洋历法精确而认可天主教。杨光先提出了最为极端的呼吁:"光先之愚见,宁可使中夏无好历法,不可使中夏有西洋人。"这种令人匪夷所思的立场,表明杨光先并不在意历法精确与否,而是是否符合儒家传统,是否遵循儒家权威。因此,杨光先如此解释:"无好历法,不过如汉家不知合朔之法,日食多在晦日,而犹享四百年之国祚。有西洋人,吾惧其挥金以收拾我天下之人心,如厝火于积薪之下,而祸发之无日也。"③

是故可见,杨光先反西洋历法的真正目的是反天主教,反西洋历法的真正起因并非西洋历法不准确,而是其违背儒家权威。杨光先与汤若望、利类思、南怀仁之间的争端,实际上是儒家保守主义与天主教之间的张力的反映。天主教之所以违背儒家正统的两个框架,从宏观的层面看,是以儒家为核心的中国文化与

---

① 杨光先:《孽镜》,《不得已》,页1211。
② 杨光先:《孽镜》"引",《不得已》,页1193。
③ 杨光先:《日食天象验》,《不得已》,页1247—1253。

附文：清初儒家对基督教的反应：杨光先与《不得已》

以天主教为核心的西方文化之间的冲突。天主教在神创论、一神论信仰、耶稣神人二性、圣母童贞、末日审判、天堂地狱等方面，与儒家之间存在冲突。

此外，天主教与儒家之间的冲突，是天主教本土化与福音化之间的张力的具体体现。本土化需要借用当地思想资源来诠释天主教，以尽力减少天主教的"异质性"，避免天主教与本地文化之间的冲突；而福音化则是需要用天主教资源来诠释当地文化，以保持天主教信仰的纯正与统一。因此，本土化可谓是"有所取"地使用当地文化资源，而福音化则是依据天主教原则对当地文化资源"有所舍"。然而，无论是本土化还是福音化，实际上是以天主教为核心，以天主教及其西方文化为主体，而以当地文化为客体。是故，无论本土化还是福音化，均是要打破儒家正统与权威，尤其是打破华夏中心论。

随着清初天主教的深入发展，这种趋势亦非常明显。天主教越来越强调自身信仰及其西方文化，是与儒家平等的实体，甚至高于儒家。因此，对于传教士以及部分信徒而言，天主教俨然已经成为儒家之外的"选项"。天主教徒在其身份认同上，出现以天主教代替儒家的趋势。

就清初思想背景来看，杨光先反对西洋历法并没有得到诸多知识分子的理解与同情。即使是杨光先在力辞未果的情况下，担任钦天监监正，仍然没有得到其他官员的支持。而此时，虽然汤若望等传教士身陷囹圄，但天主教在北京的势力不容小觑。据杨光先的奏疏，当时因序《天学传概》而被罢官的许之渐，在被罢官之后，仍"潜住京师，日与汤若望及各省解来之西洋人，朝夕往来"，并"谋荐复官"。杨光先还谓许之渐"声言起官之后，誓必杀臣"。虽然杨光先对此有所夸大，但这也表明天主教在京城势力十分强大。由于汤若望等传教士掌管钦天监多年，是故很多官员并不配合杨光先的工作，如杨光先所谓："羲和之历官者……乃今首鼠两端，心怀疑二。见西洋人公然驰骋长安道中，扬扬得意，相传汤若望不久复官。不敢出其所长，以得罪于若望，故全会交食七政四余之法者，托言废业已久，一时温习不起。"实际上，这些钦天监官员是在消极怠工。而当汤若望正要被处斩之时，京师发生地震。最终，汤若望并没有被处斩，而天主教相反却借此机会得以宣扬，即"此言一行，即传天下，将见天下之人民，尽化为邪教之羽翼"。

从杨光先的这些言辞中可以看出，尽管汤若望等传教士被劾入狱，当时却已有不少势力为天主教积极奔走，可以看出当时的政治情势已悄悄发生转变。虽然杨光先连续五次上疏请辞，但康熙认为"杨光先因知天文衙门一切事务，授为监正，着即受职办事，不得渎辞"。杨光先千方百计请辞，一方面与其反教目的有关，另一方面是其意识到天主教的势力仍然很强大。杨光先甚至以此请求康熙："颂皇上容一明人伦、尊圣学、辟邪教之杨光先，而不强之以职，则皇上圣神之名，

263

驾越于尧舜、高光、宋明二祖之上矣。"①

       ＊ ＊ ＊

  杨光先之所以认为有必要维护儒家正统，一方面出于他认同儒家正统，另一方面则是因为天主教对儒家正统与权威带来严重挑战及威胁。一方面天主教违背了儒家传统的政教关系，即任何宗教需要与儒家"合目的性"，不能挑战儒家权威；更不能违背儒家视为道德与秩序之基础的观念及思想。天主教及其西方文化，是一套不同于儒家的文化体系。在某种程度上，天主教与儒家是两个对等的实体，因而两者之间存在着巨大的差异与张力。同时，在清初随着天主教的逐步发展和天主教徒群体的壮大，天主教开始不再掩饰与儒家之间的差异。因而，其与儒家之间的裂隙愈加明显，也愈加挑战儒家的正统与权威。另一方面，天主教违背了儒家正统的华夷关系，即无论是外来传教士还是外国使徒，均要以"四夷来朝"的模式遵守儒家的"华夏中心论"；即不论是天文还是历法，均要以华夏为中心。而天主教中的西方文化，包括天文、历法等，实际上打破了华夏中心论。西方的历法中视地球为圆体，故没有一个中心。《圣经》编年又以亚当为始祖，李祖白认为伏羲为如德亚之苗裔。利类思将此稍微更改为无论是如德亚还是伏羲，均是"普世初人"的后人。实际上，从利玛窦入华带来舆图开始，儒家知识分子的华夏中心论开始被打破了。

  而儒家正统的这两个框架，实际上制约了儒家知识分子对宗教尤其是外来宗教的总体看法。无论是佛教、道教，还是天主教，均必须遵循这两个框架，否则就会被视作邪教。天主教在中国所遭受的曲折历史，即与此有关。

  杨光先之所以反教，是因为清初天主教徒的身份认同逐渐形成，这必然要求与儒家之间划清界限，以明确自身的独立性，并以此为天主教提供合理性。然而，在天主教徒的身份认同中，如何处理天主教与儒家之间的关系，始终是一个难题。一方面，迫于教会的压力以及建构天主教徒身份认同的需要，必须与儒家之间保持距离，即明确与儒家之间的差异；但另一方面，现实的情况表明即使是天主教徒，亦不能完全脱离儒家的框架。然而，由于礼仪之争的加剧，天主教徒不得不在天主教与儒家之间进行"非此即彼"的选择。结果往往是选择天主教，而抛弃儒家。

  纯粹从宗教生存与发展的角度看，清初天主教所面临的两难困境，实际上是任何一个外来宗教必须经历的。因为，外来宗教为了自身的生存与发展，必须确立自身独立的身份与独特的认同，否则不能吸引潜在皈依者，更不能保持自身的

---

  ① 杨光先：《五叩阍辞疏》，《不得已》，页1299。

统一性。同时,外来宗教必须借助本土文化,以避免其与本土文化之间的差异性而产生冲突。由于本土文化是有效的社会资源,不尊重或不利用本土文化,外来宗教则无法立足,甚至会失去生存与发展的合法性,尤其是政治上的合法性。这种两难实际上就是如何处理宗教信仰与本土文化之间关系的问题。具体到明清天主教,就是如何处理天主教与儒家之间关系的问题。妥善处理两者的关系,才是解决一系列问题的关键。